Moidi Paregger
Claudio Risé

Die Saligen

Moidi Paregger
Claudio Risé

Die Saligen

Kraft und Geheimnis des Weiblichen

Übersetzung aus dem Italienischen
Wolftraud de Concini

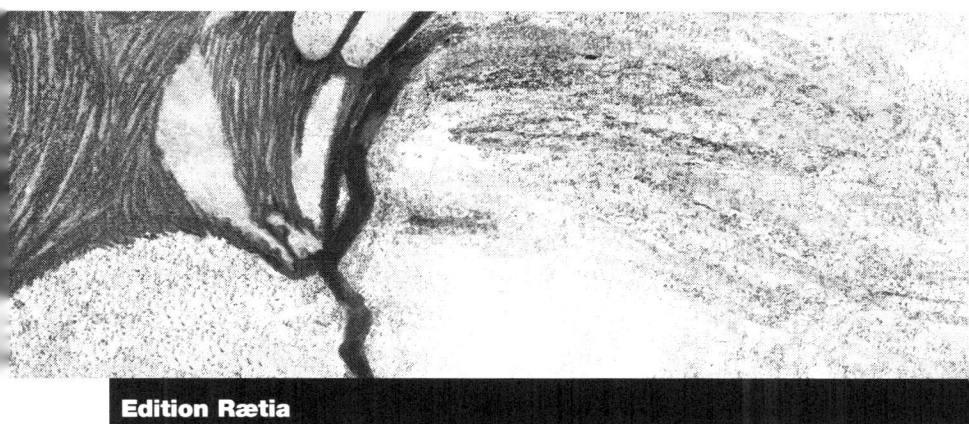

Edition Rætia

Gedruckt mit freundlicher Unterstützung der Autonomen Provinz Bozen-Südtirol, Abteilung Kultur, über das Südtiroler Kulturinstitut und der Stiftung Südtiroler Sparkasse über den Kulturverein Walther von der Vogelweide.

Titel der italienischen Ausgabe: Donne selvatiche, Sperling & Kupfer, 2006
Umschlagbild: Ida Prinoth
Grafisches Konzept: Dall'O & Freunde, Bozen
Gesamtherstellung: Fotolito Varesco, Auer

ISBN 978-88-7283-351-3

www.raetia.com

Inhalt

Vorwort **8**

Die Saligen **9**

Heute: eine verwirrte Wilde 11

Wie die wilden Frauen aussehen 12

Die Saligen und die Musik 14

Die „Jungfrauen". 17

Ihr Heim 18

Die geheimen Begegnungen mit den wilden Frauen 28

Die Saligen und die Tiere. 29

Moderne Wilde und die Welt der Tiere:
Brigitte Bardot und Josephine Baker 34

Elizabeth Costello und „Das Leben der Tiere". 35

Ihre Gaben. 36

Das vitale Geschenk: der kostbare Samen 39

Das Geschenk des Webens und des Garnknäuels 41

Das Geschenk des Garnknäuels und die moderne Frau 46

Das kostenlose Geschenk 48

Die zeitgenössische Frau und das Geschenk
Josephine Baker, eine wilde Frau 51

Glückbringende Gaben, Hochzeits- und Trauergeschenke.
Die Blumen 53

Wer den Wilden Milch gibt, bekommt Gold 55

Die kostbaren Geschenke: Gold und Ringe. 59

Das Buschweibchen. 60

Die wilden Frauen und die Welt der Menschen **63**

Ihre Herkunft 65

Die wilden Frauen und das Schlaraffenland. 65

Adams Töchter 66

Rebellische Engel, Geister der Bäume 67

Die wilde Frau und die Ehe 69

Die Probe der Umwerbung 70

Das Geheimnis des Namens 71

Das Geheimnis der Saligen: ihre Herkunft 74

Der wilde Edric und seine verschwundene Braut 75

Die Macht und die verlorene Schönheit 77

Die Geschichte des Ritters Launfal
und der schönen Tryamour 78

In der Gegenwart leben und die Zukunft kennen 80

Die wilden Frauen und die Ehefrauen ihrer Geliebten 81

Die Wilde als Heilerin der Ehe 82

Das Verbot der Kontrolle und des Besitzes 84

Die Freundschaft mit den freisinnigen Ehefrauen 85

Ratschläge und Hilfeleistungen der wilden Frauen 87

Die Aussaat 91

Die Probe der Gewinnsucht 92

Bohnen im Schnee säen 94

Die Zeiten des Erdreichs 95

Der Almhirt mit dem schönen Busen 96

Die Kornernte und die Heumahd 97

Die Tiere, die Milch und die Butter 100

Der Ruf aus dem Wald 101

Die Hochherzigkeit der Saligen 104

Die wilde Frau geht segnend fort 105

Die Salige geht verdrossen fort 105

Die Saligen und ihre Verbundenheit mit den
Bäumen des Urwaldes 108

Wilde Frauen und wilde Männer 109

Der Mythos der wilden Jagd 111

Die zerstörerische Seite der wilden Frauen 115

6

Die Kraft der wilden Frau **121**

Das Weiblich-Geistige der Natur. 123

Wie man der wilden Frau begegnet 125

Die weibliche Kraft und die Naturelemente 126

Die „numinose" Energie der Saligen 128

Wilde Frauen und heiliger Schauer 129

Die Salige als Urheberin von Wohlstand. 130

Die wilden Frauen und das Licht der Natur 132

Die abgeschnittenen goldenen Haare 133

Die wilde Seherin 136

Die Frauen, die das Schicksal weben:
Nornen und Walküren 140

Die wilde Frau als Anima 141

Die Ehrfurcht vor dem Geheimnis und seine Enthüllung 143

Der Konflikt zwischen Geheimnis und rationalem Denken . . . 145

Der Konflikt Tradition-Moderne. 146

Das Geheimnis der Mann-Frau-Beziehung.
Der Konflikt zwischen Liebe und Besitz 147

Der Sinn der Begegnung mit der wilden Frau. 150

Die christianisierte Wilde 151

Christentum und wilde Kräfte 153

Die christianisierte Sage 154

Die Germanisierung der wilden Frau. 158

Hulda, die Königin der Saligen 160

Wilde Frauen und Stereotype. 162

Naturgeister und Lebensenergie nach Rudolf Steiner 164

Die Wilde in uns befreien. 165

Anmerkungen **169**

Liebe Leser,

machen Sie es wie die Kinder: Schauen Sie sich in diesem Buch vor allem die Bilder an. Bilder? Aber wie, werden Sie sagen, da gibt es ja nicht ein einziges Bild! Das stimmt: Abbildungen sind keine da, aber Bilder viele, ja sehr viele. Es sind Bilder der wilden Frauen, die manchmal sehr schön sind, manchmal unheimlich. Und sie weisen uns einen Weg, eine Lebensart – ein Leben in Harmonie mit der Natur, mit unserer Natur als Menschen, Frauen und Männer. Sie leben in der Natur, die sehr viel größer ist als wir und die uns Energie, Richtung und Freude schenkt, wenn wir sie zu sehen und anzuhören verstehen.

Machen Sie sich nicht auf die Suche nach Konzepten und Interpretationen. Sie sind in diesem Buch enthalten und sind Ihnen hoffentlich nützlich. Aber zuvor müssen sie die wilden Frauen zu Wort kommen lassen, müssen sie in stiller Aufmerksamkeit betrachten. Wie Don Juan zu Castaneda sagt, wie es aber auch (wiewohl auf andere Weise) der Psychologe Carl Gustav Jung ausdrückt: „Am liebsten sehe ich; denn ein Mann der Erkenntnis kann nur sehend erkennen."

Dieses Buch zeigt Ihnen Bilder, Bilder von Frauen, um Ihr Herz und Ihre Sinne zu berühren. Nicht wer verstanden hat, sondern – wie es im apokryphen Thomasevangelium heißt – „wer gerührt war, wird über alles herrschen". Und damit ist das eigene Leben gemeint.

Die Saligen

Heute: eine verwirrte Wilde

Verena: Morgen wird sie 35. Eine beneidenswerte Karriere in einer männlichen Domäne: Sie ist für die Logistik auf einem der größten Flughäfen Europas verantwortlich. Sie ist intelligent, schlagfertig und berühmt, wird von Radio- und Fernsehsendern verfolgt. Ein intensives gesellschaftliches Leben, auch weil sie wenig schläft. Viel Sex, fast keine Liebe. Sehr viel Anspannung und Stress: Alles muss bestens funktionieren, auch das Unvorhergesehene muss berücksichtigt und unter Kontrolle gehalten werden. Verena ist müde am Vorabend ihres 35. Geburtstages, dieser Schwelle zur zweiten Lebenshälfte – wie die Psychologen sagen. Über dem Flughafen liegt dichter Nebel, die Sicht ist gerade noch ausreichend, dass er nicht geschlossen werden muss. Es ist verboten, sich zu Fuß auf die Startbahn zu begeben, ohne ein Verkehrsmittel. Sie weiß von diesem Verbot, übergeht es aber. Ihr liegt daran, dass die Fracht nach London, heikle Güter, die ihr der Bürgermeister persönlich anvertraut hat, reibungslos abgeht. So zumindest erklärt sie es der Sekretärin, die den Kopf schüttelt. Aber vielleicht will sie nur in diesen schwarzen Nebel eintauchen. Sie beeilt sich, geht rasch los. Der Führer des Drehkrans sieht sie erst, als Blut- und Fleischspritzer die Windschutzscheibe besudeln.

So stirbt Verena. Am Tag vor ihrem 35. Geburtstag.

Verena, diese Frau, die sich nur selten ablenken ließ, um den Abflug der Maschinen zu kontrollieren, hatte schon seit längerer Zeit den Kontakt zur Erde verloren. Der Flughafen war von großen Wäldern umgeben, aber sie ging nie hinein. Sie hatte immer zu tun. Verena, die Herrin der dröhnenden Motoren, hörte schon seit Jahren nicht mehr die Klänge der Natur. Die eleganten Tailleurs, die sie bei Tag trug, und die schicken Roben, in die sie sich abends zum Ausgehen kleidete, waren zu ihrer Motorengondel geworden, zu ihrer Uniform. Und was steckte darin? Eine erfolgreiche Frau, eine sehr unglückliche Frau. Eine Frau, die mehr Angst vor dem kommenden Tag hatte als vor dem schwarzen Nebel, in den sie hineineilte, um sich verschlingen zu lassen: ein für alle Mal.

Dieses Buch ist den vielen unglücklichen Frauen gewidmet, den Frauen, die nicht so glücklich sind, wie sie es verdienten, die sich auf denselben Hightech-Pisten des großen Erfolgs bewegen, sicheres Auftreten, hoher Verdienst und tiefste Einsamkeit, an der Verena gelitten hatte. Und auch den Männern, die diese Frauen lieben, denen es aber nicht gelingt, sie zu ergreifen, auf ihren Karren zu heben und heimzuführen.

Dieses Buch ist einem großen Teil von uns allen gewidmet.

Wie die wilden Frauen aussehen

In vielen Gegenden der Alpen werden Geschichten von wilden Frauen erzählt: vom Engadin bis Slowenien, von den dichten Wäldern um den Flughafen, auf dem Verena ihr Regiment führte, bis zu unseren norditalienischen Städten. Und überall werden sie als faszinierend schöne Wesen beschrieben.[1]

Diese ihre Schönheit müssen wir erneut entdecken; denn sie verweist uns auf andere Dinge, die größtenteils verloren gegangen sind, ohne die aber eine Frau nicht leben kann. Und ohne die ein Mann schlecht lebt.

Im Fassatal wird noch diese Geschichte erzählt:*

„Auf Campitello lebte ein Bauer, der zur Mahd auf die hohe Val Duron ging. Einmal, während er so im Schatten saß und sich aus-

---

* Anmerkung: Die Sagen sind in der Originalfassung der verschiedenen Autoren wiedergegeben, weshalb sie eine unterschiedliche, teilweise antiquierte Rechtschreibung und Zeichensetzung aufweisen.

ruhte, sah er eine Gruppe von äußerst schönen Mädchen, die vom Pass herunterkamen und gerade auf seiner Wiese anhielten, um Kräuter und Blumen zu pflücken. Das Herrliche war, dass diese Mädchen wie aus Glas gemacht schienen, so durchsichtig waren sie. Die Sonnenstrahlen drangen durch sie durch, ohne aufgehalten zu werden, sodass die Mädchen keinen Schatten hatten."[2]

Manchmal sind die Saligen weiß gekleidet – wie in dieser Sage: „Im Bacher Wald in Untereggen bei Wälschnoven sieht man hie und da ein winzig kleines, überaus herziges Mädchen, in schneeweißes Gewand gekleidet.[3] Es geht, ganz gleich ob bei Tag oder Nacht, ohne daß man es vorher bemerkt hätte, vor den Augen der Leute quer über den Weg waldeinwärts, hält sich gerne an den Waldbächlein und huscht, ohne daß sein Fuß irgendwo angienge, über die Wässerlein dahin."[4]

Und mehr noch: „Laut einer Grenzlandsage hatte ein Waldbauer zu Höhenhart ein schönes blondes Mädchen zu sich in den Dienst genommen. Dieses Mädchen lebte nur von frischer Milch und hatte Hände so zart, daß man sie zu keiner anderen Arbeit als zum Flachsspinnen verwenden konnte."[5]

„Das Wildweiblein am Bidmig und am wilden Rasten bei Steeg im Lechthal und die drei Fräulein zu Ehrenberg spinnen und weben Leinwand, werfen sie in die Höhe und hängen sie auf den Sonnenstrahl, um sie zu bleichen. Man sieht oft ihre Spinnrocken niederscheinen ins Thal, und oft trägt's Windeln herab, denn sie hängen ihre Wäsche in der Luft auf."[6]

„Auf dem Coglio, einem Hügelland bei Görz, das die Deutschen im Mittelalter ,in den Ecken' nannten, erhebt sich nachts oft ein starker Wind, der die Versammlung der Nachtgeister ankündigt. In der Finsternis steigen die *Vilen*[7] in das Tal hinab. Ihre durchsichtigen Gewänder glitzern wie mit Diamanten und Juwelen bestreut. Auf einem Wiesengrunde reichen sie sich die Hände und schreiten einen Reigen. Bei Sonnenaufgang verlieren sie ihren Schmuck; die Edelsteine lösen sich nach und nach von den wallenden Schleiern und werden zu Reif auf dem Wiesengrund."[8]

Schon in diesen Erzählungen zeichnen sich einige Merkmale der wilden Frauen ab.

Helle, Leichtigkeit, Beziehung zu lichten Farben: Das Leinen wird auf die Sonnenstrahlen gehängt, um es zu bleichen, damit es weißer wird.

Transparenz, Licht, Mond, Tanz. Und der Kreis, die weibliche Totalität.

Nicht Konkurrenz zwischen Frauen, um den Beruf oder das Image, sondern der Reigen, den sie auf einer Wiese tanzen, in einer mondhellen Nacht. Formen der Schönheit, des Glanzes, der Kraft, des Frohsinns und der Harmonie, wie sie die schöne Wilde, von der in diesen Geschichten die Rede ist, den Frauen – und den Männern – bieten kann, die heute das Gefühl haben, sich von diesen Energien entfernt zu haben.

Die Saligen und die Musik

In den Sagen wird oft erzählt, dass die Saligen gern singen und tanzen. „Auf Mühlegg und beim Taufnerbrünnel tanzten die Saligen am liebsten. Sie waren prächtig gekleidet und sangen wunderschön zum Tanze. Da hätten die Burschen, die dies sahen, wohl auch gerne mitgetanzt, aber nur ganz braven wurde dies Glück zu Theil."[9]

Oft ist der Gesang die Kraft, die eine tiefe Verbindung zwischen den Saligen und den Menschen herstellt. Und es sind der Gesang und die Musik, die sie in die Natur und in die Gemeinschaft der anderen wilden Frauen zurückrufen.

So wird in der Sage vom wilden Mädchen aus Trafoi (von der es mehrere Fassungen gibt) erzählt, dass die Saligen in den Vollmondnächten auf den Felsen saßen und sangen. Ein junger Bauer verliebte sich in eine von ihnen, und sie willigte ein, seine Frau zu werden. Als sie dann aber in einer Vollmondnacht den schönen Gesang ihrer Schwestern von den Berghöhen herabklingen hörte, überkam sie tiefe Traurigkeit, und sie ging wieder zu ihren Schwestern zurück, um mit ihnen zu singen.

In allen traditionellen Kulturen – und eben auch in dieser, aus der diese Sagen stammen – stellt der Gesang oft den Beginn des Opferritus dar. In einem gewissen Sinn vollziehen die Saligen schon bei ihrem Heraustreten aus dem Wald ein Opfer, einen sakralen Ritus, indem sie den Menschen ihr Wissen und ihre Energie überbringen. Und dieser Ritus beginnt mit dem Gesang. Marius Schneider bemerkt dazu: „Das Opfer ist die Grundlage jeder Schöpfung [...] das nobelste, grundlegendste Opfer geht in klingender Form vom Mund aus und bietet sich als Beute dem Ohr dar [...] nichts kommt zum Klingen, wenn ihm nicht ein Opfer vorausgeht."[10]
Das Eingreifen der wilden Frauen in die Welt kann demnach – wenn man Schneiders Thesen interpretiert – als Ausdruck von drei aufeinanderfolgenden Kräften verstanden werden: „Die erste ist die Kraft der Stimme (der Gesang, die Worte); die zweite Kraft ist die Verwandlung und Materialisierung dieser gesungenen Kraft in Nahrungsenergie; die dritte ist die Zeugungsfähigkeit." Singen, essen und zeugen (das geistige, das vegetative und das sexuelle Leben) sind demnach drei Aspekte derselben elementaren Schöpfungskraft.[11] In den in diesem Buch enthaltenen Sagen von den Saligen werden wir sehen, dass diese Frauen zuerst singen, sich dann um die körperliche und geistige Nahrung der Männer küm-

mern und sich schließlich fortpflanzen, um dann zu der elementaren Schöpfungskraft, von der sie abstammen, zurückzukehren. Doch alles beginnt mit dem Gesang. Schon D.H. Lawrence hatte gesagt: *„Ears can hear deeper than eyes can see"* (Das Ohr kann tiefer hören, als das Auge sehen kann).[12] Um einer wilden Frau – außer uns und in uns – zu begegnen, müssen wir gut die Ohren auftun und zuhören können.

Der Gesang, der Tanz und die Musik unter Frauen gehörten nicht zufälligerweise zu den charakteristischsten Ausdrucksformen des beginnenden Feminismus, als die Suche nach den im eigentlichen Sinn weiblichen Kräften, nach den Riten, in denen sie sich ausdrückten, und nach ihren Symbolen vor allem in den kulturell fortschrittlichsten Strömungen mehr ins Gewicht fiel als die Konkurrenz mit den Männern um die Macht. Auch dieser Tatbestand ist von der Konsumgesellschaft weggefegt worden, die alles zur Ware herabwürdigt. An die Stelle der Frau, die nicht nur die Reigen, sondern auch die weiblichen Ensembles klassischer Musik wieder zu finden suchte (was ihr teilweise auch unter großen Mühen gelungen war), ist in den letzten Jahren die pathetische Figur der Nachtclubtänzerin getreten, dieses jungen Mädchens, das halbnackt und gegen Bezahlung in Diskotheken tanzt: ein vom Mann enthülltes erotisches Objekt fern vom Rest der Welt, da sie in ihrem „Cube" gefangen ist. Die Diskotänzerin, ein beredtes Bild des weiblichen Unbehagens unserer Zeit, ist eine Salige, die sich in der Großstadt verirrt hat, ohne Kleider und ohne Licht, mit einem Körper, der zu Selbstvernichtung tendiert, zu Anorexie, ja oft zu Drogen, die an die Stelle der Energie des Waldes, die es nicht mehr gibt, getreten sind. Es ist eine wilde Tänzerin, die ihre Gefährtinnen und deren Kraft verloren hat, die keine singende Energie mehr ausströmt und keine Seele mehr nährt. Dagegen zeigt sie ihren halbnackten Körper, einen selbstbeweglichen Halbkadaver, gegen etwas Geld und Konsumgüter: eben gegen all das, was die wilden Frauen entrüstet ablehnen; denn sie wussten nur zu gut, dass sie – wenn sie sie annahmen – ihre Freiheit und ihre besondere Kraft verloren hätten.

Die „Jungfrauen"

Die wilden Frauen werden oft als Jungfrauen, selige Fräulein oder „sealige Gitschn" bezeichnet. In den traditionellen Kulturen wie der alpinen, aus der diese Sagen stammen, glaubt man oft, dass die Jungfrauen etwas Geheimnisvolles besitzen und ihre Macht über die Geschehnisse und Dinge der Erde ausüben. Wie die traditionelle germanische Kultur bezieht sich jedoch die alte Kultur der Alpentäler nicht auf die körperliche, sexuelle Jungfräulichkeit. Die wilde Frau ist Jungfrau, weil sie sich zurückzuhalten weiß und Geheimnisse hüten kann, weil sie etwas wahrt, was im Wachsen und Werden begriffen ist. Sie ist die Frau, die die Zukunft in sich trägt, da sie jung und psychologisch unversehrt und somit in der Lage ist, „eins mit sich selbst" zu sein.

Diese Vorstellung finden wir auch in den Sagen, die im großen nordischen Edda-Epos erzählt werden. Auch die Kraft der Walküren beruht nicht – obwohl sie als Jungfrauen bezeichnet werden – auf ihrer körperlichen Virginität. Was dagegen in der germanischen und allgemein der nordischen Kultur zählt, ist ihre Unschuld, ihr Nicht-vom-Bösen-Berührtsein-und-keinen-Gefallen-daran-Finden: eine moralische, aber nicht notwendigerweise körperliche Unversehrtheit. Im deutschen Volksglauben ist diese Unschuld Trägerin einer besonderen Kraft: Wer unschuldig ist, ist zu mehr fähig als die anderen, kann sich gegen das Böse wehren und auch heikle

Situationen lösen. Um eine Jungfrau zu befreien oder einen Schatz zu heben, bedarf es der Kraft der Unschuld.

Im *Parzival* verwaltet der vermählte Held das Gralsheiligtum gemeinsam mit den Trägerinnen des Kelchs, deren einflussreichste Repanse de Schoye heißt, „Freudenspenderin". Diese Wertschätzung für die unter psychologischem Gesichtspunkt „jungfräuliche" junge Frau ist die rechte Hingabe für das im Wachsen Begriffene, für die noch nicht befreiten Kräfte der Jugend und besonders des sich öffnenden Weiblichen. Ähnliche Energiefelder kommen auch in den traditionell-volkstümlichen Fruchtbarkeitsriten der Alpen zum Ausdruck, von denen viele auch in christlicher Form eine Fortsetzung erfahren haben.[13]

Die magische, Glück bringende Energie der wilden „Jungfrau" finden wir auch in den in diesen Erzählungen mehrmals präsentierten Bildern der weißen Jungfrauen, der seligen Fräulein, der tanzenden und singenden Jungfrauen, die helfen, heilen, warnen, schenken und lieben. Sogar mütterliche Gottheiten wie Nerthus-Frea-Frigg werden zu jungfräulichen Helferinnen. Und die Jagd- und Waldgöttin Artemis, eine psychologisch der wilden Frau nahe stehende Gestalt der griechischen Mythologie, ist Mutter und Jungfrau zugleich. Sogar die mütterlichste aller Göttinnen, die Sonne, ist eine starke und unberührte Jungfrau.[14]

Ihr Heim

Die Wohnstätte der wilden Frauen befindet sich gewöhnlich tief im Felsen oder im Inneren der Erde. „In Höhlen leben bedeutet, eine irdische Meditation zu machen und am Leben der Erde im Schoß der Mutter Erde teilzunehmen."[15] Auch das vorliegende Buch über die wilden Frauen ist eine Art Meditation über die Erde und über das Naturhaft-Weibliche, das sie beseelt. So ist es sinnvoll, dass es sich in die unterirdischen Wohnstätten dieser Frauen begibt.

So heißt es in einer Sage:
„Zwischen Kropfbühl und Unterastlen, im Stinker genannt (Anmerkung: im Tiroler Ötztal), wohnten vor Zeiten wilde Fräulein. Sie hatten sich dort eine neun Stufen tiefe Höhle gegraben. Auch hatten sie einen eigenen Stein, auf dem sie sich sehen liessen und der deshalb *Frauenstein* hiess. Man sah sie oft auf demselben sitzen, wie sie ihre blonden Haare kämmten und schöne Lieder sangen. Nahte sich ihnen ein Mensch, so zogen sie sich schnell in ihre Höhle zurück."[16]

Warum leben die wilden Frauen in Höhlen? Vor allem, weil Grotten und Höhlen Orte mit besonders viel Mana sind, dieser Kraft des Heiligen, dem die Saligen angehören – wie wir schon gesehen haben (Anm. 1) und wie wir noch sehen werden. Dass unter der Erde mehr Energie ist als über der Erde, war den traditionellen Kulturen, die diese Sagen hervorgebracht haben, schon immer bekannt. Nicht zufällig kommen Propheten und göttliche Gestalten, allen voran Jesus, in einer Grotte zur Welt, und in Grotten ziehen sich große Visionäre zurück (wie der Jünger Johannes, der Verfasser der Offenbarung), die gerade an diesen abgeschlossenen Stätten und dank der dort möglichen Selbsteinkehr große Weltvisionen haben. Der Psychologe C. G. Jung hatte sein Arbeitszimmer im Burgturm, den er sich am Ufer des Züricher Sees hatte bauen lassen, mit kleinen Fenstern und dicken Glasscheiben versehen, durch die das Licht von außen eindringen, man aber nicht die Seelandschaft sehen konnte. Um in sich und über sich selbst hinaus zu schauen, bemerkte er, dürfe man nicht zu viel das uns Umgebende anschauen. Die Höhle ist demnach eine Stätte der Konzentration auf die eigene Innenwelt und der Annäherung an die eigenen tiefen Energien.

In der Tiefe leben auch die wilden Frauen, von denen in dieser Sage die Rede ist. Ihre Wohnstätte erregt auch die Neugier der Menschen, die sie suchen, sie aber nicht erreichen können.

„Oberhalb dem Angerhof in Langtaufers wohnten früher sieben gar liebliche Salige, die Zarger Fräulein. Auf dem Anger, wo sie sich aufhielten, soll einst ein Schloß gestanden sein, das jetzt versunken ist. Die Fräulein ließen sich nur zur Abendzeit sehen, manchesmal gingen sie auch an den benachbarten Höfen, Lorett und Angerhof, vorbei. Sie grüßten die Leute gar freundlich und huschten hurtig vorüber. Ein Jäger wollte einmal dem Aufenthaltsort der Fräulein nachspüren; er ging zum Anger und fand dort im Boden ein großes Loch. Als er mit dem Ladestock die Tiefe der Höhle messen wollte, entglitt ihm dieser, und erst nach einiger Zeit hörte er ihn in der Tiefe auffallen. Es war dies wohl der geheime Zugang zu den Wohnstätten der Zarger Fräulein."[17]

Ein Loch ist natürlich keine Tür. Es ist – wie die weibliche Öffnung – immer offen, aber man kann sich nicht immer hinein begeben. Es bedarf der Einladung der Frau, des Rufs der Saligen, der manchmal erfolgt (siehe S. 28 „Die geheimen Treffen mit den wilden Frauen"), aber nicht immer; denn die Salige, eine Jungfrau, hat Gefallen daran, kann aber auch ohne auskommen, da sie „eins mit sich selbst" ist.[18]

Außerdem ist die Grotte – wie im Übrigen ja auch die Vagina – ein auf die Welt geöffnetes Auge. Julien Green schreibt in *Mitternacht*: „Der zehnjährige Reisende weiß, dass an der Öffnung zu den Höhlen ein Blick leuchtet." Wenn der Patient in der *sandplay therapy*, der Sandspieltherapie, ein Loch in den Sand gräbt, handelt es sich oft um ein erstes Auge, das sich aus dem Unbewussten heraus auf die reale Welt zu öffnen beginnt. Die wilde Frau, die undurchdringlich ist, wenn sie es will, durchdringt dagegen die Welt mit ihrem Blick, der aus der Höhle nach außen kommt, auch wenn sie sich dorthin zurückgezogen hat.

Dieses tiefe, weibliche, auf die Welt geöffnete Auge neigt aber dazu, sich zu schließen, wenn die Frau – wie es heute geschieht – sich mehr als anzuschauendes und zu bewunderndes Objekt präsentiert, als Bild zum Betrachten, nicht aber als schöpferische Kraft, als Blick und Strahl, der die umliegende Wirklichkeit durchdringt und beleuchtet.

Einigen aber gelingt es, den Wohnstätten der Saligen näher zu kommen – was alles andere als leicht ist.

„Bei Graun im Obervinschgau steht ein Mittelgebirg, die ‚Salge' genannt. Hier sollen in alter Zeit die Salgfräulein gehaust haben. Sie wohnten unter diesen Steinblöcken in weiten, prachtvollen Räumen und waren den Menschen hold und freundlich. Sie waren gewöhnlich guter Dinge, nur hie und da und besonders bei schlechtem Wetter, gieng ihnen die gute Laune aus. Oft sassen sie Abends, weissgekleidet auf dem ‚grossen Stein' unter dem alten Lärchbaume und sangen allerlei Lieder. Als sie eines Abends wieder so sangen, gieng ein Hirt vorüber, der von dem schönen Gesange so bezaubert wurde, dass er stille stand, sich auf einen Stein setzte und tief in die Nacht hinein den Salgfräulein zuhorchte, bis sie mit dem untergehenden Monde verschwunden waren. Da kam er erst wieder zu sich, dachte an sein junges Weib und an seine Herde und kehrte nach Hause zurück. Seitdem er aber die Salgfräulein gesehen hatte, blieb er einsilbig und schwermüthig, denn die schönen Fräulein giengen ihm stets im Kopfe um. Ohne seinem Weibe je ein Wort davon zu sagen, gieng er oft auf die Salg, um dem Gesange zu horchen. Endlich wurden die schönen Fräulein mit ihm vertrauter, führten ihn in ihre prächtigen Kammern und zeigten ihm ganze Herden von Gemsen, die sie als ihre Hausthiere hegten. Seitdem kam der Bauer öfters auf die Salg in Heimgart und blieb oft länger aus. Dies bemerkte sein Weib bald und allerlei eifersüchtige Gedanken erwachten in ihr. Sie machte ihm über sein häufiges Wegbleiben die bittersten Vorwürfe und beschloß, der Ursache seiner nächtlichen Gänge auf die Spur zu kommen. Als er eines Abends wieder weggehen wollte, um, wie er sagte, eine verlorne Geis zu suchen, that das Weib gar zärtlich mit ihm, umarmte ihn und bat ihn recht inständig, ja bald wieder zu kommen. Während dem hatte sie aber, ohne daß er es bemerkte, einen Faden an einen seiner Jackenknöpfe befestigt, behielt aber den daran hangenden Knäuel zurück. Als der Bauer eine Strecke gegangen war und schon ein gutes Stück Faden vom Knäuel abgewickelt hatte, verließ auch sie das Haus und folgte dem leitenden Faden, der sie zur Salg führte. Dort traf sie ihren Mann mitten unter den Salgfräulein an, die ihm Lieder vorsangen. Wie sie dies sah, fieng sie an zu weinen und zu klagen, verwünschte den Tag ihrer Hochzeit und die Salgfräulein. Da verschwanden die Salgfräulein unter den Steinen und wurden seitdem nie wieder gesehen. Der Bauer lebte auch nicht mehr lange."[19]

Die Grotte, besonders die der wilden Frauen, ist ein Ort der Ruhe, Stille und Geborgenheit, eine Stätte, an der man wieder zur Sicherheit des Mutterleibs findet. Wenn Unordnung, Verzweiflung, Protest und Besitzanspruch dorthin eindringen, wird die Ruhe vertrieben und der Ort entweiht. Er verliert sein Mana, seine Energie, und bietet nicht mehr Zuflucht, Schutz und den vollen, integren Besitz seiner selbst. Diese Welt der Energie muss, um sich erhalten zu können, das Geheimnis achten – und dieses Thema finden wir als zentralen Punkt in der Gestalt und der weiblichen Kraft der Saligen.

Die unterirdische Welt ist die Welt des geheimen Schutzes. „Richten wir uns in der unterirdischen Welt ein", sagen die zwei spielenden Kinder in Virginia Woolfs Roman *Die Wellen*, „nehmen wir von unserem geheimen Land Besitz [...] das ist unser exklusives Universum." Die Ausschließlichkeit der unterirdischen Höhle ist der regenerierende Raum, in dem wir alle zu neuer Kraft und zu unserem innersten Wesen finden können. Doch um in die Tiefe der Grotte hinabzusteigen, müssen wir auf das Universum an der Oberfläche verzichten, auf die Gesellschaft des Zur Schau Stellens und des Images mit ihren Objekten ohne Blick, die künstlich beleuchtet werden, aber kein inneres Licht besitzen.

* * *

„Die ‚seligen Weiber', auch wilden Weiber, hausen (auch) in den Felswänden von Oberplatten auf dem Ritten gegen Signat hin, wo sie auch ein Felsenloch bewohnen."[20]

Der Felsen wird in diesen Sagen zur Urmutter. In seinen Schluchten pulsiert das Leben des naturhaft-weiblichen Heiligen: eine Auffassung, die den wichtigsten Vorstellungen des Heiligen zu eigen ist. Das Verlassen des Felsens, dieses Bildes göttlicher Kraft, wird von ihnen als tödliche Sünde angesehen – wie es auch im Deuteronomium (32, 18) heißt:[21] „An den Fels, der dich gezeugt hat, dachtest du nicht mehr."

„Oberhalb des berühmten Skiparadieses Hochsölden auf der Hamracher Alm gibt es ‚Freilaslöcher'. Das sind Löcher, die tief in den Boden hinuntergehen. Wirft man Steine hinunter, macht der Hall den Eindruck, als ob er eine Stiege hinunterführte, über die die

Steine rollen, und zuletzt, wenn sie ganz unten ankommen, hört man einen Ton wie das Klingen eines Kessels."[22]

Die Höhlen – wie die Felsen überhaupt – sprechen auch durch die Klänge zu uns: Wie in den Liedern der Saligen sagt uns der Schall etwas über die Entfernungen aus, über die Formen dessen, was sich jenseits befindet, über Gefahren und Gelegenheiten …

Die alten Leute haben oft erzählt, dass sich in der Tiefe, am Ende der unterirdischen Treppen, die großen Kochtöpfe der Saligen befinden, denen man sich aber nur nähern darf, wenn man eingeladen ist.

So wird es in dieser Sage erzählt:

„Ein neugieriger Hirtenbub wagte sich einmal mit einem Licht in das Loch hinunter, doch kaum war er einige Schritte in der finsteren Höhle vorwärtsgekommen, da kam ein wildes Fräulein und blies ihm das Licht aus. Seitdem wagt es niemand mehr, in das Loch hinunterzusteigen. Die wilden Fräulein haben daraufhin die ganze Gegend verflucht, daß sie wieder einmal vom Ferner bedeckt werden soll."[23]

Das Eindringen der Männer in die Welt der Saligen wird manchmal damit begründet, dass sie ihnen ihre Reichtümer entreißen wollen; denn diese jungen Mädchen sind – wie so oft die Personen, die die Urnatur verkörpern – Hüterinnen von Schätzen.

„Wenden wir uns den Meinungen der ladinischen Gadertaler in bezug auf die seligen Mädchen zu, so stoßen wir in den Felsschluchten des Puez auf die sogenannte Kampiller Gana. Diese bewachte in den Karen und öden Schluchten des Gebirges einen großen Schatz, wurde aber von einem neugierigen Burschen verfolgt, der auf diese Weise auf den Schatz zu stoßen gedachte. Der junge Mann scheute nicht die Warnpfiffe der Gemsen, den Schrei des Adlers und das Murren des Uhus und gelangte so zum Einstieg des begehrten Hortes. Er hatte aber nicht mit den Mächten der Natur gerechnet und wurde von einem gewaltigen Felssturz überschüttet. Die Verwüstungen waren derart groß, daß man sich noch heute schwer in der Gegend von Muntijela und Santplunf zurechtfinden kann."[24]

Die chthonischen Wohnstätten der wilden Frauen im steinigen Erdinneren sind bisweilen von einer reichen Pflanzenwelt umgeben. So wird zum Beispiel erzählt, dass sich in Zufall im Martelltal einst eine von Efeu umrankte Höhle befand. Es war der Garten der Saligen, weshalb die Gegend bis heute noch als „Schönblumleintal" bezeichnet wird.

Auch im Vinschgau hielten sich die Saligen in einem heiligen Wald bei Schluderns auf, der als „Paradiesanger" bekannt war: Es handelt sich um eine alte heilige Stätte des Tals.[25]

Die Wohnstätten der Saligen sind schmucklos und tief in der Erde, aber sie werden von Schönheit, Wohlstand und besonderem Reichtum umgeben – nicht nur dank der Schätze, die sie manchmal hüten, der in ihren Höhlen zusammengetriebenen Viehherden und der umliegenden Paradiesgärten, sondern wegen des Reichtums dieser Erde-Stein-Welt an Kristallen und Edelsteinen.

Im Gebiet am Fuß des Timmelsjochs, das über die Alpen nach Rabenstein in Passeier führt, glänzt überall Glimmerschiefer, ein Gestein, das viele rote Granatkristalle enthält. Bei diesem Gestein soll es sich um die Pflaster der wilden Frauen handeln: „Vom Timmelsjoch bis Rabenstein hat die Salige ihr Pflaster gelegt."

Auch dieses Gestein hilft uns, in die Welt des Lichts einzudringen, in die Welt der Saligen und der strahlenden Energie der Natur. Das Gestein reflektiert das Licht, aber der Granat hält es auch zurück (weshalb der Dichter Remi Belleau ihn auch als „hinterhältig schwermütig " bezeichnet hat, im Gegensatz zur „Ungeduld zu glänzen" des Diamanten).[26] Die Saligen wandeln hier auf einem Weg aus „schattigem Licht", aus zurückgehaltenem Licht. Ja, ihre Fähigkeit, das Licht zurückzuhalten, statt es einfach auszustrahlen, obwohl sie es besitzen und ihm eng verbunden sind, ist ein Bestandteil der von der Waldfrau zum Ausdruck gebrachten weiblichen Energie.

Die Salige ist kein Stern, der für alle glänzt, ist kein Showstar, sondern ein Licht, das denjenigen leuchtet, die es aufzunehmen wissen.

Die Wohnstätte der wilden Frauen zeugt von der Tiefe, von der Verbindung mit der Erde und der beständigen Festigkeit des Gesteins. Verbindung mit dem sie umgebenden und schützenden Pflanzenreichtum, durch den sie ihre Lebensauffassung ausdrücken. Zurückhaltung bei ihren Beziehungen zur Außenwelt. Eindeutige Entschlossenheit zur Wahrung des Geheimnisses der eigenen Innenwelt, die – nach einer entsprechenden Initiation – nur wenigen gezeigt werden darf und niemals denen zugänglich ist, die sich ihr mit Neugier oder Neid nähern.

Eine moderne Wilde, die Prinzessin Belgiojoso, hatte sich in ihrem Schloss in Locate ein verborgenes Arbeitszimmer einrichten lassen, zu dem nur sie den Schlüssel hatte und aus dem sie an Augustin Thierry, einen Historiker der Romantik, schrieb: „Ich befinde mich in einer Höhle. Endlich bin ich unsichtbar."

Die Wohnstätte der Saligen, dieses symbolhafte Bild der Tiefe der Natur und des weiblichen Körpers, und das sie umgebende Tabu führen uns zu einem zentralen Thema der Mythologie und der Psychologie der wilden Frau. Es handelt sich um das Geheimnis: ein Wissen, das der abendländischen Frau heute fast verloren gegangen ist, ja das sie als Fehler ansieht, als Manko, als Hindernis bei der Kommunikation. Und doch steht gerade dieses Geheimnis im Mittelpunkt der Beziehung zwischen dem Weiblichen und der Natur. In der heutigen Show- und Kommunikationsgesellschaft aber mag es ganz und gar anachronistisch erscheinen, die eigene Wohnstätte verbergen und die Diskretion des eigenen Zuhauses (das im Übrigen vielleicht das ausdrucksstärkste und universellste Symbol des Körpers ist) hüten zu wollen. Auch die ganze oberflächliche Psychosoziologie über die Selbstgefälligkeit und den Exhibitionismus der Frauen versucht sie zu überzeugen, dass es für sie unmöglich ist, eine spezifische Körperlichkeit zu haben und den eigenen Körper wie ein Geheimnis zu wahren, ohne ihr ureigenstes Wesen zu verneinen.

Doch unter den großen weiblichen Archetypen[27] bedient sich einzig Venus-Aphrodite des verführerischen Reizes der Zurschaustellung – dieses Reizes, der allen Göttinnen des Heimes, angefangen bei Vesta, fremd ist, den großen Göttinnen des pflanzlichen Wachstums wie Ceres, den Göttinnen der Kultur und der Gesellschaft wie Pallas Athene. Aber am wenigsten zu Zurschaustellung und Verführung hingezogen fühlt sich die Göttin, die den Archetypus der modernen Frau, die „eins mit sich selbst" ist, am besten verkörpert: Artemis-Diana, die mächtige Jungfrau der Natur. Diese Beschützerin der Natur und der Frauen, die einen unfehlbaren Bogen besitzt, tötet den Jäger, der – hinter einem Busch versteckt – ihren heiligen Körper heimlich zu betrachten wagt. Artemis steht unter den weiblichen mythologischen Gestalten der wilden Frau zweifellos am nächsten; denn sie bewegt sich im gleichen archetypischen Kreis: in der unberührten Natur und dem unversehrten, heiligen Weiblichen. Aber auch ohne Artemis als Bezugspunkt der Entwicklung der modernen Frau hinstellen zu wollen – wenn wir die

Archetypen des ewig Weiblichen mit der Frau von heute vergleichen, stellen wir fest, dass das von der Show- und Konsumgesellschaft auferlegte weibliche Bild der eigentlichen weiblichen Natur, die vom kollektiven Unbewusstsein durch archetypische Bilder ausgedrückt wird, zutiefst widerspricht. So braucht es nicht zu verwundern, dass sehr viel mehr Frauen als Männer sich an die psychiatrischen Dienste wenden.

Die geheimen Begegnungen mit den wilden Frauen

„In der Wildschönau ist eine Alm, der Wildenbacher Baumgart genannt. Dort oben wohnten die wilden Fräulein, und noch jetzt zeigt man die drei Höhlen, in welchen sie daheim waren. Sie erwiesen sich stets lieb und freundlich und thaten niemand etwas zuleide. Auf die schmucken Bauernburschen aber hatten sie ein scharfes Auge und waren mitunter, wenn sie den rechten erblickten, kindisch vernarrt. Sie ließen nicht ab, bis sie ihn in ihrer Gewalt hatten, und zogen ihn schmeichelnd und liebkosend in ihre dunkle Behausung. Mußte der Bursche wieder heim, dann ließen sie ihn wieder gehen, ja sie gaben ihm noch reichlichen Lohn mit auf den Weg und baten ihn, wiederzukommen. Es war, als ob sie fürchteten, daß ihr Geschlecht aussterben könne, darum begehrten sie kräftigen Nachwuchs. Hatte es ein Senner gut bei ihnen, so kamen sie nicht selten in seine Schweige auf Besuch, halfen ihm bei der Arbeit und leisteten ihm vortreffliche Dienste, damit das Leben des Bauern, seines Bodens, seines Heims und seiner Familie reichlich Früchte trug.“[28]

Das Interesse und die Achtung für das Leben ist einer der hervorstechendsten Charakterzüge der Saligen, ist ein Zeichen, das sie begleitet und sich auf ihr Tun und Handeln auswirkt.

Zum Beispiel wird folgende Geschichte erzählt:
„Da begab es sich, daß auf der genannten Alm eines Tages ein Wildschütze erschossen wurde. Das kränkte die wilden Fräulein dermaßen, daß sie klagend ins Thal riefen: ‚Hier sind die Menschen Scheiben, / Wir können nimmer bleiben‘ und für immer aus der Gegend wanderten. Mit ihnen schwand auch Glück und Segen, und seither ist die Alm bei weitem nicht mehr so schön und einträglich wie vorher."[29]

Aus Sagen wie dieser sprechen die besondere Achtung und Liebe zum Leben, wie sie für die Saligen charakteristisch sind: eine Frau, die die Lust als vitalen Ausdruck genießt, zu dem auch die Fortpflanzung gehört, und die immerfort Hingabe zum Leben aller anderen Lebewesen an den Tag legt, das niemals missachtet werden darf.

Die Saligen und die Tiere

Die Saligen, diese schönen Wald- und Berggeschöpfe, treten aus Liebe zum Leben auch als Beschützerinnen des Wildes auf, sodass sie den kaltblütigen Jägern sehr oft gram sind – wovon in vielen Sagen erzählt wird. Wenn ein Reh oder eine Gämse schon anvisiert wurde, kam aus dem Walde oder vom Berg herab oft ein durchdringender Ruf, mit dem die Saligen das Opfer verscheuchten und den Jäger aus der Fassung brachten.

* * *

„Am Schwarzsee unweit vom Reschen hatte einmal ein Jäger auf ein junges Reh geschossen, und er folgte durch das dichte Gestrüpp der Spur des verwundeten Tieres. Er gelangte an eine Waldlichtung, wo er dasselbe zu Füßen einer schönen, blassen Jungfrau liegend fand, die gerade beschäftigt war, dem armen Tierchen die Wunde auszuwaschen und einen Verband von heilsamen Kräutern anzulegen. Als der Jäger herankam und mit roher Faust sein Opfer ergreifen wollte, erhob sich die Jungfrau mit zornfunkelnden Augen und rief, ihm ihre schneeweiße Hand entgegenstreckend: ‚Laß ab, laß ab. Der nächste Mond bescheint dein Grab!' Und so geschah es auch. Noch ehe der Mond sich erneuerte, hatte die Kugel eines Wilderers dem unbarmherzigen Jäger das Lebenslicht ausgeblasen."[30]

Andere Male dagegen wurde die Bitte der Saligen um das Wohl des Tiers erhört.

„Auf dem Hinteregger in Osttirol verfolgte ein Jäger eine Gemse, als eine Höhlenfrau erschien und ausrief: ‚Schieß mir mein Geislein nit, schieß mir mein Geislein nit!'"[31], woraufhin der Jäger das Tier weglaufen ließ.

In anderen Geschichten werden die Jäger von den wilden Frauen gezwungen, mit ihnen Vereinbarungen für die Zukunft zu treffen und sich ihrer Missetat bewusst zu werden – wie es in folgender Geschichte erzählt wird:

„Ein Jäger, der den ganzen Tag gejagt hatte und sehr müde war, kam spätabends zu einer leeren Sennhütte. Er beschloß, darin zu übernachten, legte seine gemachte Beute, eine fette Gemse, aufs Dach hinauf und gieng in die Hütte. Als er dort bei einem aufgemachten Feuer sich wärmte und die Abendkost bereitete, hörte er plötzlich ein Jammern vor dem Hause und vernahm deutlich die Worte: ‚Da liegt uns're schöne Kuh, sie ist todt, ja todt.' Gleich darauf kam ein wunderschönes Weib in die Hütte und sprach: ‚Du hast uns eine Kuh getödtet, deßhalb will ich dich in Stücke zerreißen.' Der Jäger erwiderte aber, ohne sich lange zu besinnen: ,Und ich erschieße dich.' Da fürchtete sich die Fanga doch ein wenig und sprach: ,Diesmal will ich dir noch nichts zu Leide thun, aber wenn du noch in Zukunft eine unserer Kühe tödtest, dann Wehe dir! Doch komme in unseren Stall, dann kannst du sehen, wo uns die Kuh abgeht.' Der Schütze folgte den Worten der Fanga und gieng mit ihr. Sie führte ihn in eine unterirdische Höhle, in welcher ringsum Krippen angebracht waren. An jeder hieng eine Gemse, nur eine Stelle war leer. Auf diese wies die Fanga hin und sprach: ,Siehst du, hier ist eine leere Krippe, hier hast du uns eine Kuh herausgeschossen. Jetzt geh' nach Hause und thu' unsern Kühen kein Leid mehr.' Der Jäger gieng aus der Höhle und schoß keine Gemse mehr."[32]

Die Jäger mussten sich also entscheiden, ob sie die anmutigen Mädchen treffen und bewundern oder aber jagen wollten.

So wird zum Beispiel erzählt, dass es auch in Sulden viele Plätze gab, auf denen sich die wilden Fräulein aufhielten.[33] Die alten Leute behaupten sogar, gesehen zu haben, wie die schönen Saligen auf den Steinen saßen, sich kämmten und ihre weiße, leuchtende Wäsche aufhängten. Auch mehrere Jäger hatten das Glück, diese seligen Bergfräulein zu sehen. Aber wenn sie ihnen begegneten, war es an dem Tag mit dem Jagdglück vorbei; denn die Gämsen waren die Haustiere der Saligen und wurden von ihnen beschützt.

Fast alle Jäger kehrten deshalb heim, sobald sie eines wilden Fräuleins ansichtig wurden; denn an dem Tag hätten sie sowieso nichts mehr erbeutet.[34]

„Eine andere Sage meldet über das Verschwinden der Salgfräulein, daß sie zur Zeit, als das Schießen aufkam, weinend und heulend über Gebirg und Jöcher geflohen und nicht mehr wieder zurückgekehrt seien."[35]

In der engen Beziehung zwischen den Saligen und den Tieren und dem Schutz, den sie ihnen gewähren, kommt gut ihre Rolle als Vertreterinnen der Kräfte des Naturhaft-Weiblichen zum Ausdruck, angefangen bei den Kräften des Lebens, und der Instinkte, deren Verkörperung die Tiere sind. Auch heute braucht man, um sich wieder den Kräften des Urweiblichen, des Waldes und des uranfänglichen Lebens zu nähern, die Freundschaft und die Kenntnis der Tierwelt.

Neurosen und psychische Krankheiten trennen uns unweigerlich gerade von den Tieren in uns, von ihrer Kraft und ihrer festen Ausrichtung gemäß den Gesetzen der Natur. Die Träume, in denen die Tiere erkranken oder sterben, sind gewöhnlich besorgniserregende Träume, die uns sagen, dass etwas von unserem Instinkt und somit von unserer Lebenskraft sich zu verschlechtern beginnt.

Eines der Symptome einer Neurose ist oft gerade die Furcht vor Tieren, begleitet von übermäßig-obsessiver Sorge um die Hygiene. In Wirklichkeit ist die gesamte abendländische Kultur der späten Moderne dieser Neurose ausgeliefert, die nunmehr zu einer kollektiven Pathologie geworden ist. Die Leidenschaft für wilde Tiere und der Versuch, Schlangen oder Primaten zu zähmen, ist dagegen die andere Seite derselben Medaille und zeugt von unserem Verlust einer ausgeglichenen Haltung in unserer Beziehung zur Tierwelt. Und zum Instinkt.

Unsere Zeitgenossen haben verzweifelt versucht, die Welt der lebenden Natur von sich fernzuhalten, dieser Welt, die von der raschen Verbreitung biologischer Organismen charakterisiert wird, von kleinen und großen Kreaturen der Tierwelt – um sie durch eine künstliche, aseptische, durch ausgefeilte Technologien gereinigte Welt zu ersetzen. Diese Welt aber ist ohne Leben und ohne Sinn für das Lebende. Sie führt zur Abneigung gegen die Nahrung, wie sie typisch für magersüchtige Personen mit Essstörungen ist.

Andererseits ist diese Welt nicht einmal in der Lage, die Kraft des biologischen, natürlichen Elements zu besiegen: In Krankenhäusern, wo mehr Desinfektionsmittel als anderswo verwendet werden, sind Viren und Bakterien stärker denn je. Die wahre Therapie für die Neurosen unserer Zeit besteht keineswegs darin, immer wirksamere Verteidigungsstrategien dem Biologischen gegenüber zu entwickeln, wie es uns Bücher und Zeitschriften vorgaukeln, die von der Entstehung von Ängsten leben, sondern sie muss eine neue, ausgewogene Nähe und Freundschaft zur Tierwelt beinhalten.

Es ist kein Zufall, dass Georg I. Gurdjieff, der armenische Weisheitslehrer, Dichter, Heiler und Choreograf, in unserem schon von den Industrialisierungsprozessen zutiefst in der Seele verletzten Europa der von TBC geschwächten Schriftstellerin Katherine Mansfield vorschrieb, in seinem Landgut Prieuré in Fontainebleau bei Paris „tierverbunden" zu schlafen: auf einem im Stall über den Kuhkrippen angebrachten Brett. Eben angesichts dieser therapeutischen Wirkungskraft der Tiere wird in den Reha-Zentren für Drogenabhängige großer Wert auf die Beziehung zu den Tieren gelegt, und das mit bemerkenswerten therapeutischen Erfolgen. Und bei einer ganzen Reihe von auch psychischen Erkrankungen, die mit der Trennung des Körpers von der Natur zusammenhängen, erweist sich die Beziehung zu den Tieren, zum Beispiel den Pferden, als sehr viel wirksamer als synthetische Arzneien oder Behandlungen durch Koryphäen.

Tiere sind Beweise für die pure Kraft des Lebensinstinkts.

Aus diesem Grund werden sie von den wilden Frauen geschützt.

Moderne Wilde und die Welt der Tiere:
Brigitte Bardot und Josephine Baker

Wie man auch bei den modernen wilden Frauen beobachten kann, ist die Freundschaft zu den Tieren ein bis heute stark ausgeprägter weiblicher Charakterzug: einer der Verbindungspunkte zum Leben und zum Instinkt, auf den auch die zeitgenössische Frau, die ständig Gefahr läuft, zu einem Objekt oder einem Produktions- und Konsuminstrument zu werden, den größten Wert legt. Dabei kommt uns spontan Brigitte Bardot ins Gedächtnis, Star und sehr wilde Frau, die einen guten Teil ihres Lebens in der einsamen Macchia an der Côte d'Azur verbracht hat, da sie die Welt des Showgeschäfts und das Leben in der Pariser Metropole nicht ertrug, und sie hat große Energie und ungeheure Leidenschaft zugunsten der Tiere verwandt, besonders der Seehunde.

Noch wilder war eine zweite Protagonistin des Showbusiness, die schwarze Tänzerin Josephine Baker, eine der meistgeliebten Frauen des vorigen Jahrhunderts, tanzende Ikone der naturhaften Weiblichkeit und des freiesten Instinkts, die von Kindheit an große Liebe zu den Tieren empfand. Sie war in einem der ärmsten und verwahrlosesten Viertel von Saint Louis in den USA geboren, und von klein auf war sie von Musik und Tanz begeistert, verkehrte mit Künstlern und Gauklern. Einmal hatte sie eine Schlange auf eine Beerdigung mitgenommen[36], bei der unter den Schwarzen damals musiziert und getanzt wurde. Als die Schlange ihr entschlüpfte, rannten alle Hals über Kopf davon, die noch offene Bahre kippte um, der Leichnam rollte heraus, und die erzürnten Verwandten und Freunde des Verstorbenen töteten die Schlange – woraufhin die kleine Josephine, die damals noch Tumpy hieß, aus voller Kehle schrie: „Ihr habt meine Freundin getötet!". Das zukünftige Symbol der naturhaften Weiblichkeit und des Tanzes empfand sich als Freundin und Schwester einer Schlange.

Elizabeth Costello und „Das Leben der Tiere"

Wieder eine Frau, die fiktive betagte Schriftstellerin Elizabeth Costello, bringt in dem vor einigen Jahren erschienenen Roman „Das Leben der Tiere" von J. M. Coetzee[37] die ganze Universität in Verlegenheit, als sie eine provokatorische Anklagerede gegen das tägliche Massaker von Tieren hält, das die Schriftstellerin mit dem Holocaust vergleicht (womit sie nicht wenige Intellektuelle vor den Kopf stößt). Elizabeth Costellos Haltung ist nicht nur bemerkenswert, weil sie sich gegen das Töten der Tiere ausspricht, sondern weil sie dazu zwei wichtige Eigenschaften der „wilden" Anschauung mit einspielen lässt, die den Saligengestalten gemein sind: Das erste Kennzeichen ist die Vorherrschaft des Lebens dem rationalen Bewusstsein gegenüber, das in unserer heutigen Welt die Oberhand gewonnen hat. Die Tiere „haben kein Bewusstsein, *also*", redet Elizabeth Costello sich in Hitze. „Also was? Also steht es uns frei, sie für unsere eigenen Zwecke zu nutzen? Also steht es uns frei, sie zu töten?" Das Bewusstsein also, das Ich, das cartesianische *Cogito*, die Rationalität sind in den Augen dieser klugen Wilden sehr viel weniger wert als das Leben, als jedes Leben.

Das zweite Merkmal der „wilden" Gesinnung, wie sie die äußerst moderne Romanfigur der Elizabeth Costello an den Tag legt, ist die Wertschätzung der Empathie, des Sich-in-andere-Hineinversetzens, eine Erscheinung, die allen Lebewesen ein gemeinsames Lebensgefühl verleiht. Die Entwicklung des rationalen Bewusstseins, vor allem aber der Bezug auf das individuelle Interesse, hat diese Erfahrung abgebrochen, ja uns die Fähigkeit genommen, sie zu erleben. Der Horror – so gibt es Elizabeth zu verstehen, wenn sie von den Konzentrationslagern und der Tötung der Tiere spricht – erwächst aus der Weigerung der Mörder (und aller anderen), sich in die Lage ihrer Opfer zu versetzen. „… Mit anderen Worten, sie verschlossen ihr Herz. Das Herz ist der Sitz einer Fähigkeit, *des Mitgefühls*, die es uns erlaubt, manchmal Anteil am Leben eines anderen zu nehmen", eines anderen Lebewesens. Wer diese Fähigkeit überhaupt nicht besitzt, ist in den Augen von Elizabeth in Wirklichkeit ein Psychopath, ein Verrückter. Und das Individuum der späten abendländischen Modernität, das ganz und gar in seinem Kalkül und seinem Ich verstrickt ist, ist es oft auch. Die wilde Frau dagegen, die das Töten und das sinnlose Leiden nicht duldet, ist es niemals – wie es auch niemals die Natur ist, die allen Lebewesen gegenüber tiefste Empathie empfindet. Gewiss, sie mag manchmal grausam erscheinen, aber sie ist niemals zerstreut, zeigt niemals emotionelle und intellektuelle Distanz wie dagegen der menschliche Henker.

Ihre Gaben

Mit dem Auftreten der wilden Frau (wie im Übrigen auch des wilden Mannes[38]) tritt im Leben des Individuums und der Gemeinschaft die Gabe zutage, die Unentgeltlichkeit, das freie Sichverausgaben seiner selbst.

Die Waldfräulein verteilen Geschenke, weil sie die Energien der Götter besitzen, die unerschöpflichen Kräfte des Naturhaft-Heiligen.

So zum Beispiel sieht es Goethe:
Die ihr Felsen und Bäume bewohnt, o heilsame Nymphen,
Gebet jeglichem gern, was er im Stillen begehrt!
[…]
Denn euch gaben die Götter, was sie den Menschen versagten,
Jeglichem, der euch vertraut, tröstlich und hülfreich zu sein.[39]

In der Tat kann das Geschenk als Ausdruck der Energie der Ur- und Naturkräfte angesehen werden, die der Mensch immer als heilig betrachtet hat (mit Ausnahme der letzten 200 Jahre im Abendland). Und wie alles Heilige tritt die Natur gebend in Erscheinung, da sie Energien im Überfluss besitzt. Der Theologe und Religionswissenschaftler Rudolf Otto hat es folgendermaßen ausgedrückt: „Ja, die Sache liegt vielmehr so, daß das Wort heilig und seine sprachlichen Gleichwerte im Semitischen, Lateinischen, Griechischen und in anderen alten Sprachen zunächst und vorwiegend *nur* diesen Überschuß bezeichneten und das Moment des Moralischen überhaupt nicht berücksichtigt wurde.“[40]
Die Welt der Naturkräfte und des Heiligen ist somit die Welt des Überflusses und der Fülle.
Die Welt des rationalen Denkens ist dagegen zu einem großen Teil die Welt des Kalküls, der Mäßigung und der Kontrolle.
Der energetische und psychologische Unterschied zwischen diesen zwei Bereichen wird deutlich, wenn wir einen Wald und eine Fabrik betrachten. In der industriellen Organisation beschränkt man sich darauf, Rohstoffe oder vom Menschen erzeugte Materialien zu verarbeiten, oft auf geniale Art und Weise. In der Natur dagegen fällt das Übermaß, das Überschüssige im Vergleich zu dem, was der Mensch zur Verfügung stellt, sofort ins Auge.
Im Schoß der Erde wickelt sich ein kreativer Prozess ab, der – was die Vielzahl der Ergebnisse anlangt – nur mit den Vorgängen im

menschlichen Körper verglichen werden kann, der ja ein Bestandteil der Natur ist. Die Welt der Urnatur ist demnach in erster Linie
die Welt des Überflusses, des Überschusses und des Übermaßes
zwischen dem kleinen Samen, den der Mensch liefert, und dem
Feld, dem Baum und dem Wald, den die Naturkräfte hervorbringen und hinzufügen, aber auch ohne Vorankündigung zerstören
können: dies der destruktive Aspekt des Naturhaft-Heiligen.

Die unberührte Natur, die Wildnis, ist somit als gegensätzliche
Welt zu dem Milieu anzusehen, in dem der Mensch der Moderne
lebt – in dieser im Grunde von Mangel gekennzeichneten Welt,
auch wenn wir sie gewöhnlich als Reichtum bezeichnen. Der Mann
und die Frau der Moderne glauben, dass ihre Verdienste nur ein
Ergebnis ihrer fortlaufenden Investierungen und Kalküle sind:
Nichts wird ihnen gratis zuteil. Das Uns-dem-Leben-Anvertrauen,
das wir als „Fatalismus" bezeichnen, wird als Unverantwortlichkeit
verurteilt: Nur unter großen Mühen kannst du etwas erreichen,
nur bei einer strikten Kontrolle der Lage kannst du es erhalten.

Die Sprache und das Verhalten der wilden Frau, die die natürliche
Welt der Fülle vertritt, werden dagegen vom „Sichgeben" geprägt.
Durch dieses Geben und Sichgeben offenbart sie ihre Energien
und ihr Vermögen, in das Leben der Menschen einzugreifen.

Tabu ist für die wilde Frau dagegen alles Merkantilistische, es ist
als schwere Verletzung ihres heiligen Charakters anzusehen. Die
Bezahlungen, die Güter, die ihr nicht als Opfer an eine überpersönliche Macht, sondern als persönliche Vergütung gegeben werden, das utilitaristische Prinzip des *do ut des*, des „Ich gebe, damit
du gibst", beleidigen sie und führen dazu, dass sie sofort wieder in
den Wald zurückkehrt, in die Wildnis.

Die wilde Frau symbolisiert keine prunkhaft-üppige, sondern im
Gegenteil meist eine essenzielle Weiblichkeit, die aber ständig gibt
und schenkt: Arbeit, wertvolle Güter, Rohstoffe aus der Natur. Sie

will beweisen, dass man sich auf die natürliche Welt, deren Sinnbild sie ist, immer und zu allen Zeiten verlassen kann, sofern man
sie achtet und in Ehren hält.

Das vitale Geschenk: der kostbare Samen

Das erste Geschenk der wilden Frau ist das, was Leben hervorbringt: der Samen. Die Saligen hüten die Samen, sie wissen, wann
und wo sie zu säen sind und wie die Fruchtbarkeit erhalten werden
kann.

So wird es in dieser Geschichte erzählt:
„Ein altes und armes Mütterlein, dessen ganze Habe in ein paar
Geißen und einem Äckerlein bestand, weidete einst seine Tiere an
den besonnten winzigen Flecken der öden Felshänge des Naturnser
Sonnenberges, nahe bei dem verschollenen Riesenschloß, das mit
der Burg Juval durch eine lederne Luftbrücke verbunden war. Him-
melan erhebt sich in der Gegend eine weithin sichtbare rötliche
Felsenwand, die Rotwand genannt. Hier lag seit undenklichen
Zeiten der saligen Fräulein Reich, die die Menschenkinder liebten,
sie häufig anlockten und gut berieten. Ermattet von der prallen
Sonnenhitze, sank die fleißige Hirtin auf einen heißen Felsblock
nieder. Ein schwerer Seufzer entrang sich ihrer Brust, herrschte
doch ein Mißjahr, das alle Feldfrüchte und Gräser vernichtet hatte.
Die sonst wählerischen Ziegen mußten mit verdorrten Disteln und
Dornen vorliebnehmen. Mit Schaudern dachte die alte Frau an die
kommende Hungersnot für ihre Lieblinge und sich selbst. Dabei
war sie allmählich sanft eingenickt vor Hunger und Schwäche.
Plötzlich erwachte sie und erschrak mächtig, als sie sich von einer
Schar schöner, hochgewachsener Frauen mit langem, wallendem

Blondhaar in weißen Kleidern umgeben sah. Es waren die saligen Fräulein. Eine von ihnen überreichte ihr anmutsvoll ein mit schwarzen Körnern angefülltes Körblein und ermunterte sie, ohne Furcht und Sorge zu sein und jene Körner sofort in ihrem Acker anzusäen. Aus dem Samen würde eine hundertfältige Frucht erwachsen, und solange diese ordentlich angebaut werde, würde es den Menschen niemals an Nahrung fehlen. Sprach's und entschwebte mit ihren Gefährtinnen wie ein Sonnenstrahl. Das verwirrte Weiblein fand nicht einmal die Zeit, sich bei der lieblichen Frau zu bedanken. Es brachte das Zeggerle mit allen ihm unbekannten Körnern zu Tale und bestellte mit ihnen, die nicht gar werden wollten, nicht nur sein eigenes Äckerchen, sondern auch die Felder der Bauern im Dorf und Umgebung. Als dann die Pflänzlein kniehoch aufgeschossen waren, bildeten sie ein rosarotes Blütenmeer, aus dem summende und brummende Bienen geschäftig den köstlichen Honig sogen. Noch ehe die Herbststürme über die Felder und Fluren brausten, waren die leeren Getreide- und Mehltruhen mit der neuen, vortrefflichen Frucht, mit dem Schwarzplenten, gefüllt."[41]

Vertrau dich der Natur an, pflanze den unbekannten Samen, diese Frucht der Urerde, die ich dir in die Hand gebe, vertreib alle Angst vor Not und Mangel, hab Vertrauen in den Reichtum des Lebens, das gebührend empfangen und gepflegt werden muss: Dies ist die einfach-elementare und zugleich äußerst starke, positive Message der Saligen.

Sie steht ganz im Gegensatz zu der auf dem Mangel aufbauenden Aussage, die von der Lebensmittelindustrie mit mediatisch-finanzieller Unterstützung übermittelt wird: Die Natur reicht nicht aus, um die Menschen zu ernähren, und entweder kauft ihr unsere manipulierten Samen, oder der Hunger gewinnt die Oberhand. Dabei ist unwichtig, dass diese Samen sich auf natürliche Weise nicht vermehren können und daher jedes Jahr durch andere manipulierte Samen ersetzt werden müssen, und es spielt keine Rolle, dass die guten und starken Samen der nicht behandelten Natur, samt dem des Menschen, immer schwächer werden, je weiter sich die manipulierten Samen verbreiten. Und es ist bedeutungslos, dass die lebenden Organismen, die sich von der biodynamischen Reichhaltigkeit der Natur entfernen, durch die verschiedensten degenerativen Formen geschwächt werden, sodass sie immer stärker von der industriellen Erzeugung abhängen. Zur Aufdeckung des Betrugs der gentechnisch veränderten Nahrungsmittel aus ärztlicher Sicht verweisen wir in diesem Zusammenhang auf das Buch *I semi del futuro. Riflessioni di un medico sui cibi transgenici* von Sergio Maria Francardo[42]. Dabei ist zu unterstreichen, dass sie – unter symbolischem und psychologischem Gesichtspunkt – der obsessiven Welt des Mangels und der Kontrolle angehören, im Gegensatz zur psychologisch gesunden Welt des Sich-der-Natur-Anvertrauens.

Das Geschenk des Webens und des Garnknäuels

Die Salige versetzt die Frau in die Lage, weben zu können, indem sie sie mit dem nötigen Material versorgt.

So wird es in folgender Geschichte erzählt:
„Zur Triendl, einer fleißigen Defereggerin, die sich darauf verstand, besonders schöne Wolldecken zu weben, kam in einer Vollmondnacht eine Selige mit einem Knäuel bunter Wolle und sagte: ‚Diese Wolle wird nie ein Ende nehmen, sofern du mich nie verrätst.' Die Triendl verstand zu schweigen. In der nächsten Quatembernacht, in der sie wie immer fleißig wirkte, erschien die Selige

wieder, und zwar nun mit einer besonders schönen bunten Wolle; diese machte sie der Triendl zum Geschenk, weil das Mädchen still zu sein imstande gewesen war. Außer den Decken begann die Triendl nun auch schöne Strohhüte herzustellen, zu denen die Selige bis in die jüngste Zeit unentgeltlich das Stroh lieferte."[43]

Die Salige schenkt der Frau nicht nur das zum Weben notwendige Material, sondern sie vermittelt ihr auch die Grundkenntnisse über Garne und Gewebe – diese Symbole traditionellen weiblichen Wissens.

In den meisten Kulturen gibt es eine weise Göttin, die der Frau das Weben beibringt, als Sinnbild der Fähigkeit, Lebensgewebe zu schaffen und die Fäden zu einem harmonischen Muster zusammenfügen zu können. In Griechenland bringt Pallas Athene, auch sie eine jungfräuliche und somit „unberührte" Göttin ohne jegliche psychologische Abhängigkeit vom Mann, der Frau bei, mit Geduld und ihrer *metis* (den praktischen weiblichen Kenntnissen) den Lebensfaden zu weben.[44] Mit dem Weben erwirbt sich die Frau nicht nur materielle Selbstständigkeit: Sie schafft das Gewebe ihrer persönlichen Geschichte und teilweise auch der ihrer Gemeinschaft (siehe in diesem Zusammenhang das Kapitel „Die Frauen, die das Schicksal weben: die Nornen und die Walküren", S. 140).

Dieses alte Thema des Weben-Könnens der Frau, des in körperlichem wie psychologischem Sinn zu verstehenden Gewebes, wird von der Saligen durch zwei weitere Elemente ergänzt.

Einer dieser Aspekte, dem wir in unseren Geschichten oft begegnen, hängt wieder mit dem Geheimnis zusammen: Die Frau darf nicht verraten, woher sie ihre Güter und Schätze hat. Um ihre Energie zu bewahren, muss die weibliche Welt des Überflusses tabu bleiben und darf ihre Quellen nicht preisgeben.

Der zweite Gesichtspunkt ist unweigerlich die Abwendung vom negativen intellektuellen Kalküldenken des Wann-wird-das-Enden?

So wird es in folgender Geschichte erzählt:
„Eine Jungfrau von der Lecklahne war bei einem Bauern im Dienst und hielt ihren Namen gar geheim. Als einmal ein Knecht aus dem Wald nach Hause kam, sagte er zu ihr: ‚Jetzt weiß ich einmal, wie du heißest‘, und nannte sie bei ihrem Namen. Da gieng sie klagend und jammernd zur Bäuerin in die Küche und sagte: ‚Jetzt muß ich fort, fort! Da geb’ ich euch zum Andenken einen Zwirnknäuel. Bewahrt ihn wohl auf!‘ Mit diesen Worten verschwand die Jungfrau. Der Knäuel hatte die wunderbare Eigenschaft, daß nie ein Ende hergieng, man mochte Jahr und Tag Zwirn davon abwinden. Als aber nach etlichen Jahren die Näherin auf der Steer war, sagte die Bäuerin: ‚Ich muß doch einmal sehen, ob der Zwirn gar kein Ende hat‘ und begann ihn neugierig abzuwickeln. Und sieh – da war der Zwirn bald gar, und eine unsichtbare Hand klopfte ans Fenster. Auch soll eine klagende Stimme sich haben vernehmen lassen. Seit dieser Zeit gieng die Wirthschaft den Krebsgang und Sorgen und Kummer zogen ins Haus ein.“[45]

Der Reichtum, den die Salige den Bauern beschert hatte, ist durch die unkluge Neugier und Selbstsucht verscheucht worden.

Die Frage nach dem Ende (eine Folge des Mangels, der wahren Göttin unserer Welt) schließt immer auch die Befürchtung um die Kontrolle ein – was der Gegensatz des Sichanvertrauens ist. Das sehen wir auch in der heute am meisten verbreiteten Neurose, der Zwangsneurose, in der das Individuum (oft eine Frau) eine innere Nötigung zur Kontrolle von Handlungen und Denkbewegungen empfindet (was ihre phobische Furcht nur noch erhöht); denn sie ist nicht mehr in der Lage, sich der Natur anzuvertrauen, der sie misstraut, da sie sie nicht kennt. Wenn die Frau in diese Verhaltensweise verfällt, alles zu berechnen und zu kontrollieren beginnt und sich von der (bisweilen als Neugier kaschierten) Angst des „Wann wird das enden?" erfassen lässt, verlässt sie die Welt der Fülle der Natur: Mit dem Überfluss ist es sofort zu Ende, und es setzt Not ein. Paradoxerweise ist es nämlich schwieriger, den Überfluss zu akzeptieren, als gegen die Armut anzukämpfen – was jeder erfahrene Psychoanalytiker weiß: Es ist schwierig, einen Armen erfolgreich zu behandeln, aber fast unmöglich, einen Reichen zu heilen. Es ist eine schwere Probe für das Ich, das selbstlose Geschenk der großzügigen Saligen zu akzeptieren: einen Knäuel, der allein durch seine Existenz die grenzenlose Fülle ausdrückt. Es ist eine Probe, die das individuelle Bewusstsein mit seinen Kalkülen und Überlegungen dazu bringt, zugeben zu müssen, dass es eine – im Übrigen mächtige und reiche – überpersönliche Welt gibt, die das Ich weder kontrollieren noch beherrschen kann, sodass ihm nichts anderes übrig bleibt, als sich ihr hinzugeben und dankbar anzuvertrauen. Angesichts dieser möglichen Einschränkung der eigenen Macht zieht es das Ich, das individuelle Bewusstsein, oft vor, alles auf das gewöhnliche, ihm vertraute Universum der Bedürfnisse und des Mangels zu beschränken – dieses Universums, das es zumindest zu kontrollieren und besiegen suchen kann (auch wenn das Unbewusste weiß und sagt, dass es sich um einen aussichtslosen Kampf handelt: Aber darauf hört man nicht).

So kann es sogar vorkommen, dass gerade die beschenkte Person die Gabe verflucht – wie in dieser Geschichte. Sie erzählt von einer Saligen, die der Bäuerin einen Knäuel Garn gab, „mit dem Auftrag, nie zu wünschen, daß es ein Ende nähme. Die Salige verschwand. Der Knäuel aber besaß eine Wunderkraft. Er ging nie aus. Als es der Magd einmal zu bunt wurde, fluchte sie: ‚Daß dich der Teufel hole!' Im selben Augenblick verschwand der Knäuel."[46]

Bisweilen ist das Übertreten des Tabus des Kalküls einzig die Folge purer Neugier. Das ist bei traditionellen Vorstellungen allerdings nicht weniger misslich; denn auf diese Weise wird törichterweise die Energie verschwendet, die aus der heiligen, stillen Beziehung zum erhaltenen Geschenk hervorgegangen war.

„Beim Meßner in Afers hat ein selig's Weibele einen Fadenknäuel zur Thüre hineingeworfen und gesagt: ‚Fragt nicht nach dem End'!' Der Knäuel ist nie gar geworden. Einmal hat die Näherin gesagt: ‚Wo ist denn da ein End'?' Darauf hat sie nur mehr ein Häufel Asche in der Hand gehabt."[47]

In diesem plötzlichen, durch die Frage nach der Menge der Gabe bewirkten Ende des Reichtums erkennen wir das, was jede Auffassung vom Heiligen immer als unerlässliches Sichanvertrauen an die Götter oder an die Kräfte der Urnatur hingestellt hat; denn schon allein der Verdacht ihnen gegenüber reicht aus, um ihr Wohlwollen einzuschränken.

Im Katholizismus tritt die ewige Fülle des Heiligen als göttliche Vorsehung in Erscheinung, die oft durch Bilder schöner, leuchtender Jungfrauen wiedergegeben wird (sehr suggestiv die üppige von Simone di Gaeta gemalte Jungfrau, die sich in der Barnabitenkirche in Rom befindet und der wundertätige Eigenschaften zugeschrieben werden).

Eine symbolisch ärmere, rein als psychologische Methode angewandte Version ebendieser Auffassung des Sichanvertrauens an das Leben und seine überpersönlichen Kräfte ist das, was von einem großen Teil der New-Age-Bewegung sowie verschiedenen psychologischen Strömungen in Amerika als „positives Denken" empfohlen wird: als *think positive*.

Das Geschenk des Garnknäuels und die moderne Frau

In der Schwierigkeit, das Geschenk des Lebens anzunehmen – den Garnknäuel, den eine gütige Salige dir zugeworfen hat, während du schliefst –, kommt mit allergrößter Deutlichkeit die Malaise der abendländischen Frau unserer heutigen Zeit zum Ausdruck. Schon früh beginnt die Furcht vor dem „Wann wird das enden?", die sich aus mangelndem Vertrautsein mit einer überpersönlichen und natürlichen Dimension ergibt, der man sich anvertrauen könnte.

Schon beim ersten Jugendlichen, der sich in sie verliebt, denkt das junge Mädchen, das die Wilde in sich nicht (er)kennt, ständig: „Wann wird er mich verlassen, wann wird das enden?" Die Eifersuchtsszenen und die Streite, mit denen es oft nur den „Widerstand" des Jungen auf die Probe stellen will, werden von der Frage beherrscht, wann dieser Knäuel der Liebe wohl endet, und werden gerade dadurch zu einem unbewussten Versuch, ihn enden zu lassen. In den Angstträumen der Jugendlichen kehrt diese Situation oft wieder: Die Träumende schüttet ihre Zweifel und Ängste auf eine Freundin aus (oder eine ihr unbekannte Frau, oft mit einigen „primitiven" Zügen), die ihr aber kein Gehör schenkt und in ihrem Tun fortfährt oder sich dieser Aufdringlichkeit gegenüber gleichgültig zeigt. Bei dieser anderen Frau im Traum, die in ihrem Tun fortfährt und schweigt, handelt es sich natürlich wieder um ein Image der Saligen, die den verliebten jungen Mann in das Leben der Träumenden geworfen hat, ihr aber gleich darauf zu verstehen gibt, dass es besser ist, sich nicht um das Ende Sorgen zu machen, weil die Dinge sonst wirklich enden. Aber eine Heranwachsende ist nicht immer fähig, die Lage zu erkennen, oder bereit, die Übermacht des Ichs, mit ihrem typischen Verlangen nach Bestätigung und Sicherheit, zu schmälern. So geschieht es wie in den Sagen: Die Geschichte endet sofort.

Wenn das Problem nicht als solches erkannt wird, kehrt es immer wieder und läuft Gefahr, chronisch zu werden. Das „Wann wird das enden?" präsentiert sich dann auch am Arbeitsplatz, möglicherweise als drängende Frage an den Bürochef, ob er denn wirklich mit ihr zufrieden sei, als Klage über imaginäre Unstimmigkeiten, über vermutete Unzufriedenheiten und ihr niemals zugefügte Kränkungen. Die Frau, der die Wilde fehlt, organisiert in solchen Fällen schrittweise eine unerbittliche Kontrolle über die Form, die Art und Weise und die Dimensionen des Knäuels der Arbeit und läuft damit Gefahr, es rasch enden zu lassen.

Die Frage „Wann wird das enden?" präsentiert sich schließlich häufig – sofern die Frau nicht wieder die Wilde in sich findet und ehrt – in der Ehe, was oft zu Scheidungen führt, zu denen es anderenfalls niemals gekommen wäre. Die ängstliche Suche nach Beweisen der Untreue, das ständige „Wie lange wirst du mich lieben?" und „Ich weiß, dass du mich nicht mehr so liebst wie früher", die Furcht vor jeder Veränderung (wenn du den Job im Ausland annimmst, ist alles aus; wenn wir ein/kein Kind kriegen, ist es das Ende) sind oft nichts anderes als Ausdrucksformen des angstvollen Wunsches, endlich das Ende des Ehe-Knäuels zu sehen. Da diese Frauen nicht in der Lage sind, den Reichtum, mit dem die Salige sie und ihr Leben beschenkt hat, ruhig und gelassen entgegenzunehmen, führen sie früher oder später selbst den Verlust dieser Gabe herbei.

Das Terrain, auf dem sich die angstvolle Unruhe des „Wann wird das enden?" am dramatischsten zeigt, ist das der Sagen, ist der Knäuel: das Leben der Frau selbst. Und auf dieser Ebene kann die fehlende Beziehung zur Saligen, zum natürlichsten und archaischsten Aspekt der Weiblichkeit, verheerende Folgen haben. Die Frau, die von der Wilden in sich losgelöst ist, betrachtet den Knäuel ihres Lebens nicht als etwas, was kreativ, in aller Ruhe und Sicherheit zu weben ist, was ihr von etwas positivem Weiblichen anvertraut worden ist, ein (vielleicht wenig sichtbares, aber in ihrem Inneren vorhandenes) Bild der guten Mutter: ein Reichtum, der zu Ende geht, wann er zu Ende gehen muss, aus Gründen, die sie nicht kontrollieren oder auf keinen Fall verhindern kann.

Ohne das Wilde ist die Frau eine Person, die total von den Zyklen der Natur isoliert ist, vom unumstößlichen, gelassenen Bewusstsein des Anfangs und des Endes, von einer überpersönlichen, symbolischen Welt, in der diese Zyklen einen Sinn haben. Für die der Saligen fernstehende Frau, die vom „rationalen" und berechnenden Denken beherrscht wird, ist der Knäuel des Lebens ein Problem, mit dem sie sich auseinanderzusetzen hat, eine schwierige Frage, deren Länge und befürchtetes Ende sie zu messen und abzuwägen hat. Angesichts dieser ständigen Berechnungen verfällt die Frau in einen Zustand, in dem sie akribisch ihre Gesundheit überwacht und peinlich genau jedes Symptom einer Krankheit, eines Verfalls oder einer Gefahr registriert. Sie gerät in eine Verfassung, in der sie ihren Lebensknäuel in Sicherheit zu bringen scheint, während sie ihn in Wirklichkeit zerstört, da er sich bei der obsessiven Suche nach mehr oder weniger imaginären Leiden rasch verbraucht. Von der Hypochondrie mit ihrem typischen übermäßigen Konsum von Arzneien, Analysen und Behandlungen zur Schönheitschirurgie mit ihren frenetischen Eingriffen, um den „Zustand des Knäuels" am Körper zu vergessen: das Leben der Frau ohne „wilde" Sicht läuft in Angst und unvermeidlich selbstzerstörerischer Furcht ab.

Das kostenlose Geschenk

Das Geschenk als Frucht der Fülle darf aber nicht von den utilitaristischen Sorgen verunreinigt werden, die von der Angst vor Armut hervorgerufen werden. Die gebende wilde Frau darf daher keinen

Lohn annehmen, da sie sonst von einer Vertreterin der Urnatur zu einer eigennützigen Dienstleistungslieferantin herabsinken würde.

Es gibt daher viele Geschichten von wilden Frauen, die folgendermaßen beginnen:
„Ein junges unbekanntes Weib kam zu einem Bauer auf den Dienst. ‚Was willst du für einen Lohn?‘ fragte er. ‚Ich will einmal dienen, vom Lohne können wir schon später reden‘, sagte sie. Es war eine sehr verständige Magd.“[48]

Bisweilen glauben die Personen, denen geholfen wird, dass die Saligen die gleichen Werte und Wünsche haben wie sie und suchen sie dementsprechend zu entlohnen – was verheerende Folgen hat.

„Eine Bäurin kam einst abends vom Heuen heim und sollte Brot backen. Wie sie das Mehl herrichtete, meinte sie: ‚Bin doch bitter müde. Wenn jemand anderer für mich Brot backen wollte!‘ Dann ging sie schlafen. Als sie morgens in die Laube trat, stand das Brot schon fertig da. Am nächsten Tag richtete sie wieder alles zum Backen her und morgens war das Brot wieder fertig. So ging es zwei Jahre lang. Die Bäurin brauchte nur herzurichten und am nächsten Morgen lag das Brot in der Laube. Und was für ein gutes Brot das war! Einmal hat einer die unsichtbare Helferin erblickt. Es war eine schöne Jungfrau, sie trug aber ein ganz zerrissenes Gewand. Wie das die Bäurin hörte, meinte sie: ‚Ich werde ihr doch etwa ein neues Gewand geben müssen!‘ Richtig legte sie es auf den Backtrog für sie hin. Die Bäurin legte sich über Nacht auf die Ofenbank und wollte sehen, was die Jungfrau mit dem neuen Gewand beginnen werde. Sie kam, legte das Kleid an und besah sich im Spiegel. Dann ging sie fort und sagte: ‚Vorn schien, hinten schien, / Kann neamer in Toag gien‘.“[49]

Die Entlohnung kränkt natürlich noch mehr als das Geschenk, das gewöhnlich – als handelte es sich um eine Kleinigkeit – mit Humor entgegengenommen wird, auch wenn es die Saligen in die Flucht schlägt. Eine noch verhängnisvollere Wirkung aber hat das Geld – wie es in dieser Geschichte erzählt wird.

„Im Winter kamen zwei Salige oft gegen neun Uhr abends auf einen Bauernhof, begannen zu spinnen und blieben dort bis gegen elf. Als man sie eines Tages entlohnen wollte, verließen sie weinend den Bauernhof und ließen sich nie mehr sehen."[50]

Auch wer die lebensnotwendige Liebe der Saligen zu den Tieren und den Genuss ihrer Milch durch Geld- und Profitdenken ersetzen will, unterbricht die Fülle und den Überfluss.

„Beim Moar am Bach zu Albions bei Layen waren seit Menschengedenken zwei Salige als Stallerinnen bedienstet gewesen. Sie hielten das Vieh stets in bester Ordnung, verbrauchten aber wenig Futter und Streu. Eine Krankheit im Stall war soviel wie unbekannt. Die Saligen waren allen Neuerungen feind. Eines Tages brachte der Bauer vom Kollmanner Markt vier Ochsen heim. Er gab den Saligen zu verstehen, daß ihm Ochsen lieber seien als Kühe. ‚Kuhmilch rauscht nur, Ochsenmilch aber klingelt' war sein Spruch. Gleichzeitig hatte er zwei neue Kleider mitgebracht. Dieselben waren den beiden Saligen zugedacht, da sie Jahr und Tag immer dieselben ‚Hotteln' trugen. In der Meinung, den Stallerinnen eine Freude zu machen und sie anderseits ob der mitgebrachten, unerwünschten Ochsen zu beschwichtigen, legte der Bauer die Kleider heimlich in den Stall. Am nächsten Tag waren die Saligen spurlos verschwunden und kamen nie wieder."[51]

Die zeitgenössische Frau und das Geschenk
Josephine Baker, eine wilde Frau

Der Verlust der Verbindung mit dem Überfluss und dem Geschenk ist einer der größten Schäden für die abendländische Frau, die sich von ihrer wilden Schwester entfernt hat, um sich in die Spiele des Status und die Berechnungen der Metropolen zu stürzen. Dabei müssen wir immer wieder daran erinnern, dass es sich beim Überfluss um einen psychologischen Faktor handelt, nicht um eine Frage des Bankkontos. Eine aus ganz armen Verhältnissen stammende Frau unserer Zeit, auf die wir schon anlässlich ihrer Beziehung zu den Tieren hingewiesen haben, nämlich die Tänzerin Josephine Baker, hat – mit der für die wilden Frauen typischen Großzügigkeit – eine außergewöhnliche Beziehung zum Überfluss an den Tag gelegt. Die kleine Schwarze war in Saint Louis zur Welt gekommen, und sie war so arm, dass sie noch als kleines Mädchen an einen alten Mann verkauft wurde, den sie bedienen und sexuell befriedigen musste. In ihrem Leben verdiente sie sehr viel und bekam viele Geschenke. Sonst hätte sie ihren Tanz und ihre natürliche Schönheit niemals den Publikumsmassen schenken können, die sie in den Theatern anhimmelten, den Soldaten, denen sie im Krieg so großherzig Mut zusprach, dass sie mit der Légion d'honneur, dem höchsten französischen Orden, ausgezeichnet wurde. Sie ließ sich von diesem Reichtum überschütten, ohne davon im Geringsten beeindruckt zu werden, sie klammerte sich nicht an das Geld und ließ nicht zu, dass es sich an ihrem Körper festklammerte.

In einer von James Hillman zitierten Biografie[52] wird berichtet, dass bei einem ihrer Auftritte in Stockholm einmal auch der König anwesend war, was sie aber nicht bemerkte. „Wenn ich tanze, sehe ich niemanden, nicht einmal den König", sollte sie später erzählen. Im Saal war auch der Erbprinz Gustav Adolf, der Josephine nach der Show „in den Königspalast einlud und durch eine Geheimtür in ein Zimmer eintreten ließ. Im Raum stand ein mit kostbaren Pelzen bedecktes Baldachinbett, auf das sich Josephine nackt hinlegte. Der Prinz ließ von einem Kammerdiener auf einem Tablett wertvolle Juwelen heranschaffen und bedeckte ihren Körper mit Brillanten, Smaragden, Rubinen …“: die Pflaster der Saligen (S. 25). Und Josephine, eine wahre Wilde, ließ alle diese Edelsteine an ihrem Körper herabgleiten: wie Wasser aus einer vielfarbigen Quelle in vielen, vielen Rinnsalen, um Nahrungsmittel und Kohle für die Armen im vom Krieg ausgehungerten Paris zu kaufen, um den schwarzen Häftlingen in den Vereinigten Staaten, wo sie geboren war, zu helfen, um elf Kinder verschiedener Staatsangehörigkeit und Rasse zu ernähren und in die Schule zu schicken: Sie hatte diese Kinder adoptiert, als sie schon alt und fast kahl war und als ein großer Teil der ihr gemachten Geschenke mit den Jahren schon aufgebraucht war.

Sie wurde einmal von Grace Kelly gerettet und ein anderes Mal von Brigitte Bardot, einer anderen wilden Frau. Doch am Ende trat sie zu einem letzten, triumphalen, herzzerreißenden Schauspiel in Paris auf und starb wenige Tage später in der Salpetrière, dem Spital der Armen, der Syphilitiker und der Streuner, der letzten Zufluchtsstätte der Wilden der Metropole.

Ihr großzügiges und dramatisches Leben ist wie ein Lichtstrahl in der Geschichte eines Jahrhunderts, in dem die Engherzigkeit der Männer (diese Engherzigkeit der Bauern, die die wilden Frauen nicht ertragen) und der Egoismus der Frauen, die durch die Trennung von der Welt der Natur in Furcht und Angst geraten sind, unglaublich zugenommen haben. Diese Angst hat Josephine, eine perfekte Wilde, niemals gekannt. Sie ist durch das Leben getanzt und hat ihre Gaben mit vollen Händen ausgeteilt: eine wahre Göttin der unberührten Natur.

Glückbringende Gaben, Hochzeits- und Trauergeschenke. Die Blumen

Die Saligen lieben weiße Blumen. Sie bringen die Unschuld des Herzens zum Ausdruck und strahlen das Licht aus, das Tageslicht wie das nächtliche Mondlicht.

Wer ihre weißen Alpenrosenblüten findet, wird daher von den wilden Fräulein belohnt.

So wird es in folgender Sage erzählt:

„Das schöne Zerzertal hat eine große wirtschaftliche Bedeutung für das fortschrittliche Bauerndorf Burgeis. [...] Merkwürdig aber ist, daß unter den vielen Alpenrosensträuchern einige weiße Blüten tragen. Nach der Sage können diese nur von unschuldigen Menschen gesehen werden. Der glückliche Finder einer solchen Wunderblume muß sich wohl vor Irreführung hüten. Er darf von der erblickten Blume nicht wegsehen, sondern muß sogleich seinen Hut oder wenigstens sein Taschentuch darauflegen, möglichst schnell andere Leute herbeirufen und an Ort und Stelle nachgraben. Befolgt er dies alles, so wird er unter der Alpenrosenstaude einen großen Schatz finden und ihn ohne große Schwierigkeit heben können."[53]

* * *

Doch am meisten lieben die Saligen das Edelweiß, das zugleich auch ein Symbol ihrer Heimatliebe ist.

Wenn sie in mondhellen Nächten am Ufer einsamer Bergseen ihre Reigen tanzen, schmücken sie ihr lockiges Haar mit einem Kranz aus weißen Edelweiß. Den schönsten Kranz trägt dabei die Königin des Tanzes oder die Königin der Gruppe.

Das Edelweiß gilt als Symbol der Erhebung des Geistes; denn wer es pflücken will, läuft Gefahr, in die Tiefe zu stürzen (wobei die Tiefe als Gegenpol zur Liebe zum Aufstieg anzusehen ist). Das Edelweiß ist weiß wie die Seele, und es zeigt sich symbolhaft als Stern: ein Ganzes, ein natürliches Mandala, das einen präzisen Mittelpunkt besitzt (also ein Bild der auch psychischen Zentrierung) und mit den Blütenblättern wie Strahlen ein silbernes mondartiges Licht ausstrahlt. So braucht es nicht zu verwundern, dass das Edelweiß eine der Lieblingsgaben der Saligen ist: eine das Leben verherrlichende Gabe.

„Das Edelweiß gilt nicht nur als Symbol der Liebe und Treue zu unserer schönen Heimat, es war einst auch die Lieblingsblume der Saligen. Wenn sie in hellen Mondnächten an den Gestaden der einsamen Alpenseen ihre Reigen anmutsvoll tanzten, schmückte ihr Lockenhaar jedesmal ein Kranz dieser herrlichen Alpenblumen. […] Im Münstertal pflegten die Saligen den Bräuten, die sich ihrer besonderen Gunst erfreuten, am Hochzeitsabend eine kunstvoll geflochtene Brautkrone aus Edelweiß und Raute ins Haus zu senden. Wenn ein unschuldiges Kind starb, schmückten sie nachts den frischen Grabhügel, selbst im rauhesten Winter, mit Kränzen aus Tannenzweigen, darin Sterne von Edelweiß zierlich eingeflochten waren."[54]

Diese Blume, ein Symbol der reinen Kraft des Hochgebirges, besiegt in den Sagen die Gewinnsucht, den vom Teufel versinnbildlichten unwiderstehlichen Trieb – wie in der folgenden Geschichte:

„Zwei Stunden hinter Mauls steigt aus dem Almboden in Senges eine überhängende Felswand auf. Dieselbe soll heute nicht mehr so furchterregend aussehen, wie sie sich einstens zeigte.

Diesen Platz hatte sich der Teufel ausgesucht, um sich auf seine Opfer herabzustürzen. Eines Tages ging eine Jungfrau auf dem Wege zur Alm unterhalb der Wand vorbei. Lüstern sprang der Satan auf sie herab. Da das Mädchen aber einen geweihten Gegenstand bei sich trug, mußte der Höllische im letzten Augenblicke von seinem Opfer abweichen. Er prallte auf einen naheliegenden Steinblock nieder, auf dem er die Eindrücke seiner Schnauze, Bocksfüße und Schwanz deutlich hinterließ. Noch heute nennt man jenen Ort den ‚Tuifelsstuen‘.

Nach der Erzählung einer Valser Bäuerin trug die Jungfrau einen Strauß schöner, weißer Edelweißsterne bei sich, die sie in Senges gebrockt hatte. Diesen reinen, himmelnahen Blumen konnte der Satan nichts anhaben und sprang fehl."[55]

Wer den Wilden Milch gibt, bekommt Gold

Die wilden Jungfrauen lieben frische Milch, diese lebensnotwendige Nahrung der Säugetiere, die oft im Mittelpunkt ihrer Beziehungen und ihres Handels mit den in den Bergtälern lebenden Männern und Frauen steht.

Das Milchtrinken wird hier zu einem Aspekt ihrer Beziehung zum Weiblichen, dem sie angehören und dessen Wissen und Energien sie den anderen schenken. Aber geschenkte Milch wird von ihnen auch als eine heilige Spende angesehen, ein In-den-Vordergrund-Treten, das die Saligen veranlasst, dem/der Schenkenden den Verwirklichungsprozess des Weiblichen darzulegen.

So wird es, alchemistisch-symbolisch verschlüsselt, in der folgenden Geschichte erzählt:

„Eine Bäurin in Mölten stellte eines Abends die große Schüssel voll frischer Milch vor das Fenster hinaus, damit sie recht gut rahme. Am nächsten Tage wollte sie dann Butter schlagen. Als sie aber am folgenden Morgen die Milch hereinnehmen wollte, fand sie statt derselben die Schüssel voll Blut. Erschrocken lief sie zu den Nachbarn und erzählte es ihnen. Man gab ihr den Rath, es noch einmal zu versuchen und in der nächsten Nacht wieder die gleiche Schüssel voll Milch vors Fenster zu stellen. Sie that es, und am Morgen, als sie wieder nach der Milch sah, stand die Schüssel auf demselben Fleck, aber bis an den Rand mit Gold gefüllt."[56]

Die Salige hatte die Tasse Milch am Abend zuvor als eine Spende betrachtet. Sie hatte die Milch ausgetrunken und die Schüssel mit Blut gefüllt:[57] ein beunruhigendes Geschenk, um die Bäuerin und ihren mit der ersten (noch unbewussten) Spende zugunsten der Saligen begonnenen Verwandlungsprozess auf die Probe zu stellen. Blut ist, wie Milch, eine organische Flüssigkeit, evoziert aber mit seiner roten Farbe sehr viel stärkere, reifere Emotionen, die bisweilen entschieden bedrohlich sind, wenn auch reicher unter energetischem Gesichtspunkt. Derlei Emotionen markieren im alchemistischen Verfahren den Übergang von der Anfangsphase der Verwandlung, die als „Albedo" (Phase der „Weißung") bezeichnet wird, zur reicheren, fruchtbareren „Rubedo" (Phase der „Rötung"). Und eben bei diesem Vorgang vollzieht sich das, was die Alchemisten als entscheidende Phase der „Rötung des Weißen" nennen. Dieser Übergang hat viele Bedeutungen, auch im Leben jeder Frau: Denken wir zum Beispiel an die körperliche und sexuelle Entwicklung, die – mit der ersten Menstruation – von der „Rötung des Weißen" charakterisiert wird. Die Begegnung mit dem Blut, vor allem mit dem eigenen Blut, in der sich für die Frau die Beziehung zur stärksten, aber auch unklaren Seite des kollektiven weiblichen Unbewusstseins auftut, versetzt sie in Schrecken – in den Sagen wie oft auch im wirklichen Leben. Und sie erzählt – was ja auch richtig und verständlich ist – der Gemeinschaft von diesem Geschehnis und diesem Moment, den sie durchlebt (wie das junge Mädchen der Mutter oder den anderen Frauen von dieser Menarche berichtet). In den Sagen spielt die Gemeinschaft die Rolle, die ihr zukommt: Sie beruhigt die Frau und fordert sie auf, in ihrem Tun fortzufahren, das jetzt eine in jeder Hinsicht bewusste Spende wird, eine Opfergabe an die überpersönliche, geheimnisvolle, rätselhafte Macht, die die Milch durch das Blut ersetzt hatte. Wir sind hier an einem fortgeschrittenen Punkt des Entwicklungsprozesses angelangt: Die zufällige, unbewusste Spende, die noch von der Erwartung einer Belohnung auf der materiellen Ebene des organischen Prozesses getragen wird (ich gebe Milch und bekomme Sahne), ist zur bewussten Opfergabe an ein überpersönliches Wesen geworden, dessen Antwort man angstvoll und ergeben erwartet. Gerade das Opfer und die Hingabe an den anderen, an das, was jenseits und oberhalb des Ichs steht, ermöglichen es auch, über das Blut und über die Rötung des Weißen hinauszugehen und zu einer weiteren Verwandlungsphase zu gelangen: zur Phase des Lichts und des Golds, des Reichtums, der gesichert wird, wenn man eine Lebensperspektive akzeptiert, die über die Materie, das Ich und seine Ängste hinausgeht. Wenn die Bäuerin, die sich nunmehr dessen bewusst geworden ist, mit einer über sie hinausgehenden Macht in Kontakt gekommen zu sein, erneut die Milch vor das Fenster stellt, kann sie in Gold verwandelt werden: Die Hingabe an die wilde Frau, an das überpersönliche Weibliche der Natur, hat den Übergang von der Materie zu Licht ermöglicht.

Damit dieser Verwandlungsprozess, der das Weibliche zur Vollendung bringt, sich vollziehen kann, bedarf es (was wir teilweise schon gesehen haben) einer totalen Hingabe an den Überfluss und das Geschenk, das die Saligen anbieten – was einen überzeugten

Verzicht auf jede Form von Begierde und Gewinnsucht bedeutet. Wie die Saligen aus der Freude am Schenken – und nicht in Erwartung einer Gegengabe – ein Geschenk darbringen, so muss auch die Person, die mit ihnen in Berührung kommt, von dieser Haltung der unentgeltlichen Spende an das überpersönliche Weibliche erfüllt sein. Das Geschenk, das sie überreichen, ist als Huldigung an das Leben zu akzeptieren, nicht als Befriedigung der eigenen Habsucht. Anderenfalls kann sich der Verwandlungsprozess nicht vollziehen, ja die psychologische Lage der Person, die mit den Saligen in Kontakt gekommen ist, erfährt eine Regression.

So wird es in der folgenden Geschichte erzählt:
„Ober Jenesien, wo der Salten anfängt und der Weg hinüber nach Nobels führt, ist ein furchtbares, jähes Steingerölle, die sogenannte Lecklahne. In dieser Lahne haben sich vor noch nicht vielen Jahren mehrere Jungfrauen aufgehalten, von denen man nicht wusste, woher sie gekommen seien oder wie sie heissen. Eine Magd des benachbarten Locherbauern hatte sie zuerst gesehen. Einmal brachte ihnen diese mitleidig eine Schüssel voll Milch. Die Jungfrauen nahmen sie an, trugen sie in die Höhle hinein und brachten die geleerte Schüssel voll Geld zurück. Das gefiel der Dirne und sie brachte aus Gewinnsucht ein anderes Mal wieder Milch den Jungfrauen. Diese nahmen das Geschenk an, trugen die Schüssel in die Höhle, brachten sie aber mit Blut gefüllt der harrenden Dirne zurück."[58]
Die großzügigen Saligen, die vom Geschenk der Frau beeindruckt waren, hatten ihr sofort Geld geschenkt und damit auch die Möglichkeit, zu einer Dimension reinen Lichts aufzusteigen. Doch die Frau hatte diese Gelegenheit nicht genutzt, da sie zu diesem Wandel noch nicht bereit war: Sie war noch in der gewinnsüchtigen Phase des Blutes und der Materie befangen. Aus diesem Grund bekam sie Blut zurück.

Die kostbaren Geschenke: Gold und Ringe

Die Geschenke der Saligen werden oft von ihrem Tabu begleitet: von ihrem Geheimnis.

So wird es in der folgenden Geschichte erzählt.
Wie wir schon gesehen haben, tanzen und singen die Saligen gern, und sie lieben auch hübsche junge Männer, die sie gern zu ihren Tänzen einladen.

„Einmal verirrten sich drei Burschen, die auf die Wanderschaft gehen wollten, am Tage ihrer Abreise im Walde unter ‚Frawort' und fanden ein großes Feuer. Sie setzten sich daran und wohl that ihnen die Wärme in der kalten Herbstnacht. Wie sie behaglich von ihrer Reise und ihren Entwürfen plauderten, kamen – es gieng schon gegen Mitternacht – drei wunderschöne Frauen, setzten sich zu ihnen und versprachen, sie glücklich zu machen, wenn sie das, was sie ihnen geben würden, binnen einem Jahre keinem Weibsbilde zeigen oder geben würden. Da bekam jeder ein goldenes Ringlein und dankend schieden sie, als der Morgen nahte, von den Saligen. Allein, wie es auf der Wanderschaft geht, die Bursche fanden Mädchen, die ihnen gefielen, und gaben diesen die kostbaren Geschenke der Frauen. Heimgekehrt, hatten sie nie mehr das Glück, eine solche Frau zu sehen, und kein guter Stern leuchtete ihnen.“[59]

Wenn die Saligen dagegen den Kindern ein Geschenk überbringen, wird es von keinem Tabu begleitet, da die Kinder es unbefangen und unschuldsvoll entgegennehmen.
So geschah es, dass die leuchtenden Frauen, die in einer unterirdischen Höhle bei St. Margaretha oberhalb Reifnitz in Kärnten lebten, den Kindern Gold und Silber zum Spielen mitbrachten.[60]

Das Buschweibchen

Es gibt aber auch Salige, die sehr viel weniger leuchtend und verheißend aussehen, sodass man sich nicht gut vorstellen kann, dass sie Gutes bringen.

Wie zum Beispiel das Buschweibchen, an dessen Existenz noch viele Leute um Warnsdorf in Nordböhmen glauben. „Wenn im Frühlinge und Herbst zerrissenes Nebelgewölk vom Gebirge aufsteigt, wenn ‚der Wald raucht‘, so pflegt man zu sagen: ‚Das Buschweibchen kocht!‘ Jene Nebelstreifen werden als der Rauch von seinem Herde bezeichnet. Wenn im Aprile ein Hagelschauer naht und die Gipfel der Berge verschleiert, so ruft man: ‚Seht, das Buschweibchen steigt über das Gebirge!‘“[61]

* * *

Von dieser beunruhigenden wilden Frau ist in der nächsten Geschichte die Rede.

Das Buschweibchen[62] lebt ganz tief im Wald und lässt sich nur alle hundert Jahre sehen. Eine alte Frau aus Warnsdorf in Böhmen behauptet, es gesehen haben, und erzählt folgende Geschichte:

„Als ich noch eine flinke Dirne war, trieb ich oft des Pfarrers Kühe auf die Weide. Die Weide aber war eine Waldwiese, weit vom Dorfe entfernt. Eines Tages saß ich ganz einsam da; nur die Kühe grasten in meiner Nähe. Ich hatte die Spindel in der Hand und spann und war so ganz in Gedanken versunken. Da raschelte es im Laube und hervortrat ein altes Weib, deren Anblick mich nicht wenig erschreckte. Ich war bald fest überzeugt, es müsse das Buschweibchen sein; denn es sah gerade so aus, wie es mir meine Großmutter beschrieben hatte.

Es war ein steinaltes tiefgebücktes Mütterchen. Seine Haare waren lang und schneeweiß und hingen ihm in wilder Unordnung um den Kopf. In der Hand hielt es einen knotigen Stock; die Schürze hatte es heraufgebunden, als trüge es etwas darin, und auf den Füßen wuchs ihm Moos.

Das Mütterchen wankte heran zu mir und fragte mich: ‚Mädl, willst mir die Haare ordnen?' – Mich schauderte; trotzdem machte ich mich daran, ihre Haare in Ordnung zu bringen. Aber ihr Kopf war eiskalt und auch meine Hände erstarrten. Mich befiel ein Zittern, ich mußte mich niedersetzen, und sagte: ‚Ich kann nicht mehr!' Das Buschweibchen trat vor mich hin und schüttete mir schweigend eine Menge gelber Blätter in den Schoß. Dann wandte sie sich, wankte von dannen, bog um eine Waldecke und war in kurzer Zeit verschwunden.

Ich sprang auf, warf das welke Laub weg, trieb die Kühe zusammen und eilte mit ihnen dem Dorfe zu. Keuchend und zitternd kam ich im Pfarrhofe an und brachte die Kühe in den Stall. Als ich ihnen den Trank reichen wollte, mußte ich mir die Schürze fester binden. Ich löste das Band und – klirr – fiel etwas zu Boden. Ich bückte mich, hob es auf und siehe, es war ein Goldstück. Nun ward mir's klar. Eines jener Laubblätter, die mir das Buschweibchen geschenkt und die ich später weggeschüttet hatte, war vom Schürzenbändchen festgehalten und zum Dukaten geworden. Später erzählte ich dem Pfarrer mein Erlebnis; er schüttelte den Kopf und sprach: ‚Sieh, Mädl, du hättest leichtlich dein Glück gegründet!' – Nie habe ich das Buschweibchen wiedergesehen."[63]

Das alte und hässliche, aber überaus wohltätige Buschweibchen ist, da ihm jeglicher Glamour fehlt, eine der interessantesten wilden Frauen. In der für die Alpensagen typischen Welt an der Grenze, in dieser Welt ohne Firlefanz, wo nur das Wesentliche und Elementare zählt, verweist sie uns auf die Notwendigkeit, auch das Alter zu akzeptieren, mit aller Hässlichkeit und allen Gebrechen, die es mit sich bringt. Nicht zufällig lebt das Buschweibchen im tiefsten Wald, lässt sich nur alle hundert Jahre sehen, ist steinalt und voller Falten, klein, gebückt und hässlich: ein unglaublicher Widerspruch zur Lebensauffassung im heutigen Abendland, wo das Alter und der Tod verdrängt werden. Und es ist kein Zufall, dass sie gerade der jungen Frau begegnet: als wollte sie eben ihr sagen, dass sie ihr etwas geben kann, was im Augenblick nach nichts aussieht, nur ein paar trockene Blätter, die sich aber, wenn sie sie ehrt und mit nach Hause nimmt, als kostbares Geschenk erweisen. Dieses Geschenk gewinnt man eben mit der Pflege des Images des Alters: des der anderen, aber auch des eigenen. Ohne es zu versüßlichen oder verschönern zu wollen: Die Alte hat lange schneeweiße, borstige und verlauste Haare, hat Moos an den Füßen, stützt sich auf einen Stock und will gekämmt und entlaust werden: betreut. Aber sie ist wohltätig zu denen, die ihr ähneln, in der absoluten Abwesenheit eines „Images": die Armen und Alten, die Unglückseligen, die erfrorenen Jäger und die Kranken. Ihnen schenken die Buschweibchen auch die Süßwaren, die sie im Berginneren machen, und mit dem Bauern tauschen sie Brot aus.

Diese Saligen, die schon kalt sind wie der Tod, der sich ihnen nähert, belohnen mit ihren Geschenken diejenigen, die von Jugend an das kalte, ärmliche Image des Alters zu pflegen wissen, statt es zu verneinen, ihm den Rücken zuzuwenden und ihm vergebens zu entfliehen suchen.

Die wilden Frauen
und die Welt der Menschen

Ihre Herkunft

Der Überfluss und die Fülle an natürlichen Energien als Merkmal des Urweiblichen, das die wilden Frauen verkörpern und schenken, werden auch in den Sagen bekräftigt, die sich mit ihrer Herkunft beschäftigen.

Hier anschließend drei unterschiedliche Versionen über die Abstammung und die Herkunft der wilden Frauen.

Die wilden Frauen und das Schlaraffenland

Einige Leute behaupten, die Saligen kämen aus dem Schlaraffenland[1], in der Nähe von Brand im Tiroler Ötztal:
„Einst sangen nicht weit von Brand sieben wilde Frauen ihr Lied. Da wollte ein Bursche, der es hörte, sich ihnen nähern, allein alle waren im Nu verschwunden. Der Getäuschte schaute nach der Richtung, in der sie entflohen waren, und sah eine große Thüre geöffnet und durch diese erblickte er eine weite, herrliche Landschaft. Da standen auf den üppigen Fluren die herrlichsten Bäume, an denen köstliche Früchte hiengen; Thal und Hügel waren reich überwachsen, und zwischen Äckern lachten stattliche Dörfer und prächtige Städte. Der Bursche wollte das schöne Land betreten, allein die Frauen kämpften gegen ihn und endlich wurde das Thor vor seinen Augen geschlossen. Später konnte er den Eingang nicht mehr finden. Diese herrliche Landschaft wurde von Wanderern, die noch spät auf dem Weg waren, öfters gesehen."[2]

Adams Töchter

Einer anderen Sage nach handelt es sich bei den Saligen dagegen um die illegitimen Töchter Adams, der sie versteckt halten wollte, weshalb sie sich den Menschen nur selten zeigen.[3] Auch in diesem Fall werden die Saligen als Ausdruck des ursprünglichen Reichtums beschrieben. Ihre Lust und Fülle verweisen auf den Garten Eden, werden aber im nachfolgenden Zivilisationsprozess nicht mehr verstanden. Sie werden als „Heilige" oder „Selige" bezeichnet, da sie als Töchter des Urvaters angesehen werden. Gleichzeitig aber sind sie mit einer Transgression verbunden, auf die ihre Macht und ihr Reichtum zurückzuführen sind. Diese Verbindung der Gegensätze[4], des Guten und des Bösen, der ursprünglichen Perfektion und der primären Übertretung, macht die Saligen zu Trägerinnen der weiblichen Energie, wie sie sich von Anfang an in ihrer ganzen Fülle zeigte.

Es gibt mehrere Fassungen von Sagen, in denen die Saligen als Adams Töchter auftreten.

* * *

In einsamen Schluchten und Nebentälern des Iseltals in Osttirol wird häufig von den wilden Frauen und Männern erzählt. Die Alten wussten zu berichten, dass diese Gestalten Kinder Adams waren, der sie vor dem Sündenfall gezeugt hatte, sodass sie von der Erbsünde frei sind. Für sie blieb die Erde noch ein Paradies, während sie für die Kinder der Sünde zum Jammertal wurde. Als Gott nach dem Sündenfall über die Welt zu richten hatte, ließ er sie wissen, dass auch sie, die wilden Frauen und die wilden Männer, in Zukunft nicht mehr mit dem Menschengeschlecht verkehren durften, da es der Sünde verfallen war. Als aber das Menschengeschlecht nach dem Sündenfall entartete, mussten sich die Saligen entfernen, sich in einsame Höhlen und Wälder zurückziehen und sich von Wurzeln und Kräutern nähren. Die Gämse, ihr Haustier, sollte ihnen die Milch geben. Der Kälte, der Hitze und anderen Schwierigkeiten und Hindernissen des Lebens gegenüber sollten diese Kreaturen völlig unempfindlich sein; denn sie interessierte nur das, was dem Leben einen tiefen Sinn gibt: die Schönheit, der Genuss, die Großzügigkeit und die Liebe.

Es wird auch erzählt, dass es vor nicht langer Zeit in den Tiroler Hochtälern noch viele Salige gab. „Sie ließen sich auch öfters sehen, aber immer nur bei einfältigen, frommen Leuten, denen sie für manche kleine Gabe Glück und Segen in das Haus brachten. Bald wurden jedoch auch diese ‚zu gescheid', und die guten, lieben Salig'n lassen sich nun auch bei den Tirolern nicht mehr sehen."[5]

Rebellische Engel, Geister der Bäume

Einer anderen Darstellung nach gehörten die Saligen ursprünglich zu den hochmütigen Engeln, die sich gegen Gott aufgelehnt hatten. Die wilden Frauen aber sahen ihre Schuld ein. Während die bösen Engel direkt aus dem Paradies vertrieben wurden, blieben die anderen – wie eben auch die wilden Frauen – mit den Bäumen unserer Wälder verbunden. Dort war ihre Wohnstätte, die sie nur zeitweise verlassen durften, um bei den Menschen zu leben. Und für die geleistete Arbeit durften sie weder Dank noch Gaben entgegennehmen. Wenn die Bauern ihnen zu danken versuchten, wurden sie sofort wieder in die Wälder zurückgerufen. Sie wurden als *Selige* bezeichnet – ein Name, der sich von der *Seele* herleitet.

Es handelte sich um sehr fleißige, arbeitsame Seelen, und im Gegensatz zu den Menschen, die mit der Erbsünde behaftet sind, fiel ihnen die Arbeit leicht und war ihnen ein Vergnügen.

Zum Beispiel: Jedes Mal, wenn beim Bauern Schrott Not war, kamen ungerufen sehr viele Selige zu ihm, von denen aber nur die Hände zu sehen waren. Wo immer sie gebraucht wurden, im Haus oder auf den Feldern, griffen diese Hände zu, sanfte, aber flinke Frauenhände.

Wenn die Arbeit besonders schwer war, erschienen auch zwei kräftige Arme, um die sanften Hände zu halten und zu stützen.

„Eines Sommertages zog am Feldthurner Berg ein schlimmes Gewitter auf. Beim Schrott war man gerade mit dem Einführen der Roggenschöber beschäftigt und hatte ein Garbenfuder übermäßig beladen. Ein Knecht stützte die Fuhre mit einer Heugabel vor dem Umkippen, konnte in der ‚gachen Reide' (jähen Kurve) an der Stadelbrugge des überschweren Gewichtes nicht Herr werden und kam unter die schwere Last zu liegen. Im Nu waren eine Unzahl der zarten Hände zur Stelle, befreiten den Knecht aus seiner mißlichen Lage und brachten das Gefährt wohlbehalten in die Dille.

Während eines gewaltigen Hagelwetters, welches in den Schnauderer Kuchelwiesen niederging, hatte man beim Schrott mit dem ‚Getroadeblauschen' (alte Dreschart) begonnen. Infolge des furchtbaren Gewitters stieg der Mühlbach gewaltig an und zwang die Schrotten-Leute von ihrer Arbeit abzustehen. Es galt zuerst das Wildwasser zu wehren.

Nach getaner Arbeit fand man das ganze Getreide ‚geblauscht', abgewunden und fein sauber in Häufchen sortiert in der Dille vor. Die Hände der unsichtbaren Seligen hatten ganze Arbeit geleistet."[6]

Die wilde Frau und die Ehe

Die wilden Frauen streben nicht nur gelegentliche Beziehungen an, von denen schon im ersten Teil die Rede war, sondern auch die Ehe. Aber sie „geben" sich dem Mann immer unter einer Bedingung hin: Ihre Verbindung mit der Urnatur, mit den Wäldern, darf nicht gelöst werden. Diese Kontinuität wird von Mal zu Mal durch verschiedene Verbote (Tabus) gewährleistet, die geachtet werden müssen, damit die wilde Frau bleiben darf. Die Salige unterzieht ihren Ehemann immer einer Probe, erlegt ihm eine Initiation auf, und er muss zeigen, dass er in der Lage ist, einer Beziehung zu einer Kreatur wie ihr gewachsen zu sein, und die Energie, deren Trägerin sie ist, aushalten zu können. Doch die Bauern sind nur sehr selten fähig, die Spannung zu ertragen (und das Gleiche gilt im Übrigen auch für die Liebhaber in den französischen höfischen Romanen des Mittelalters, in denen diese Fähigkeit ebenfalls verlangt wird).

Oft allerdings erfolgt der „Ruf aus dem Wald" auf schicksalhafte Weise und beendet das Verhältnis zwischen dem Mann und seiner wilden Gefährtin.

Wie es in der folgenden Geschichte erzählt wird:
„Ein junger Bursche fuhr oft in einen Wald um Holz. Dort fand er immer drei junge schöne Eguane und so oft er mit dem beladenen Wagen zurückfuhr, setzten sie sich auch darauf und begleiteten ihn fast bis zu seinem Hause. Die jüngste gefiel ihm so, dass er sich in sie verliebte und sie gerne zum Weibe gehabt hätte. Er ging zu einer Alten und fragte sie um Rath. Diese lehrte ihn, sobald die drei Hexen das nächste Mal wieder mit ihm führen, sollte er, bevor sie abstiegen, sagen: ‚Je biso ciaro / La più bella resti sul carro!' (d.i.

,die Schönste soll auf dem Karren bleiben'). Der Bursche that so, die jüngste blieb zurück und er heiratete sie. Sie bekamen auch Kinder und sie war eine wackere stille Frau. Nach Jahren hörte sie einmal rufen: ,Komm, Tarandina, denn der Tarandone liegt auf der Bahre!' Das sollte bedeuten, dass sie in ihr früheres Heim zurück-kehre, weil ihr Vater gestorben sei. Da verschwand sie aus dem Hause und ward nie wieder gesehen."[7]

Das ist der Ruf aus dem Wald, von dem noch ausführlicher die Rede sein soll. Die Salige hat dem Bauern ihre Energie und ihren Segen gebracht, alles blüht und gedeiht und ist in bester Ordnung: Doch gerade in diesem Moment wird die Salige von irgendetwas – immer etwas anderem in den verschiedenen Geschichten – aus dem Alltag und dem Eheleben weggerufen, wird in den Wald der Urna-tur gerufen, aus dem sie gekommen ist.

Die Probe der Umwerbung

Viele der Proben, denen die Saligen ihre Männer stillschweigend unterziehen, betreffen ihre Mannhaftigkeit, ihre Fähigkeit, sich als erwachsene Männer zu erweisen und nicht als bedürftige Kinder. Sie müssen in der Lage sein, selbst Verantwortung zu übernehmen und Spannungen zu ertragen.

So wird es in der folgenden Geschichte erzählt:
„Laut einer Grenzlandsage hatte ein Waldbauer zu Höhenhart ein schönes blondes Mädchen zu sich in den Dienst genommen. Dieses Mädchen lebte nur von frischer Milch und hatte Hände so zart, daß man sie zu keiner anderen Arbeit als zum Flachsspinnen ver-wenden konnte. Der Sohn des Bauern faßte eine tiefe Zuneigung zu ihr, wagte aber nicht, ihr das zu gestehen. Und so bat er eines

Tages seine Mutter, der Diale das zu gestehen. Darauf sagte die Schöne unter Tränen, sie müsse jetzt fort – und sie verschwand so geheimnisvoll, wie sie gekommen war. Der junge Mann aber erkrankte und starb nach kurzer Zeit – er hätte selbst um die Hand der Diale anhalten müssen. Durch die andere Form der Liebeswerbung war seine Lebenskraft gebrochen und seine Seele verlorengegangen."[8] Aus diesem Grund konnte das junge Mädchen nicht bei ihm bleiben.

Die Saligen, diese Verkörperungen der Energie der Natur, dürfen keinen Mann heiraten, der seine Manneskraft aus Schwäche oder Unreife aufgegeben hat. Sie sind starke und großzügige Frauen und Geliebte, aber sie dürfen keine Ehe mit einem Mann eingehen, der das Gemüt eines hilfsbedürftigen Kindes hat.

Das Geheimnis des Namens

Die Beziehung zur Herkunft des Mädchens wird sehr oft durch den Namen zum Ausdruck gebracht, der nicht preisgegeben werden darf.

So wird es in dieser Geschichte erzählt:
„Eine von den Lecklahner Jungfrauen wurde vom Mair in Glaning, der ein braver, schöner Bursche war, so ‚eingefadelt‘, dass sie ihn heirathete und Bäurin auf dem Mairhofe wurde. Sie lebten glücklich beisammen und Alles zu Hause und auf dem Felde stand im grössten Segen. Da wollte aber der Bauer auch den Namen seines lieben Weibes wissen und bestürmte sie trotz ihrer Bitten und Mahnungen so lange, bis sie endlich seinem Drängen nachgab. Alsogleich verschwand sie aber und kam nur an Sonn- und Feiertagen zu ihren Kindern, wusch, kämmte und kleidete sie. Wenn sie

dann in der Stube war, zeigte sie sich nur ihren Kleinen, selbst ihr Mann konnte das liebe Weib nie mehr sehen."[9]

Die Beziehung zur Herkunft wird hier durch den Namen hergestellt, den die Salige auch ihrem Mann nicht preisgeben darf. Sie stellt in diesen Erzählungen eine Gestalt des Naturhaft-Weiblichen dar, die selbst ihrem Lebensgefährten nicht ihre Identität offenkundig machen darf. Die tiefsten Wurzeln ihrer Beziehung zur Natur müssen geheim bleiben. Wenn sie aufgedeckt werden, wird die Frau unsichtbar und verschwindet.

Bisweilen wird der Name von anderen Personen offenbart – aber mit gleicher Wirkung: Auch in diesem Fall wird das Geheimnis der weiblichen Identität enthüllt.

„Auf dem vormals zum Mairulrichhof gehörigen Altkaserberg machten die wilden Bergfräulein den Mahdleuten gerne ihre Besuche und unterhielten sich sehr gut mit ihnen. Wenn die Knechte im Herbst das Heu auf Schleipfenwagen herausführten, kamen diese Fräulein, setzten sich auf das Heufuhder und fuhren oft so weit mit, daß die Knechte sie mit ihren Geißeln herabjagen mußten. Einmal fuhr der Sohn des Meiers selber ums Heu. Beim Herausfahren setzte sich ein wildes Fräulein, das Gertraud hieß, auf die Fuhre und war über die Maßen zudringlich, und als sie der Mensch vertreiben wollte, gieng sie ihm über all nicht herunter. Es war, als ob sie am Heu klebte, und so fuhr sie drei Stunden weit heraus bis unter Soyreut. Da hielt der junge Meier an und sagte: ‚Jetzt geh zurück, Gertraud, / Oder werde meine Braut!‘

Gertraud that lieber das letztere, sie fuhr ganz heraus auf den Hof Mairulrich, heiratete dort des Meiers Sohn und lebte glücklich. Aber sie durften sie nie bei ihrem Namen nennen und durften denselben auch niemand anderem verrathen, sonst wäre für sie kein Bleibens auf dem Hofe.

Eines Tages klaubte die junge Bäurin im Garten Würmer vom Kohl, als gerade draußen eine vornehme Frau in schwarzem Gewande vorbeiging und zu ihr hineinredete: ‚Meine liebe Schwester Gertraud, / Die Würmer fressen dein Kraut.'

Auf dies verschwand die junge Meierin sogleich vom Hofe, und nur hin und wieder an Samstagen oder Festvorabenden kam sie spät nachts, wusch und kämmte ihre Kinder und kehrte sodann wieder in ihre einsame Wohnung auf den Altkaserberg zurück."[10]

Derlei Geschichten vom geheim zu haltenden Namen sind recht häufig zu finden. Die Salige, die ihre Identität nicht enthüllt, schützt sich auf diese Weise vor der Aufdringlichkeit und der übermäßigen Neugier nicht nur ihres Mannes, sondern auch (was besonders in der eben angeführten Geschichte deutlich wird) vor der der sozialen Klasse, vor der „Frau, die am Haus vorbeikommt".

Die Salige ist – um es kurz zu sagen – eine Frau, die sich nicht gern in Szene setzt – was im Übrigen für alle Gestalten des zutiefst Weiblichen gilt. Dieselbe Regel, die hier die Geheimhaltung des Namens der Frau betrifft, galt schon für die höfische Liebe des Mittelalters, als der verliebte Troubadour den Namen der Geliebten um keinen Preis kundtun durfte. Auch in der „Gesellschaft der Minnehöfe", die sich in denselben Jahrhunderten entwickelt, in denen die hier wiedergegebenen Sagen entstehen, muss der Name der Geliebten geheim oder zumindest verborgen bleiben.[11]

Wir haben es hier mit Tatsachen zu tun, die in krassem Gegensatz zum „entblößten" Weiblichen stehen, wie es uns die Show- und Talkshowgesellschaft präsentiert, wo alle im Fernsehen ihre intimsten Gefühle bloßlegen, aus der Überzeugung heraus, dass der Ruhm ihnen auch Macht einbringt. Im Märchen dagegen wie auch in der Troubadourlyrik weiß man genau, dass die Preisgabe der intimsten Gefühle, die sich auf die innerste Identität der Person beziehen, den auf diese Weise „enthüllten" Personen jede Macht nimmt. Eine Ehe, in der das innerste Wesen der Frau offenbart wird, nimmt ihr ihre Kraft.

Das Geheimnis der Saligen: ihre Herkunft

Das Tabu der Herkunft schließt auch ihre Heimat und ihre Geschichte ein – wie es in der folgenden Sage erzählt wird:

„Auf demselben Hofe (Anmerkung: auf dem Oberkoflerhof im Mairol-Werch) hatte ein Bauer eine Salige in das Haus genommen und sie lebte mit ihm als Frau froh und glücklich. Sie hatte ihm dreizehn Kinder geboren, aber ihm gleich Anfangs verboten, sie je zu fragen, woher sie stamme. Fast waren die Leute nun schon mit einander alt geworden, da plagte der Teufel der Neugier endlich doch den Bauern, und er fragte sie halb im Scherz, wo sie her sei, sie scheine ihm aus einem Kindleinsbrunnen gebürtig zu sein. Da entrollten den Augen der Saligfrau zwei zornige Zähren, und sie rief mit halberstickter Stimme: ‚Fragst du, / So klagst du!' Und kein Wort weiter, und in wenigen Augenblicken war sie fort, und mit ihr alle dreizehn Kinder; nie kam eins wieder, und der thörichte Bauer war in Verzweiflung allein."[12]

„Fragst du, so klagst du": Die Neugier auf die intimsten, persönlichsten Fakten ist immer als ein Zeichen mangelnder Befriedigung und einer Entbehrung anzusehen, auch der Unfähigkeit, die Spannung zu ertragen. Und die Salige, eine Vertreterin der weiblichen Urnatur und der Welt des Überflusses, kann nicht in Not und

Mangel leben, da eine solche Existenz unweigerlich zu dieser Frage führt, zur psychologischen Aufdringlichkeit. Sie bringt 13 Kinder zur Welt und lässt den Bauernhof erblühen, aber sie erduldet kein Gejammer. Wo Mangel herrscht und eine neugierige Frage gestellt wird, die in das Geheimnis der Herkunft und der weiblichen Identität eindringt, ist für sie kein Bleiben.

Der wilde Edric und seine verschwundene Braut

Ähnliches wird in einer der ältesten angelsächsischen Legenden erzählt, in deren Mittelpunkt „Wild Edric" steht, „Edric der Wilde", einer der Helden der englischen Folklore.[13] Wir gehen hier nachfolgend kurz auf seine Geschichte ein – als Beweis dafür, dass das Waldfräulein in der gesamten nordischen Sagenwelt unermüdlich ihr Geheimnis verteidigt und keinen Hinweis auf ihre Herkunft duldet.

Als Wild Edric, ein berühmter Ritter und Anführer der wilden Jagd (siehe „Wilde Frauen und wilde Männer", Seite 109), eines Tages von der Jagd bei Clun zurückkehrte, verlief er sich zusammen mit seinem Schildknappen im Wald. Die Nacht brach an, aber die Reiter fanden den Heimweg nicht mehr. Da sah Edric plötzlich in der Ferne, mitten unter den Bäumen, ein großes, hell erleuchtetes Haus. Er näherte sich dem Gebäude, und als er durch die Fenster blickte, bemerkte er im Inneren mehrere Reigen tanzende junge Mädchen. Sie waren wunderschön, größer als normale Frauen und mit hübschen weißen Leinenkleidern angetan. Sie tanzten im Kreis und trällerten ein Lied, dessen Worte der Jäger allerdings nicht verstand.

Eine der jungen Frauen war so faszinierend schön, dass Edric sich augenblicklich in sie verliebte. Er tat alle Angst vor einem Zauber beiseite, lief auf der Suche nach einem Eingang um das Haus, fand eine Tür, stürzte sich ins Innere und riss das junge Mädchen, in das er sich vernarrt hatte, aus dem Reigen. Die anderen Tanzenden griffen ihn mit Nägeln und Zähnen an, aber mithilfe des Schildknappen gelang es Edric, ins Freie zu flüchten und die schöne Gefangene auf seinem Pferd fortzubringen.

Er versuchte drei Tage lang, das Schweigen des jungen Mädchens mit Liebkosungen und Schmeicheleien zu brechen – vergebens. Aber am vierten Tag begann das junge Mädchen plötzlich zu sprechen. „Viel Glück, mein Lieber!", sagte es zum Staunen Edrics und seines Schildknappen und fuhr fort: „Ich verspreche dir, dass du von diesem Moment an immer großes Glück haben wirst, dass du Gesundheit, Frieden und Reichtum genießen kannst – unter der Bedingung, dass du mir keine Vorwürfe machst und nicht auf meine Schwestern zu sprechen kommst, auch nicht auf den Ort, wo du mich gefunden hast, und auf anderes, was damit in Zusammenhang steht. Solltest du es eines Tages doch tun, so verlierst du auf einen Schlag deine Frau und dein Glück, und wenn ich dich verlasse, stürzt du in Unglück und baldigen Tod."

Edric, der der jungen Frau aufrichtig ergeben war, versprach, ihre Wünsche zu respektieren. So wurde eine glanzvolle Hochzeit gefeiert, im Beisein aller Adeligen, die von der plötzlichen Eheschließung des wilden Jägers sehr überrascht waren. Auch Wilhelm der Eroberer wollte sofort nach seiner Krönung zum Normannenkönig Edrics schöne Frau kennenlernen, deren Ruhm sich rasch verbreitet hatte: Er lud sie zu Hof und war natürlich äußerst erstaunt, dass kein Verwandter oder Landsmann sie begleitete. Aber Edrics Frau war so schön, dass der König dem jungen Paar gratulierte und sie – trotz aller Zweifel und Neugier – nach Hause ziehen ließ.

Das Paar lebte jahrelang glücklich und zufrieden. Doch als Edric eines Abends von der Jagd heimkehrte, suchte er vergebens nach seiner Frau. Er rief sie, bekam aber keine Antwort. Als sie endlich wieder erschien, rief der wilde Edric erzürnt aus: „Sicher haben dich deine Schwestern so lange aufgehalten, nicht wahr?" Er hatte den Vorwurf noch nicht einmal ganz ausgesprochen, als seine Frau unvermittelt verschwand.

Den Jäger überkam allergrößte Verzweiflung. Aber er mochte noch so viele Tränen vergießen und in Klagen ausbrechen: Die Frau kehrte nicht mehr zurück. Der Mann verfluchte Tag und Nacht seine Unüberlegtheit, bis er an gebrochenem Herzen starb. Wie seine Frau es lange Zeit zuvor vorausgesagt hatte.

Die Macht und die verlorene Schönheit

In anderen Erzählungen darf dagegen das Wesen der wilden Frau nicht enthüllt werden; denn niemand außer dem Mann, den sie sich erwählt hat, darf von der Macht wissen, die auf ihre Herkunft zurückzuführen ist. Und auf keinen Fall darf ihr Mann sich damit brüsten.

So wird es in der folgenden Geschichte erzählt:
„Der Bauer am Hofe zu Oberkofel in Ulten hatte ein Saliges Fräulein unter der Bedingung zur Ehe bekommen, dass er ihre Herkunft niemand verrathe. Einstmals aber offenbarte er auf dem Kirchenwege seinem Nachbar, welcher weitum die vornehmste Hausfrau zu haben sich rühmte, aus Eitelkeit das Geheimniss. Als er aber nach Hause kam, war seine Frau nebst den 13 Kindern, die er bereits mit ihr gezeugt hatte, für immer verschwunden."[14]

Das Prahlen mit der Eigenart der Frau, die aus der Welt des Überflusses, der wahren Schönheit und der wahren Macht kommt, ist

eine männliche Schwäche, die schon in der Artusrunde als un-
erlaubt angesehen wurde – wo allerdings der Mann, der dieses
Tabu verletzt, sich im letzten Moment retten kann.

Die Geschichte des Ritters Launfal und der schönen Tryamour

Sir Launfal, einer der stolzesten Ritter aus der Tafelrunde des
Königs Artus, hielt die Eheschließung Artus' mit Guinevere, die
seiner Ansicht nach nicht großzügig und aufrichtig war, nicht für
angebracht und machte auch aus dieser seiner Überzeugung kein
Hehl. Auf der Hochzeit beleidigte Guinevere ihn öffentlich, und
Launfal verließ Artus' Hof. Er war aber so freigebig und machte so
reiche Geschenke, dass er bald um all seinen Reichtum kam. Als er
völlig mittellos war, erschienen zwei schöne junge Mädchen und
luden ihn zu ihrer Herrin ein, der schönen Tryamour (Liebesprobe). Die bildhübsche Frau empfing ihn auf einem großen Bett
und versprach ihm: sich selbst, so oft er es wünschte; eine zu jeder
Zeit mit Gold gefüllte Tasche; einen getreuen Schildknappen; ein
weißes Pferd. Dies alles konnte er unter der Bedingung bekommen, dass er niemals und aus keinem Grund von ihr sprach: Sollte
Sir Launfal mit ihrer Beziehung prahlen, so würden ihm alle diese
Gaben verloren gehen.
Als Launfal diese Abmachung getroffen hatte, konnte er freigebi-
ger und aufwendiger denn je leben, und ohne materielle Probleme
konnte er so viele und so große Heldentaten vollbringen, dass König Artus ihn wieder an den Hof rief, von dem Guinevere ihn fortgeschickt hatte. Als die Königin sah, wie reich und mächtig er geworden war, zeigte sie großes Verlangen nach ihm. Als Launfal sie
aber abwies, beschimpfte sie ihn und warf ihm vor, in Wirklichkeit

nur ein alter Mann zu sein, der nicht für die Liebe einer Frau geschaffen sei. Der erboste und entrüstete Launfal antwortete ihr daraufhin, dass die hässlichste seiner Geliebten immer noch sehr viel schöner wäre als Guinevere. Aber als er nach Hause kam und Tryamour rief, fand er sie nicht mehr, seine Tasche war leer, und sein Knappe und das Pferd waren verschwunden. Und damit nicht genug: Als Artus von der Jagd heimkehrte, erzählte Guinevere ihm verstört, dass Launfal ihr habe Gewalt antun wollen, angesichts ihrer Weigerung sie aber gekränkt und behauptet habe, dass die hässlichste seiner Geliebten immer noch sehr viel schöner sei als sie.

Artus glaubte seiner Frau und wollte den Ritter zum Tode verurteilen, aber der Hofstaat, der die Königin kannte, beschloss, Launfal eine letzte Chance zu geben: Er sollte beweisen, was er zu Guinevere gesagt hatte – was im Übrigen ja auch der einzige Punkt war, in dem die beiden Versionen übereinstimmten. In Wirklichkeit schenkte niemand Guinevere Glauben – mit Ausnahme von Artus, und alle waren neugierig, Launfals schöne Geliebte zu sehen. Zur Überraschung der Ritter aber gestand Launfal, nicht beweisen zu können, was er gesagt hatte, und dass er auch keinerlei Absicht habe, den Namen seiner Frau preiszugeben. Der Hofstaat spaltete sich in zwei Parteien: Die einen wollten Artus' Urteil sofort vollstrecken, die anderen dagegen interpretierten Launfals Verhalten als Beweis seiner Ritterlichkeit und seiner Courage und waren daher mehr denn je entschlossen, ihn zu retten.

In diesem Durcheinander erschien plötzlich eine wunderschöne junge Frau: Alle sahen, dass sie Guineveres Schönheit weit übertraf und blickten Launfal verblüfft an. „Dies ist nicht meine Geliebte", gab Launfal den Rittern zu verstehen, die ob dieser seiner Antwort verzagten. Doch da erschien ein zweites junges Mädchen, dessen Schönheit die der ersten Frau in den Schatten stellte. Aber Launfal gab wieder zur Antwort: „Dies ist nicht meine Geliebte." Und so geschah es noch einmal. Dann aber erstrahlte im Saal der Tafelrunde eine noch größere Schönheit: Es war Tryamour, Launfals Liebesprobe. Der Ritter schwieg, aber Tryamour ging geradewegs auf Guinevere zu und offenbarte, dass die Königin ihren Mann fälschlicherweise beschuldigt hatte. Sie berührte ihre Augen, und Guinevere wurde auf einen Schlag blind. Schließlich rief Tryamour ihren Sir Launfal zu sich und entführte ihn auf dem weißen Pferd Blanchard auf die Insel Olyroun, wo allzeit Glück und Überfluss herrschten.[15]

Der Ritter Launfal wurde gerettet, weil er sein Geheimnis nur halb enthüllte: Er brüstete sich mit der Schönheit seiner Geliebten, nannte aber ihren Namen nicht, obwohl er damit sein Leben aufs Spiel setzte.

Auch aus dieser Geschichte, einer der ältesten der europäischen Literatur, spricht folgende Moral: Die größte Liebesprobe besteht darin, das Wesen der Geliebten geheim zu halten. Kein Mann darf sich der Tugenden seiner Frau rühmen – was ganz im Gegensatz zur heutigen Zeit steht: Der eitle und unsichere Mann bedient sich der Schönheit oder des Seelenadels, der Intelligenz oder des Reichtums seiner Frau, als handele es sich um ein Statussymbol.

In der Gegenwart leben und die Zukunft kennen

Bisweilen ist es nicht leicht, mit den Saligen zu leben; denn da sie die Zukunft kennen, legen sie oft Verhaltensweisen an den Tag, die in der Gegenwart unverständlich sind.

* * *

So wird es in folgender Geschichte erzählt:

„Zum Gorainik in Ludmannsdorf kam jeden Morgen eine Salige schlafen. Wenn der Sohn aufstand, legte sie sich in sein Bett, um sich anzuwärmen. Eines Tages kam die Mutter ins Schlafzimmer. Sie sah das schöne Haar bis auf den Boden herabreichen. Voll Ehrfurcht hob sie es auf und legte es zur Frau ins Bett. Da wachte die Salige auf: ‚Warum tatet Ihr das? Jetzt muß ich Euren Sohn heiraten. Eines bitte ich Euch, was auch immer ich tun mag, scheltet nicht!‘ Die Hochzeit wurde gefeiert. Glücklich verging die Zeit dem jungen Paar. Nach einem Jahr genas die Salige eines Kindes. Als man es nach der Taufe nach Hause brachte, erwürgte sie es. Der Mann schwieg und schwieg auch beim zweiten, mit dem sie es ebenso machte. Als sie nun auch das dritte Kind umbrachte, fragte er sie voll Zorn, warum sie das tue. Jetzt muß ich dich verlassen, weil du mich gefragt hast. Die drei Kinder hätten alle auf dem Galgen geendet, nun sind sie aber selig. Es wären noch vier Kinder gekommen, die hätte ich leben lassen, weil sie rechtschaffen geworden wären.‘ Sie gab ihm noch einen Knäuel Garn mit dem Auftrag, nie zu wünschen, daß er ein Ende nähme. Die Salige verschwand.“[16]

Die wilden Frauen und die Ehefrauen ihrer Geliebten

Die wilde Jungfrau verlangt – wie alle mit der Urnatur und dem Heiligen verbundenen Energien – von den Personen, die sich ihr zuwenden, Unschuld und Seelenreinheit, während sie Verstellung und Falschheit nicht duldet. Das Geheimnis, das ihr so wichtig ist, soll ihre reinen Beziehungen vor dem dunklen Neid und dem Besitzanspruch schützen, wie sie den von der Erbsünde betroffenen Menschen zu eigen sind, denen die Unschuld fremd ist. Die wilden

Frauen sind weniger darüber besorgt, dass der Bauer, mit dem sie verkehren, eine Frau hat, als vielmehr über die Tatsache, dass diese Frau erfahren könnte, wo sie leben, sodass sie womöglich – wenn auch nur mit den Gedanken – in den heiligen Raum der weiblichen Beraterin (und bisweilen der Geliebten) eindringen könnte. Die Saligen, die nicht an die utilitaristischen Interessen der zwischenmenschlichen Beziehungen gebunden sind, scheinen einzig am Leben an sich und an dessen Entfaltung und Fortentwicklung interessiert zu sein, während sie auf keinen Fall in die Dynamiken der Bindungen, des Besitzes und der Furcht um den Verlust verstrickt werden möchten, von denen die Beziehungen zwischen Männern und Frauen gewöhnlich zerstört werden.

Die Wilde als Heilerin der Ehe

Der Ehe ihrer Freunde gegenüber übernehmen die wilden Frauen bisweilen die klassische vom griechischen Gott Asklepiades[17] verkörperte Rolle einer Heilerin. Die Männer begaben sich nächtlicherweise zum Schlafen in den Tempel dieses Gottes, in der Hoffnung auf heilende Träume und Visionen – wie es auch in der folgenden Geschichte erzählt wird:

„Ein Mann von Gretig bei Salzburg, welcher mit seiner Frau in Unfrieden lebte und von ihr schlecht behandelt wurde, geht nach der Frauenhöhle am Untersberg und bleibt die Nacht hindurch daselbst liegen. Da erscheint ihm eine Jungfrau halb weiß halb schwarz, welcher er erzählt, daß er mit seiner Frau im Streite sei. Die Jungfrau setzt sich zu ihm und unterhält sich vertraulich mit ihm. Als er weg will, sagt sie ihm, weil er sich gegen sie so gut benommen habe, so solle er nur ruhig nachhause gehen, er werde seine Frau ganz gut gesinnt antreffen, und so soll er sie auch gefunden haben."[18]

Durch das Anhören und die überzeugte Öffnung auf das Naturhaft-Weibliche wird in dieser Sage eine kränkelnde eheliche Beziehung geheilt.

Die halb schwarze und halb weiße Wilde ist natürlich nichts anderes als eine Verkörperung der Konjunktion der Gegensätze, der positiven und der negativen Eigenschaften, die die Natur kennt und bejaht: In den zwischenmenschlichen Beziehungen wie eben zum Beispiel in der Ehe wird das Helldunkel oft nicht akzeptiert, und noch weniger die „dunklen Seiten" des Partners – wodurch die Beziehung zerrüttet wird. Vor allem aber durch das Anhören-Können, durch eine offene, aufgeschlossene Haltung dem Naturhaft-Weiblichen gegenüber kann die Ehe der Menschen gerettet werden.

Im täglichen Leben kann die halb schwarze und halb weiße Wilde durch eine Freundin verkörpert werden, durch eine zeitweilige Geliebte oder auch durch die Frau selbst, die in einem Moment der Aufrichtigkeit ihrem Mann das Geheimnis des doppelten (halb schwarzen und halb weißen) weiblichen Wesens enthüllt, das sie so gut kennt. Dies ist der Moment (der stark therapeutische, nicht banale, sondern heilige Moment), in dem es gilt, sich der Frau gegenüber zu öffnen, ihr aufmerksam zuzuhören und sie von der Welt der weiblichen Natur, ihren Emotionen und ihren Gefühlen sprechen zu lassen. Wenn man dessen fähig ist und das vollendet, was die weibliche Figur gesagt hat, besteht auch die Möglichkeit, dass die Beziehung geheilt werden kann.

Das Verbot der Kontrolle und des Besitzes

Die wilden Frauen können – wie wir es schon in ihren Beziehungen zu den Menschen gesehen haben – die Kontrolle, die Einmischung und das Bespitzeltwerden nicht ertragen: alle diese Merkmale, die den Besitz und den Stellenwert betreffen, die dieses wenig großzügige Gefühl normalerweise in der Ehe oder sogar in einer spontanen Beziehung hat. Wenn diese Gefühle in die Beziehung zu einem Mann mit hineinspielen, ziehen die wilden Frauen es vor, sie abzubrechen.

So wird es in dieser Geschichte erzählt.

„Falkwand ist der größte Bauernhof in Stuls. Neben ihm ragt eine hohe Felswand empor, über die ein Wasserfall herniederrauscht. An dieser Wand sah man oft von Platt aus blendendweiße Wäsche hangen, die den Waldfräulein gehörte. Diese standen mit den Bauern in Falkwand in gar freundlichem Verkehre. Oft stahl sich der Bauer nachts von seinem Weibe weg und besuchte die Waldweiblein, die ihm allerlei gute Rathschläge für sein Hauswesen gaben und ihm prophezeiten, daß kein Falkwänder Bauer jemals schlecht stehen werde. Als dieses freundliche Verhältniß schon lange gedauert hatte, merkte endlich die Bäurin, daß ihr Mann sich oft nachts entferne, und hegte allerlei Argwohn bei sich. Um nun zu erfahren, wohin er gehe, hängte sie ihm einen Zwirnfaden an und behielt den großen Knäuel in ihren Händen. Der Bauer gieng zu den Fräulein und zog den Faden mit sich. Kaum war er bei den Waldfräulein angekommen, als sie alsogleich den Zwirnfaden bemerkten und ihn auf der Stelle umkehren hießen. Zugleich sagten sie ihm, daß er in Zukunft nicht mehr kommen dürfe. Er befolgte ihren Befehl und gieng nach Hause. Später gieng er noch oft zur Wand hinauf und forschte nach den Fräulein, allein sein Suchen war vergebens, denn er konnte sie nie mehr finden."[19]

Diese Regel gilt auch für die Hirten: Der junge Mann, der Hilfe bei den Saligen sucht und ihnen gefallen will, muss frei sein und ein „reines Herz" haben. Nicht, weil sie ihn ganz für sich wollen, sondern weil sie nichts mit der übermäßigen Hingabe und dem Besitzanspruch der Gefährtinnen zu tun haben wollen.

So wird es in der folgenden Geschichte erzählt:
„Die Frauen, welche die ‚Salingen' heißen, tanzen und singen gerne. Kamen Bursche, die schon Liebschaften hatten, in die Nähe, verschwanden die Frauen auf der Stelle. Auf der ‚Zingler- und Mittagsspitze' erschienen solche Frauen oft und lockten das weidende Vieh. War der Hirt ohne Liebschaft, so führten sie das Vieh auf gute Weideplätze und es nahm zusehends auf; hatte aber der Hüter kein reines Herz, verlockten sie die Kühe, daß man sie abends weit und breit suchen mußte."[20]

Die Freundschaft mit den freisinnigen Ehefrauen

Die Sagen von den wilden Frauen geben uns zu verstehen, dass die Saligen keine Beziehung akzeptieren, die die Eifersucht anstachelt, während sie sehr die mit der Gabe zusammenhängende Freigebigkeit bewundern, die sie selbst in die Tat umsetzen.

So wird es in dieser Sage erzählt:
„Aber nicht nur nach Bohnen und Schafbraten gelüstete es die wilden Frauen, sondern auch nach Menschenliebe. Als einmal die Bäurin auf den Markt gefahren war, kam eine der wilden Frauen

zum Bauer und legte sich an die Stelle der Bäurin zu ihm ins Bett. Doch vorzeitig kam die Bäurin heim und überraschte die beiden in der Kammer. Sie sagte aber kein Wort, und als sie sah, daß der Wildfrau das lange, blonde Haar auf den Boden herabhing, faßte sie es zusammen, hob es auf das Bett und strich es zurecht. Über diese edle Tat war die wilde Frau gerührt und sagte zur Bäurin: ‚Weil du nicht mit mir geeifert, sondern mir das Haar zurechtgerichtet hast, gebe ich dir einen Knäuel. Sein Faden wird solange nicht zu Ende gehen, als es niemand ‚belängen‘ wird.‘ Die Bäurin bedankte sich für den Knaul gesponnenen Flachses und begann, Leinwand zu weben. Nie ging der Faden aus und schon längst war für alle genug Leinwand da im Überfluß.“[21]

„Eine von diesen Jungfrauen (Anmerkung: bei der Ortschaft Sager) ging in einen Bauernhof jeden Morgen früh, wenn die Bäurin aufstand, zum Bauer schlafen. Die Frau fand daran nichts Arges und erwies ihr überdies noch einen Liebesdienst. Die Salige hatte nämlich sehr langes Haar. Wenn dieses über das Bett auf den Boden hing, trat die Bäurin herzu und legte es über die Schlafende. Eines Tages sagte die Salige zur Bäurin, daß sie nun nicht mehr kommen werde, und wollte sich verabschieden. Sie fragte, was sie für all die Dienste schuldig sei. Die Bäurin entgegnete: ‚Ich verlange nichts dafür.‘ Da reichte ihr die Jungfrau einen Knäuel Garn und bemerkte, daß sich bei seiner Verarbeitung niemand verwundern dürfe, wenn er nicht zu Ende gehen sollte. Dann verschwand sie. Die Bäurin machte daraus Leinwand und sammelte davon einen großen Vorrat an.“[22]

Die wilden Frauen wissen – als Vertreterinnen der weiblichen Kraft der Natur – die Bäuerin zu schätzen, die ihnen ihren Ehemann zum Geschenk macht: aus dem Überfluss heraus, nicht aber aus besorgtem Geiz.

Auch die Freigebigkeit der Ehefrauen hängt natürlich mit der psychologischen Wahrnehmung des Überflusses zusammen, nicht des Mangels. Freisinnig ist die Ehefrau, die in „emotionalem Überfluss", aber nicht in Mangel lebt und daher in der Lage ist, ihren Mann zu verschenken, ohne unter der Angst zu leiden, ihn zu verlieren. Die Frau, die im Überfluss lebt, ist dem Heiligen nahe – eben dem Uruniversum, das Überfluss hervorbringt. Diese Öffnung auf das Heilige veranlasst die nicht eifersüchtige Ehefrau, der Saligen Achtung zu erweisen, sodass sie dafür den Garnknäuel geschenkt bekommt.

Ratschläge und Hilfeleistungen der wilden Frauen

Von der Ehe oder den Beziehungen zu gut aussehenden jungen Männern oder kräftigen Bauernburschen abgesehen, geben sich die Saligen nicht damit zufrieden, zu Hause zu bleiben, in ihrer Welt aus Felsen und Wäldern. Sie verkörpern ein weibliches Wesen, das das Wissen und die Macht der Natur an die Menschen weitergeben möchte. Die Hilfeleistungen, der „Dienst" in der Welt der Menschen ist daher für diese Frauen von allergrößter Bedeutung. Durch ihren Dienst und ihre Hilfeleistungen zugunsten der Menschen erfüllen die Saligen die Kraft des naturhaften Heiligen, das in jeder Kultur eine Beziehung zu den Menschen anzuknüpfen sucht, um ihnen helfen zu können.

Friedrich Hölderlin hat es so in seiner Hymne „Wie wenn am Feiertage ..." erzählt:

„Und die uns lächelnd den Acker gebauet,
In Knechtsgestalt, sie sind erkannt,
Die Allebendigen, die Kräfte der Götter."[23]

Immer wieder ist es die überpersönliche, göttliche Kraft, die die Beziehung zwischen dem Menschen und der Natur bestimmt. Die „Dienstleistungen" der Saligen zugunsten der Menschen äußern sich auf vielerlei, unterschiedliche Art und Weise.

„Unweit der Ortschaft Rupertiberg (Gemeinde Oberdörfel, Anmerkung: in Kärnten) führen Felsvertiefungen den Namen Sedlice, d.h. Sitze. Diese zwei oder drei Mulden dienten den Saligen als Ruheplätze, von wo sie den umwohnenden Bauern mit schallender Stimme ihren bekannten Rat erteilten."[24]
Von besonderer Schönheit sind auch die „Dialen", die wilden Frauen aus Graubünden. Sie leben in Höhlen und in Wäldern und tragen scharlachrote, mit Gold und Spitzen verzierte Kleider. Bei Tag verlassen sie ihre Höhlen, die *foras dallas dialas*, und hängen ihre Wäsche zum Trocknen in die Sonne. Zu guten Leuten sind sie immer freundlich. Den Armen bringen sie Speisen und Getränke auf prächtigen silbernen Tabletts, schwangeren Frauen schenken sie das frische Brot der Zwerge. Wehe dem, der ihre Silberlöffel stiehlt! Sie werden in den Taschen des Diebs sofort glühend heiß. Sie weisen Personen, die sich verlaufen haben, den rechten Weg und begleiten Kinder, die sich verirrt haben, wieder nach Hause. Sie verschenken Kohle, die sich dann in Gold verwandelt, und Gämsenkäse, der kein Ende nimmt.[25]
Manchmal aber sind die Saligen den Menschen in den einfachsten, aber auch gefährlichsten Dingen behilflich – wie wenn es darum geht, einem alten Mann zu helfen, der in der Nacht unterwegs ist.

„An einem Winterabend ging das Matzele vom Rittnerhof durch Tötschling gegen Payrdorf. Am Bärenbach, einer eisigen und gefährlichen Stelle an der Rittnermühle, traten zwei selige Dirnen aus dem Dickicht. Sie trugen ein Licht und halfen dem alten Manne durch den Graben. Am Rittnerhofe angelangt, verschwanden sie wieder, um sich zum Schernkofl unter Gereit zurückzuziehen, wo ihrer sechs hausten."[26]

Gewöhnlich aber hat ihre Hilfe vor allem mit der Pflege und Fürsorge für das Urweibliche zu tun, für die Mutter Erde: Die Saligen bringen dem Bauern das Säen und Bebauen bei und gehen ihm dann bei der Heumahd zur Hand, um die sich in den Alpen oft die Frauen zu kümmern haben.

Sie helfen ihm besonders mit ihren Kenntnissen des Samens: wann und wie und wie weit entfernt er auszusäen ist, wann die Saat zu beginnen und wann sie aufzuhören hat.

Diese Arbeiten, die den Großteil des Lebens in den bäuerlichen Kulturen ausmachten, haben eine eindeutig symbolische Valenz: Die Zeiten des natürlichen Anbauzyklus entsprechen den Zeiten des Lebens. Die Aussaat ist die notwendige Voraussetzung zu neuen Unternehmungen, die Triebe kündigen das Kommende an, während die Ernte und die Mahd den Abschluss der ausgeführten Arbeiten darstellen, die „Ruhezeit" der Erde, das heißt unseres Körpers auch in unserem täglichen Leben. Die Aufmerksamkeit, die die weisen Saligen dem jetzigen und künftigen Wetter entgegenbringen, zeugt von einem immer aufgeschlossenen Blick auf die Welt und ihre Veränderungen, auf die plötzlichen Umwälzungen, die Verspätungen und die Antizipationen im Vergleich zu einer im Übrigen niemals festen „Regel". Angesichts der Veränderungen, die das Wetter, aber auch das affektive Klima unseres Lebens betreffen, geben uns die wilden Frauen zu verstehen, dass wir immer aufmerksam, wendig und anpassungsfähig sein müssen und erst dann etwas tun dürfen, wenn die schönen jungen Mädchen, die die Stimme der Natur verkörpern, es uns sagen.

Die Saligen stellen sich den Menschen als „Dienerinnen" zur Verfügung – wie sich das Heilige in allen Kulturen in unterschiedlichsten Ausdrucksformen zeigt, um positiv in das menschliche Leben eingreifen zu können. In der christlichen Kultur zum Beispiel finden wir (nicht nur in den Briefen des Apostels Paulus) ständig Hinweise auf Christus als göttliches Wesen, das zum „Diener" wird, um den Menschen sein Wissen und seine Kraft zu Verwandlung und Rettung zu übermitteln. Die „Dienste", die die Saligen den Menschen leisten, sollen ihnen helfen, durch eine Reihe von Initiationsprüfungen ihre psychologische und spirituelle Entwicklung zu fördern.

Während sich die Saligen den Bauern zur Verfügung stellen, verlangen sie aber zugleich auch, von allen Verpflichtungen frei zu sein. Auch diese Freiheit, die sie fordern, steht in Einklang mit ihrem heiligen, transpersonalen Wesen, das nicht auf die Grenzen des Ichs und des egoistischen menschlichen Bewusstsein beschränkt werden darf. So finden wir hier ähnliche Aspekte wieder, wie wir sie schon in den von den wilden Frauen angebotenen Liebesverhältnissen gesehen haben. Die Saligen kommen und verschwinden, wann sie es wollen, ihr Name muss geheim bleiben, ihr Geheimnis darf nicht preisgegeben werden – weshalb sie denjenigen heimsuchen, der den Zugang zu ihren Wohngrotten entdeckt.

Diese Frauen (wie im Übrigen alle Gestalten des Heiligen) scheinen denjenigen, die sie aufnehmen, eine Chance bieten zu wollen, und es ist dann Sache der vom Schicksal begünstigten Gastgeber, sie auf bestmögliche Art und Weise zu nutzen.

Bei der Feldarbeit wie bei Liebesverhältnissen oder sexuellen Beziehungen stellt die Begegnung mit einer Saligen eine Art Initiation in die Geheimnisse des ewigen Urweiblichen dar. Wer diese Probe besteht, hat eine Zeit voller Kraft und Reichtum vor sich. Wenn dieses Bündnis dann gelöst wird (denn nur in ganz seltenen Fällen ist es dauerhaft), folgt eine Krisenphase, deren Ausgang gewöhnlich vom Verhalten desjenigen abhängt, der es gewagt hat, ein Verhältnis mit einer wilden Frau einzugehen.

Die Aussaat

Die Ratschläge zur Saatzeit und zur Saatstätte lassen ein Bündnis zwischen dem Naturhaft-Weiblichen der Saligen und den Menschen zustande kommen. Sobald der Mann sich diesem Abkommen entzieht, indem er die festgelegten Bedingungen missachtet, geht das Bündnis in die Brüche.

In der folgenden Sage wird das Bündnis mit den Saligen dagegen von der Gemeinschaft gebrochen – aus Gedankenlosigkeit und Ungeduld: Diese zwei Haltungen sind mit dem Wesen der Saligen, das sich auf die ewigen Gesetze der Natur gründet, absolut unvereinbar.

„Aus dem Kalvarienberg kamen im Frühjahr ‚hadische Jungfrauen' in das Tal zu den Menschen. Erst wuschen sie sich, dann sangen sie und schrien in das Tal hinab, daß es Zeit zum Haferbauen sei, wonach sie wieder verschwanden. Einmal nun säten die Bauern den Hafer früher an, bevor die Jungfrauen erschienen waren. Wie diese dann kamen und sahen, daß die Menschen nicht auf ihren Rat gewartet hatten, waren sie so erzürnt, daß sie sich seit der Zeit nicht mehr blicken ließen."[27]

Die Probe der Gewinnsucht

In anderen Erzählungen dagegen besteht der einzelne Bauer die Probe nicht – und das immer aus demselben Grund: aus Habsucht. In einem Fall handelt es sich um die Neugier, die Wissbegierde, im anderen um Gewinnsucht. Aber die Saligen verachten, wie wir schon gesehen haben, gerade die Habsucht und den Egoismus, da sie ihrem großmütigen Wesen widersprechen.

Hier eine Sage, in der es um Wissbegierde geht:
„Einmal verdingte sich eine Selige oder Heilige auf dem Platzliner-hof (Anmerkung: ein Hof hinter St. Cyprian) als Dirn, und wenn sie beim Säen vorausgehen mußte, um den Samen zu weisen, rief sie: ‚Bauer, iatz san!‘, wenn der Augenblick günstig war, dagegen: ‚Baur, halt in mit San!‘, wenn der Augenblick nicht geeignet war. Der Bauer that nach ihrer Weisung, und niemand hatte schöneres Getreide als der Platzliner. Beim Eintritt in den Dienst hatte ihr der Bauer versprechen müssen, nie nach ihrem Namen zu fragen. Nach und nach wurde aber der Bauer immer neugieriger auf ihren Namen, und als er einst beim Spätgottesdienst immer seine Ge-danken dabei hatte, statt zu beten, da litt es ihn nimmer, und er gieng schon nach der Wandlung aus der Kirche, so, als hätte er Leibweh oder den Magenkrampf. Daheim schlich er in die Stube und schaute zum Fenster hinaus.
Die Dirne war gerade im Garten und holte etwas für die Küche. Da hörte er sie sagen: ‚Ich heiße Gertraud und klaube Knödelkraut.‘ Als sie ins Haus zurückkam, redete sie der Bauer lachend an. ‚Aha‘, sagte er, ‚jetzt weiß ich wohl, wie du heißt; du heißt Gertraud.‘ Wie die Dirne das hörte, weinte sie laut, verließ das Haus und wurde nie mehr gesehen. Statt ihrer kam das Unglück auf den Platzlinerhof, und lange Zeit waren die Platzliner arme Schlucker.“[28]

* * *

Und hier eine Sage, die die Habsucht zum Thema hat.

„Über dem Rötelegraben, beim Pirchner auf Rotwand, waren zwei Selige Weiber, zwei Schwestern, die Wille und Welle hießen. Beide dienten treu am Hofe, schon viele Geschlechter.

Die Seligen hatten aber vereinbart, sollte eine von ihnen sterben, müsse sie die andere davon verständigen.

Wille und Welle waren hauptsächlich auf den Äckern tätig. Am liebsten gingen sie dem Bauern ‚auf Sum‘ (auf Sum gehen – beim Säen einweisen, wie weit der Wurf gereicht hat). Sie verstanden es wunderbar, dabei den Bauern so einzuweisen, daß kein Saatkorn verlorenging. War Wind im Anzug, taten sie es ihm rechtzeitig zu wissen, wie sie auch alle Wetter voraussagten. Kein Bauer blickte mit Stolz auf ein schöneres Getreide wie der Pirchner. Sein Reichtum machte ihn unzufrieden. In seinem Übermute schalt er die Schwestern einst, wieso sie denn nicht imstande wären, auch vorauszusagen, wie die Märkte gingen.

Da verschwand eine der Seligen. Aus dem nahen Walde rief sie ihrer Schwester zu, sie sei gestorben. Im selben Moment wich auch die Zweite vom Hofe.

Der Getreidereichtum war seit jenem Zeitpunkt zu Pirch versiegt.“[29]

Wenn der Bauer dagegen die Ratschläge befolgt, geht alles zum Besten.

„Ein junges unbekanntes Weib kam zu einem Bauer auf den Dienst. ‚Was willst du für einen Lohn?‘ fragte er. ‚Ich will einmal dienen, vom Lohne können wir schon später reden‘, sagte sie. Es war eine sehr verständige Magd. Oft wollte der Bauer mit seinen Leuten pflügen oder säen oder mähen oder die Reben aufbinden gehen, aber die Magd sagte: ‚Nein, nicht heute, sondern morgen, nicht zu dieser Stunde, sondern zu einer andern sollt ihr das thun und nicht so, sondern so müsst ihr es machen.' Der Bauer folgte ihr in allen Stücken und es war nicht sein Schaden; denn er heimste die reichsten Ernten ein, hatte Glück in Allem und wurde in wenigen Jahren ein reicher Mann."[30]

Bohnen im Schnee säen

Ein Motiv, das sich in diesen Sagen wiederholt, betrifft die Aufforderung der Saligen an die Bauern, Bohnen oder Erbsen im Schnee zu säen. Auch in diesem Fall handelt es sich um eine Probe; denn im Schnee müssten die Hülsenfrüchte erfrieren und absterben und sich somit nicht vermehren. Auf dem reinen, gefrorenen, weißen Schnee dagegen fault der Samen nicht und stirbt nicht ab, sodass er sich dann vermehren kann. Doch die Bauern, die dieser paradoxen Forderung der Saligen (die oft sogar sofort die trockenen Bohnen essen) nachkommen, werden reich belohnt.

So wird es in dieser Sage erzählt:
„Eines Tages waren sie (Anmerkung: die Saligen Frauen bei Sirn in Kärnten) hungrig und riefen zu einem Bauer in das Dorf hinunter: ‚Bauer, säe Bohnen!' Er tat, wie sie befahlen, aber alle Bohnen rollten in den Graben hinunter, wo sie von den Jungfrauen aufgelesen und gegessen wurden. Aber im Herbst war trotzdem alles voll Bohnen auf dem Feld."[31]
Es ist dies die Welt des heiligen Überflusses: Wenn das Naturhaft-Weibliche verehrt und der Großzügigkeit, die sie verkörpern, Respekt erwiesen wird, mangelt es niemals an Reichtum.

Dieses Thema steht auch im Mittelpunkt der folgenden Geschichte: „Auf dem Dragonerfelsen bei Trixen hatten Salige ihre Wohnung. Unterhalb des Felsens ging die Straße nach dem Eisenwerke Lölling. Täglich verkehrten hier viele Fuhrwerke, welche nach Lölling Brennstoff, auf dem Rückwege ‚Floschen' (Eisen) führten. Einem solchen Fuhrmanne riefen die Saligen mitten im Winter zu, er solle zu Hause Erbsen säen, und wiederholten dies an zwei folgenden Tagen, bis sich der Mann dazu entschloß. Zwar waren am Tage nach der Aussaat die Erbsen im Schnee verschwunden, aber er hatte jetzt vor den Weibern Ruhe. Nach der Schneeschmelze freilich zeigte es sich, daß das Feld mit der Erbsensaat schon vollends grünte, während die übrigen erst bestellt werden mußten."[32]

Die Zeiten des Erdreichs

Die Saligen kennen die Zeiten des Erdreichs und lassen sie die Bauern wissen. Doch auch bei dieser ihrer Hilfsbereitschaft handelt es sich erneut um eine Probe. Die Männer müssen den Saligen Gehör schenken, müssen sie um Rat fragen, müssen das Wissen, das die Saligen ihnen anvertrauen, in Ehren halten. Anderenfalls geht dieser nicht genutzte Reichtum verloren.

* * *

So wird es auch in der folgenden Sage erzählt:
„Nach einer in Schalders lebendigen Sage kamen die seligen Leut oft von der Schattseite herüber, um den Bauern auf der Sonnseite zu helfen. Beim Unterlärcher war man schon ganz gewohnt, daß jeden ‚Langes' eine der Seligen von der ‚Annewand' (Feldrain) unterhalb des Waldes herunterrief. Sie kündete die Zeit, wann mit

dem Anbau zu beginnen wäre, wann das Heu zu mähen oder die Ernten einzubringen wären.

Eines Jahres ließ sie aber unheimlich lange auf sich warten. Da nahm man an, sie müßte gestorben sein, wartete nicht länger und begann mit der Feldarbeit. Kurz darauf trat ein gewaltiger Witterungsrückschlag ein, der die ganzen Bemühungen der Lärchers zunichte machte. Da trat die Salige zum letzten Male aus dem Wald und rief zum Hofe herunter: ‚Hätt' ös mi g'fragg', / hätt' i's enk g'sagg'!“[33]

Der Almhirt mit dem schönen Busen

„Die saligen Fräulein waren ehemals sehr zahlreich im Vinschgau. Sie wohnten am grünen Ufer der Bergseen oder unterm schützenden Laubdach des Waldes und standen in stetem, freundlichem Verkehr mit den frommen und schlichten Bewohnern des Tales, welche diese guten, sanften Wesen als ihre eigentlichen Schutzgöttinnen liebten und verehrten“[34] – auch weil diese Frauen eifrig bei den Haus- und Feldarbeiten mithalfen.

Eine der berühmtesten Gestalten unter den Saligen ist die „Sontga Margretta“. Diese hl. Margaretha steht im Mittelpunkt vieler Erzählungen, die auch über die deutsch- und romantschsprachigen Alpengegenden hinaus bekannt sind.

Die hl. Margaretha, so heißt es, war sieben Jahre lang als Oberhirt auf der Cuelm Cavorgia genannten Alm tätig. Wenn sie sich um die Weiden kümmerte, wuchs so kräftiges Gras, dass die Hirten die Kühe dreimal am Tag und dann auch noch um Mitternacht melken mussten. Die Männer auf der Alm wussten nicht, dass es sich beim Oberhirten um eine Frau handelte – bis eines Tages ein Hirtenbube ihren Busen sah und bemerkte, dass der Oberhirt in Wirklichkeit eine junge Frau war. Die hl. Margaretha verbat ihm aber, dieses Geheimnis auszuplauschen, und drohte ihm an, dass er anderenfalls im Boden versinken würde. Aber der Hirtenbube konnte diese Entdeckung nicht für sich behalten und verriet den anderen Hirten, dass sich unter der männlichen Kleidung des Oberhirten in Wirklichkeit eine Salige verbarg – woraufhin die Männer es ihr verbaten, als Oberhirt auf der Alm zu arbeiten: Einem ungeschriebenen, aber unumstößlichen Gesetz nach durfte nur ein Mann als Oberhirt tätig sein. Die hl. Margaretha musste die Alm verlassen, aber der Hirtenbube versank, wie die Salige ihm angekündigt hatte, im Boden. Das Margarethenkraut aber (das heute als Isländisches Moos bezeichnet wird) vertrocknete in der dortigen Gegend fast gänzlich, obwohl es eine heilkräftige Wirkung für Menschen und Tiere besitzt.[35]

Die Kornernte und die Heumahd

Die Saligen wissen, wenn es Zeit zum Mähen ist. Und man sollte auf sie hören.

„Es war im Herbste. Der Roggen stand noch fast grün auf dem Acker, da sagte ein Fräulein zu einem rathlosen Bauern: ,Schneide deinen Roggen!' Der Bauer folgte den Worten, schnitt den Roggen und brachte ihn in die Scheuer. Die übrigen Bauern lachten den frühen Einheimser aus und foppten ihn auf allen Wegen und Stegen. Allein ihr Übermuth verwandelte sich in Trauer; denn ehe man es vermuthete, begann es zu schneien und zu schneien, daß der Roggen auf den Feldern ganz und gar verdarb."[36]

Das Bündnis mit den Saligen erweist sich als besonders nützlich gerade bei der Heumahd, einer sehr schweren Arbeit, die großes

Geschick beim Binden des nunmehr trockenen und steifen, zugleich aber empfindlichen Heus voraussetzt.

Wie es in dieser Geschichte erzählt wird:

„Wenn die Mähder auf das *Sojet* (Anmerkung: Heuwiese) hinaufzogen, ließen sie die Dirnen stets zuhause, denn für den Rechen gab's auf dieser Bergmahd nichts zu thun. Was tagsüber unter den scharfen Sensen niederfiel, ward des Nachts von unbekannten Händen ‚zusammengerochen‘, so sauber und nett, daß die Mägde des Dorfes nur mit Neid an die geheimnisvollen, flinken Arbeiterinnen dachten: Daß die starken und geschickten Arme Dirnen angehören müssen, daran war kein Zweifel; denn für die Männer ziemt sich solche Arbeit bekanntlich nicht.

Da hat sich einmal ein Mähder das Herz genommen, in einer mondhellen Nacht zu schauen, was da käme und den Rechen führe. Ei, was sah er! Aus dem Thale, das unweit der Wiesen in den Berg hineinführt – ebenfalls zur Sojetalpe gehörig und Sojet geheißen –, kamen Jungfrauen hervor, weiß und flimmernd ihre Gewänder – was wäre der Firn dagegen, der oben auf den Bergen im Mondschein glitzert! –, blond ihre Haare und in ihrer ganzen Größe herabwallend, sie selbst schön im Antlitz, so schön – daß ihn sein Schätzlein dauerte. Und die goldenen Gestalten rührten ihre Hände und schafften, und als die Arbeit fertig, waren sie zufrieden, daß sie den armen Bauern hatten helfen können. Darauf erhob sich die hilfreiche Schar, und still, wie sie gekommen, zog sie in ihr dunkles Heim zurück.“[37]

Die Saligen, die das Heu so geschickt rechen und binden konnten, verweisen uns erneut auf die traditionelle Fertigkeit des Weiblichen, das mit der Natur und ihren Zyklen in Einklang geblieben ist. So können wir uns eine weitere Frage stellen: Was versinnbildlicht das Rechen und Binden des Heus im täglichen Leben?

Es handelt sich um die Fähigkeit, sich all das zunutze zu machen, was mit der Zeit getrocknet ist, aber gesammelt und eingeholt werden muss, um die Tiere und die Instinkte während ihrer Entwicklung zu nähren. In den Erzählungen unserer Großmütter, aber auch unserer Mütter und tüchtiger Lehrerinnen wurde mit Können und Freundlichkeit das, was nunmehr der Vergangenheit angehörte (Familiengeschichte, Sitten und Bräuche und so weiter), den neuen Generationen und ihrem Lebensinstinkt übermittelt. Diese Arbeit wird bei Nacht vorbereitet (auch beim Erzählen von Märchen und Sagen), im schwachen Mondlicht, in einer irrationalen Atmosphäre, in der das Helldunkel vorherrscht, wo alles hell und dunkel ist wie ein Schatten. Marie Louise von Franz und Verena Kast, zwei große Interpretinnen traditioneller Märchen, des „trockenen Grases" ihrer Zeitgenossen[38], haben eine sorgfältige Arbeit als nächtliche Salige geleistet. Und Gleiches haben vor allem unendlich viele namenlos gebliebene Mütter, Großmütter und Lehrerinnen getan, und auch viele Männer (man denke nur an die Brüder Grimm), die ihre ganz persönliche, individuelle Mannschaft aus inneren Saligen nachts ausgesandt haben, um das auf den Feldern verbliebene Heu zu sammeln, das getrocknete Gras vergangener Kulturen, damit junge Rinder/Menschen sich davon nähren können.

In unserer heutigen Gesellschaft – dieser Gesellschaft, die nicht mehr in ständigem Überfluss lebt, dieser Gesellschaft der unaufhörlichen Verschwendung und der Herzensarmut – neigen wir zu der Überzeugung, dass das Heu zu nichts mehr nutz ist: Es ist etwas Gestriges, ist nicht *trendy*, sodass wir es auf den Wiesen verfaulen lassen. Aber diese äußerst destruktive Phase geht vielleicht ihrem Ende zu: Immer mehr Mütter und Väter erzählen ihren Kindern, mit einer wilden Frau oder einem wilden Mann neben sich, die Märchen, die Familiengeschichten, die Sitten, die Geschichte und das Leben der Vergangenheit.

Die Tiere, die Milch und die Butter

Die Saligen verstehen sich natürlich auf den Umgang mit den Tieren, diesen Inbildern der Welt der Instinkte und des Körpers. Doch nicht immer nehmen die Menschen dieses Wissen gebührend ernst.

So wird es in dieser Sage erzählt:
„Der Groß-Pluner von Lüsen hatte auf seinem Almhof zu Heròl einen ehrlichen und braven Senner. Wie derselbe mit der vielen Arbeit allein fertig werden konnte, war allen im Dorf ein Rätsel, mußte er ja noch zudem mit Butter und Käse ins Dorf hinabsteigen, was ihm viel Zeit raubte.
Es kam eben eine Salige zu ihm, welche die ganzen Hausarbeiten verrichtete, die wusch, kochte und spülte, aber gerade dann recht fleißig war, wenn der Senner zu Tale ging.
Eines Tages erklärte die Salige, ihre Zeit wäre aus und sie müßte gehen. Auf seine Frage, wohin sie sich wenden wollte, gab die sonst wortkarge Dirn folgende Antwort:
‚Häsche mi landa g'fragg',
noa hätt' i d'r meahra g'sagg',
Aaa, wia man as Kassewossa Butto mocht.
Obo jez muiß i in die finschtra Nocht!'
(Hättest du mich eher gefragt, nachher hätte ich dir mehr gesagt.
Auch, wie man aus Jutte Butter macht.
Aber jetzt muß ich in die finstere Nacht!)
Weinend ging sie von Heròl und wurde nie mehr gesehen."[39]

Die Salige hätte den Mann in die Geheimnisse der Verwandlung einweihen können, von der schon auf Seite 55 („Wer den Wilden Milch gibt, bekommt Gold") die Rede war – daher die Verwandlung des Käsewassers in Butter. Aber der Mann hatte sie – wie jede beliebige Magd – zum Geschirrwaschen angehalten. Und jetzt musste sie gehen, da ihre Zeit abgelaufen war.

Der Ruf aus dem Wald

Der Dienst der Saligen bei den Menschen wird oft durch einen „Ruf aus dem Wald" unterbrochen: Sie werden wieder in den Wald zurückgerufen, aus dem sie kommen und dessen Weisheit sie zum Ausdruck bringen.

Es gibt vielerlei Gründe für diesen Ruf.

In erster Linie zeigt er an, dass sich im Wald, in der Welt der Urnatur, etwas Neues zugetragen hat, das mit dem Ablauf der Lebenszeit zusammenhängt und bedeutet, dass die Zeit, die den Saligen bei den Menschen zugestanden war, zu Ende ist. Gewöhnlich handelt es sich um den Tod eines Familienangehörigen: des Vaters, der Mutter, einer Schwester. Die Lebenszeit eines/einer aus der Gruppe der Saligen ist abgelaufen – und somit auch die Zeit der Saligen bei den Menschen. Der Verlust des Gleichgewichts im Wald führt auch zum Verlust des Gleichgewichts, das die Salige in der Welt des Berghofs und der Bauern hergestellt hatte.

Der Ruf aus dem Wald, der in den Alpensagen oft mit dem Tod des Vaters in Zusammenhang gebracht wird, erinnert an den Tod des großen Pan[40], des Gottes der Natur und der Instinkte, von dessen Ableben Plutarch (ein Jahrhundert nach Christus) folgendermaßen berichtet: Als ein Segelschiff mit Kurs auf Italien an der Insel Naxos vorbeikam, hörte der Ägypter Tamo, der sich auf dem Schiff befand, von der Küste her folgenden Ruf: „Wenn du dein Ziel erreichst, verkündige, dass der große Pan gestorben ist!" Tamo führte diesen rätselhaften Auftrag aus, und von überallher war Stöhnen und Ächzen zu hören.[41]

Pan verkörpert natürlich – wie die verstorbenen Eltern der Saligen – die Urkräfte des Instinkts und des Lebens, die Geister des Wachstums und der Entwicklung. Mit dem Tod der Eltern, die von den Saligen betrauert und beweint werden, beginnt, wie mit dem Tod des großen Pan, ein neuer Entwicklungszyklus. Pans Tod wird in der Tat oft mit der Geburt Christi als neuem Gott in Verbindung gebracht, der eine neue geschichtliche Entwicklung einleitet, in der die menschliche Seite sehr viel größere Bedeutung hat als der tierische und pflanzliche Aspekt, der dagegen in der vorausgegangenen Phase, als eine stärkere Verbindung zur Natur bestand, bestimmend war. An diesen Konflikt wird ständig auch in den Sagen von den Saligen erinnert, in denen sich die Neigung des modernen Menschen widerspiegelt, sich von der Urnatur zu entfernen und zugleich ihre Reichtümer und Gaben herabzuwürdigen. Dieser Prozess hat auch stark auf das Wesen der zwei Geschlechter eingewirkt, des weiblichen und des männlichen, die sich beide von ihren reichen Instinkten entfernt haben, was zur Entwicklung neuer, ungewöhnlicher Pathologien geführt hat.

Wenn der Ruf aus dem Wald erfolgt, wird auch die Beziehung der Saligen zur Katze deutlich – dieser Saligen, die oft auch Katzennamen tragen. Stutza, Mutza, Stitzl und Witzl werden sie aus dem Wald gerufen: mit Katzennamen, die zugleich auch Namen von Saligen sind. Oft ermahnt die Salige vor ihrem Fortgang den Bauern, sich um die Katze zu kümmern[42], dieser Doppelgängerin, dieses tierischen Doubles der naturhaften weiblichen Kraft, wie sie eben gerade von der Saligen verkörpert wird.

102

So wird es in folgender Geschichte erzählt:

„Bei einem Bauern, der unferne Landeck saß, diente eine wilde Dirne. Seitdem die Magd auf dem Hofe war, ruhte der Segen auf dem Hause. Das Vieh blieb gesund, die Kühe gaben viel Milch und die Hennen legten oft und große Eier. Das Getreide stand immer schön und weder Wind noch Wetter schadete demselben. Wenn die Zeit des Schnittes oder des Mahdes bevorstand, sagte die Wilde, wann man das Korn schneiden oder das Gras mähen solle, und weil man ihrem Rathe folgte, brachte man gewiß immer die Ernte glücklich unter Dach. So gieng es viele Jahre hindurch und der Bauer dachte sich oft, diese Dirne ist mehr als Golden werth. Als eines Tages der Bauer auf dem Felde pflügte, rief plötzlich ein Wilder von den Schrofen herunter: ,Jochtrager, Stiertreiber! Sag zur Stutzamutza, die Rauchrinda ist todt.' Der Pflügende wußte nicht, was der wilde Mann mit diesem Ruf wolle, und arbeitete tüchtig vorwärts. Als er nach gethaner Arbeit nach Hause gekehrt war und beim Mittagessen saß, erzählte er vom Rufe des wilden Mannes. Da fieng die wilde Magd an zu weinen und sprach: ,Jetzt muß ich gehen, denn es ist meine Mutter gestorben.' Der Bauer bat sie, noch länger zu bleiben, jedoch die Wilde ließ sich nicht zurückhalten. Wie er sah, daß ihr Entschluß gefaßt war, sagte der Bauer: ,So sag' mir doch, was muß ich thun, daß ich auch in Zukunft so viel Glück mit der Milch habe, wie während deiner Dienstzeit.' Darauf erwiderte die Dirne: ,Wenn du mit der Wirthschaft willst glücklich sein, so mußt du den haarigen Wurm lieb haben und gut halten.' Mit diesen Worten gieng sie weg und stieg in die Schrofen hinauf. Der Bauer folgte aber ihrem Rathe, hielt die schwarze Katze – denn diese hatte sie unter dem haarigen Wurm verstanden – gut und hatte immer Glück und Segen."[43]

Bisweilen aber lassen die Saligen keine Katze als Unterpfand zurück. Sie gehen einfach fort. „In Villnöß heißen sie auch ,salige

Seelen'. Beim Riegelbauern war eine salige Seele im Dienste.
Einmal hörte der Bauer, der im Walde war, in den Köfeln Jemanden rufen. Als er heim gekommen, erzählte er dieses. Da fieng die Dirne zu weinen an und zog für immer fort."[44]

Die Hochherzigkeit der Saligen

Hier die Sage „von den Wilden Fräuelein am Pirklahner Hof (Stefflerhof), wo das knorrige Bergbauerngeschlecht der Mader seit dem 15. Jh. bis zum heutigen Tage als höchster Stammhof des Wipptales und von ganz Tirol haust (1650 m). Auf diesem Hofe hielten sich die Saligen Fräuelein während der kalten Wintermonate auf, halfen den Leuten bei der Arbeit oder beim Spinnen und erfreuten sie mit ihrem wundervollen Gesang. Ein Fräuelein, ‚Mimanre' mit Namen, nach anderer Darstellung ‚Mimanda' geheißen, war besonders schön und hat sich besonders hervorgetan. Sie war nicht nur wunderschön, sondern auch ein ausnehmend kluges Fräuelein.

Eines Tages fuhr der Großknecht des Pirklahner Hofes mit dem Ochsengespann spät abends heimzu. Da rief plötzlich eine traurige, aber mächtig starke Stimme, die von einem riesenhaften Manne zu kommen schien, vom Wald herunter: ‚Unser König Engl ist tot! Berichte das seinen drei Töchtern, die sich gerade jetzt am Pirklahner Hof aufhalten.'

Als der Knecht zum Hofe kam, meldete er den Wilden Fräuelein diese traurige Botschaft. Da brachen sie in heftiges Weinen aus und erklärten, nun wäre im Tale Schmirn ihres Bleibens nicht mehr. Seit dieser Zeit sind sie für immer verschwunden."[45]

Die wilde Frau geht segnend fort

Manchmal wird die Salige mit der ihr gebührenden Ehre und Zuneigung aufgenommen, sodass sie bei ihrer Abreise die Gastgeber segnet – was der Familie und dem Berghof für lange Zeit noch Glück und Freude beschert.

Das wird auch in einer Sage erzählt, die den Meierhof in Lüsen zum Schauplatz hat, auf dem eine Salige lange Zeit gedient hatte. „Die Stimme im Walde rief hier: ‚Hoß, Hoß! Moarhofer afn weißn Roß, sog zi deinar Diarn, dö thuit Mittn (Backzuber) rüahrn, die Hirla Harla isch g'storben.‘
Die Dirne springt auf, läßt den bekannten Knäuel zurück und segnet noch das Haus, in dem sie so gute Behandlung erfahren hatte. Infolge dieses Segens wird im Meierhof in Lüsen niemals Brotnoth eintreten."[46]

Die Salige geht verdrossen fort

Andere Male dagegen reagiert die Salige auf den Ruf aus dem Wald[47] mit Kummer und Verdruss. Das geschieht, wenn die Menschen die Anwesenheit der Waldfrau nicht ausreichend geschätzt und daher nicht alle Gaben erhalten haben, die sie ihnen hätte schenken wollen.

„In einem Dorfe im Oberinnthal kam sieben Jahre lang ein wildes Weibchen zu einer Familie auf Besuch und setzte sich schweigend auf den Herd. Es that keinem ein Leid, doch Niemand getraute sich, zu ihm etwas zu sagen. Da gieng der Bauer eines Tages auf einen Berg Holz hacken. Als er bei seiner Arbeit einmal aufschaute, sah er zu seinem größten Schrecken einen Wilden Mann vor sich, der zu ihm sprach: ‚Du, Holzhacker, sag' zum Stitzl, zum Wizl, der Thorizl sei todt!' Abends, als der Bauer heimgekommen war, theilte er dem wilden Weibchen die Botschaft mit. Da begann es zu weinen und zu klagen und sprach: ‚Hättet ihr mich um mehr gefragt, hätte ich euch mehr gesagt!' Mit diesen Worten machte es sich auf und davon und ließ sich nie wieder sehen."[48]

Die Salige kommt aus der Tiefe des Waldes, um ihre Gaben zu überreichen. Wenn sie nicht gefordert und somit nicht aufgenommen wird, ist ihr Kommen unnütz, eine Verschwendung. Dies ist eines der Merkmale des Heiligen, dem die wilde Frau als Vertreterin der Urnatur angehört. Wenn Jesus sagt: „Darum sage ich euch: Bittet, dann wird euch gegeben" (Lukas 11,9) und sich in allen seinen Predigten gegen diejenigen ausspricht, die nicht bitten, so vertritt er denselben Grundsatz, der allen spirituellen Traditionen gemein ist. Ähnliches geschieht auch, als der Gralskönig Amfortas mit seinem Hofstaat verschwindet, weil Parsifal, nachdem er ihm das Schwert gezeigt hatte, nicht nach dem Gral und seinem Geheimnis fragt. Was dem Heiligen angehört, birgt große Gaben und Energien in sich. Wer diese Gaben nicht verlangt und somit nicht aufnimmt, ehrt sie auch nicht, ja er begeht in einem gewissen Sinn einen Frevel. Wer vom reichen Angebot der Saligen nicht profitiert und ihnen somit nicht die ihnen gebührende Ehre erweist, wird mit dem Ruf aus dem Wald bestraft.

Bisweilen erwächst der Frevel aus der Tatsache, dass der Bauer vergisst, dass er seine außergewöhnliche Lage der Anwesenheit der Saligen zu verdanken hat. Oft werden sich der Bauer und seine Familie nach einiger Zeit nicht mehr bewusst, mit wie reichen Gaben die Salige sie beschenkt und welch besondere Atmosphäre sie in ihr Haus gebracht hat, und sie sehen alles als selbstverständlich an. Auch diese Haltung, aus der mangelnde Achtung für den heiligen Charakter der Saligen spricht, bringt Unheil.

Wie es in dieser Sage aus der Sterzinger Gegend erzählt wird:
„ Eines kalten, nassen Winterabends, deren es im Oberland so viele gibt, sprach beim Oberhamm in Ratschings ein fremdes Fräulein um Arbeit und Nachtquartier vor. Die gutherzige Bäuerin wußte nicht, wen sie vor sich hatte und gab der Fremden, die eine Salige war, trockene Kleider, Speise und Trank und brachte das erschöpfte Kind zu Bette.

Tausendfach lohnte die Salige der guten Bäuerin Wohltaten, schaffte unentgeltlich vom frühen Morgen bis in die späte Nacht in Haus und Stall und brachte Glück, Wohlstand und Segen über den Hof. Des Bauern Kinder hingen an ihr wie an einer Mutter und das Vieh im Stalle gedieh prächtiger denn je.

Dabei war aber die Salige bildhübsch und begehrenswert, so daß es ihr an Bewunderern und Heiratbewerbern wahrlich nicht fehlte.

Mit ruhigen Worten schlug sie alle Anträge aus, ihre melancholischen Lieder klangen noch wehmütiger denn je, ihr Ansehen und die Achtung stieg im Tale aber von Tag zu Tag.

Als nun des Bauern Wohlstand am höchsten stand und er denselben als eine Selbstverständlichkeit zu betrachten begann, vernahm er eines Abends, da er von einem Sterzinger Markt heimwärts ging, aus den Mareiter Wänden eine fremde Stimme, die rief: ‚Oberhamm, Oberhamm, mit dem weißen Schimmel, sag zu deiner Dirn, die Loade ist tot!‘

Als er zu Hause diesen Vorfall erzählte, begann die Salige bitterlich zu weinen und war am nächsten Morgen auf Nimmerwiedersehen verschwunden."[49]

Auch in der Beziehung zu einer realen Frau wird oft alles „als selbstverständlich" angesehen – was unweigerlich zum Ende des Verhältnisses führt. Dies tritt ein, wenn der Mann der Frau und dem Schicksal gegenüber, das ihn mit dieser Frau zusammengebracht hat, nicht mehr dankbar ist für die glücklichen und erfüllten Momente, die sie gemeinsam erleben. Es kann aber auch vorkommen, dass die Frau den heiligen Überfluss einer Beziehung als etwas Selbstverständliches ansieht und darüber vergisst, dass es sich um ein besonderes Geschenk handelt, für das man dankbar sein muss. So erwächst beim Mann, bei der Frau oder bei beiden eine gewisse Gleichgültigkeit, das Erstaunen über die Geschehnisse des Lebens zu zweit schwindet dahin, und die gegenseitige Hingabe stirbt ab. In diesem Moment wird die reiche Wilde, bei der es sich um die Salige-Seele der Frau oder des Mannes handeln kann, unweigerlich in den Wald zurückgerufen, und im täglichen Leben macht sich affektive, geistige und körperliche Misere breit.

Die Saligen und ihre Verbundenheit mit den Bäumen des Urwaldes

Einige Salige, besonders die sogenannten Fangginnen, legen eine starke Verbundenheit mit den Bäumen und ihrem individuellen Geist an den Tag.
Bei diesen Fangginnen, die vor allem im Oberinntal und in Paznaun in Tirol anzutreffen sind, handelt es sich um recht beunruhigende Waldwesen: Sie sind am ganzen Körper mit Haaren bedeckt, und ihre schwarzen, moosdurchwachsenen Haare fallen zottig und rau über den Rücken herab. Bisweilen ist ihr Mann der Riese, der bei Sturm durch den Wald zieht.

Sie leben vor allem im Urwald, mit dem sie auf das Engste verbunden sind: Wenn ihr Totembaum stirbt, geht auch ihr Leben unter den Menschen zu Ende. Sie werden in den Wald zurückgerufen, sobald der Baum, dem sie besonders verbunden waren, gefällt wird.

So wird es in einer Sage erzählt:

„Einstmal gingen zwei Männer von Urgen (Anmerkung: der Fanggen-Urwald im Urgental liegt zwischen Landeck und Ladis am rechten Innufer) durch den Gebirgssteig an der Gränze des Urwaldes. Da tönte es aus dem Dickicht der Tannen rauh und gebieterisch in ihre Ohren: ‚Saget der Stutz-Färche (Föhre), die Rohrinde sei gefället und todt!' Die Männer staunten, wußten die Worte nicht zu deuten, eilten aber schnell durch den finstern Waldgrund nach Hause. Einer davon, ein Freund vom Bauer, bei welchem das gefundene Mädchen diente, erzählte dieses so laut, daß es dasselbe in der Nebenkammer hören konnte, wo es eben war. Da fängt die Dirn an zu schreien und zu heulen und zu jammern, und läuft eilig der Urgenwildniß zu, und sie ist nie mehr gesehen worden.

Man hatte damals einige Urbäume zum Straßenbau gefällt und will den Tod der Rohrinde mit dem Baume in Verbindung bringen. Später wurde der Wald gänzlich niedergehauen, und alle Fangginnen waren verschwunden."[50]

Wilde Frauen und wilde Männer

Der wilde Mann[51] stellt das männliche Pendant zur wilden Frau dar. Wie die wilde Frau gibt auch er den Bauern Ratschläge hinsichtlich der Zyklen der Feldarbeit. Wenn im Frühjahr das Wasser über die Berghänge herabstürzt und Erdrutsche zu Tal gehen, erschien aus der tiefsten Wildnis im Berginneren der wilde Mann, um laut auszurufen: „Baurn! Ist Zeit zum Haud'n und zum Baud'n!"[52] Auch mit dem wilden Waldmann haben die Bauern nicht immer ausreichend Geduld, um auf seine Ratschläge zu hören. Zu selten fordern sie ihn auf, ihnen sein Wissen zu übermitteln – ein Mangel an Vertrauen, der sich für sie nachteilig auswirkt.

„Einmal aber geschah es, daß der Riese einfach nicht erscheinen wollte, obwohl die Sonne schon warm über Acker und Flur brannte. Viele Bauern konnten es nicht mehr erwarten. Sie hatten alles Vertrauen auf den Wilden Mann verloren und glaubten, es wäre ihm über den langen Winter etwas zugestoßen. So spannten sie die Stiere vor den Pflug und säten mit ehrfurchtsvollen Händen die heilige Gabe in das dampfende Erdreich. Aber wieder wurde es Winter und das Korn erstickte unter der weißen Schneelast. Nun erst erschien der wilde Mann und als er sah, daß die Bauern auf sein Kommen nicht gewartet hatten, schrie er zornig: ‚Habt's mi g'fragt! Hatt i's g'sagt!'" Und von diesem Tag an ließ er sich in der Gegend nicht mehr sehen.[53]

Der wilde Mann spricht oft zu den Waldarbeitern, als deren Beschützer er sich ansieht. Er gibt ihnen gute Ratschläge, versucht sie aber einzuschüchtern, wenn sie allzu begierig sind. So droht er ihnen, sie in Stücke zu reißen, wenn sie viel Holz auf einmal wegschaffen, gibt aber vor, sie gern zu sehen, wenn sie oft kommen und dabei jedes Mal wenig Holz mitnehmen.

Auch in Tiers ließ sich der wilde Mann einst sehen. Er war freundlich zu den Bauern und gab ihnen viele Ratschläge. Wenn die Bauern aber allzu habsüchtig wurden, verschwand er auf Nimmerwiedersehen.

Die wilden Männer freuen sich besonders über Weizen und schwarze Wolle als Geschenk, während sie weiße Wolle zurückweisen.

Der Mythos der wilden Jagd

Es gibt aber auch einen anderen wilden Mann, der die männlichen Geheimnisse der Initiation ins Blut, ins Erwachsenenleben und in den Tod verkörpert, wie sie in den Erzählungen um die wilde Jagd dargelegt werden.[54] Diese männliche Urkraft unterscheidet sich unter emotionalem Gesichtspunkt von den seligen Waldfräulein, die sich von der Milch der Gämsen ernähren.

„Als Feind und Verfolger der Salgfräulein ist der wilde Mann bekannt. Als er einmal sie jagte, flohen die Fräulein schreiend und weinend durch den Fichtenwald, der sich von der Salga nördlich befindet, und verbargen sich. Das half ihnen aber wenig; denn bald fand er ihre Spur, holte sie ein und zerriss einige auf dem Berge ‚Planmort‘, wie Spinnefäden. Heutzutage noch zeigen sich die Kinder im Fichtenwalde den Stein, wo die Salgfräulein auf ihrer Flucht geruht und trostlos geweint haben.“[55]

Die blutrünstigen wilden Männer finden auf der Jagd manchmal auch die Mithilfe von Männern, die sie um Stücke von den zerrissenen Waldfräulein bitten. Im Allgemeinen handelt es sich um Männer, die ein ruheloses, müßiggängerisches Leben führen.
„Ein Betrunkener hörte einmal die Salgfräulein im Walde jämmerlich heulen. Er merkte wohl, dass der wilde Mann sie verfolge und rief ihm zu: ‚Jag toll (tüchtig) und trag' toll, und wenn du toll aufgenommen hast, so lass mir auch ein Viertel!‘ Richtig hieng am andern Tage vor der Thüre des Betrunkenen das verlangte Viertel eines Salgfräuleins, das der wilde Mann zerhauen hatte.“[56]
„Sie (Anmerkung: die wilden Männer) verfolgten oft die wilden Fräulein, die sich nur retten können, wenn sie einen mit drei Kreuzen bezeichneten Baumstock finden. Deshalb ist es alte Sitte, beim

Holzfällen drei Kreuze in den stehenbleibenden Baumstumpf zu hauen."[57]

„Königstein in der Oberpfalz: Einst jagte der Wilde Jäger mit seinem Heere über eine Pferchhütte, in welcher der Schäfer lag. Dieser rief ihm nach: ‚Hast g'hört du, bring mir mein Teil auch mit!' Bald brauste der Wilde Jäger wieder über die Pferchhütte, ließ auf dieselbe einen Schenkel eines Waldfräuleins herabfallen und rief mit fürchterlicher Stimme: ‚Hast g'hört du, da hast dein Teil!' Nun hatte der Wilde Jäger auch Macht über den Schäfer und nahm ihn das andere Jahr mit sich fort."[58]

Hier zeigt sich der der wilden Jagd eigene, auf Blut und Tötung ausgerichtete männliche Initiationsritus.

„Vor alters kamen die wilden Bergfräulein oft zu den Mähdern auf Thial (Anmerkung: im Vinschgau) herab, aber immer erst nach der Mittagsstunde, weil sie früher ihren Gottesdienst hatten. Man führte daher auf der Thialer Mahd den Brauch ein, erst später und auch ein besseres Mittagessen zu richten als gewöhnlich, zu welchem sie nun die Bergfräulein einluden. Sie nahmen dankbar an, aßen und tranken mit und waren lustig und guter Dinge, am besten aufgelegt aber, wenn es weizene Speckknödel gab. Dafür halfen sie dann des Nachmittags bei der Arbeit. Dieser Brauch des späteren Mittagessens erhielt sich bis auf unsere Tage. Oft blieben die Bergfräulein bis in die späte Nacht auf Thial herunten, aßen mit den Mähdern zu Abend und sangen darauf und tanzten, denn sie konnten wunderschön singen, und den Tanz hatten sie für ihr Leben gern. Einmal aber kam die wilde Fahrt. Den Riederwinkel herab kamen die Unholden in Gestalt von Heufuhdern, feuerspeiend, wie Löwen brüllend und auf und auf ganz ‚glühnig'. Schnell wie der Wind waren sie auf Thial, überfielen die Almhütten, schlugen die Thüren ein und führten die Bergfräulein unter Jammern und Klagen fort. Von da an getrauten sich die wilden Fräulein lange Zeit nicht mehr auf Thial herab."[59]

Im Valsugana leben die Enguane oder Eguane. „Der Beatrik ist ihr erbitterter Feind; er zerreisst sie, wenn ihm eine in die Hände fällt; über ihre Wohnung aber hat er keine Gewalt."[60]

„Eines Morgens spannte ein junger Bursche sehr früh seine Ochsen an den Wagen und fuhr damit bergan einer Sennhütte zu. Nach einer halben Stende, eben bei Anbruch des Tages, begegnete er einer schönen jungen Hexe aus der Familie der ‚Eguane', welche zu ihrer nicht fernen Höhle ging. Sie gesellte sich zu ihm und ging mit ihm redend hinter dem Wagen her. Plötzlich erscholl von ferne der Ruf des Beatrik. Ganz zitternd vor Schrecken – denn wenn sie auch noch so schnell gelaufen wäre, würde sie ihre Höhle doch nicht mehr erreicht haben – wandte sie sich zum Burschen und sprach: ‚Ich bitte dich, mach' einen grossen Kreis um uns und den Wagen her, damit ich mich vor dem Jäger rette; ich beschwöre dich den Kreis nicht zu verwischen, mag er auch noch so sehr drohen oder bitten. Dir kann er nichts anhaben, mir aber rettest du das Leben und ich will dich reich und glücklich machen, ich will deine Magd oder wenn ich dir gefalle, sogar dein Weib werden.' Sie unterstützte ihre Bitte mit so anmuthigen Gebärden und warf dem Burschen so schmerzliche Blicke zu, dass es einen Stein hätte erbarmen können. Kaum hatte der Bursche den Kreis gemacht, als der Beatrik mit ingrimmigem Angesicht erschien. Vor dem Kreise blieb er plötzlich stehen und befahl dem Burschen denselben zu öffnen. Er stiess immer fürchterlichere Drohungen aus; da verzagte der Bursche. Die Arme bat ihn mit Thränen, sie nicht ihrem Feinde überliefern zu wollen; wer hätte aber so schrecklichen Drohungen widerstehen können? Er öffnete den Kreis und die Hexe, welche ihrem Verräther noch einen jammernden Blick zuwarf, ward ergriffen und in tausend Stücke zerrissen."[61]

Der wilde Jäger stellt – wie wir in dieser Sage sehen – die Menschen auf die Probe. Er muss sich entscheiden, ob er das junge Mädchen ritterlich schützen oder den Forderungen des Jägers nachkommen will. Da es sich gewöhnlich um einen Jugendlichen handelt, der in die männlichen Geheimnisse des Blutes, der Jagd und des Todes noch nicht eingeweiht worden ist, kann er sich gegen den wilden Jäger nicht behaupten, der diesen Riten vorsteht und deren außergewöhnliche Energie besitzt. In der Legende vom wilden Edric (siehe „Der wilde Edric und seine verschwundene Braut", S. 75-77) haben wir aber gesehen, dass der Jäger selbst sich bisweilen in das Waldfräulein verliebt, sodass dann die Macht auf sie übergeht. Das tritt ein, wenn der Mann – wie Edric – schon in die Gewalttätigkeit eingeführt worden und daher auch echter Liebe fähig ist. Der Jugendliche dagegen, unter psychologischem Gesichtspunkt noch ein *puer*, ein Knabe, ist nicht in der Lage, das Weibliche vor der gewalttätigen Seite des Männlichen zu schützen, das er in sich hat, das er aber noch nicht zu üben und zu beherrschen gelernt hat.

Wenn die Saligen in einer Gruppe auftreten, gewinnen sie manchmal die Oberhand über den Mann oder Riesen oder Wilden – wie es in der folgenden Geschichte erzählt wird.

„Vor allem lebendig ist hier ihre Erinnerung im Gebiete des Olperer, wo sie sich im Kristallschloß der Gefrorenen Wand aufgehalten haben und wie Nebelschleier über die Berge getanzt sind. Dann brach der wilde Riese Tuck in ihr Reich, nach dem das Tuck(e)s Tal und die ganzen Tuck(e)ser Berge benannt sind. Nun jagte er die Salige Fräuelein in ihr Kristallschloß und erbaute sich aus Quadern ein Schloß auf dem Talgrunde. Aber die Saligen Fräuelein rächten sich und zerstörten von ihrer Eisburg aus sein Bauwerk mit wilden Gewässern so lange und so beharrlich, bis der Riese sein Schloß stampfend in Trümmer schlug und grollend wieder abzog. Seine Riesentritte sieht man noch heute beim Wasserfall in Hintertux."[62]

„Die letzten saligen Fräulein im Vinschgau, so meldet die Sage, wurden noch im vergangenen Jahrhundert gesehen. Sie fanden sich als schneeweiße Tauben bei einem Getreideschnitt in den Grauner Feldern ein und trugen in ihren Schnäbeln die verbliebenen Körner zusammen. Ihr emsiges Treiben war aber nur von kurzer Dauer. Bald stieß der wilde Mann in Gestalt eines grimmigen Raubvogels auf sie, und sie zerstoben nach allen Windrichtungen."[63]

Die zerstörerische Seite der wilden Frauen

Wie alle archetypischen Gestalten aber haben auch die wilden Frauen eine negative, zerstörerische Seite, die der in den Mythen und Riten der wilden Jagd ähnelt.

Unter den Waldfräulein finden wir auch die *dive zeny*, die wilden Frauen aus Böhmen: Sie lieben die Musik, vor allem, wenn es sich um den Gesang des Sturms handelt, und den Tanz als Wirbelwind, der so ausgelassen wie möglich getanzt wird. Sie sind wild und zügellos, aber auch gewandt, und sie tanzen mit den anderen Mädchen so leichtfüßig, dass sie nicht einmal das Gras zertreten. Nach dem Tanz schenken sie ihren Gefährtinnen einen Knäuel und stecken ihnen Birkenblätter in die Taschen, die sich in Gold verwandeln. Den jungen Männern gegenüber sind sie gleichermaßen fessellos, aber weniger freundlich: Sie tanzen so lange und ungehemmt mit ihnen, bis sie tot umfallen. Manchmal aber kitzeln sie sie auch zu Tode.

In einigen Fällen tritt die zerstörerische Seite der Saligen auf noch beunruhigendere Weise zutage. „In einer Berghöhle ob Schluderns wohnten einst drei Fräulein, die waren ganz wild und von dem Umgange mit Menschen durch einen großen Wald abgeschlossen. Ihre Nahrung bestand theils aus Kräutern, die sie im Walde suchten, theils aus Menschen, welche sie anpackten. Wenn es sich nämlich ereignete, daß sie einen Menschen erblickten, so fielen sie über ihn her und schleppten ihn mit sich in ihre Höhle. Hier wurde er angebunden und zur Arbeit gezwungen. War er fleißig, so fütterten sie ihn, bis er recht fett war, zeigte er sich faul und ungeschickt, so wurde ihm gleich auf einem Baumstumpf der Kopf abgehauen. Daher wich ihnen jedermann fleißig aus, und niemand wagte es, an ihrer Höhle vorbeizugehen. Nur ein Bauer hatte einmal den Muth dazu und kam wirklich ungeschoren davon. Die Sache gieng aber so. Als er an der Höhle vorbei kam, giengen die Fräulein zwar auf ihn los, schleppten ihn aber nicht in die Höhle, sondern gaben ihm bloß einen Gürtel. Diesen, sagten sie, solle er nehmen und damit seinen Leib umgürten. Der Bauer war ein listiger Kerl, that, als ob alles recht wäre, und gieng mit dem Gürtel weiter. Nachdem er ein Stück gegangen war, versuchte er die Beschaffenheit des Gürtels, aber nicht an sich, sondern an einem Baume. Kaum hatte er den Gürtel an den Baum geschlungen, so brach dieser ab und der Bauer freute sich über seine Klugheit. Er gieng nun seinen Weg weiter, und als er heim kam, fand er die Magd schwer krank. Sie aß nichts und trank nichts, und lag da wie gestorben. Aber auf einmal sprang sie auf und lief unaufhaltsam dem Walde zu. Der Bauer rannte ihr nach und sie lief geraden Weges zur Höhle der wilden Fräulein.

Denn sie selbst war auch eine von ihnen, und sobald sie ihre Schwestern, die vor der Höhle warteten, erreicht hatte, verschwanden alle drei von der Stelle und wurden von da an nie mehr gesehen."[64]

Das Motiv des verhexten Gürtels findet sich in vielen volkstümlichen Erzählungen aus dem Norden: Wenn der Mann ihn anzieht, wird er zerschnitten (eine klare Anspielung auf die Kastration), wenn er ihn dagegen aufbewahrt, verleiht er ihm Macht über die bösen Saligen. Der Gürtel hält die Hose, die die Genitalien bedeckt, und trennt den Oberkörper des Mannes vom Unterkörper (verbindet sie aber auch miteinander): Er ist somit ein sehr heikles Instrument, dessen Besitz auch als Symbol der Macht interpretiert wird. Es ist für einen Mann gefährlich, einen Gürtel zu tragen, den er von einer Frau (besonders von einer Unbekannten aus dem Wald) geschenkt bekommen hat, da sie auf diese Weise Macht über seine Mannhaftigkeit gewinnt. Und in der Tat hütet sich der schlaue Bauer aus der Sage davor, den Gürtel anzuziehen.

Diese Vorsicht wird von vielen Männern (Ehemännern und Söhnen) nicht geübt. Sie lassen sich von ihren Frauen und Müttern nicht nur die Gürtel kaufen, sondern auch die Unterhosen und Hosen: aus Faulheit, Unsicherheit bei der Wahl und Verlegenheit im Umgang mit den Verkäufern des Bekleidungsgeschäftes. Diese Geste – die Bitte an die Mutter/Frau, ihnen die Unterhosen zu kaufen – entspricht in ihrer scheinbaren Banalität einer unbewussten Bereitschaft zur Kastration. Diese Haltung des Mannes, aus der Unsicherheit spricht, hat auch negative Auswirkungen auf die Beziehung zur Frau, die in ihrer Macht befriedigt wird, auf anderen Ebenen dagegen, besonders auf der erotischen, unbefriedigt ist. Der durch die gewissenhafte Lieferung von Unterhosen seitens der Mutter/Ehefrau kastrierte Mann ist zwar ein fügsamer Ehemann, aber sicher ein schlechter Liebhaber.

Die Aggressivität, der zerstörerische Trieb und die Machtsucht sind Merkmale des Urweiblichen wie des Urmännlichen. Wer die Energie der wilden Frauen akzeptiert, willigt darin ein, diese Kräfte zu berücksichtigen: Er nimmt ihre wertvollen Gaben an, vermeidet aber die Gürtel und weigert sich, sich von ihnen im Tanz bis zum Tod führen zu lassen.

Die Beziehung zu der Saligen hat das Ziel, sie kennenzulernen, ohne sich von ihr zerstören zu lassen, um dagegen die strahlende, fruchtbare und großzügige Seite des Naturhaft-Weiblichen zur Entfaltung zu bringen. In jeder Frau finden sich diese zwei Merkmale – wie auch in der Seele, in der mehr oder weniger bewussten weiblichen Seite des Mannes. Die Kenntnis und Freundschaft mit der großzügigen Seite der Saligen können Frauen wie Männern helfen, diesen positiven Aspekt anzustreben statt des kastrierenden und zerstörerischen Moments.

Zu den beunruhigenden Wesensmerkmalen der wilden Frauen gehört auch ihre Angewohnheit, die Männer, die im Übrigen oft damit einverstanden sind, zu rauben und sie aus dem Alltag und der menschlichen Zeit zu entführen.

So wird es in dieser Sage erzählt:

„Ein Ziegenhirt von Pregassi war einst am Abhange eines Berges dort, wo heute der Ronco Cagnolo ist, als er bemerkte, wie seine ganze Herde unter einem Steine hineinging und dort verschwand. Er ging ihnen nach und kam zuerst in eine Höhle, dann in einen wunderschönen Garten voll Blumenduft. Da kam ein schönes Fräulein, eine Enguana und führte ihn zu vielen andern schönen Fräulein, die luden ihn zum Essen ein und fragten ihn dann, ob er nicht als Gärtner bei ihnen bleiben wolle. Er sagte zu und blieb. Nach einigen Wochen aber kam ihm das Heimweh, er nahm Abschied und ging nach Hause. Da fand er alles verändert und kannte zu seinem grossen Erstaunen keinen Menschen mehr. Endlich kam eine Alte, die sagte: ‚Aber wo bist du doch gewesen – ich suche dich ja schon seit zweihundert Jahren?' Da nahm sie ihn bei der Hand und er fiel todt um; denn die Alte, die ihn so lange gesucht hatte, war der Tod."[65]

Hier wird unterstrichen, welche Gefahren die Begegnung mit einer Saligen mit sich bringt, vor allem, wenn sie als Flucht aus den Schwierigkeiten des Lebens in die Welt der Schönheit und des Überflusses der Aguanen erlebt wird, in der sich nichts Schlechtes ereignet und es auch den Tod nicht gibt. Bei vielen der Liebesgeschichten zwischen Männern und wilden Frauen handelt es sich noch heute in erster Linie um den Versuch, den Problemen des Lebens auszuweichen. In diesem Fall wird die Begegnung mit der weiblichen wilden Energie, so faszinierend sie auch sein mag, zu einer Evasion, im verzweifelten Versuch, das Bild des Todes beiseite zu schieben, das sich unabwendbar immer von Neuem präsentiert. Auch in der Liebesgeschichte von Cian Bolpin, dem Kind der Sonne[66], mit der schönen Vivana, die auf dem Gipfel der Pordoispitze lebt, ist die Beziehung zur wilden Frau nichts anderes als eine Flucht aus der Zeit. Und auch dies gehört zur unheimlichen Seite der Begegnung mit den wilden Frauen.

Die Kraft der wilden Frau

Das Weiblich-Geistige der Natur

Der grüne Wald, aus dem die wilde Frau kommt und in den sie wieder zurückkehrt, ist das bedeutendste Symbol der natürlichen Entwicklung der Vegetation. Seine Kraft ist reine Lebensenergie. Die Energie des Waldes ist in allen Pflanzen vorhanden und wirksam, auch in den gezüchteten, wie auch im Stoffwechselsystem der Menschen und der Tiere.

Diese Auffassung ist im Übrigen auch in den radikalsten Ansichten der modernen Landwirtschaft zu finden: Der amerikanische Schriftsteller und Farmer Wendell Berry schreibt zum Beispiel in diesem Sinne: „Wenn der Gutshof fortleben und gesund bleiben soll, muss es in seinem Inneren einen wilden Wald geben." Um die Fruchtbarkeit des Bodens zu erhalten, müssen wir – so hat es der Amerikaner Albert Howard, ein Pionier der ökologischen Landwirtschaft, formuliert – den Wald studieren.

Auf vegetativer Ebene wie auf dem Gebiet der menschlichen Psychologie gibt es denselben Lebenstrieb. Damit er seine Kraft im Garten oder in der Person behält, die den Garten bearbeitet, muss er auch weiterhin im Urwald in Erscheinung treten können. Die wilde Frau, die aus dem Wald kommt, verbindet diese zwei Lebensformen miteinander: den Wald und das häusliche Leben.

Damit sich die Persönlichkeit auch in einem geschlossenen Raum (zu Hause oder im Betrieb) entwickeln kann, müssen auch die aufgeschlossensten und wildesten Lebenskräfte (der Wald) wachsen und sich entfalten können, damit sie ihre Energie auch im geschützten Ambiente des häuslichen Lebens ausstrahlen. In diesem Sinn ist auch die Bemerkung von Wendell Berry zu verstehen, der – wie alle Kenner der Erde – auch bestens die Körper und ihr Leben kennt: „So muss sich in der Ehe auch die instinktive Sexualität üppig entfalten können [...]. Der Gutshof muss dem Wald weichen, der nicht so sehr als Holzproduktionsstätte oder rechtes agronomisches System zu betrachten ist, sondern als heiliger Hain, wo die Schöpfung in Ruhe gelassen wird [...] und die Götter der Lust und der Ekstase verehrt werden, nicht nur die der Fortpflanzung und des Überlebens".[1]

Damit das häusliche Leben floriert, muss – wie wir es oft in diesen Sagen gesehen haben – neben der klugen und umsichtigen Ehefrau zumindest für eine ausreichende Zeit auch die wilde Waldfrau mit ihrem tiefen Wissen um die Natur anwesend sein.

Auch in der alpinen Kultur, in der diese Sagen und Legenden entstanden sind, ist es dieser Geist des jungfräulichen Waldes, der das Getreide und den Flachs auf den Feldern wachsen lässt. Die Unterscheidung zwischen produktivem Boden und (unproduktivem) Wald ist absolut oberflächlich, wie es auch destruktiv ist, die fleißige Gefährtin des alltäglichen Lebens auf dem Bauernhof von dem geheimnisvollen Waldfräulein trennen zu wollen, diesem Symbol des ewigen Naturhaft-Weiblichen.

In dieser großen vegetativen Welt stellen die wilden Frauen eben den weiblichen Geist der Natur dar, der die Beziehungen zwischen allen Lebensformen fördert und auch das Leben der Menschen durchsetzt. Aus diesem Grund verlassen die wilden Frauen für lange Zeiten den Wald und nehmen Kontakt mit den Menschen auf. Und aus ebendiesem Grund begeben sie sich während der Anbauphasen (Symbol des Lebenszyklus) aus dem Wald heraus zu den Bauern, um ihnen zu helfen und ihnen reichliche und gesunde Bodenprodukte zu bescheren.

Sie sind dabei Trägerinnen der Energie der lebendigen Natur. Und da die wilden Frauen den Menschen helfen, ihr Leben auf die Natur abzustimmen, bringen sie Glück und Wohlstand in ihr Heim.

Wie man der wilden Frau begegnet

Um einer wilden Frau begegnen zu können, müssen sich die Menschen frei und aufgeschlossen, ohne Vorurteile und ohne besondere Erwartungen, in die Natur begeben und anhören, was sie ihnen zu sagen hat. Nur auf diese Weise können sie ihre Kraft und ihre Geheimnisse spüren.[2]

Es bedarf demnach nicht einer intellektuellen Reflexion, sondern einer unbefangenen Öffnung auf das Leben. Der Hirt, der von der Alm herabkommt, erwartet sich nichts: Er ist so fest mit der Natur verschmolzen, dass er sich jeder ihrer Bewegungen bewusst wird.

Und da sieht er die wilde Frau. Aber um sie zu „sehen", braucht er diese reine, klare Verbindung zur Natur, zu ihrem Geist und ihren Geheimnissen.

Johann Wolfgang von Goethe hat diese Erfahrung folgendermaßen ausgedrückt:

Anschaun, wenn es dir gelingt,
Dass es erst in's Innere dringt,
Dann nach außen wiederkehrt,
Bist am herrlichsten belehrt.[3]

Für eine Frau der Gegenwart ist es ebenso schwierig, zu einer derartigen psychologischen Haltung zu finden wie für einen Mann, ja vielleicht sogar schwieriger. Denn die Frauen werden von unendlich vielen Messages bombardiert, wie sie zu sein und zu erscheinen haben, wie sie sich bewegen und was sie tun müssen.

Für eine Frau von heute ist es nicht leicht, den Wald und die eigene Urnatur mit den unbefangenen, offenen Augen des jungen Hirten zu betrachten und in ihrem Inneren die Wilde zu finden. Es kann ihr nur gelingen, wenn sie Hunderte von Artikeln vergisst und Handbücher en masse wegwirft, und wahrscheinlich muss sie auch viele psychologische Beratungen aus dem Gedächtnis streichen, bei denen ihr erklärt worden war, wie eine Frau zu „sein" hat.[4]

Um der Wilden zu begegnen, braucht man nichts zu „wissen" – eben wie der Hirt, der unter intellektuellem Gesichtspunkt völlig ignorant ist. Nur unter dieser Voraussetzung, nur in der Reinheit der Sinne und des Geistes, die sich von intellektuellem Denken befreit haben, können Frauen und Männer ihre strahlende Wilde „sehen". „Anschaun, wenn es dir gelingt …"

Die weibliche Kraft und die Naturelemente

Bei den Saligen handelt es sich um weibliche Wald- und Bergwesen, die auf der Erde agieren. Sie leben – wie wir schon gesehen haben – in Felsgrotten, treten bisweilen aber auch als Wind- oder Baumgeister auf.[5] Die weibliche Kraft der Natur lässt sich nicht auf ein einziges Element beschränken. Sie behält gewöhnlich eine starke Verbindung zur unterirdischen Welt bei, in der sie lebt, bewegt sich aber frei in allen natürlichen Lebensformen. Einzig vom Wasser, das eine starke, auch psychisch zersetzende Kraft besitzt[6], halten sich die Saligen angemessen fern (im Gegensatz zu den Nixen und den Wassernymphen).

Die weibliche Kraft der Natur – und die Saligen, die sie zum Ausdruck bringen – nimmt auch bezüglich der Verschiedenheiten der Erde andersartige Formen an.[7] Die Energie der Granitzonen unterscheidet sich von der der Dolomitgebiete, die der Lärchenwälder von der der Laubwälder. Diesen Verschiedenartigkeiten der Erdenergie entsprechen auch die Unterschiede in den weiblichen Gestalten, die sie hervorbringen.

In den Dolomiten bindet das Kalkgestein bei der Oxydation Licht und Wärme, und da es mit Quarzit, Magnesium und Mangan vermischt ist, strahlt es, gemeinsam mit Lärchen und Alpenrosen, im Gebirge Farbe und Licht zurück – eben dieses Licht, das dann die wilden Vivane in diese hellen und durchsichtigen, von den Sonnenstrahlen berührten Gegenden begleitet.

Die Zentralalpen dagegen bestehen aus Granit, Gneis und Glimmerschiefer, einem hellgrauen Gestein, dessen schwerer, melancholischer Charakter sich auch in den Sagen der dort lebenden Saligen widerspiegelt, deren Freude oft von Vorwürfen und Tränen verdrängt wird. Doch auch dieses Gestein ist von leuchtenden Quarziten durchsetzt, ihre Felsketten berühren fast den blauen Himmel, die Nadelwälder und die Getreidefelder beleuchten das ganze Gebiet und erhellen auch die Geschehnisse der hier lebenden Saligen, wenn auch in einem weniger strahlenden Licht als im Dolomitengebiet.[8]

Wieder anders ist die ätherische Atmosphäre, wenn dagegen das erdige Element vorherrscht, das Mooselement, wo der feuchte Wald einzig durch die gelben Blätter etwas Licht bekommt. In deutschsprachigen Hügel- und Berglandschaften – wie Böhmen, Westfalen und Bayern – treten dagegen die Moos-, Busch- und Pflanzenweibchen auf, die im Aussehen und im Charakter die Merkmale des Waldes aufweisen: Sie stehen mit Bäumen in Verbindung, sind sanftmütig und weich, sind wie Flechten und Baumrinden.[9]

Mit ihrer Macht und ihrer Energie erinnern sie uns unter anderem daran, dass das Wohlbefinden und die Kraft einer Person wie auch eines Volks entscheidend von einem guten Verhältnis zu den ätherischen Energien der sie umgebenden Erde und der Pflanzen abhängen.[10] Die wilden Frauen, diese Ausdrucksformen der verschiedenen weiblichen Kräfte der Natur, sind archetypische Kräfte, die bereit sind, dieses Abkommen zu schließen und einzuhalten. Aus den ihnen gewidmeten Sagen geht hervor, dass ihre hauptsächliche Aufgabe darin besteht, die Lebenskraft (den einheitlichen ätherischen Organismus) des Volks und der Erde zu pflegen. Dies geschah einst durch angemessene Maßnahmen auf physischer Ebene (durch den Zyklus der Feldarbeit und der Betreuung der Tiere), zu denen eine entsprechende psychologisch-geistige Haltung kam: Liebe zur Natur, Achtung für das Leben, Großzügigkeit und Hingabe. Bei der Welt der Erde, der Körper, der Pflanzen und der Tiere handelt es sich in der Tat um das Spiegelbild der *Anima mundi*: Wenn die eine Welt gepflegt wurde, wurde gleichzeitig auch die andere angemessen gepflegt und geehrt.

Die „numinose" Energie der Saligen

Die Waldfrauen, die Saligen, wurden auch als Heilige bezeichnet, da sie die Macht des Heiligen ausstrahlen. Ihre Welt ist von Tabus umgeben (ihr Name darf nicht genannt und ihre Wohnstätte nicht bekannt werden). Das Wort „tabu", das sich gerade aus der Vorschrift, etwas zu meiden, entwickelt hat[11], bedeutet so viel wie „voller Energie" oder „vom Profanen getrennt" – womit wir das Gebiet des Heiligen betreten. Und eben aufgrund dieser notwendigen Trennung von der profanen Welt kann man die Saligen nur dann sehen, wenn man sich vom Alltagsleben im Dorf entfernt wie auch vom konventionellsten Glauben der Kirche und sich ins Gebirge begibt. Um dann mit den wilden Frauen in Berührung zu bleiben, muss sich die profane Welt von deren geheimnisvollsten Aspekten – wie ihrer Herkunft und ihrem Namen – fernhalten.

Die Saligen werden – wie alles, was zum Heiligen gehört – als etwas anderes als das gewöhnliche, vernünftige und vertraute Weibliche empfunden: Sie faszinieren und erwecken Ehrfurcht. Und ebendies wird vom bekannten Religionswissenschaftler Rudolf Otto als „numinoses" Merkmal des Heiligen bezeichnet: Es ist das Andere und Geheimnisvolle, das Furcht auslöst.[12] Die wilden Frauen, diese Verkörperung des Naturhaft-Heiligen, wirken auf numinose Art auf die Psyche ein und rufen Rührung, Verlangen und Furcht hervor.

Wilde Frauen und heiliger Schauer

Heilig ist nicht gleichbedeutend mit „gut" in dem Sinne, den wir gewöhnlich allen religiösen Erscheinungen zuschreiben, sondern es steht für eine totale Kraft, die umso mehr Furcht einjagt, je stärker sie mit den Anfängen des Urlebens verbunden ist. Um den Gemütszustand der Person zu beschreiben, die sich dem Heiligen nähert, spricht Rudolf Otto von Erregung, von tiefster, von außen her nur schwerlich verständlicher Ergriffenheit. Diese Erregung kann so weit gehen, dass man glaubt, sich einem schrecklichen Geheimnis genähert zu haben. Und ebendiese psychologische Haltung dem Tabu gegenüber umgibt den Namen der Saligen, wenn sie – sobald ihr Geheimnis verletzt worden ist – in den Wald zurückkehren müssen, wenn sie sich um ein verletztes Tier kümmern und dabei heimlich beobachtet werden oder wenn sie miteinander tanzen und singen. Dies alles sind Momente numinoser Energie, wie sie dem Tabu zu eigen ist. Das Tabu bezeichnet die Qualität eines Objekts voller Mana, dieser unsichtbaren Kraft, die aus der Sphäre des Heiligen stammt.[13] Der althochdeutsche Begriff *haila und hailaga* bedeutete ursprünglich „gesund", „unversehrt" und „mit einer besonderen, transpersonalen Kraft versehen". Das Tabu hängt immer mit der Energie eines Gegenstands oder einer Verhaltensweise zusammen, und mit einer Tabuisierung wird Kraft übertragen.[14] Aus diesem Grund werden in den Sagen um die Saligen, diese Trägerinnen großer Kräfte, viele und vielerlei Tabus erwähnt.

Die Energie des Numinosen ist lebendig, leidenschaftlich und stark, bisweilen auch orgiastisch. Das sehen wir, wenn die Saligen auf den Anhöhen singen und tanzen und sich mit den jungen Burschen im Wald treffen. Tanzen ist die Fähigkeit, mit dem Körper und seinen Bewegungen Gefühle zum Ausdruck zu bringen und zugleich um sich und in der Gruppe numinose Energie zu erzeugen.

Die Sagen von den wilden Frauen machen uns somit verständlich, warum das Brechen eines Tabus und vor allem die Herabminderung seiner Bedeutung, auf die das moderne Abendland so stolz ist, in unserer Welt zu einer außergewöhnlichen Schwächung und einem enormen Energieverlust geführt haben. Um den Ursprung der Depression in unserer westlichen Welt auszumachen, die von einer mehr oder weniger gedopten Euphorie schlecht verdeckt wird, braucht man kein Genie zu sein: Es würde genügen, über die Entkräftigung der Gebote nachzudenken, deren Wert und Bedeutung auf energetischer Ebene allen traditionellen Kulturen hinreichend bekannt war.

Die Salige als Urheberin von Wohlstand

„Einst hielten sich auch in Lüsen die Saligen Leute auf und fast in jedem Haus wohnte ein solches geisterartiges Wesen. Das war noch eine glückliche Zeit, denn überall, wo ein Saliges hauste, war Segen und Überfluss. Einmal gieng ein armes Weib von einem Hause, vor dem ein Saliges auf der Bank sass, vorüber. Da bat das

Weib um ein Brot und erhielt einen Laib geschenkt, der eine wunderbare Eigenschaft hatte. Denn er wurde nie kleiner, mochte sie wegschneiden, so viel sie wollte. Das Weib starb nach einigen Jahren und hinterliess den Laib ihrer Tochter, die sich auch lange Zeit damit nährte."[15]

Das Verhältnis zur Saligen tritt in dieser Geschichte klar und deutlich zutage: Sie garantiert Wohlstand und versorgt die Armen mit dem Überfluss, der im Naturhaft-Heiligen, dem sie angehört, reichlich vorhanden ist. Und die Bevölkerung bringt diesen mächtigen Gestalten für ihre Dienste Ehre und Achtung entgegen.

Aber die Beziehungen zum naturhaften, besonders zum weiblichen Heiligen verlangen – so gewinnbringend sie auch sein mögen – besondere Aufmerksamkeit, wie es aus dieser Geschichte hervorgeht: „Der reiche Egger in Vöran hatte Geld und Sachen in Hülle und Fülle; mit seinen Thalern hätte er die Hauslaub pflastern, mit seinem Korn für ganz Vöran Brot backen, mit seinem Holz hundert Backöfen heizen, und mit seiner Streu hundert Ställe belegen können; einen Heustock hatte er, wie jetzt alle Vöraner mitsammen keinen haben, und mit seinem Mist hätte er die ganze Möltener Weide düngen vermocht.

Wenn nun die Viehdirne in den Stall gieng, um die vielen wohlbeleibten Kühe zu melken, da kamen allabendlich zwei schöne Fräulein mit Haaren, wie Seide, und schneeweissem Gewande daher, sammelten die verschüttete Milch, und tranken sogar aus der Butte. Doch niemand wehrte es ihnen; denn seitdem die Fräulein in den Stall kamen, war der Egger reicher geworden, und wenn sie aus der Milchbutte tranken, nahm die Milch nicht ab, sondern zu. Überall hätte man ihnen gerne zu trinken gegeben, wenn sie eingekehrt wären; aber sie kamen nur auf diesen Hof.

Einst hatte den Bauer etwas erzürnt; giftig kam er heim, gieng dem Stalle zu und sah da, wie die zwei Fräulein mit vollen Zügen aus der Milchbutte schlürften. Wüthend darob zog er sein Messer und wollte einem Fräulein die Ohren abschneiden. Als sie das sahen, flüchteten sie sich aus dem Stalle und sagten wehmüthig: ‚Au und weah / Und nia koa reicher Egger meah!' Dann giengen sie davon, und niemand hat sie seitdem gesehen. Ihr Spruch gieng haarscharf in Erfüllung."[16]

Die wilden Frauen und das Licht der Natur

Die in den Bergen lebenden Saligen besitzen eine sehr sonnenhafte, zugleich aber stark mit der Erde verwurzelte Weisheit.
Diese jungen Frauen tragen weiße, helle Kleider, und alles um sie ist rein und durchsichtig. „Aus dem Thale […] kamen Jungfrauen hervor, weiß und flimmernd ihre Gewänder – was wäre der Firn dagegen, der oben auf den Bergen im Mondschein glitzert!"[17]
Der Psychoanalytiker und Sagenforscher Gottfried Isler assoziiert diese strahlenden Wesen mit dem Licht, das der große Arzt und Wissenschaftler Paracelsus als *lumen naturae* bezeichnet hatte, als natürliche Anleitung zur Orientierung im Leben. „Was perfekt ist, muss vom Licht der Natur stammen." „Wohl dem, der dem Labyrinth nit nachgehet, sonder der Ordnung des Lichts der Natur: die ist Arznei und Arzt."[18]
Auch Simone Weil, eine der bedeutendsten zeitgenössischen Philosophinnen, unterstreicht die zentrale Rolle des Lichts als Kraft zu Orientierung und Rettung: „Zwei Kräfte beherrschen das Universum: das Licht und die Schwere."[19]
Moidi Paregger, die Mitautorin des vorliegenden Buchs, hatte während der Abfassung des Manuskripts folgenden Traum: Wir reiten

durch einen Wald, sie auf einem Pferd ohne Sattel und Zügel. Nachdem wir den Wald hinter uns gelassen haben, erreichen wir eine Berghütte, wo mehrere Musiker, Männer und Frauen, an einem Tisch sitzen und auf glänzenden silbernen Trompeten Jazzmusik spielen. Sie gelangt dann mit mehreren ihr unbekannten Personen auf ein Hochplateau, das sie an den Schlern erinnert. Hinter den hellen Dolomitengipfeln, die von dort besonders gut zu sehen sind, steigen schwarze Rauchsäulen auf. Die kleine Gruppe beginnt zu überlegen, wohin sie sich retten soll, hat aber das Gefühl, kaum einen Ausweg zu haben.

Das helle Licht der Berge, das vielleicht von den silbernen Trompeten der Musiker angekündigt worden war, wird von den schwarzen, schweren Rauchschwaden bedroht.[20] Das Licht ist hell und leicht, die Dunkelheit düster und schwer.

Die Saligen bringen ein Licht mit sich: ihre blonden, leuchtenden Haare.[21] Blonde oder goldfarbene Haare sind das Symbol einer uralten, heiligen Kraft des Bewusstseins, und sie verkörpern die sonnenhafte Weisheit.[22]

Die Haare der Saligen sind Symbole ihrer Kraft und Schönheit, und in vielen Sagen werden sie von einem Mann, der einen solchen Glanz nicht erträgt, abgeschnitten.

Die abgeschnittenen goldenen Haare

„Einmal geschah es, man weiß nicht warum, da blieb eine der Jungfrauen auf der Alpe zurück. In einer unbewohnten Hütte, in der viel Heu lag, verbrachte sie die Nacht. Daß sie die Morgenröthe vor Sonnenankunft wecke, hatte sie sich zum Fenster hingelegt, oder war es, weil's ihr nicht wohl anstünde, den Schmuck ihres Hauptes mit welken Blumen zu bestreuen – sie ließ ihre Seidensträhne außen die Blockwand hinabhängen, den frischen Lüften ein Spiel.

Des Morgens kamen die Mähder zur Hütte, um ihre Sensen zu dengeln. Als sie hinter der Fensterlucke einen bildschönen Mädchenkopf erblickten, der so reiches Haar trug, daß es fast bis zur Erde reichte, flüsterten sie einander zu: ‚Eine holle Dirne!‘ und freuten sich des Anblicks. Einer der Burschen war jedoch übermüthig genug, die schönen Haare auf seine Sense zu legen, um sie durch einen raschen Schnitt kürzer zu machen. Die Jungfrau erwachte und stieß einen Schreckensruf aus, so daß sich die Männer betroffen ansahen; dann aber richtete sie sich auf, schritt zur Thür hinaus, das Gesicht mit den Händen verhüllend. Und sie wandte sich dem Thale zu, woher sie mit ihren Schwestern allnächtlich gekommen war: die grauen Nebel zertheilten sich und umschlossen ein weinendes Götterkind.

Die ‚hollen Dirnen‘ sind nicht wiedergekommen, seitdem die Undankbarkeit eine der lieblichen Helferinnen so gekränkt hat, daß sie ‚das Sajat hintargerearscht‘.“[23]

„Eine Salige hatte sich in einer Heuschupfe harmlos zur Ruhe gelegt, nahe beim Eingang. Da schlich ein tückischer Knecht herbei und schnitt ihr einen ihrer sehr schönen Zöpfe ab, worauf jene Salige mit ihrem ganzen Anhang weinend und wehklagend von dannen zog. Nur etwas tiefer im Thale bei der Trollewitschalm hat man später zu Zeiten noch einige erblickt, welche im Bache Wäsche wuschen, aber schnell enteilten, sobald ein Mensch sich nahte.

Übrigens geht die Sage, daß hinter der Trollewitschwand ein Schatz verborgen ruhe, der den Werth dreier Königreiche aufwiege. Diesen Schatz haben die saligen Leute zusammengetragen.“[24]

Auch das Gold des Schatzes ist als Symbol der Sonnenstrahlen und der Kraft der Sonne anzusehen, die im alchemistischen Verwandlungsprozess zutage treten, der die Verwirklichung des Lebens und der Persönlichkeit verkörpert.

Alle Weisheit der Saligen und ihre starke Verbindung mit der Sonnenhaftigkeit verweisen im Übrigen auf die Alchemie, die geringe, wertlose Elemente in Gold verwandelt. Auf diese Weise zeugt die Alchemie – und das Verfahren, das sie beschreibt – auch von der Möglichkeit der Verwandlung der Persönlichkeit und der Schritte und Vorgehensweise zu ihrer Verwirklichung.[25]

Das Gold, ein kostbares Metall, hat vielerlei Seiten. Einer der bedeutsamsten Aspekte ist das Licht, die Erleuchtung. Wie Isler schreibt, kann die Salige dem Hirten eine „innere Erleuchtung" geben, eine Erleuchtung des Unbewussten, die auf der absoluten Erkenntnis des kollektiven Unbewussten basiert, die uns neuerlich als nunmehr verloren gegangene Weisheit der Natur entgegentritt.[26] Die innere Gestalt der Saligen, die jeder in sich selbst suchen und verehren kann, kann auch uns dieses Geschenk machen.

Von dieser Verwandlungsmöglichkeit ist zum Beispiel in folgender Sage die Rede:

„Auch im Sandestal zog eine sonderbare Frauengestalt umher, die einsamen Hirten erschien und sie schweigend betrachtete. Aber die Hirten hatten Angst und gingen fort, ohne sie zu grüßen, und sie rief ihnen nach: ‚Hättet ihr viel gefragt, hätt ich viel g'sagt! Und ich hätt euch gelernt, aus Jute Gold zu spinnen!'"[27]

In dieser Geschichte klingt – wie Gottfried Isler kommentiert – das *opus* an, das alchemistische Verfahren; denn auch hier ist der Grundstoff von geringem Wert. Der beim alchemistischen Verwandlungsprozess hergestellte Edelstein wird auf einem Misthaufen gefunden: *in sterquilinio invenitur:* Der wertvollste Schatz wird dort gefunden, wo niemand es erwarten würde. So ist es eben auch mit der Molke. Aber um zu lernen, wie wir wertlose, ja sogar peinliche Dinge in Gold verwandeln können, müssen wir den Mut haben, „die Frage zu stellen", müssen unsere innere Salige oder die, der wir im Leben begegnen, fragen, was wir zu machen haben. Wir müssen zugeben, dass alle unsere rationalen Kenntnisse diesbezüglich unnütz sind und dass das stille Waldfräulein mehr weiß als wir. Ohne diesen Demutsakt, auf den die Frage und dieses „Sag mir …" (als Beweis unserer Unwissenheit) zu folgen haben, das auch Parsifal so schwer fiel[28], ist diese Begegnung sinnlos.

Die wilde Seherin

Der Besitz der natürlichen Weisheit, des *lumen naturae*, versetzt eine Person auch in die Lage, die Vergangenheit zu kennen und in der Zukunft zu lesen.

Die Salige ist oft auch eine Seherin, und in diesem Fall heißt sie in der mitteleuropäischen Welt *Willeweis oder Wala*[29] – was im Mittelmeerraum den Sibyllen der griechischen und römischen Antike entspricht.[30]

„Mitten im Walde ober Lengstein findet sich ein freier Plan, mit duftigem Rasen belegt und nur von ein paar Lärchen bestanden. Es ist der Birchboden. Fast inmitten desselben steht ein buschig umkränzter Lärchbaum. […] Da oben wohnte vorzeiten ein unheimlich Weiblein. Die gespenstige Frau saß auf dem Rasen und las in einem altmodischen Buch. Es war die Willeweis. Wandte sich jemand in der Noth an sie, dann brauchte er bloß am Waldesrand stehen zu bleiben und auf den Plan hinauszurufen: ,Die Wile thut die Wele begraben'; alsdann kam die Willeweis herbei, nahm den nächtlichen Gast freundlich auf und sprach weise Worte zu ihm. Eines Abends zündete sich nun ein alter Reinpalter von Lengstein am Herdfeuer seinen Kentel an und zog aus, bei der weltweisen Frau da oben die Meisterschaft in den Zauberkünsten und die Weltweisheit zu lernen. Er hatte manches Jahr in des Winters langen Nächten gesessen, Zauberbücher aufgeschlagen und vergeblich über die Weltordnung gegrübelt. Er stieg also auf sein Roß und ritt bergan. Kaum hatte er die Stätte erreicht, wo das prophetische Weiblein hauste, da schwang er sich vom Roß und rief mit mächtiger Stimme: ,Der Reinpalter reitet auf krumpem Roß. Wia thuat die Wile die Wele bagroben?' Alsbald erhob sich das greise Mütterlein mit einem Stabe in der Hand und begann freundlich mit ihm zu reden. Der Reinpalter aber begab sich mit ihr zu dem bezeichneten Baum und fragte sie, wie es um die Welt stehe, und nach dem Sinne des Spruches, mit dem sie von den Leuten gerufen werde. Und das Weiblein schlug ein meeraltes Buch auf und theilte ihm mit, wie der Wele Bestattung vor sich gegangen und noch vieles andere. Denn was der Reinpalter da oben erfahren, und was im Zauberbuch gestanden, ist weder mir noch dir kund geworden. So viel aber ist bekannt, daß der Mann gesund und ohne Schaden wieder heimgekommen ist, und daß ihn der Zuspruch der Willeweis befriedigt hat. Von da an gieng er fleißig seiner Arbeit nach; aber was er auf dem Birchboden erfahren, sagte er niemandem.ʺ³¹

Die wilde Willeweis der Alpensagen verkörpert in den volkstümlichen Erzählungen die mythische Gestalt der Wala, der göttlichen Prophetin, die in den Liedern der Edda auftritt, der nordischen Mythologie. Der Gott Odin reitet – wie wir es beim Bauern Reinpalter gesehen haben – auf den Hügel, um Wala nach dem Geschick der Asen zu befragen, der germanischen Gottheiten, denen er selbst angehört. Und Wala beschließt diese Begegnung mit folgenden Worten:

Heim reit, Odhin, und rühme dich:
Kein Mann kommt mehr mich zu besuchen,
Bis los und ledig Loki[32] der Bande wird
Und der Götter Dämmerung verderbend einbricht.[33]

Wenn die wilde Frau als Prophetin erscheint, vertritt sie die Kräfte des Weiblichen, die um die Schicksalswege wissen, die der Urnatur von jeher bekannt sind. Sie wird zu einer Schwellenfigur, die allwissend ist und – sofern man sich ihr auf die rechte Weise nähert – von den Zeiten und Arten des Lebens und des Todes spricht.

In Kärnten wird die wilde Prophetin Willeweis als Billeweiß bezeichnet.

„Bei Lannsdorf erhebt sich ein höhlenreicher, zerklüfteter Berg, der Zensberg. In seinen Höhlen wohnten ehedem die Billeweiß, das waren schöne, kluge Frauen, die allwissend waren. Man konnte sie öfter hören als sehen. In voller Gestalt erschienen sie nur, wenn sie die Menschen vor etwas warnen wollten oder wenn ein Unglück bevorstand. Sonst verkündeten sie meist singend ihren Willen. Wenn der Bauer ihren Ruf vernahm, so mußte er schnell das tun, was sie befahlen. Das schlug dann immer zu seinem Vorteil aus."

Auch die weissagenden Saligen haben bisweilen Lust auf die Gesellschaft eines Mannes – wie in folgenden Geschichten:

„Eine Billeweiß bat einmal eine Bäurin aus der Gegend von Sankt Sebastian, sie einmal neben ihrem Mann schlafen zu lassen. Aus

Dankbarkeit für die gewährte Erlaubnis gab sie der Bäurin einen Knäuel zum Geschenk mit der Weisung, davon ununterbrochen abzuwickeln. Sobald das Abwickeln unterbrochen werde, höre der Knäuel auf. So bekam die Bäurin eine Menge herrlichen Gespinstes."

„Ein andermal hatte sich eine Billeweiß zu einem Bauer ins Bett gelegt. Als aber dessen Eheweib ihr schönes Haar aus dem Bett hangen sah, schnitt sie es aus Eifersucht ab. Da erschien die weiße Frau nie wieder."[34]

Heute ist es äußerst schwierig, unserer Billeweis die rechte Achtung entgegenzubringen – falls wir ihr überhaupt begegnen. Wir verachten die altüberlieferten Kenntnisse um das Wissen der Zukunft. Der Schriftsteller Ernst Jünger hat dazu kommentiert, dass wir in einer sonderbaren Epoche leben, die an die Zeitungen glaubt, aber die Astrologie nicht ernst nimmt. In Wirklichkeit greifen wir auch auf die Astrologie zurück, aber nicht so sehr als echtes Wissen, sondern eher als Konsumgut (die berühmte Astrologin, das von den Medien lancierte Buch). Wir haben zu große Eile und können daher die Spannungen des Ritus nicht ertragen: ein Holzscheit ins Feuer werfen und warten, bis es verbrennt, ein Pferd besteigen und – wie es Reinpalter in der Sage tut – die Wala unter ihrem Baum suchen und sie mit den richtigen Worten rufen.
Noch schwerer fällt es uns, zu erkennen, zuzuhören und vor allem, die Verantwortung zu übernehmen, die ruhelose Billeweis zu befragen, die neben uns schläft (oder die sich in uns oder in unseren Träumen regt) und die dank ihrer geheimnisvollen Verbindung mit dem Leben und ihren Kontakten mit dem kollektiven Unbewussten die nahe oder fernere Zukunft „sieht". Sie sieht sie, vergisst sie dann aber. Auch weil wir sie niemals fragen, was sie gesehen hat.

Wir sind zu sehr mit der Lektüre der Zeitungen beschäftigt, sodass wir die Seherin neben oder in uns niemals darum bitten, uns das Buch unseres Lebens zu lesen.

Die Frauen, die das Schicksal weben: Nornen und Walküren

Wilde Seherinnen wie die Wala und die Billeweis verweisen – als Kennerinnen des Schicksals – auf andere Gestalten der germanischen Mythologie, die ebenfalls mit dem Garnknäuel zu tun haben, das die Saligen vor ihrem Fortgang den Menschen übergeben. Es handelt sich um die Nornen und die schönen Walküren-Jungfrauen, diese schicksalbestimmenden Frauen der nordischen Religion. Wie die Wala hausen auch die Nornen unter einem großen Baum, der von Nebeln umhüllten Weltenesche Yggdrasill am Urdabrunnen, aus dem die Nornen Wasser schöpfen, um den Baum zu begießen. Als Schicksalsfrauen spinnen sie den Lebensfaden.

Mit dem Nornenfaden wird der Bereich abgegrenzt, in dem sich das Leben und das Geschick abspielen und über dessen Grenzen hinaus der Mensch sich nicht begeben darf.

Bei Helgis Geburt zum Beispiel befestigen die Nornen goldene Fäden am Himmel und stecken damit das Gebiet ab, von dem der junge Held Besitz ergreifen wird.

„Westlich und östlich die Enden bargen sie,
in der Mitte lag des Königs Land."[35]

Mit dem Spinnen des Lebensfadens setzen die Nornen im Voraus Helgis künftige Bestimmung und sein Geschick fest, und dank des von ihnen gesponnenen Fadens können sie ihn als Kühnsten unter den Helden bezeichnen.

Die schönen Walküren dagegen leben im himmlischen Myrkvior-Wald, tragen schwanenförmige Hemden, baden im See und ruhen sich am Ufer aus. Auch diese unschuldigen Schlachtjungfrauen weben einen Stoff, mit dem das Schicksal auf dem Schlachtfeld verknüpft ist. Sie sind Geisterwesen aus dem Gefolge des Gottes und Feldherrn Odin, dem sie die Seelen seiner gefallenen Krieger bringen.

Im „Völundarkvida", dem Wöling-Lied der Edda, wird von drei Walküren erzählt, die vor der Schlacht weben: „Die Jungfrauen flogen von Süden gegen den dunklen Wald, um das Schicksal des jungen Alvitr zu entscheiden. Die Jungfrauen aus dem Süden sitzen am Seeufer und weben dort kostbares Leinen."[36]

Die wilde Frau als Anima

Unter dem Gesichtspunkt der Tiefenpsychologie sind die wilden Frauen ein Archetyp der Anima der Natur, Trägerin des *lumen naturae*, der vitalen Ausrichtung der Natur. C. G. Jung schreibt, dass die Seele, auch aufgrund dieser ihrer Beziehung zum *lumen naturae*, ein Archetyp des Lebens ist.[37] Emma Jung präzisiert, dass die Anima in der Psyche überpersönlicher Natur ist, kein individuelles Wesen besitzt und die natürlichen Lebensprozesse personifiziert: die Bewegungen des Kommens und Gehens, des Werdens und Vergehens.[38]

Ebendiese Dynamik ist auch in den Geschichten von den wilden Frauen enthalten, die – wie das Leben selbst und die einzelnen Lebenszyklen – kommen und gehen: Man kann sie nicht ein für allemal ergreifen und festhalten.

Das Kommen und Gehen der Seele – wie das der Saligen – verkörpert unter physischem wie symbolischem Aspekt eine Bewegung zur Verbindung zwischen der Urnatur und der existenziellen Lage.

Unter psychologischem Gesichtspunkt ermöglicht das Kommen und Gehen der Seele und der Saligen die Verbindung zwischen Bewusstem und Unbewusstem (wobei der Wald eines der stärksten Symbole ist).

„Das Animaerlebnis", schreibt Marie Louise von Franz, eine Schülerin von Carl Gustav Jung, „ist ein Grenzerlebnis, wirklich und unwirklich zugleich, Traum und reales Erleben. Ist doch die Anima als Mittlerin den Inhalten des Unbewussten eine Grenzfigur. Sobald der Mensch das Erlebnis an sich ins Bewusstsein zu zerren versucht, entsteht dadurch die kompensatorische Gegenbewegung: d.h. die Anima verschwindet ins Unbewusste und verlockt den Menschen, ihr dahin zu folgen."[39]

Und dies geschieht, wie wir schon gesehen haben, auch in diesen Sagen. Wenn der Mann zu viel wissen will, verschwinden diese weiblichen Gestalten, und mit ihnen auch ihr Reichtum. Andere Male dagegen lässt der Mann sich fortführen und wird zu den Wohnstätten der Saligen gebracht, außerhalb der Welt und außerhalb des menschlichen Bewusstseins. Er verlässt die Welt des Ichs und seiner Individualität, um in die des kollektiven Unbewusstseins zu gleiten.

Bei der Begegnung mit dem Weiblichen – mag es sich um die Seele oder um die wilde Frau als Ausdruck der naturhaften Energie handeln – kann die Beziehung sich in beiden Fällen nur dann fortentwickeln, wenn das Geheimnis geachtet wird. Das Mysterium, eines der Hauptmerkmale der Lebensprozesse, muss zutiefst *erlebt*, aber nicht intellektuell enträtselt und *erkannt* werden.

Die wilde Frau ist daher als bedeutender, zugleich natürlicher und überpersönlicher Aspekt des Archetyps der Seele anzusehen, die in sich ein Ganzes verkörpert.[40] So ist es unmöglich, sie gänzlich und ein für allemal zu „besitzen" – was im Übrigen ja auch für jede Frau gilt.

Die Ehrfurcht vor dem Geheimnis und seine Enthüllung

Das wichtigste Tabu, das die Kraft der wilden Frauen schützt, betrifft – wie wir gesehen haben – das Geheimnis ihres Namens, das die Männer, die eine Beziehung zu einer Saligen aufnehmen, unbedingt wahren müssen.

So wird es in der folgenden Geschichte erzählt:
„Eine von den Lecklahner Jungfrauen wurde vom Mair in Glaning, der ein braver, schöner Bursche war, so ‚eingefadelt', dass sie ihn heirathete und Bäurin auf dem Mairhofe wurde. Sie lebten glücklich beisammen und Alles zu Hause und auf dem Felde stand im grössten Segen. Da wollte aber der Bauer auch den Namen seines lieben Weibes wissen und bestürmte sie trotz ihrer Bitten und Mahnungen so lange, bis sie endlich seinem Drängen nachgab. Alsogleich verschwand sie aber und kam nur an Sonn- und Feiertagen zu ihren Kindern, wusch, kämmte und kleidete sie. Wenn sie dann in der Stube war, zeigte sie sich nur ihren Kleinen, selbst ihr Mann konnte das liebe Weib nie mehr sehen."[41]
In dieser Sage wird das Geheimnis von einem Mann enthüllt, in anderen ebenfalls in diesem Buch wiedergegebenen Erzählungen wird der Name von einer anderen Saligen genannt. Manchmal verrät die Salige selbst ihren Namen, ohne es zu wollen, und in anderen Fällen wird er von jemandem aus dem Wald gerufen.[42]
Durch die Verletzung des Tabus und die Freisetzung der im Tabu selbst enthaltenen Energie erfüllt sich – wie in der Vertreibung aus

dem Paradies – ein schon vorgezeichnetes Schicksal; denn die wilden Frauen, diese Seelengestalten an der Grenze zwischen Bewusstem und Unbewusstem, gehen eines Tages auf jeden Fall fort. Angeblich dürfen sie dem Wald nicht länger als sieben Jahre (die Zahl steht symbolhaft für einen Lebenszyklus) fernbleiben: Nach Ablauf dieser Zeit müssen sie in den Wald zurückkehren.

Jetzt müssen wir uns fragen, was dieser Weggang im Leben jeder Frau bedeutet. Vielleicht soll damit gezeigt werden, dass der „wilde" Teil der Frau, nachdem sie das Leben des Mannes, der Familie und der um den Bauernhof bebauten Felder mit den Gesetzen der Urnatur in Einklang gebracht hat, sich in die Tiefe, in die Höhle, ins Unbewusste zurückziehen muss, damit der Mann und seine Alltagswelt dank ihrer Gaben prosperieren können. Andererseits kommt es im Leben jeder Frau und jedes Mannes nicht darauf an, dass die Salige sich entfernt (schließlich ist im Weiblichen alles zyklisch), sondern wie sie fortgeht: Was hat die individuelle Psyche der Frau und des Mannes von ihrer Anwesenheit gelernt? Denn wie wir gesehen haben, kommt es zwischen der Saligen und der Frau und dem Mann des Alltags zu einer positiven Beziehung, sodass die „Gunst" der natürlichen Welt auch nach ihrem Fortgang zurückbleibt. Die Beziehung zum Naturhaft-Weiblichen hat in diesen Fällen Gutes eingebracht.

Wenn die wilden Frauen angemessen geachtet und verehrt werden (was allerdings sehr selten geschieht), verletzt niemand das Geheimnis ihres Namens, und die Saligen bleiben.

Wie es in folgender Sage erzählt wird:

„[…] Allein noch vertrauter waren mit den Leuten die Seligen in Eggen. Dort führten sie im herrlichen Walde auf Altweg hinter dem Fleckerhofe ihre Wirtschaft. […] Daß eine plötzlich den

144

Dienst verlassen mußte, weil sie durch eine Stimme im Walde heimberufen worden wäre, ist hier in Eggen nicht bekannt."[43]

Der Konflikt zwischen Geheimnis und rationalem Denken

Das Geheimnis und seine Enthüllung, wie sie in den hier wiedergegebenen Sagen so häufig zu finden sind, können aber auch als Verkörperung eines archetypischen Konflikts angesehen werden: des Konflikts zwischen dem Geheimnis der Natur und des Instinkts, das man nicht zu sehr erforschen sollte, und dem für das rationale Denken typischen Bedürfnis, alles benennen und klassifizieren zu wollen. Die Salige bittet in diesen Sagen um die Wahrung des Geheimnisses, das ihren Namen und ihre Herkunft betrifft, da sie Ausdrucksformen des Mysteriums der Natur und der instinkthaften Welt sind, die sie verkörpert (Gleiches gilt auch für den wilden Mann in den ihm gewidmeten Sagen). Die Forderung, das Geheimnis zu wahren, soll auch den anderen schützen, den habsüchtigen Bauern und seine Familie: Niemand darf ihren Namen – das Wesen der Natur – erfahren, sonst wird er zugrunde gerichtet. Aber der Bauer oder die Bäuerin wird von der intellektuellen Neugier des Wissenwollens beherrscht, des Benennens, des Klassifizierens aus Machtgründen (Macht wird durch Kontrolle bewirkt) und aus Habgier (der habgierige „Wissensdurst", um kontrollieren zu können).[44] Aus diesem Grund brechen sie das Geheimnis – was unweigerlich zum Weggang der Frau führt, aber auch zum Ruin der Bauern.

Im privaten und gesellschaftlichen Leben enthüllt nicht nur der Mann das Geheimnis, indem er der Vergangenheit und dem intimsten Leben der Frau nachspürt und sie schließlich zum Fortgehen zwingt. Oft gibt die Frau selbst den geheim gehaltenen Namen preis, zum Beispiel, wenn sie ihren Lebensgefährten immer und immer wieder fragt, was er für sie empfindet, warum er sie liebt, wie er sie beurteilt. Oft fangen diese Fragereien automatisch und wie unter Zwang an, als könnte die Frau der Versuchung nicht widerstehen, obwohl sie spürt, dass es zu keinem guten Ende führt – wie es dem Bauern passiert, wenn er seine Gefährtin unaufhörlich nach ihrem Namen fragt. Durch dieses ständige Ausfragen sucht die Frau von ihrem Partner ihren Namen zu erfahren, möchte mehr über ihren Reiz und ihre Persönlichkeit erfahren, deren sie leider nicht ausreichend sicher ist. Aber gerade die (unter Zwang erfolgte) Enthüllung einer Identität, die nicht rational klassifiziert, sondern emotionell und ohne feste Schemata wahrgenommen werden müsste, schlägt den Mann in die Flucht. Er empfindet diese „Konfrontationen" über die Gefühle als einen heftigen Angriff auf seine Seele, auf sein inneres Weibliches, das sich lieber im Halbschatten hält und das im Scheinwerferlicht geführte Verhör im Stil einer Krimiserie nicht erträgt.

Der Konflikt Tradition-Moderne

Ein derartiger Konflikt tritt im Grunde auch zwischen den traditionellen Kulturen, die sich auf eine symbolische Ordnung beziehen, und der abendländischen Moderne zutage, die von rationalen Überlegungen und wirtschaftlichen Interessen beherrscht wird. Während die traditionellen Kulturen das Bewusstsein des Geheimnisses kennen (das von der Achtung für das Heilige gefordert wird), will das moderne Abendland alles kennen, um es zu besitzen und wirtschaftlich auszubeuten. Seine „säkularisierte", da vom Heiligen getrennte Kultur wird von der obsessiven Polarität Reichtum/Mangel gekennzeichnet, die dagegen den alten Völkern unbekannt ist, da ihnen der Überfluss des naturhaften Heiligen ausreicht (zumindest wenn es intakt und von der modernen Habsucht noch nicht zerstört ist).

Dieser Konflikt kommt auch in vielen Sagen und Erzählungen zum Ausdruck. So erzählt Theodor Vernaleken in einer Sage, dass die Saligen in vergangenen Zeiten mit einer noch reinen, unschuldigen Menschheit Umgang hatten. Als sie aber allmählich entartete, intellektuellen Ehrgeiz entwickelte und nicht mehr das Heilige respektierte, mussten sich die weisen, friedlichen Saligen in Höhlen und Wälder zurückziehen.[45] Auch wenn in den Erzählungen von Anton von Mailly von den „Zeiten, zu denen die Götter noch unter den Menschen lebten,"[46] die Rede ist, sind damit die Kulturen gemeint, die noch nicht von der rationalistischen Haltung mit ihrer überheblichen Verachtung des naturhaften Heiligen, seiner Macht und seiner Tabus verdorben worden sind.

In der traditionellen Vorstellung entspricht der Name dem Wesen, der ursprünglichen Bedeutung. Die Preisgabe des Namens kommt somit der Enthüllung des wahren Wesens der Person gleich. Bei den Saligen wird mit dem Namen ihre Zugehörigkeit zur übersensiblen, heiligen und somit unaussprechlichen Welt bloßgelegt.[47]

Das Geheimnis der Mann-Frau-Beziehung.
Der Konflikt zwischen Liebe und Besitz

Die Saligen, diese namen- und heimatlosen Wesen, halten eine unsichtbare, symbolische Distanz zu den Menschen. Diese Distanz, die ihnen ihre totale Integrität garantiert, gibt ihnen die Möglichkeit, auf dem Hof zu bleiben. Andererseits aber lässt diese Distanz um sie etwas Geheimnisvolles und Beunruhigendes entstehen, was der Mensch oft nicht erträgt.

Hier tritt nun der andere Konflikt zwischen der Forderung nach der Geheimhaltung und dem Wunsch, den Namen zu erfahren, in Erscheinung: die Spannung zwischen Liebe und Besitz. Die Kenntnis des Namens ist in der Tat eine Form der auch symbolischen, totalen Besitzergreifung des anderen, da man damit sein Wesen kennt. Einer tiefen Liebesbeziehung geht es dagegen nicht um den Besitz des anderen, sondern um Liebe für ihn und seine Freiheit, die gerade durch die Achtung für sein Geheimnis gewährleistet wird.

Die Salige verkörpert das vollständig Weibliche, das „Einssein mit sich selbst", das daher in der Lage ist, den anderen auf die Probe zu stellen: Er muss zwischen Liebe und Besitz wählen. Der andere (oft ist es ein Mann, aber bisweilen auch seine Frau, die Bäuerin) ist aber nicht stark genug, um die Spannung der Distanz, des Respekts und eben des Geheimnisses zu ertragen.

Der Bauer dieser Sagen zeigt nur selten eine so große Liebe, dass er auf den Besitz verzichten kann. Schließlich ist er ja – im Gegensatz zu anderen männlichen Figuren wie dem wilden Mann, dem Fahrenden und dem Krieger, die nichts besitzen[48] – ein „Besitzer": Zu seiner Identität gehört auch die Macht über Felder und Tiere. Da er nicht auf den Besitz verzichtet, erfährt er den geheimen Namen der Saligen; er versucht nicht einmal, ihn respektvoll zu verschweigen, sondern spricht ihn zu Hause lachend aus. Die Affäre mit dem Mann wird somit zu einer wirtschaftlichen und sexuellen Beziehung, zur Befriedigung von Bedürfnissen (einschließlich der Neugier), die zu einer Entweihung der von den Saligen mitgebrachten Energien führt. Und während die wilde Frau fortgeht, bleibt der Mann zurück: ein Witwer auf seinen nunmehr verwüsteten Feldern.

Es wäre allerdings falsch, nur dem Mann die Versuchung zuzuschreiben, die Liebe mit dem Besitz des Partners zu verwechseln und somit das Geheimnis zu verletzen. Auch in diesen Sagen wird das Tabu des Namens, wie wir gesehen haben, oft von einer Frau gebrochen, die den geheimen Namen der Saligen preisgibt. Außerdem aber ist die wilde Frau ein unfasslicher, geheimer Teil der Seele des Mannes, den die Frau während ihres Verhältnisses oft enthüllen möchte, um ihn besitzen zu können.

Im Traum erscheint die Salige dem Mann oft als junge, wilde Frau (Zigeunerin, Arme, Farbige und so weiter), die sich ihm präsentiert (bisweilen gleich im Bett) und von der Mutter oder der Ehefrau/Lebensgefährtin weggejagt wird. Die schöne Traumfrau wird oft vor allem deshalb fortgeschickt, weil sie „fremd" ist und anders gekleidet (oder halb ausgezogen) ist, als es sich für eine junge Bürgersfrau gehört. Diese Träume sprechen gewöhnlich von einem Zeitpunkt im Leben des Mannes, in dem neue, bisher unbekannte Seelenkräfte an die Oberfläche treten. Sie möchten seinen weiblichen Teil zum Ausdruck bringen, aber auch seine Auffassungsgabe (die der naive Bauer an den Tag legt, wenn er die Salige „sieht"). Aber das „institutionelle" Weibliche in seinem Leben, das von seiner Mutter oder seiner Gefährtin verkörpert wird, sucht diese neue, andersartige Energie zu enthüllen und zu verscheuchen.

Diese Preisgabe, diese Vertreibung der wilden Seele des Mannes, vollzieht sich in der Beziehung zur Saligen oft durch überlieferte Kontrollwerkzeuge, auf die selbst die emanzipierte Frau von heute nicht leicht verzichten zu wollen scheint: vom Öffnen und Lesen der Briefe zur Inspektion von Jacken- und Hosentaschen bis hin zur Kontrolle der Telefonate und des Terminkalenders.

Der habsüchtige Blick des Besitzes, der brutal an die Stelle des Blickes der Liebe tritt, kennt im täglichen Leben keinen Unterschied zwischen den Geschlechtern und kann unterschiedslos einem Mann oder einer Frau gehören. In jedem Fall aber führt das Beibehalten des „Besitzer"-Blicks zu einem Bruch in der tiefen

Seelenbeziehung, die von den Minnesängern als Herzensbund bezeichnet wurde.

Eine von zwei Beziehungen geht heute im Abendland in die Brüche, und meist ist die Besitzgier daran schuld, die stärker ist als die Liebe. Doch die Frauen, die heutzutage den Mann verlassen, kehren gewöhnlich nicht mehr in den Reichtum der Urnatur zurück – wie dagegen die Saligen in unseren Sagen. Oft gleiten sie leider in eine weibliche Einöde ab, die weder fröhlicher noch vergnüglicher ist als die Einsamkeit, die nach dem Bruch einer Beziehung die Männer überfällt.

Der Sinn der Begegnung mit der wilden Frau

Das Geheimnis zeigt uns, dass die Begegnung mit der wilden Frau nicht zu einer rationalen Kenntnis der Kräfte des Urweiblichen und der Urnatur führen soll, sondern dass sie uns die innere und äußere Haltung zeigen, die wir ihnen gegenüber einzunehmen haben – und das mit dem Ziel, uns mit ihrer Kraft zu füllen und sie in unserem Leben sinnvoll einzusetzen.

Die Saligen als Verkörperung der Wildnis, dieser Welt der unberührten Natur und der tiefsten und archaischsten Kräfte der Psyche, verleihen den Personen, die eine Beziehung zu ihnen aufnehmen, dieses besondere Wohlbefinden, das sich aus dem Einklang mit der Orientierung der tiefen Natur ergibt, der Orientierung des Lebens. Doch Voraussetzung dazu ist ein besonderes Opfer, das sie dem Ich als Ausdruck des rationalen Bewusstseins abverlangen: das Opfer der Erkenntnis und des „Bezeichnens".

Die Männer (oder die Frauen), die die geheime Weisheit der Natur in Namen und rationale Begriffe fassen müssen, statt sie einfach auf sich einwirken zu lassen, sind wirklich arm daran. Denn eben der

Dünkel des intellektuellen Wissens ist das größte Hindernis zur Dauerhaftigkeit einer tiefen Beziehung zu diesen Kräften der Natur. Und wenn ihr Geheimnis nicht geachtet wird, verschwinden sie.

Nach der Verletzung des Tabus und der Enthüllung des Geheimnisses kommt es – wie dagegen in anderen Märchen – zu keinerlei Vorteil, zu keiner Befreiung. Die Salige ist das Abbild einer reichen, perfekten Integrität und Einheit wie der der Natur. Im Gegensatz zu anderen Sagen ist sie weder verhext noch wird durch die Preisgabe ihres Namens eine verzauberte Prinzessin befreit. In diesen Geschichten dagegen ist die Rede von der Gabe eines Urreichtums, die der Mensch nicht akzeptiert, da er nicht auf die durch die intellektuelle Kenntnis gegebene Macht über den anderen verzichten will.

Die christianisierte Wilde

Die wilden Frauen gehören zu den ältesten Gestalten, die der Verbreitung des Christentums in den Alpen vorausgehen[49] – weshalb sie von der einheimischen Bevölkerung manchmal auch als „heidnische" Frauen oder Fräulein bezeichnet wurden. Die Alpenbewohner haben es vorgezogen, sie als Naturgottheiten zu betrachten und sie nicht in das Christentum aufzunehmen.

Diese weiblichen Figuren stehen allerdings ganz und gar nicht im Gegensatz zum Christentum: Sie besuchen – wie es in den Sagen unterstrichen wird – die Messe wie alle anderen Bauern, vor allem aber engagieren sie sich für das Wohl aller anderen Lebewesen und sind darüber hinaus fähig, eine stark vom christlichen Empfinden geprägte Barmherzigkeit an den Tag zu legen, und in einigen Geschichten stehen sie sogar unter göttlichem Schutz.

So wird es in der folgenden Sage erzählt:

„Im Tschaminthal hinter Tiers führt unten nicht hoch über dem Bach ein tiefes tiefes Loch in den Schlern hinein, so tief, daß man mehr als eine Viertelstunde zu gehen braucht, um ans Ende zu kommen. Vor dem Loche braust ein Wasserfall herab. [...] ... und die letzten endlich behaupten, diese Höhle habe den seligen Leuten zum Aufenthalt gedient, und um dieselben vor den Nachstellungen der Riesen und Menschen zu sichern, habe Gott der Herr den abstürzenden Bach darüber hergeleitet."[50]

* * *

Dass die Beziehung der Frau zu ihrer eigenen inneren Wilden oft kompliziert erscheint, ist weder dem christlichen Gott noch dem der anderen Religionen zuzuschreiben. Es gibt sehr viel mehr wilde Frauen in christlichen Gemeinschaften – und nicht nur in aufgeschlossenen Gemeinschaften wie der von Bose, sondern auch in vielen Klöstern – als in der Jury des Bellisario-Preises (italienischer Preis für Frauen in führenden Rollen) und bei anderen ähnlichen Events, wo die weibliche Kondition notwendigerweise auf Macht und Erfolg reduziert wird. Auch heute werden die echten Saligen von Gott in den vielen Gestalten, in denen er uns begegnet, durch willkommene Wasserfälle des Lebens vor den Angriffen der törichten Riesen geschützt – mit anderen Worten, vor der altüberlieferten Leidenschaft des Mannes für Prunkentfaltung und Macht, von der ständig auch die Frauen erfasst werden.

Christentum und wilde Kräfte

Im Übrigen finden sich – wie im Heidentum – auch in der christlichen Religion Gestalten, die eine starke Verbindung zur Urnatur an den Tag legen. Man denke zum Beispiel an Johannes den Täufer, der außerhalb der Gemeinschaft lebt und, einzig mit einem Schafsfell bekleidet, die Personen im Fluss tauft. Jesus Christus selbst wird in einer Hütte geboren, auf dem Stroh für die Tiere: außerhalb der dörflichen Gemeinschaft, unter den Hirten. Seine Jünger sind Fischer, alleinstehende Frauen, Prostituierte. Er wird zusammen mit Dieben gekreuzigt, angesehene Persönlichkeiten treffen sich nachts oder heimlich mit ihm. Sein Bild steht der natürlichen Schlichtheit des wilden Mannes sehr viel näher als der intellektuellen Überfeinerung eines Mannes der Kirche.[51]

Der heilige Franz von Assisi stellt in den Mittelpunkt seines Lebenswegs einzig die Liebe zur Schöpfung, zur Natur und zu den Tieren, und dem kleinen bürgerlichen Kreis zieht er die Welt „außerhalb der Mauern" vor, wo die Ausgegrenzten auf Feldern und in Wäldern zusammen mit den Tieren leben.[52]

Die schwarzen Madonnen, die der Welt der Saligen nahe stehen, haben sehr enge Beziehungen zu den Göttinnen der Natur, die in den nicht christlichen Religionen den weiblichen Urgeist verkörperten[53] und auf der Ebene der weiblichen Urenergie eine Verbindung zwischen der fortgeschrittenen christlichen Spiritualität und der Spiritualität der Bauern herstellten.[54]

Auch Maria Magdalena wird in der christlichen Ikonographie als wilde Frau dargestellt. Ihre Nähe zur urwüchsigen Natur wird durch die langen offenen Haare unterstrichen, ja in einer Holzplastik aus dem deutschsprachigen Raum ist sie bis zu den Füßen von ihren Haaren umwallt. Diese langen Haare erinnern zweifellos an ihre Verbindung mit dem fließenden Wasser, mit der Lebensenergie, die die Natur belebt, aber man darf nicht vergessen, dass sie auch das Kleid der Waldfrau sind.[55]

Die christianisierte Sage

In den Sagen der wilden Frauen ist im Laufe der Zeit aber auch ein Entwicklungsprozess zu beobachten, der auf eine Christianisierung der Erzählungen abzielt und darauf hinausgeht, dass die Salige entweder in eine Hexe verwandelt wird (sie ist die heidnische, mit dem Teufel verbündete Weise der Natur) oder in eine der konventionellen christlichen Frömmigkeit entsprechende Heilige, die damit von der Urnatur, die ihr ihre ursprüngliche Kraft verlieh, abgeschnitten wird. Wir möchten nicht im Einzelnen auf diese jüngeren Sagen eingehen, da in ihnen nicht mehr die Frauengestalten auftreten, denen dieses Buch gewidmet ist und deren Energie wir uns nähern möchten. Dennoch wollen wir – zum besseren Verständnis der ursprünglichen Figur – auf einige Elemente eingehen, die zu Beginn dieser Entwicklung erkenntlich sind.

In der christianisierten Sage zum Beispiel tritt noch die Seherin auf, aber mit völlig anderen Merkmalen und Aufgaben. Wie in der folgenden Geschichte:

„In Lana ging nach dem ersten Weltkrieg die Sage von einer Willeweis, die eines ihrer Bücher hinterlassen hatte. Als die alte Pfarrkirche am untersten Südende von Niederlana aufgegeben worden war, um die Heilig-Kreuz-Kirche in Mitterlana zum Mittelpunkt zu machen, ist die Willeweis in Wehklagen ausgebrochen und hat den Verfall der alten Kirche vorausgesagt."[56] Es handelte sich im Übrigen um die Kirche der hl. Margaretha, der wir schon in anderen Sagen begegnet sind: zum Beispiel als wilder

154

Frau, die – um den Bauern helfen zu können – als Oberhirt auf einer Alm arbeitet.

In dieser für den christlichen Gebrauch versüßlichten Geschichte der wilden Frau sehen wir, wie das den wilden Seherinnen eigene Wissen um das Leben auf die immerhin noch wichtige Fähigkeit reduziert wird, das künftige Missgeschick der Kirche der hl. Margaretha, die ihrerseits auf das Engste mit der Welt der Waldfrauen verbunden ist, vorauszusagen. Der Horizont verengt sich vom Heiligen der Natur zum Heiligen der Kirche.

Diese Schwächung in der Beziehung zwischen der Saligen und der Natur nimmt der weiblichen Figur der Waldfrau ihre ursprüngliche Energie: So ist es in Geschichten zu lesen, die sehr viel später entstanden sind als die Sagen von den ursprünglichen Saligen.

„Bei mehreren Bauern in Latzfons dienten ‚selige Dirnen‘. Einmal verliebte sich eine ‚Selige‘ in den jungen Bauern und heiratete ihn. Als sie während des Hochzeitamtes zum Opfer hinter den Hochaltar gegangen, war sie verschwunden. Alles Suchen war vergebens. Wie man von der Kirche nach Hause gieng, hörte man sie auf der anderen Seite des Thales laut ‚hinaus weinen‘.“[57]

Die Salige geht hier nicht stolz fort, sobald ihr Name preisgegeben wird, sondern sie löst sich wie ein Geist auf, als sie hinter dem Altar vorbeigeht. Das gewünschte Liebessujet ist außerdem nicht mehr sie, sondern der Bauer, den sie heiraten will.

Der Energieverlust der christianisierten Saligen steht auch im Mittelpunkt einer Geschichte, die in Latzfons überliefert wurde.

„[…] Ein ähnlicher Fall ereignete sich auf einem Nachbarhof, wo eine dem Bauern angetraute Frau ebenfalls weggehen wollte. Es gelang ihrem Mann jedoch, in aller Eile ihren ‚Braut-Tschoap‘ (Bluse) aus der Truhe zu reißen und ihn dem Weibe über die

Achsel zu werfen. Durch die Berührung mit dieser geweihten ‚Gewandung' war es ‚gebannt' und verblieb."[58]

Wir haben es hier mit einer der wenigen Sagen zu tun, in denen die Salige bei den Menschen bleibt, statt in die Natur zurückzukehren. Das von der Kirche gesegnete Gewand zwingt sie zum Bleiben. Die freie Kraft des naturhaften Heiligen wird nun von der des christlichen Sakraments in Fesseln gelegt.

Diese Schwächung der Saligenfigur, die zeitlich kurz vor dem Aufkommen der Hexen liegt, endet schließlich mit ihrer Verwandlung in eine Kinderräuberin, während die Saligen sich ursprünglich manchmal gerade um verlassene Kinder kümmerten.

Wie in dieser Geschichte:

„Beim Kafmann war einmal eine Magd im Dienste, welche, was früher in Wälschnoven völlig unerhört gewesen sein soll, einen schweren Fehltritt that. Ihr Kindlein warf sie, damit sie des lästigen Schreihalses los wurde, in den Kafmanngraben hinab zu den seligen Fräulein. ‚Die haben wohl derweil', meinte sie. Die Seligen nahmen sich des Kindleins auch richtig an, behielten und pflegten es und zogen es auf. Oft sahen die Leute, wie sie da unten im Graben nach Betläuten die Windeln zum Trocknen aufhängten."[59]

Oder wie in dieser anderen Geschichte:

„Einem alten Meierhofer kamen seine beiden Kinder abhanden, wurden aber auf ihrer Irrfahrt in den Bergwäldern nach der Sage von den Seligen mit Nahrung versehen und so vor dem Verhungern gerettet. Nach einigen Tagen fand man die Kinder in der Nähe des Riffler Bauern hoch oben im Walde an der Grenze gegen St. Leonhard unverletzt wieder."[60]

Die wilden Fräulein aus der christianisierten Fassung dagegen rauben die Kinder gern, vor allem wenn sie nach der Abendandacht noch nicht zu Hause sind. Auch hier können wir beobachten, wie das Sichentfernen von der Urnatur für die christianisierte Salige zum Weggang aus der Welt des Überflusses führt, die sie zur Trägerin von Gaben machte, und ihre Verwandlung in eine Diebin, die nehmen und stehlen muss wie eine Person, die in körperlicher und seelischer Not lebt.

* * *

Der Konflikt der Begegnung zwischen den wilden Frauen und dem Christentum geht deutlich aus der folgenden Geschichte hervor.

„Im oberen Gailtale liegt ein Ort mit Namen Danz. Bevor die dortige Bevölkerung den Christenglauben angenommen hatte, soll in der Nähe des Ortes ein Turm gestanden haben, der jetzt nicht mehr vorhanden ist; aber noch heißt der Platz Heidenturm. In seinen Kellern sollen große Schätze von Gold und Silber liegen. Oft wollen Leute aus den umliegenden Ortschaften um Mitternacht dort ein Licht hin und her huschen gesehen haben, welches die Stelle anzeigt, wo die Schätze liegen. Unweit davon führt ein Waldweg auf den nahen Berg, in dessen Höhlungen der Sage nach sich die Weißen Frauen aufhielten. Diese waren von übernatürlicher Größe und bezaubernder Schönheit. Sie besaßen die Gabe der Weissagung, weshalb von weit und breit Leute herbeikamen, um sich bei ihnen Rat zu erholen. Neben dem alten Turme war ihr Tanzplatz, wo sie in bestimmten Nächten um die Mitternachtsstunde ihre Reigentänze aufführten. Aber als das Christentum in der Gegend Eingang fand, besuchten sie ihren Tanzplatz immer seltener, bis sie endlich ganz verschwanden. Nur der Ortsname Danz soll noch die Erinnerung an ihre nächtlichen Reigen bewahren."[61]

Die Germanisierung der wilden Frau

Die wilde Frau, die in der konventionellen christlichen Frömmigkeit schon geschwächt und verändert war, wurde dann im Laufe des 19. Jahrhunderts weiter in eine germanisierte Gestalt verwandelt, wo die dunklen Seiten der Natur durch mystisch-heroische, im Übrigen aber schöne Anstriche ersetzt wurden. Der Hauptverantwortliche für diese neue Gestaltung der Saligen war J. L. Mahlschedl, der im Jahr 1857 unter dem Pseudonym Johann Nepomuk Ritter von Alpenburg die *Mythen und Sagen Tirols* verfasste.[62]

Seine Sagen sind besonders interessant, weil sie – wenn auch auf Kosten anderer Aspekte – die Merkmale und die echten Kräfte der wilden Frauen unterstreichen.

Hier eine seiner typischen Sagen:

„Zwischen Saltaus und St. Martin mündet am rechten Ufer der Passer das Kalm- oder Kalbenthal aus, dessen Bach gleich bei der Ausmündung einen schönen Wasserfall bildet. Tief in der Thalenge, aus der dem Alpengrün himmelanstrebende Felsen in die Wolkenhöhe entragen, schoß ein Wilderer eine Gemsmutter, die mit ihrem Böckchen, welches sie kurz vorher erst geworfen, harmlos auf einer kleinen Matte spielte. Das arme Thier stürzte tod zu des Jägers Füßen nieder, und das Böcklein erschrak so sehr durch den Schuß, daß es ebenfalls von der Felswand niederkollerte, ein Bein brach, und von dem Schützen ungesehen, hülflos liegen blieb. Da trat aus umbuschter Felskluft ein seliges Fräulein, und dessen Erscheinung übergoß die Matte wie ein Sonnenlicht. Schneeweiß war des Fräuleins Gewand, golden ihr Gürtel um den schlanken ätherischen Leib. Die Selige stieg nieder in das Dickicht, in welchem das leidende Gemsböckchen lag, hob es auf, trug es zu einer Quelle, wusch es sauber, pflückte Waldkresse und drückte deren

Saft auf die Wunde des Thierchens, und schiente ihm das gebrochene Glied mit breiten Flechten und Wurzelgefäßer. Unbemerkt sah diese That der Seligen ein Hirte, sah, wie die Selige das Thierchen an sich drückte und nach weiterer Hülfe umschauend, die Blicke ihrer blauen Engelaugen rings umher strahlen ließ. Da gewahrte das selige Fräulein den Hirten, eilte auf ihn zu, gab ihm vertrauenvoll ihren Schützling, und sagte zu ihm: ,Gieb meinem armen Liebling Ziegenmilch zu trinken drei volle Monate lang, dann komme ich zu Dir und hole ihn ab. Versorgst Du mir das Thierchen gut, so soll es traun Dein Schade nimmer sein.'

Mit diesen Worten entschwebte die Selige, und der Hirte wußte nicht, wie ihm geschehen war; er blickte wie träumend nach der Stelle, wo sie stand und schwand. Das Gemsböcklein pflegte er gut und getreulich, bald sprang es munter mit den jungen Ziegen umher, und machte auch schon seine Sprünge; und es gedieh erfreulich, wuchs groß und stark, und der Hirte ersehnte nun täglich des Fräuleins Wiederkehr. Eines Abends erschien die Selige plötzlich bei des Hirten Herde, griff gleich nach ihrem Gemsbock und schwang sich auf dessen Rücken, eine leichte, zierliche, holdselige Reiterin, und nahm sich noch hundertmal schöner aus, wie die Jungfrau Lorenz von Tangermünde auf ihrem Hirsch.

Die Selige dankte dem Hirten mit freundlichen Worten und gab ihm ein Kästchen, das über und über mit Krystallen und Granaten besetzt war, worauf sie alsbald auf ihrem Gemsbock von dannen ritt, hoch, hoch hinauf, über die steilsten Zacken und Zinken; bald war die lichte Gestalt ins Abendglühen eingetaucht und zog am höchsten Grat dahin wie ein rosigflammendes Wölkchen. Dem Hirten war wunderlich und weh ums Herz, er hätte gar zu gern die liebsüße Erscheinung und Gestalt noch länger gesehen und angeblickt. Er wurde eine Zeitlang sehr traurig und trug gar kein Verlangen zu sehen, was in dem Kästchen sei. Endlich, nach einigen

Wochen erst, schloß er es auf, da war es voll uralter goldener Münzen, und das war für ihn ein reicher Schatz. Endlich fand er auch einen noch köstlicheren Schatz in einer Maid von Gonda auf dem Niederberge, die just so schöne blaue Augen hatte wie das selige Fräulein. Bald wurde die Sache richtig, der Hirte kaufte den schönsten Hof, wurde ein glücklicher Mann und Vater, und seine Frau brachte lauter schöne Kinder mit lichtblauen Augen und blonden Haaren zur Welt, und das erbte in der Familie fort bis in unsere Tage, und des ehemaligen Hirten Haus blieb ein gesegnetes. Jener Jäger aber ist nach seinem Schusse gar nicht wieder nach Hause gekommen. Das selige Fräulein jedoch sieht man noch bisweilen auf dem Gamsbock im Abendroth über die Felsenkämme reiten, strahlend im rosigen Glanze, und nennt es ‚das Gemsenfräulein‘."[63]

Hulda, die Königin der Saligen

Die Vorstellung von den germanisierten Saligen wird durch das Bild ihrer Königin Hulda ergänzt, einer Art germanischer Maria, die sich – im Gegensatz zu den wilden Jungfrauen – durch mütterliche Züge auszeichnet.

Sie wird so beschrieben:
„In der guten alten Zeit, wo die Leute noch besser waren und ein Handschlag mehr als ein Eid galt, ließ die Königin Hulda sich oft sehen. Sie war die Königin der Saligfräulein und lehrte die Menschen Flachs ziehen, spinnen und weben."[64]
Hulda, die Holda (auch Frau Holle) der germanischen Mythologie, ist eine Göttin, die sich in Wind und Sonne bewegt. Sie ist in einer Wolke zu Hause, in der auch die ihr nahen Seelen leben. Diese Wolke tritt auch als Kristallberg, als Quelle oder als Wald in

Erscheinung. In den Sagen um Hulda ist immer auch von einem blühenden Garten die Rede. Die Maikäfer, manchmal auch der Storch, bringen die Seelen der Kinder aus Huldas Reich zu den gebärenden Frauen auf die Erde. Die Kinder kommen auch aus einem Brunnen, durch den man ebenfalls Huldas Reich erreichen kann, wo sich eine Wiese voller Kinder befindet.

Hulda ist auch die Schutzgöttin des Korns.

Sie ist oft auf einem Karren mit einem Pflug unterwegs, und sie braucht – was für eine Fruchtbarkeitsgöttin typisch ist – die Hilfe der Männer, um ihr Arbeitsgerät zu reparieren. Die dabei abfallenden Späne verwandeln sich in Gold. Fleißige Spinnerinnen werden oft mit einem goldenen Leinenknäuel beschenkt.[65]

In den Hulda-Sagen und in den von Alpenburg erzählten Geschichten um die germanisierten Saligen bekommt das Thema des Lichts, das schon in den ursprünglichen Saligen-Erzählungen eine große Rolle spielte, eine ganz besondere Bedeutung. Von der Göttin geht ein wunderschönes, blendendes Licht aus, das alles um sie zum Strahlen bringt. Hulda und Alpenburgs Tiroler Salige leben, von magischen Blumen, immergrünen Hügeln und Hainen umgeben, in Kristallgrotten, und unter den Figuren der germanischen Mythologie schreibt er den seligen Waldfräulein eine besondere Relevanz zu.

Diese Gestalten unterscheiden sich aber erheblich von den wilden Fräulein der ursprünglichen Alpensagen, die – wie wir gesehen haben – auch harte, bisweilen furchterregende Charakterzüge haben. Bei den germanisierten Saligen dagegen handelt es sich um stark idealisierte Figuren aus einer imaginären goldenen Zeit des Tiroler Volkes, Symbol der schönsten Bräuche. Diese Frauen tragen silberne Ketten und goldene Broschen, sind blond und engelschön und haben blaue Augen – blau wie Flachsblüten oder Alpenehrenpreis (der neben dem Frauenmantel die der Königin Hulda heilige Blume ist). Diese wunderschönen, wohltätigen Göttinnen helfen auf den Bergwiesen den aufrichtigen, reinherzigen Schnittern (während die Saligen allen helfen, sie dann aber verlassen oder verfluchen), die sie beim Sensenwetzen rufen.

Hulda und ihre Getreuen lieben besonders die Berglieder und die Viehglocken, aber auch den Klang der Kirchenglocken und das Kreuz, das die wilden Frauen, wenn die Holzfäller es in die Baumrinde einritzten, vor dem wilden Jäger schützte. Alpenburg hebt auch die ethische Einstellung dieser ätherischen Wesen hervor, wenn er schreibt, dass die Königin Hulda und ihre ebenfalls göttlichen Dienerinnen auch dem christlichen Glauben und seiner Moral wohlgesinnt sind.

Die wilden Frauen der Urnatur werden hier zur germanischen Göttin Germania idealisiert[66]. Doch dieses Ideal entfernt sie von den tiefsten und geheimnisvollsten Aspekten der Natur, aus der sie ihre echte psychologische und geistige Kraft schöpfen.[67]

Wilde Frauen und Stereotype

Wie alle schönen und faszinierenden Bilder laufen auch, wie wir gesehen haben, die wilden Frauen Gefahr, zu Propagandazwecken oder aus Machtbedürfnis dem dominierenden kulturellen Modell einverleibt und von ihm ausgenutzt zu werden. Glücklicherweise aber behalten sie – mögen sie vom Christentum geheiligt oder von den hegemonischen Bestrebungen im Deutschland des 19. und 20. Jahrhunderts teutonisiert worden sein – im Laufe der Zeit ihr Wesen aus überpersönlichen Energien bei, außerhalb und oberhalb der geschichtlichen und sozialen Gegebenheiten, die sie immer wieder brandmarken oder zu nutzen suchen.

Zu einer wahren Vervollkommnung ihrer Energien ist es unerlässlich, diese Figur (die aus der tiefsten Psyche kommt) in ihrer Unabhängigkeit und Eigenständigkeit von den historischen Verhältnissen zu sehen, die sich ihrer zu bedienen suchen.

Als die Frauenrechtlerinnen zum Beispiel die Hexe zu einem ihrer Leitbilder machten, fanden sie damit keineswegs die Salige wieder, sondern vielmehr deren Karikatur, auf die die konventionellste katholische Frömmigkeit sie reduziert hatte, eben um die tiefen Kräfte an den Pranger stellen zu können. Die Salige ist alles andere als eine verwegene Hexe (und im Übrigen ist sie auch um mehrere tausend Jahre älter). Sie ist vielmehr eine weibliche Gestalt voller Liebe zu den anderen und zum Leben, dessen Gesetze sie niemals durch magische Prozesse zu verändern sucht, während sie mit ihrer Macht deren natürliche Fähigkeiten erweitert – und dies natürlich umso mehr, wenn die wilden Frauen bei Modeschauen als weibliches Vorbild hingestellt werden: die Mannequins, angetan mit Pelzen wilder Tiere, oder für Werbeplakate neben Schweinen hockend. Es handelt sich um eine interessante Erscheinung, die als Symptom des Verlustes anderer intellektuellerer Vorbilder – wie der übersteigerten Frau oder der *technowoman* – interpretiert werden kann. Aber superteure Pelzmäntel aus dem Fell wilder Tiere sind sicher nicht das Rechte, um die Kräfte der schönen Saligen zu steigern, die im Gegenteil angesichts der Tötung zu kommerziellen Zwecken entsetzt zurückschrecken. Es ist unmöglich, die Kraft der wilden Frau – wie des wilden Mannes – durch die Schaffung einer kulturellen Mode oder eines kollektiven Stereotyps wiederzufinden.[68] Wie alle archetypischen, transpersonalen Modelle fordert sie die Person auf, sie als Individuum aufzunehmen. Die Begegnung mit den Energien und der Ausrichtung der wilden Welt und ihrer Gestalten ist ein individueller Umstand, der im Leben der Person eintritt, die bereit ist, dieses Risiko einzugehen, um – auch im Interesse all derer, die mit und bei ihm leben – die außergewöhnlichen Vorteile zu nutzen.

Naturgeister und Lebensenergie nach Rudolf Steiner

Wie steht es mit der „Realität" der wilden Frau, der Saligen? Für Carl Gustav Jung, den Begründer der analytischen Tiefenpsychologie, handelt es sich um wahre „Fakten" der Psyche, die auch die sogenannte „materielle Realität" beeinflussen, von der sich die psychische Realität lediglich durch das Kondensationsniveau unterscheidet.[69] Wenn wir somit – was wir auf diesen Seiten getan haben – die wilde Frau als einen Aspekt des Archetyps des Naturhaft-Weiblichen oder der mit der unberührten Natur verbundenen Seele betrachten, bestehen keine Zweifel hinsichtlich ihrer Realität und ihrer Möglichkeit, Kontakt mit den Energien, die sie verkörpert, aufzunehmen. Sie stellt einen „Fakt" dar, den die individuelle Psyche in der Realität des Alltags erfahren kann.

Nach Rudolf Steiner, dem Begründer der Anthroposophie, der anthroposophischen Medizin, der Waldorf-Schulen und der biologisch-dynamischen Landwirtschaft, handelt es sich bei diesen Gestalten um Wesen, die die Natur beleben. Sie kommen den Elementengeistern nahe, kreativen Energien, die hinter der physischen Realität stehen, heitere, fruchtbare Wesen, die nicht auf die hauptsächlich utilitaristischen Aufgaben beschränkt werden können, die dagegen den Elementargeistern wie Zwergen, Wassernixen, Sylphiden oder Salamandern zukommen.[70]

Die kreativen Kräfte der Natur sind „Wesen", geistige Wesen, wie Rudolf Steiner sagt, und die Naturgesetze sind ihre Gedanken.[71] Aus diesem Blickwinkel heraus betrachtet können wir die Saligen, auch unter anthroposophischem Gesichtspunkt (was wir schon aus dem Blickwinkel der analytischen Psychologie von Jung getan haben) als schöpferische Kräfte ansehen, die in ihrer Erscheinung die Ausrichtung der Natur zum Ausdruck bringen. Es ist daher für uns alle von allergrößtem psychologischem und körperlichem Interesse, eine intensive, positive Beziehung zu diesen Kräften anzubahnen. Dank einer derartigen Einstellung entwickeln wir eine Persönlichkeit in Einklang mit der Natur, sodass wir in der Lage sind, deren starke Energien zu integrieren und die starre, manierierte und intellektualistische Haltung aufzugeben. So bejahen wir mit Hingabe die ewigen Kräfte, die das *lumen naturae* begleiten, die natürliche Ausrichtung, auf die unsere Psyche und unser Körper unaufhörlich abzielen, solange wir noch Lebenskraft besitzen.

Die Wilde in uns befreien

Um die ruhige Sicherheit und das Wohlbefinden eines naturhaft ausgerichteten Lebens wiederzufinden, muss man allerdings – wie in den Sagen, die wir erzählt haben – bereit sein, diese Kraft aufzunehmen, die jede Frau (aber auch jeder Mann) in sich trägt. Diese Kraft ist bisher von Tonnen von „guten Manieren", gekünsteltem Verhalten, Erziehung zu Lüge und Unaufrichtigkeit, um immer das Interesse und den Verdienst vor Augen zu haben, versteckt, ja sogar verbannt worden. Doch trotz all dieser Hindernisse klopft die wilde Frau in entscheidenden Momenten unseres Lebens bei uns an die Tür, wie beim Bauern oder der Bäuerin.

Dies geschieht zum Beispiel im Traum. Die Zigeunerinnen, die in unseren Träumen erscheinen, die verwirrenden fremden Frauen, die uns im Schlaf befragen, bisweilen sogar die im Traum auftretenden Tiere wie Katzen oder Füchse und andere Waldbewohner, die sich während des Traums in geheimnisumwitterte, unergründliche Frauen verwandeln, sind fast immer Verkörperungen der wilden Frau.

Wie zum Beispiel im nachfolgend wiedergegebenen Traum, den recht häufig Frauen haben, die viel nach materieller und sozialer Verwirklichung gestrebt haben, ohne sich genügend um die natürliche Ausrichtung zu kümmern, um das *lumen naturae*.

Die Frau träumt von Durcheinander an der Tür oder sie hört an der Tür klopfen. Sie möchte nicht öffnen, aber – Unabwendbarkeit des Geschicks – die andere Frau ist schon in der Wohnung, steht vor ihr und schaut sie an. Die Frau ruft verängstigt ihren Mann oder die Mutter, ruft nach jemandem, der ihr helfen könnte, sie von dieser unerwünschten Präsenz zu befreien. Aber niemand antwortet auf ihren Hilferuf, als würden alle schlafen oder als wären sie weit weg.

Die im Traum erschienene Frau kann unterschiedlich aussehen, aber es handelt sich immer um eine „Fremde", oft um eine dunkelhäutige Frau, die in ihrer Kleidung keine Rücksicht auf die Mode nimmt. Manchmal ist sie bäuerlich gekleidet, ein anderes Mal trägt sie „exotische" Kleider, als käme sie aus der Dritten Welt. In keinem Fall ist sie eine treue Untertanin der Konsumgesellschaft und der Statussymbole. Sie macht immer den Eindruck, große Energie zu besitzen, und macht gerade mit ihrer Naturhaftigkeit Eindruck auf die Träumerin, die sich plump und lächerlich vorkommt. Beim ersten Auftreten beschränkt sie sich oft darauf, die träumende Frau nur anzuschauen; bisweilen spricht sie von Kindern oder Tieren, erwähnt den Körper oder bittet um Speise. Die träumende Frau ist unruhig, ja manchmal erschreckt, aber niemals gleichgültig. Diese „ferne" Frau, die so offensichtlich sie selbst und stark ist, befragt und bewegt sie.

Dieser Frau gegenüber kann die Träumerin zwei verschiedene Reaktionen zeigen. Sie kann sie verjagen, sobald sie die Augen öffnet, kann diesen sonderbaren Traum vergessen und wie bisher weiterleben. Sie kann es der Bäuerin nachtun, die die Hände der Saligen, die sie um einen Krapfen bittet, mit kochend heißem Öl begießt und ihr überhaupt nichts gibt, ihr weder Aufmerksamkeit noch Energien schenkt. Nur Spott: Schließlich ist es nichts anderes als ein Traum, ein dummer Traum.

Sie kann sich aber auch fragen, was die ihr im Traum erschienene Frau in Wirklichkeit von ihr wollte, was sie ihr sagen wollte. In diesem Fall wird die Träumerin verstehen, dass die Bitte um Speise vor allem eine symbolische Geste war: Die Salige will, sobald sie ihr im Traum erscheint, endlich von ihr ernährt werden, will von ihr Aufmerksamkeit und Energien, um sie ihr dann verzehnfacht zurückzuerstatten. Und wenn die Frau im Traum von einer Saligen besucht wird, bedeutet dies, dass sie sie braucht.

Diese nächtliche „Fremde" will dafür sorgen, dass ihr Leben wieder eine naturhafte Ausrichtung bekommt, nicht die wirtschaftlichen Zielsetzungen der Banken oder die der gesellschaftlichen Konventionen mit ihren Moden und ihren unerlässlichen Konsumgütern. Aus diesem Grund redet die Unbekannte von Kindern, von Speisen, manchmal auch von fernen Erinnerungen, in denen die Träumerin die lebendige Natur erfahren hat: Felder, Landschaften der Kindheit, Tiere, vibrierende Körper (der der Träumerin, als er noch vibrierte, oder der anderen, als sie sie noch vibrieren spürte).

Diese nächtliche Begegnung kann zu einem Wandel im Leben führen: Auf sie können andere Begegnungen in den Träumen folgen, aber auch und vor allem in der Wirklichkeit, im täglichen Leben. Die tiefe Psyche, aber natürlich auch der Körper (die im Grunde ja zwei Aspekte des Lebens sind) drängen auf Änderung. Und die

Fremde ist der Träumerin erschienen, damit sie diese Wende beginnen kann.

Die wilde Frau muss jetzt aus der gesellschaftlichen und körperlichen Verbannung befreit werden, in die sie von einem Lebensprojekt verurteilt worden ist, das auf Verdienst und Erfolg basiert. Sie muss endlich ihr uraltes Wissen vermitteln können: Wie das Leben entsteht, wann es zu säen und wie es zu pflegen ist, wie die Tiere zu betreuen und die Instinkte zu behandeln sind, damit sie stark und großzügig werden.

Damit dies alles geschehen kann, müssen wir in unserer Person die wilde Frau und die von ihr mitgebrachten Kräfte aufnehmen. Mit Aufmerksamkeit und Hingabe; denn diese so unmodisch gekleidete Fremde, diese Frau mit sonnengebräunter Haut wie eine Bäuerin, diese nächtliche Bettlerin ist die wahre Herrin. Die Herrin des Lebens.

Anmerkungen

Die Saligen

[1] Die in ganz Tirol bekannten *Saligen* wurden ursprünglich als *Selige* bezeichnet, aber in der modernen Literatur sind sie als *Salige* zu finden. Der Begriff kann auf die *Seele* zurückgeführt werden, aber auch – was häufiger der Fall ist – auf Wörter aus indoeuropäischen Sprachen, die auf die Vorstellung vom Heiligen verweisen, vom slawischen Wort *celu* (heil, gesund, unversehrt: in der slawisch-germanischen Welt fiel das Seelenheil mit der Körperkraft zusammen) zum gotischen *saljan* (als Opfer darbringen) zum lateinischen *sanctus.* Vgl. E. Benveniste, *Il vocabolario delle istituzioni indoeuropee,* Torino (Einaudi) 1977. Für unser Thema ist das Wort selig besonders wichtig, das auch „überglücklich", „selig gesprochen", „freudvoll" bedeuten kann und sich vom lateinischen Wort *salvus* herleitet.

Die Saligen werden in Südtirol wie allgemein in den Dolomiten- und Alpengegenden auch als *Selige Fräulein, Heilige, Heilige Leute, Selige Leute, Sealige Gitsch, Jungfrau, Hohle Leute, Englische Leute, Weiße Frau, Wilde Fräulein, Wilde Frauen, Waldfrauen, Wilde Bergfrauen, Schneefräulein* und *Unbekannte Frau* bezeichnet. Im Gadertal und in Ampezzo heißen sie *Gannes,* in Gröden und im Fassatal *Vivane,* im Nonstal *Anguane,* im Suganatal *Eguane,* im Fersental *Bilje Baibar,* im Lagarinatal *Waldwilde Weiber* und bei den Zimbern *Sealiga Baibern;* in Graubünden *Waldfanken,* im Unterengadin *Diale,* im Tiroler Oberinntal *Fanggen,* im Osttiroler Virgental *Hole Leute,* in Kärnten *Hadachweiber,* im österreichischen Burgenland und auf dem Karst *Vile.*

Auch außerhalb der Alpen gibt es Salige. Ihnen am ähnlichsten sind die *Holz- und Moosweibchen* in Mitteldeutschland, die *Dive Zeny* in Böhmen, die Buschweibchen in Westfalen, die *Wilden Fräulein* in Hessen, Rheinland, Baden und der Steiermark und die *Skogsnufva* in Schweden. Den vollständigsten Überblick über diese weiblichen Figuren vermittelt das vorzügliche Werk von H. P. Duerr, *Sedna oder die Liebe zum Leben,* Frankfurt 1984.

[2] B. Dal Lago, E. Locher, „La Salighe del mas Fosal", *Leggende e racconti del Trentino-Alto Adige,* Roma (Newton&Compton) 1983.

[3] A. Heyl, „Das weiße Mädchen", Nr. 91, *Volkssagen aus Tirol,* Bozen 1989.

[4] Oft tragen sie Jahr und Tag dieselben „Hotteln". H. Fink, „Die Saligen von Albions", *Eisacktaler Sagen, Bräuche und Meinungen.* S. 295.

In Ehrenburg tragen die Saligen auch schwarze Kleider. I. Zingerle, „Die drei Jungfrauen bei Ehrenburg", Nr. 26, *Sagen, Märchen und Gebräuche,* Innsbruck 1859; I. Zingerle, „Die wilden Fräulein in Martell", Nr. 73, *Sagen aus Tirol,* Innsbruck 1891.

[5] H. Fink, „Die Seele verloren", *Salige und Unholde,* Bozen (Athesia) 1996.

[6] A. Heyl, „Die wilden Frauen", Nr. 45, *Volkssagen aus Tirol,* op.cit.

[7] Einige Karsthöhlen auf dem Karst bei Corgnole tragen Namen wie „Vila" und „Vilenica", und dort scheinen die „Vilen" gelebt zu haben.

[8] A. von Mailly, „Die Reiffeen in den Ecken", Nr. 22, *Sagen aus Friaul und den Julischen Alpen*, Leipzig 1922, S. 20. Die Südslawen sehen in den Vilen die reifen Seelen eines Baums, aus dem sie sich herausprojizieren können, um dann in Berg- oder Felsenhöhlen zu leben: H. Bächtold-Stäubli (Hrsg.), *Handwörterbuch des deutschen Aberglaubens*, Berlin-New York 2000, Bd. 4, S. 178.
J. N. Ritter von Alpenburg beschreibt die slawischen Vilen mit schwarzen Augen, als rachsüchtig und geneigt, sich mit Kriegern zu treffen – im Gegensatz zu den blauäugigen, geduldigen Saligen, die Hirten und Bauern begegnen. J. N. Ritter von Alpenburg, *Mythen und Sagen Tirols*, Zürich 1857, S. 9.

[9] I. Zingerle, „Die Salingen", Nr. 64, *Sagen aus Tirol*, op.cit.

[10] M. Schneider, *Il significato della musica*, Milano (Rusconi) 1979. Vorwort von E. Zolla.

[11] „deren Substanz akustischer Natur ist", wie Schneider schreibt, op.cit.

[12] D. H. Lawrence, „Psychoanalysis and the Unconscious", in: G. Bachelard, *La terra e il riposo. Le immagini dell'intimità*, Como (Red) 1994.

[13] Die christliche Auffassung von der Jungfrau erkennt auch die moralische Unbescholtenheit an, verbindet sie aber mit der körperlichen Integrität, die als Fähigkeit, den sexuellen Pulsationen zu widerstehen, gewürdigt wird.

[14] Im Zusammenhang mit der „Kraft" der Jungfrauen ist auch der Mythos der drei Jungfrauen zu sehen. Der Überlieferung nach gab es einst drei „Heilsrätinnen", die später als „die drei Jungfrauen" bezeichnet wurden. Sie lebten entweder auf einem waldigen Hügel mit einem kleinen See oder in einer Höhle. In mehreren Sagen heißt es, dass eine von ihnen weiß gekleidet war, die zweite rot-weiß und die dritte schwarz. Die ersten beiden waren selig, die dritte verdammt. Sie besangen die bedeutenden Ereignisse oder beklagten sich darüber, oder sie spannten eine lederne Brücke von einem Berg zum anderen. In Bayern und Tirol hießen sie Fuerbet (die Fürbitterin), Gwerbet (die Verbieterin) und Ainbet (diejenige, die Angst verbreitet). Diese drei Jungfrauen sind dann als Schutzheilige der Gebärenden, der unfruchtbaren Frauen und der fruchtbaren Felder in christliche Legenden übernommen worden. Der Sage nach waren die drei Jungfrauen die Töchter eines Königs, die vor grausamen Kriegern in die Berge geflüchtet waren, oder sie wurden den elftausend Jungfrauen der hl. Ursula zugerechnet. Ihnen zu Ehren sind in ganz Tirol und in den deutschsprachigen Alpen mehrere Kirchen und Kapellen errichtet worden. W. Mannhardt, *Germanische Mythen*, Berlin 18959.

[15] G. Bachelard, *La terra e il riposo*, op.cit.

[16] I. Zingerle, „Vom Frauenstein", Nr. 40, *Sagen, Märchen und Gebräuche aus Tirol*. F. Panzer, *Bayerische Sagen und Bräuche*, Göttingen 1956, Teil 2, S. 115, sagt, dass diese Steine als „Frau-Holda-Steine" bezeichnet wurden. Zu Frau Hulda, die als Königin der Saligen gilt, siehe „Hulda, die Königin der Saligen", S. 160.

[17] R. Winkler, „Die Zarger Fräulein", *Sagen aus dem Vinschgau*, op.cit., S. 45.

[18] Vgl. S. Di Lorenzo, *La donna e la sua Ombra*, Napoli (Liguori) 1989.

[19] I. Zingerle, „Die Salgfräulein", Nr. 30, *Sagen, Märchen und Gebräuche*, op.cit.

[20] Ebenfalls auf dem Rittner Plateau lebten die „seligen Fräulein" im dichten Wald, oberhalb des Steinpfarrerhofs in Unterinn. A. Heyl, „Die saligen Leute", Nr. 88, op.cit. Oberhalb von Jenesien, wo der Salten beginnt und ein Steig nach Nobels führt, sind eindrucksvolle, vom Berg herabgerollte Steinhaufen zu sehen, die sogenannte „Lecklahn". Auch unter diesen Felsblöcken hielten sich vor nicht vielen Jahren meh-

rere Salige auf. I. Zingerle, „Die Jungfrauen in der Lecklahne", Nr. 35, *Sagen, Märchen und Gebräuche*, op.cit.

Die Saligen lebten in Felsen mit vielen Spalten, aus denen sie manchmal herauskommen und sich bis zu den ersten Berghöfen wagen. A. Heyl, „Die Saligen Leut in Gaiselsberg und Reinthal", Nr. 132, *Volkssagen aus Tirol*, op.cit.

Die Saligen haben eine enge Verbindung zu Steinen und Felsen. Im Gerlouz in Kärnten zum Beispiel ist ein Felsen zu sehen, der die Form einer sitzenden Saligen hat. Wie die Einheimischen erzählen, sollen diese Wesen hier einst gelebt und dann diesen Stein zur Erinnerung zurückgelassen haben. G. Graber, „Die Saligen Frauen", Nr. 63 (11), *Sagen und Märchen aus Kärnten*, Leipzig 1914.

Auf der Krna bei St. Egiden an der Drau finden sich einige Felshöhlungen, die den Namen „Weiberkirchlein" (babja cirkuca) führen, weil dort einmal Salige gewohnt haben sollen, die den Menschen freundlichen Rat erteilten.

Ein Eingang zu einer solchen unterirdischen Behausung wird im Mooser Oberfeld gezeigt und heißt das „Saligerloch". Aber es gibt auch noch andere wichtige Zugänge zum Reich der Saligen: Im Tiroler Gurgltal, wo die Kapellalpe beginnt, befindet sich ein senkrechter Riss, den die Einheimischen früher als Eingang zum Berg ansahen. Um den Hintereisferner in Tirol entspringt die Quelle der Rofenache aus einer Eishöhle: Auch diese Öffnung galt einst als Tor, durch das die Saligen ihr unterirdisches Heim verlassen konnten.

Im Tiroler Ötztal, an der Einmündung des Rofentals, befindet sich der Eingang zu einer anfangs engen Höhle, die sich dann allmählich ausweitet und ins Reich der Saligen führt. Ebenfalls im Ötztal ragen beim Ort Schönau oberhalb der Straße durch den Talgrund dunkle Felswände auf, oben mit einem großen, kirchturmhohen Riss, der als Tor zum Reich der Ötztaler Saligen gilt. Die Saligen hielten sich gern auf der Frauenpleisse auf, aber auch auf den Bergweiden um den Kapronerhof in Langtaufers. J. N. Ritter von Alpenburg, *Mythen und Sagen Tirols*, op.cit.

[21] Die Heilige Schrift.

[22] C. Falkner, „Die wilden Fräulein auf Hamrach", *Sagen aus dem Ötztal*, Schlern-Schriften 229, Innsbruck 1963.

[23] C. Falkner, „Die wilden Fräulein auf Hamrach", *Sagen aus dem Ötztal*, Schlern-Schriften 229, Innsbruck 1963.

[24] H. Fink, „Die Kampiller Gana", *Salige und Unholde*, op.cit. Auch in den Bergen des Tiroler Stubaitals sind die Sagen um die Saligen noch lebendig: Es handelt sich hier um die Schneefräulein, schöne, weiß gekleidete junge Mädchen, die einen Zwerg zum Diener haben. J. N. Ritter von Alpenburg, „Die Schneefräulein", Nr. 298, *Deutsche Alpensagen*, Wien 1861.

[25] H. Fink, *Verzaubertes Land*, Innsbruck-Wien-München 1973, S. 153.

[26] Vgl. G. Bachelard, *La terra e le forze*, Como (Red) 1989.

[27] Vgl. C. Risé, *Maschio, amante felice*, Milano (Frassinelli) 1998.

[28] A. Heyl, „Die wilden Fräulein in Wildschönau", Nr. 43, *Volkssagen aus Tirol*, op.cit.

[29] A. Heyl, „Die wilden Fräulein in Wildschönau", Nr. 43, *Volkssagen aus Tirol*. op.cit.

[30] R. Winkler, „Die Saligen und die Jäger", *Sagen aus dem Vinschgau*, op.cit.

[31] I. Zingerle, „Die Höllenleut", Nr. 70, *Sagen aus Tirol*, op.cit.

[32] I. Zingerle, „Die Fanga und der Jäger", Nr. 75, *Sagen aus Tirol*, op.cit.

[33] Sie lebten im Windach, wo der Freilachkofel nach ihnen benannt worden ist, auf dem Leiterberg, in Hamrach und im Gamitzlock.

[34] Es wird auch folgende Geschichte erzählt, die sich in Sölden in Tirol abspielt: „Im Windach droben, im Warenkar, soll sich einst folgendes zugetragen haben. Ein wildes Fräulein hatte eine Gemse als Haustier. Während der Schutzgeist eines Tages nicht zu Hause war, kam ein Jäger, sah die schöne Gemse und schoß sie. Als er ins Tal niederstieg, begegnete ihm das wilde Fräulein und fragte ihn, ob er nicht ihre Gemse gesehen habe. Der Jäger kannte sich nicht recht aus, welche Gemse die ihre sei und sagte: ‚Ja, ich habe eine geschossen, doch wem sie gehört, weiß ich nicht.' Das wilde Fräulein aber sagte ihm, die Gemse, die er geschossen habe, gehöre ihr. Sie war sehr traurig über den Verlust und verfluchte den Jäger. Der aber hatte von dieser Stunde an kein Glück mehr auf der Jagd und auch sonst sei es ihm sehr schlecht gegangen." C. Falkner, „Die wilden Fräulein in Sölden", Nr. 3, *Sagen aus Sölden. Sagen aus dem Ötztal*, Schlern-Schriften 229, Innsbruck 1963.

[35] I. Zingerle, „Die Salgfräulein", Nr. 50, *Sagen aus Tirol*, op.cit.

[36] Das erzählt J. Hillman, *Il codice dell'anima*, Milano (Adelphi) 1997.

[37] Vom südafrikanischen Schriftsteller John M. Coetzee, Frankfurt/Main (Fischer) 2000.

[38] C. Risé, *Il Maschio selvatico*, 9. Aufl., Como (Red) 2000; *Essere Uomini*, Como (Red) 1999.

[39] J. W. Goethe, „Einsamkeit", *Goethes Werke*, München (dtv) 1987.

[40] R. Otto, *Das Heilige*, München (C. H. Beck) 1987.

[41] R. Winkler, „Die Saligen an der Rotwand", *Sagen aus dem Vinschgau*, S. 339, op.cit.

[42] Erschienen 2001 beim Mailänder Verlag Edilibri.

[43] H. Fink, „Die bunten Decken", *Salige und Unholde*, op.cit.

[44] G. Gay, *Gli interventi di Atena nell'Iliade e nell'Odissea*, Diplomarbeit beim Institut C. G. Jung, Zürich 1984.

[45] I. Zingerle, „Der endlose Knäuel", Nr. 63, *Sagen aus Tirol*, op.cit.

[46] G. Graber, „Selige Frauen im Rosental", *Sagen und Märchen aus Kärnten*, Graz 1935, S. 237.

[47] A. Heyl, „Die seligen Weibelen in Afers", Nr. 77, *Volkssagen aus Tirol*, op.cit. Der Verfasser bemerkt, dass der Garnknäuel, der in den Saligensagen so häufig auftaucht, mit dem Lebensfaden der Nornen in Verbindung gebracht werden könnte. Siehe „Die Frauen, die das Schicksal weben. Nornen und Walküren", S. 139.

[48] A. Schneller, „Wilder Mann, wilde Jäger, wilde Weiber" (7), *Märchen und Sagen aus Wälschtirol*, Innsbruck (Wagner) 1867, S. 212.

[49] G. Graber, „Die guten Leutlan", *Sagen und Märchen aus Tirol*, op.cit. In dieser Sammlung wird auch von einem Zwerg erzählt, der dieselben Worte ausspricht, als er – nachdem er die Ziegen überwacht hat – zur Belohnung einen Anzug geschenkt bekommt. S. 239.

[50] R. Winkler, „Die Saligen und der wilde Mann", *Sagen aus dem Vinschgau*, op.cit., S. 37.

[51] H. Fink, „Die Saligen von Albions", Nr. 64, *Eisacktaler Sagen, Bräuche und Meinungen*, Schlern-Schriften 164, Innsbruck 1957.

[52] J. Hillman, *Il codice dell'anima*. op.cit.

[53] R. Winkler, *Verzaubertes Land*, op.cit., S. 74.

[54] H. Holzmann, *Wipptaler Heimatsagen*, Wien 1948.

[55] H. Fink, „Der Tuifelsstuen", *Eisacktaler Sagen, Bräuche und Meinungen*, op.cit., S. 70.

[56] A. Heyl, „Wie die Milch verzaubert wird", Nr. 90, *Volkssagen aus Tirol*, op.cit.

[57] Vgl. R. Steiner, *Blut ist ein ganz besonderer Saft*, Nachdruck eines 1906 gehaltenen Vortrags, Berlin (Philosophisch-Theosophischer Verlag) 1910.

[58] I. Zingerle, „Die Jungfrauen in der Lecklahn", Nr. 61, *Sagen aus Tirol*, op.cit.

[59] I. Zingerle, „Die Salingen", Nr. 64, *Sagen aus Tirol*, op.cit.

[60] G. Graber, „Die Saligen bei Krumpendorf", *Sagen und Märchen aus Kärnten*, op.cit., S. 232.

[61] T. Vernaleken, „Das Buschweibchen", Nr. 51, *Mythen und Bräuche des Volkes in Österreich*, Wien 1859.

[62] T. Vernaleken, „Das Buschweibchen", Nr. 51, *Mythen und Bräuche des Volkes in Österreich*, Wien 1859.

[63] W. Mannhardt, *Wald- und Feldkulte*, Bd. 1, S. 74 – 88, und H. Bächtold-Stäubli, *Handwörterbuch des deutschen Aberglaubens*, Berlin-New York 2000, Bd. 9, S. 55 – 60 und Bd. 9, S. 968-969. Die Alpen von der Schweiz bis nach Kärnten galten schon immer als Wohnstätte der wilden Männer wie der wilden Frauen, die sich ähnlich sind. Sie können als Familie auftreten (wilder Mann, wilde Frau und Kind), als Paar (sie führen fast immer eine glückliche Ehe) oder auch allein. Die wilden Männer, die immer ganz in Grün gekleidet sind, lassen sich seltener blicken. Wenn sie sich allein zeigen, ähneln sie oft Riesen oder Unholden. Die allein auftretenden wilden Frauen dagegen gleichen Göttinnen. Sie ähneln den Saligen, unterscheiden sich von ihnen aber im Aussehen und im Mythos: Es sind die *Holz- und Moosleute* in Mitteldeutschland, Franken, Bayern und im Harz, die *Holz- oder Waldfräulein* in Böhmen und der Oberpfalz, die *Lohjungfern* und die *Buschweiblein* um Halle und die *Fanggen* oder *Fanken* in Tirol. Während der Pest kamen die Holzweiblein aus dem Wald heraus und riefen: „Esst Bimellen und Baldrian, so geht euch die Pest nicht an." In Hessen, im Rheinland und in Baden sind die wilden Leute so groß wie Riesen. Sie tragen grüne grobe Gewänder und haben lange offene Haare. Zu den Leuten sind sie sehr freundlich und hilfsbereit.
In der Eifel saßen die wilden Frauen in Felshöhlen und gaben den Leuten aus ihren Brüsten, die sie über die Schulter warfen, zu trinken. Karl Haiding, *Sagen von den Wildleuten*, Volkskundeatlas, Wien 1979, Bd. 2.

Die Saligen und die Welt der Männer

[1] Zu einer eingehenderen Behandlung der verschiedenen Vorstellungen vom Schlaraffenland oder Paradies auf Erden, vgl. C. Bonvecchio, C. Risé, *L'ombra del potere*, Como (Red) 1998, besonders das Kapitel „L'Ombra del Regno". Vgl. auch C. Bonvecchio, „The Perfect Kingdom", in: *The Shadow of Perfection*, Eranos Yearbook 1996, Woodstock (Primavera) 1996.

[2] I. Zingerle, „Vom Schlaraffenland", Nr. 68, *Sagen aus Tirol*, op.cit.

[3] Die dieser Überlieferung zuzurechnenden Saligen werden als *Höllenleut* bezeichnet. I. Zingerle, „Die Höllenleut", Nr. 70, *Sagen aus Tirol*, op.cit.

[4] C. G. Jung spricht meistens von *coniunctio oppositorum*, die traditionelle Philosophie von *complexio oppositorum* (vgl. Bonvecchio, Risé, op.cit., Text und Anmerkungen).

[5] T. Vernaleken, „Die Salige", Nr. 52, *Mythen und Bräuche des Volkes in Österreich*, op.cit., S. 244.

[6] Im Weiler Schrambach bei Feldthurns. Die Kurve der ersten Sage befindet sich bei der Stadelbrugge, die vom Hagel getroffenen Wiesen der zweiten Sage sind die

Schnauderer Kuchelwiesen und die Getreideplauschen. H. Fink, „Die Seligen in Schrambach", *Eisacktaler Sagen, Bräuche und Ausdrücke*, Schlern-Schriften 167, op.cit., S. 212.

[7] C. Schneller, *Märchen und Sagen aus Wälschtirol*, op.cit., S. 117.

[8] H. Fink, „Die Seele verloren", *Salige und Unholde*, op.cit.

[9] I. Zingerle, „Die Mairin zu Glaning", Nr. 62, *Sagen aus Tirol*, op.cit.

[10] A. Heyl, „Die wilden Bergfräulein in Martell", Nr. 86, *Volkssagen aus Tirol*, op.cit.

[11] R. Nelli, *L'érotique des Troubadours*, Toulouse (Privat) 1963.

[12] J. N. Ritter von Alpenburg, „Salige im Ultenthale", Nr. 275, *Deutsche Alpensagen*, op.cit.

[13] C. S. Burne, G. F. Jackson, *Shropshire Folk-Lore*, London (Trubner & Co.) 1894.

[14] I. Zingerle, „Der Oberkofler", Nr. 56, *Sagen aus Tirol*, op.cit.

[15] Die erste Fassung der Geschichte stammt von Marie de France, „Lanval", in: *Les lais de Marie de France*, Paris (Édition d'Art H. Piazza), 1982. Der Ritter heißt dort Lanval. Die Geschichte ist später von Thomas Chester ins Englische übersetzt und abgewandelt worden.

[16] G. Graber, „Salige Frauen im Rosental", *Sagen und Märchen aus Kärnten*, op.cit., S. 238.

[17] So erzählt Aelius Aristide, *Discours sacrés*, Paris (Macula) 1986.

[18] F. Panzer, „Der Untersberg bei Salzburg", *Bayerische Sagen und Bräuche*, op.cit., S. 12.

[19] I. Zingerle, „Die Waldfräulein bei Falkwand", Nr. 66, *Sagen aus Tirol*, op.cit.

[20] Auch in diesem Fall konnte sich die Frau nicht zurückhalten und rief erzürnt aus: „Wird dieser Knäuel denn niemals enden?" Im gleichen Moment hörten das Garn und der Segen auf. I. Zingerle, „Die Salingen", Nr. 64, *Sagen aus Tirol*, op.cit.

[21] G. Graber, „Die wilden Frauen", *Sagen und Märchen aus Kärnten*, op.cit., S. 236.

[22] Zum Thema des Garn- oder Wollknäuels siehe im ersten Teil, „Das Geschenk des Webens und des Garnknäuels", S. 35. In den Sagen aus Kärnten und der Steiermark gilt das Aufheben der Haare der Saligen von der Erde als Huldigung, die geschätzt und nicht bestraft wird. Auch hier aber ist es verboten, um das Ende des Knäuels zu bitten. „Aber einmal verwunderte sich doch eine Dirn, daß et kein Ende nehmen wollte. Da verschwand der Knäuel und mit dem Segen der Saligen war es nun vorbei."

[23] F. Hölderlin, *Gedichte/Le liriche*, Milano 1999.

[24] G. Graber, „Die Saligen Frauen" (7), *Sagen und Märchen aus Kärnten*, op.cit.

[25] G. Gadala, „*Il Glogn*", Calender romantsch, Glion 1941, S. 4-16.

[26] Vgl. H. Fink, „Die seligen Frauen beim Rittner", *Eisacktaler Sagen, Bräuche und Ausdrücke*, Schlern-Schriften 164, op.cit.

[27] G. Graber, „Hadische Jungfrauen im Katschtal", *Sagen und Märchen aus Kärnten*, op.cit.

[28] A. Heyl, „Die Salighe am Platzlinerhof", Nr. 97, *Volkssagen aus Tirol*, op.cit.

[29] H. Fink, „Wille und Welle", *Eisacktaler Sagen, Bräuche und Ausdrücke*, Schlern-Schriften 164, op.cit., S. 290.

[30] Auch in diesem Fall aber erfolgt der „Ruf aus dem Wald" – vielleicht weil der Bauer das Wissen der Saligen nicht voll ausgenutzt hatte: „Nun begab es sich, dass ein Fuhrmann, welcher immer in diesem Bauernhause einkehrte, spät abends ober dem Dorfe unter einem Felsen vorbei fuhr; da hörte er eine Stimme rufen: ‚Sag im Hause, wo du einkehrst, Pifferonz sei gestorben und Pifferonza sei krank.' Als er in das Haus kam, erzählte er, was ihm begegnet sei. Da stand die Magd auf und sagte traurig: ‚Nun muss ich gehen, denn es sind meine Aeltern!' Dem Bauer that es leid und er sagte: ‚Aber sag mir doch, was soll ich dir zum Lohne geben?' Sie aber erwiederte: ‚Wenig

habt ihr mich gefragt und wenig hab' ich euch gelehrt; hättet ihr mich mehr gefragt, so hätt' ich euch mehr gelehrt!' Darauf sprang sie beim Fenster hinaus und ward nicht mehr gesehen." C. Schneller, „Wilder Mann, wilde Jäger, wilde Weiber" (7), *Märchen und Sagen aus Wälschtirol*, op.cit., S. 212.

[31] C. Schneller, Nr. 63 (10), *op.cit.*

[32] G. Graber, „Die saligen Frauen", Nr. 63 (6), *Sagen und Märchen aus Kärnten*, op.cit.

[33] H. Fink, „Die Saligen zu Schalders", *Eisacktaler Sagen, Bräuche und Ausdrücke*, op.cit.

[34] R. Winkler, „Die verbannte Salighe auf dem Spitz Lat", *Sagen aus dem Vinschgau*, op.cit., S. 13.

[35] A. Büchli, „Sontga Margretta", *Mythologische Landeskunde von Graubünden*, Davos 1958, Bd. 2, S. 111. Die Sage von der Sontga Margretta besteht auch als „La canzun de Sontga Margriata". C. Caminada hat das Lied in seiner volkstümlich-historischen Arbeit „Das rätoromanische St. Margareten-Lied" (in: *Die verzauberten Täler*, Olten und Freiburg i.B. 1961, S. 242 – 300) transkribiert und erläutert. Auch in diesem Lied wird Margaretha als „Heilige" bezeichnet, ist aber auch ein glückliches Mädchen. Als die hl. Margaretha zu Boden fällt, sieht der junge Hirt ihren Busen und entdeckt, dass sie eine Frau ist. Bewegend ist ihr Abschiedslied: „Leb wohl, du mein guter Senne! / Lebe wohl, du mein Alpkessel, / Lebe wohl, du mein Butterfaß, / Lebe wohl, du mein kleiner Herd, / Allwo ich die Schlafstatt hatte, / – Warum tatest du das, guter Hirtenknabe? / – Lebt wohl, meine guten Kühe. / Euch wird die Milch vertrocknen, / Ach, lebe wohl, lebe wohl ringsumher! / Weiß Gott, wann ich einmal wiederkehr!" Dann ging sie – wie es im Margaretha-Lied weiter heißt – „über den Kunkels hinaus, / Der Milchkessel nach, und nach die Kühe / So weit sie noch die Scheidende schauten, / Haben sie zu weinen nicht nachgelassen. / Dann kam sie vorbei an einem Bronn / Und sang: ‚O Bronn, o kleiner Bronn, / Wenn ich von dannen gehe, / So wirst du gewiß vertrocknen!' Und vertrocknet ist der Bronn. Dann ging sie über eine Halde hinaus / Und sang: ‚O Halde, o traute Halde, / Wenn ich von dannen gehe, / So wirst du gewiß verdorren.' Und verdorrt ist die Halde. / ‚Ach gute Kräuter, / Wenn ich von dannen gehe, / Verdorrt ihr und grünt wohl nimmermehr.' / Und verdorrt sind die Kräuter und grünen nimmermehr." Das Adjektiv „sankta" ist hier als „mana" zu verstehen, ein frühchristliches Wort, mit dem ein kraftvolles, heiliges Wesen oder eine Stätte bezeichnet wird, das Segen, aber auch Fluch bringen kann. Siehe auch H. Bächtold-Stäubli, *Handwörterbuch des deutschen Aberglaubens*, op.cit., Bd. 3, S. 1655. Die „Sontga Margretta" ist die Personifizierung einer Naturgewalt, einer alpinen Fruchtbarkeitsenergie. Der Mensch sucht ihr Geheimnis zu entschleiern, doch die Enthüllung bringt Unglück und Verderben mit sich. Unter der Bevölkerung ist auch der Glaube verbreitet, dass die Gottheiten sich nicht nackt zeigen dürfen. H. Bächtold-Stäubli, op.cit., Bd. 4, S. 836.

[36] I. Zingerle, „Wilde Fräulein in Sölden", Nr. 69, *Sagen aus Tirol*, op.cit.

[37] A. Heyl, „Die hollen Dirnen", Nr. 134, *Volkssagen aus Tirol*, op.cit., S. 657 – 658.

[38] Die Märchen von Marie Louise von Franz sind bei Kösel-Bonz erschienen, die von Verena Kast im Walter-Verlag Olten.

[39] H. Fink, „Die Salighe auf Herol", *Eisacktaler Sagen, Bräuche und Ausdrücke*, op.cit.

[40] So schreibt es der Sagenforscher Anton Avanzin in seinem Werk *Neue Tiroler Versionen der Sage vom Tod des großen Pan*, Der Schlern, Bozen 1960, S. 100.

[41] In seinem Werk *De defectu oraculorum*.

[42] Bei I. Zingerle, „Die wilde Dirn", Nr. 48, *Sagen aus Tirol*, op.cit. Ein Bauer hat seiner Katze folgende Nachricht zu überbringen: „Sag zum Stitzl, zum Wizl, der Thorizl sei

tot." Avanzin erinnert daran, dass mit übernatürlichen Kräften begabte Katzen auch in keltischen Sagen zu finden sind, *op.cit.*

[43] I. Zingerle, „Die wilde Dirn", Nr. 71, *Sagen aus Tirol*, op.cit. Der Mann, der die Todesnachricht überbringt, wird von einer aus dem Wald rufenden Stimme als „Jochträger" bezeichnet. Vgl. Inger M. Boberg, *Schweizer Archiv für Volkskunde*, Bd. 4, S. 125. Avanzin nimmt in seiner Arbeit vom großen Pan auch die Idee von Freisauf, *Salzburger Volkssagen*, 1960, S. 194, auf, wonach der Jochträger der „Mensch mit seiner Last" ist – unserer Ansicht nach eher in wörtlichem als in übertragenem Sinn.

[44] I. Zingerle, *Sagen aus Tirol*, op.cit., S. 599, Anm. 55.

[45] H. Holzmann, „Von Elfen und wilden Fräulein", *Wipptaler Heimatsagen*, Wien 1948, S. 89.

[46] A. Heyl, „Von den seligen Leuten bei Brixen", Nr. 76, *Volkssagen aus Tirol*, op.cit.

[47] Der Rufer, der in vielen spirituellen Traditionen zu finden ist, ruft die Seele und erinnert sie dabei an ihr Schicksal und ihren spirituellen Werdegang. Zum „Rufer" im Gnostizismus, in dem diese Figur eine besondere Rolle spielt: H. Jonas, *Lo Gnosticismo*, Torino (SEI) 1995.

[48] I. Zingerle, „Das wilde Weibchen", Nr. 79, *Sagen aus Tirol*, op.cit.

[49] H. Fink, „Die Salige zu Oberhamm", *Eisacktaler Sagen, Bräuche und Ausdrücke*, Schlern-Schriften 164, op.cit., S. 51.

[50] Bei der Sage *Sagnet om den store Pans dod* von Inger M. Boberg (Kopenhagen 1934) handelt es sich um eine andere Version der von J. N. Ritter von Alpenburg wiedergegebenen Sage „Stutz-Färche", Nr. 6, *Mythen und Sagen Tirols*, op.cit., S. 68.

[51] Zur Psychologie des wilden Manns vgl. C. Risé, *Il maschio selvatico*, op.cit. Zur Anthropologie des wilden Manns vgl. M. Centini, *L'Uomo selvatico. Un mito della montagna*, Torino (Priuli & Verlucca editori) 2000. Ausführliches Material zu diesem Thema findet sich auf der Site www.maschiselvatici.it, besonders auf den vom Experten Antonello Vanni bearbeiteten Seiten „Noi i selvatici".

[52] In Navis soll ein wilder Mann vor seinem Verschwinden gesagt haben: *„Hattet ihr mich viel g'fragt, / Hatt ich viel g'sagt! / Ich hatt euch gelernt, / aus der Jutte Wachs machen, / und ich hätte euch gesagt, / wofür das Kreuz in der Nüsse gut ist."* H. Holzmann, „Von Elfen und wilden Fräulein", *Wipptaler Heimatsagen*, op.cit., S. 52 und 53.

[53] I. Zingerle, „Die wilde Dirn", Nr. 48, *Sagen aus Tirol*, op.cit.

[54] Zu einer Präsentation dieses Mythos vgl. D. Spada, *La caccia selvaggia*, Milano (S.E.B.) 1994. Vgl. auch B. Hell, *Le sang noir. Chasse et mythe du Sauvage en Europe*, Paris (Flammarion) 1994.

[55] I. Zingerle, „Wilde Männer in Ulten", Nr. 171, *Sagen aus Tirol*, op.cit.

[56] I. Zingerle, „Wilde Männer in Ulten", Nr. 171, *Sagen aus Tirol*, op.cit.

[57] „Einmal wurde ein Hollenweibchen vom wilden Mann verfolgt. Da lief es zu einem Mäher und bat ihn, es in seine Messerscheide schlüpfen zu lassen. Er erlaubte es, und das Weibchen war gerettet." I. Zingerle, „Die Hollenleut", Nr. 70, *Sagen aus Tirol*, op. cit., S. 46.

[58] F. Panzer, „Wilder Jäger jagt das Waldfräulein", Nr. 95, *Bayerische Sagen und Bräuche* (2. Teil), op.cit.

[59] A. Heyl, „Der wilde Mann", *Sagen aus dem Vinschgau*, op.cit.

[60] C. Schneller, „Angane, Enguane, Eguane", *Märchen und Sagen aus Wälschtirol*, op.cit. Sie heißen dort Enguane oder Eguane. Sie sind teils jung und schön, teils alt und voller Falten und haben ein sanftes Wesen. Manchmal wird ihnen auch ein König zugeschrieben. H. Fink erzählt, dass die Eguane eine Königin wählen. Wer sie beleidigt,

wird von ihnen verflucht. Vgl. H. Fink, „Die Enguana", *Salige und Unholde*, op.cit. Sie leben in Höhlen, anscheinend oberhalb des Weilers Pacheri, aber auch noch weiter oben im Gebiet des Sasso Rotto und der sieben Seen. Die Eguanen sind vor allem mit dem Waschen des von ihnen gewebten Leinens beschäftigt. Der Beatrick ist ihr erboster Feind.

[61] C. Schneller, „Der Beatrick", *Märchen und Sagen aus Wälschtirol*, op.cit.

[62] H. Holzmann, „Von Elfen und wilden Fräulein", *Wipptaler Heimatsagen*, op.cit.

[63] R. Winkler, „Von den letzten Saligen", *Sagen aus dem Vinschgau*, op.cit.

[64] I. Zingerle, „Die Waldfrauen", Nr. 44, *Sagen, Märchen und Gebräuche aus Tirol*. op.cit.

[65] Ch. Schneller, V. „Angane, Enguane, Eguane", *Märchen und Sagen aus Wälschtirol*, op.cit.

[66] Siehe C. Risé, *Il maschio selvatico*, op.cit.

Die Kraft der wilden Frau

[1] W. Berry, *Il corpo e la terra. L'inquinamento della sessualità e lo sradicamento dalla natura*, Firenze (Libreria Editrice Fiorentina) 1981.

[2] „Bei der nördlichen Völkerströmung ist es [...] anders. Sie geben sich der Naturoffenbarung hin." „Aus allen Einzelheiten kann erkannt werden, was eine Einweihung naturgemäß mit sich bringt, ein Hinuntertauchen in die eigene Seelenwesenheit, in das eigene Innere, nicht ein Hinausgehen in den Makrokosmos, wie dies bei den Naturmysterien der Fall ist." E. Uehli, *Nordisch-Germanische Mythologie*, Stuttgart 1984, S. 147 und 120.

[3] J. W. Goethe, „Genius, die Büste der Natur enthüllend", *Goethes Werke*, op.cit., Bd. 4, S. 137.

[4] Siehe auch: Z. Baumann, *Life in fragments*, Oxford (Blackwell) 1995.

[5] Vgl. W. Mannhardt, *Wald- und Feldkulte*, op.cit., S. 99.

[6] Vgl. J. Evola, *Metafisica del Sesso*, Roma (Edizioni Mediterranee) 1993. Vgl. auch die Bedeutung des Trigramms des Elements Wasser im I Ching, übersetzt von der Stiftung Eranos (Red edizioni).

[7] R. Steiner, *Die Mission einzelner Volksseelen im Zusammenhang mit der germanisch-nordischen Mythologie*, Dornach 1982.

[8] R. Steiner, *Meditative Betrachtungen und Anleitungen zur Vertiefung der Heilkunst*, Dornach 1987, Kap. 4, S. 61, und auch *Vom Leben des Menschen und der Erde*, Dornach 1980, Kap. 1, S. 17.
Auch ihre Sprache ist ein Bestandteil der Energie der Erde, von der die Rede ist. Rudolf Steiner drückt es folgendermaßen aus: „Die Lebenskräfte der Erde, mit ihren eigentümlichen Gesteinen, Pflanzen und Tieren, und das Volkstemperament bilden zusammen die Äther-Aura eines besonderen Erdengebietes." R. Steiner, *Die Mission einzelner Volksseelen im Zusammenhang mit der germanisch-nordischen Mythologie*, op.cit., S. 200.

[10] Unter „Weltenäther" sind die Kräfte zu verstehen, die vom Kosmos aus auf die Erde einwirken. Sie beeinflussen die irdischen Kräfte, die aber vom Zentrum der Erde ausgehen, und werden ihrerseits von ihnen beeinflusst. Die Form und die Organisation der Pflanzen sind das Ergebnis dieser Kraftfelder. Bei den kosmischen Energien han-

delt es sich um Form- und Wachstumskräfte, die durch das flüssige Element auf unterschiedliche Weise auf Pflanzen-, Tier- und Menschenwelt einwirken. Der mit der Tradition verbundene Mensch kann seinen eigenen ätherischen Körper wahrnehmen und ist auch mit der Energie der Natur verbunden. Eben aus dem Zusammenleben mit dieser sind die jahreszeitlichen Feste erwachsen: Sie dienten zur Pflege des ätherischen Körpers, des Körpers der Götter. Vgl. R. Steiner, I. Wegmann, *Grundlegendes für eine Erweiterung der Heilkunst nach geisteswissenschaftlichen Erkenntnissen*, Dornach 1925, Kap. 1.

11 H. Bächtold-Stäubli, *Handwörterbuch des deutschen Aberglaubens*, op.cit., Bd. 8, S. 627.

12 Angesichts des Geheimnisses, das nicht ausgesprochen werden darf, wird die Seele von Angst ergriffen. Dieses Gefühl dem Entsetzlichen gegenüber entspricht der ersten „Gottesfurcht" der Völker. Rudolf Otto vertritt die Ansicht, dass es sich beim *timor Dei* um die erste Stufe einer religiösen Empfindung handelt. Goethe geht im *Faust* auf die Bedeutung des Schauders ein: „Das Schaudern ist der Menschheit bester Teil. Wie auch die Welt ihm das Gefühl verteuere, Ergriffen fühlt er tief das Ungeheure." R. Otto, *Das Heilige*, op.cit.

13 Die gleiche Auffassung liegt der Vorstellung von Orenda zugrunde (Nordamerika: Irokesen, Huron-Indianer). Unter Orendismus versteht man den Glauben an besonders wirksame unpersönliche Kräfte oder an eine Kraft, die in materiellen und nicht materiellen Gegenständen mit den Sinnen erfasst werden kann. Die orendistische Energie, die auf Menschen, Tiere, Pflanzen und Gegenstände einwirkt, dringt wie eine Flüssigkeit in die Körper ein. Die Völker Indonesiens, Melanesiens und Polynesiens bezeichneten diese Kraft als Mana. Das polynesische Wort „tabu" steht als Adjektiv in engstem Zusammenhang zum Wort Mana, das ein Synonym für Orenda ist. Tabu ist ein von Mana (Orenda) erfülltes Objekt. Die Orenda ist an sich neutral, sie kann gut oder böse sein, kann schaden oder nützen, kann das Objekt rein oder unrein erscheinen lassen, gesegnet oder verflucht. Auch das Wort „sanctus" machte keinen Unterschied zwischen rein und unrein; erst mit dem Christentum hat es seine ursprüngliche Bedeutung verloren und seinen heutigen Sinn angenommen. Wenn man den Saligen Krapfen gibt – wie die Percht das *Perchtlbrot* bekam –, so ist dies als ein Opfer für die Göttinnen der Natur anzusehen. Vgl. H. Bächtold-Stäubli, *Handwörterbuch des deutschen Aberglaubens*, op.cit., Bd. 9, S. 35.

14 H. Bächtold-Stäubli, *op.cit.*, Bd. 6, S. 1294.

15 Auch in dieser Sage behält das Geschenk des Überflusses der wilden Frau seine Wirkung, solange der Beschenkte dem Geschenk gegenüber Vertrauen zeigt und Ergebenheit angesichts des Überflusses, der das naturhafte Heilige charakterisiert. Sobald er eine utilitaristisch-rationale Haltung einnimmt, verschwindet alles. „Als sie aber eines Tages wieder vom Brote schnitt, sagte sie vor Staunen: ,Aber sieh, dies Brot wird nie gar.' Da war der Zauber vorbei und das Brot nahm ab, wie ein gewöhnlicher Laib. Da hatte die Tochter nichts mehr zu essen und sie musste betteln gehen, wie einst ihre Mutter." I. Zingerle, „Die Saligen in Lüsen", Nr. 31, *Sagen, Märchen und Gebräuche aus Tirol*, op.cit. Der Verfasser unterstreicht, dass es sich beim Brot, das nie ausgeht, und beim Knäuel ohne Ende auch um Geschenke der Elfen handeln kann.

16 I. Zingerle, „Die Saligen Fräulein in Vöran", Nr. 32, *Sagen, Märchen und Gebräuche aus Tirol*, op.cit.

17 A. Heyl, „Die hollen Dirnen", Nr. 134, *Volkssagen aus Tirol*, op.cit.

18 T. Paracelsus, *Vom Licht der Natur und des Geistes*, Stuttgart (Reclam) 1993, von G. Isler zitiert in: *Das „absolute Wissen" des kollektiven Unbewussten und das Wissen jenseitiger Wesen*

in Volkssagen des Alpengebietes. Öffentlicher Vortrag auf Einladung der Schweizerischen Gesellschaft für Volkskunde, Universität Zürich, 28. März 1985.

[19] S. Weil, *La pesanteur et la grâce*, Paris (Plon) 1948.

[20] Sie hatte diesen Traum 14 Tage vor dem Terroranschlag auf die Türme des World Trade Centers in New York am 11. September 2001.

[21] Wie die der jungen Mädchen, von denen im Dorf Mieger erzählt wird, drei Stunden Fußweg östlich von Klagenfurt. Sie waren schön und schlank und hatten lange wallende, goldene Haare. G. Graber, „Die Saligen Frauen" (3), Nr. 63, *Sagen aus Kärnten*, op.cit.

[22] R. Meyer, *Die Weisheit der deutschen Volksmärchen*, Stuttgart 1981, S. 21.

[23] A. Heyl, „Die hollen Dirnen", Nr. 134, *Volkssagen aus Tirol*, op.cit.

[24] J. N. Ritter von Alpenburg, „Die Saligen Leute", Nr. 330, *Deutsche Alpensagen*, op.cit.

[25] C. G. Jung, *Psychologie und Alchemie*, Zürich 1944.

[26] Wenn wir in den volkstümlichen Sagen von wissenden Wesen lesen, bemerkt Isler, so lächeln wir mit der Überlegenheit des Aufgeklärten über die Naivität des Ungebildeten, der noch an Geister, Feen und Zwerge glaubte; denn der aufklärerischen Überzeugung nach sind sie nichts anderes als Verkörperungen unserer Wünsche. Isler dagegen vertritt – wie im Übrigen auch die Jung'sche Anthropologie der Anfänge – die Ansicht, dass diese „wissenden" Wesen unbedingt ernst genommen werden müssen: Hinter der Weisheit dieser überpersönlichen Wesen stehe Gott selbst. G. Isler, „Hättest du uns was gefragt, so hätten wir dir viel gesagt", *Das „absolute Wissen" des kollektiven Unbewussten und das „Wissen" jenseitiger Wesen in Volkssagen des Alpengebietes*, Vortrag auf Einladung der Schweizerischen Gesellschaft für Volkskunde, Universität Zürich, 238. März 1985.

[27] H. Holzmann, *Wipptaler Heimatsagen*, op.cit., S. 126.

[28] C. Risé, *Parsifal. L'iniziazione all'amore*, Como (Red) 1999.

[29] Hans Fink hat mehrere Sagen gefunden, in denen die Saligen als „Wille Welle" bezeichnet werden: beim Bauern Pirchner auf der Rotwand, am Mairhof in Lüsen, beim Oberhamm in Ratschings und beim Baumann in Latzfons. Siehe H. Fink, *op.cit.*, Seite 9 und 168.

[30] H. Fink, *op.cit.*, S. 165. Rudolf Steiner spricht in seinen Werken von „sibyllinischen Kräften", die mit der Macht der Erde in Verbindung stehen, deren Bedeutung aber mit der Entwicklung der Kraft Christi nach der Offenbarung des Geheimnisses von Golgatha zurückgegangen ist.

[31] Diese Sage findet sich bei A. Heyl, „Von der Willeweis auf dem Birchboden", Nr. 85, *Volkssagen aus Tirol*, op.cit. Neben der Willeweis auf dem Bachboden und auf dem Ritten, am Kafmannhof in Welschnofen und in Lana sind drei weitere Willeweis auch unter dem Rosengarten anzutreffen. Im Gegensatz zu den anderen, alten Willeweis handelte es sich hier um drei wunderschöne Jungfrauen. Da sie die Zukunft voraussagten, waren sie bei den Einheimischen sehr beliebt. Eine war weiß gekleidet, die zweite schwarz und die dritte blau.

[32] Der schöne, böse Gott, der die Kräfte des Bösen, der Unredlichkeit und des Todes lenkt.

[33] Übersetzung und Kommentar zum „Vegtamskvidha"-Lied der Edda bei H. Boernsen, *Die Prophetie der Edda*, Hamburg 1989.

[34] G. Graber, „Die Billeweis", *Sagen und Märchen aus Kärnten*, op.cit.

[35] „Erstes Helgi-Lied" aus der *Edda. Götter- und Heldenlieder der Germanen*, Zürich (Manesse) 1987.

[36] W. Mannhardt, „Holda und die Nornen", *Germanische Mythen*, op.cit., S. 242 – 736.

[37] C. G. Jung, *Von den Wurzeln des Bewusstseins*, Zürich 1954.

[38] Emma Jung, *Animus und Anima*, Fellbach 1983, S. 98.

[39] H. V. Beit, M. V. Franz, *Symbolik des Märchens 1*, Bern 1952, S. 302 – 319.

[40] Zum Beispiel die Tatsache, dass die wilden Frauen bei ihrem Fortgang mit menschlichen Gefühlen auf den Verlust des Geliebten reagieren, zeigt, dass sie eine eigene Seele besitzen – im Gegensatz zu anderen Elementargeistern wie Nymphen und Sylphiden, die ihre Gefühle nicht ausdrücken.

[41] I. Zingerle, „Die Mairin zu Glaning", Nr. 36, *Sagen, Märchen und Gebräuche aus Tirol*, op.cit.

[42] Es ist, wie wir gesehen haben, eine der Regeln des Heiligen: In den traditionellen Religionen, aber auch im Hebräismus darf der heilige Name nicht ausgesprochen werden, er ist tabu.

[43] A. Heyl, „Die seligen Frauen im Eggenthal und Welschnofen", Nr. 70, *Volkssagen aus Tirol*, op.cit.

[44] Auch Michel Foucault geht in seinen Schriften auf das Recht im Besonderen und die Modernität im Allgemeinen ein. Vgl. M. Foucault, *La volontà di conoscere*, Milano (Feltrinelli) und *Archivio Foucault*, 2, hrsg. von A. Dal Lago, Milano (Feltrinelli) 1999.

[45] T. Vernaleken, *Mythen und Bräuche des Volkes in Österreich*, Wien 1859.

[46] A. von Mailly, *Sagen aus Friaul und den Julischen Alpen*, op.cit.

[47] Der aber in den Sagen immer ausgesprochen wird: Das Tabu des Namens wird in diesen traditionellen Erzählungen gebrochen. L. Röhrich, *Der Dämon und sein Name. Beiträge zur Geschichte der deutschen Sprache und Literatur*, Halle 1951, Bd. 73.

[48] C. Risé, *Essere Uomini*, Como (Red) 2000.

[49] Es handelt sich um Äußerungen des naturhaften Heiligen, ein religiöses Genre, das vom Christentum allmählich eingeschränkt worden ist: Es hat den Bereich des Heiligen mit dem Bereich der Kirche gleichgesetzt, um die umfassende *Res sacra* in die beschränktere und somit leichter kontrollierbare *Res ecclesiastica* aufzunehmen.

[50] A. Heyl, „Die seligen Frauen im Eggenthal und Welschnofen", Nr. 70, *Volkssagen aus Tirol*, Nr. 26, op.cit.

[51] Claudio Risé, Il Maschio Selvatico, op.cit. Selbst Paulus von Tharsos, der oft der Distanznahme zur Natur beschuldigt wurde, da er zwischen dem geisterfüllten Menschen (pneumatische Schriftauslegung) und dem irdischen Menschen (1. Brief an die Korinther, 2, 14) unterscheidet, bemerkt dagegen, dass bei den Heiden oft eine tiefe, spontane Beziehung zum Naturgesetz besteht, bei dem es sich seiner Meinung nach natürlich um Gott handelt (Brief an die Römer, 2, 14).

[52] C. Risé, „Il Puer nell'esperienza cristiana: Gesù, Francesco, Parsifal", *Klaros. Quaderni di psicologia analitica*, Nr. 2, Dezember 1990, Firenze (Ed. Il Sedicesimo).

[53] Wie Petra van Cronenburg erzählt, finden wir die Schwarzen Madonnen hauptsächlich in unterirdischen Höhlen und dunklen Krypten (Notre Dame de la Nuit), oft auch an heiligen Stätten der Kelten: neben einem heiligen Baum oder einem Menhir, wie dem Fieberstein von Le Puy, dem Dolmen von Chartres oder dem Kindleinsstein am Lac de la Maix. Die Schwarze Madonna in Einsiedeln wurde einst als „Dame des dunklen Waldes" bezeichnet, Weiß- oder Schwarzdornbüsche, die den keltischen Göttinnen heilig waren, oder die Stechpalme wurden häufig mit Schwarzen Madonnen in Zusammenhang gebracht. Die bedeutendste „Stechpalm-Madonna" befindet sich in der Kirche Notre Dame d'Arfeuilles im französischen Ort Arfeuilles, an einer uralten keltischen Straßenkreuzung. Die Stechpalme wurde in Frankreich auch als *chêne vert*

bezeichnet, als immergrüne Eiche. Die Schwarzen Madonnen erschienen an diesen Stätten Kindern, jungen Frauen, Hirten und Bauern. Sie trugen gewöhnlich ein festliches grünes Kleid oder einen grünen Umhang. Auch die Kerzen, die in den Krypten vor diesen schwarzen Göttinnen angezündet wurden, waren meist grün. An diesen Stätten waren anfangs heidnische Jungfrauen verehrt worden, wie im Felsen von St-Michel-du-Puy, wo sich ein Dianatempel befunden hatte, oder an den Kultstätten der heutigen Jungfrau von Guadalupe, wo zuvor die Naturgöttin Tonenzin angebetet wurde. P. van Cronenburg, Schwarze Madonnen. Das Mysterium einer Kultfigur, München 1999.

54 Die Skulpturen dieser Madonnen werden an einigen Orten, häufig auch in mittelalterlichen Kathedralen, von Säulen mit der Darstellung des „grünen Mannes" begleitet, eines aus Blättern und Zweigen geformten männlichen Antlitzes als Abbild des wilden Mannes. Dieses Bild ist in chthonischer, mit der Erde verbundener Version auf der Homepage der Site www.maschiselvatici.it und in spiritueller Fassung auf der Homepage www.claudio-rise.it zu sehen.

55 Massimo Centini, *L'uomo Selvaggio. Antropologia di un mito della montagna*, Ivrea 2000. Vgl. auch *Annuali di San Michele*, Rivista annuale del Museo degli Usi e Costumi della Gente Tridentina di San Michele all'Adige, Nr. 1, Trento 1988.

56 In der Nähe der Kirche fließt im Brandiswaal das „Wasserwasser". Das an die Kirche grenzende Feld wurde als „Hexenkuchl" bezeichnet, während an das Feld seinerseits das Katzental mit dem gleichnamigen Berghof grenzt. Walter Staffler vermutet, dass die einsame Lage der kleinen Margarethenkirche auf eine alte Kultstätte hindeutet, die im Zuge der Christianisierung durch diese Kapelle ersetzt wurde. Er führt auch an, dass die hl. Margaretha in Südtirol als Schutzgöttin des Wetters gilt, während sie in Sachsen die Schutzpatronin der Bauern ist und von den Hirten verehrt wird. Als Schutzheilige der Bauern gehörte sie – gemeinsam mit Barbara, der Schutzheiligen der Soldaten, und Katharina, der Schutzpatronin der Gelehrten – zu den heiligen Jungfrauen und den 14 Nothelfern. W. Staffler, *Willeweis-Hexenkuchl*, Der Schlern, Bozen 1950, S. 36, und R. Beitl, *Wörterbuch der deutschen Volkskunde*, Stuttgart 1955, S. 499.
Auch in Völlan sieht eine Wahrsagerin, die mit einer Saligen verglichen wird, den Verfall der Margarethenkirche voraus. H. Fink, *Verzaubertes Land*, op.cit., S. 166.

57 I. Zingerle, „Selige Dirnen", Nr. 52, *Sagen aus Tirol*, op.cit.

58 H. Fink, „Die Seligen auf Runggallen", *Eisacktaler Sagen, Bräuche und Ausdrücke*, op.cit.

59 A. Heyl, „Die seligen Frauen im Eggenthal und Welschnofen", *Volkssagen aus Tirol*, op.cit.,

60 A. Heyl, „Von den seligen Leuten bei Brixen", Nr. 76, Volkssagen aus Tirol, op.cit., S. 718.

61 G. Graber, „Die Saligen in Oberkärnten" (7), *Sagen aus Kärnten*, op.cit.

62 J. N. Ritter von Alpenburg, *Mythen und Sagen Tirols*, op.cit. Es handelt sich um eine hochinteressante, wertvolle Sammlung, auf die auch die Verfasser des vorliegenden Buches mehrfach zurückgegriffen haben. In den vom Autor neu verfassten Sagen ist allerdings die „germanisierende" Umwandlung der ursprünglichen Saligengestalt aus den Alpen zu erkennen.

63 J. N. Ritter von Alpenburg, „Das Gemsenfräulein im Kalmthal", *Mythen und Sagen Tirols*, op.cit.

64 I. Zingerle, „Hulda", Nr. 19, *Sagen, Märchen und Gebräuche*, op.cit.

65 Aber Hulda ist auch sehr streng zu den nachlässigen Spinnerinnen. Es gibt eine gute und eine böse Hulda, eine belohnende und eine hart strafende Göttin, eine segnende und eine verfluchende Hulda, die das Leben oder den Tod bringt. Von der von Alpenburg vorgenommenen Idealisierung abgesehen, kann Hulda schön oder hässlich sein: Ihre negativen Seiten werden häufiger der Perchta zugeschrieben, ihrer Gefährtin aus südlichen Gegenden. Sie hat dann borstige Haare und einen ungekämmten „Hollezopf". In dieser authentischeren, da weniger einseitigen Fassung ist Hulda-Perchta umso schöner vorn, je hässlicher sie hinten ist, wo sie einen Kuhschwanz trägt oder leer ist. Wie Perchta führt auch Hulda die wilde Jagd an und zieht mit den verstorbenen und ungetauften Seelen durch die Weihnachts- und Dreikönigsnacht. Siehe H. Bächtold-Stäubli, „Perchta", *Handwörterbuch des deutschen Aberglaubens*, op.cit., Bd. 6, S. 1483; W. Mannhardt, *Germanische Mythen*, op.cit., S. 255–278; J. N. Ritter von Alpenburg, *Mythen und Sagen Tirols*, op.cit.

66 Zu Germania vgl. L. Ritter-Santini, *Il volo di Ganimede*, Venezia (Marsilio) 1999.

67 In den Sagen und Erzählungen aus unseren Alpen läuft außerdem alles einfacher und unpersönlicher ab, mit Gleichmut. Wie Max Lüthi schreibt, hat das profane Märchen die Beziehung des Menschen zum Übernatürlichen zum Thema. Das völlig andere und das Wunderbare sollen so offenkundig dargestellt werden, dass dieses Genre seine magische Atmosphäre verliert; denn diese legendäre Welt gehört dem Kosmos und seinen Kräften an, das heißt dem kollektiven Unbewussten, nicht aber dem Individuum und der bürgerlichen Moralauffassung mit ihren Emotionen und Erwägungen. Die Sagen erzählen von den Geheimnissen der Natur.

68 Eine kollektive Betrachtung der mit diesen archetypischen Kräften zusammenhängenden symbolischen und psychologischen Werdegänge kann zur unterschiedlichen individuellen Entwicklung äußerst hilfreich sein. Im Fall des wilden Mannes zum Beispiel hatte das in zwölf Auflagen erschienene Buch *Il Maschio Selvatico. Ritrovare l'istinto rimosso dalle buone maniere* (op.cit.) viele von dieser Publikation beeindruckte Männer veranlasst, sich zu Gruppen von „wilden Männern" zusammenzuschließen und eine viel besuchte Internet-Site (www.maschiselvatici.it) ins Leben zu rufen – was zur Entwicklung und der Fortsetzung verschiedener individueller Umwandlungsprozesse sicher von erheblicher Bedeutung war.

69 C. G. Jung, *100 Briefe. Eine Auswahl*, Olten (Walter) 1975.

70 R. Steiner, *Der Orient im Lichte des Okzidents*, 9. Vortrag, München, 31. August 1909.

71 R. Steiner, *Norm, Leben und Bewusstsein als schöpferische Kräfte*, 30.-31. Vortrag, Nr. 1943, Berlin, 30. Oktober 1905.

Moidi Paregger, geboren 1954 in Meran, Klassisches Lyzeum, Studium der Medizin in Bologna. Nach mehreren Arbeitsjahren als Ärztin Eröffnung einer Privatpraxis in Allgemeiner Medizin nach homöopathischer und anthroposophischer Heilweise in Bozen.
paregger.rise@gmail.com

Claudio Risé, geboren 1939 in Mailand, Studium der Politik-wissenschaft am Institut Universitaire de Hautes Etudes Inter-nationales in Paris. Dozenturen in Mailand, Varese und Triest. Seit 1976 verstärkte Beschäftigung mit der Psychoanalyse und Arbeit als Psychotherapeut. Zudem Autor für „L'espresso", „la Repubblica" und „Corriere della Sera".
Zahlreiche Veröffentlichungen.
www.claudio-rise.it

Heide Haßkerl

Holunder, Dost und Gänseblümchen …

Vegetarische Rezepte mit wilden Kräutern und Früchten

Heide Haßkerl

Holunder, Dost und Gänseblümchen ...

Vegetarische Rezepte mit wilden Kräutern und Früchten

»Man kann kein Ding schätzen oder ablehnen, das man nicht vorher kennen gelernt hat. Eine Sache, eine Idee oder eine Wissenschaft zu verteidigen oder zu bekämpfen, ohne Kenntnis von ihnen zu haben, ist ein eitles, gedankenloses Gerede – ein Preislied auf die Dummheit.«

Leonardo da Vinci

Wichtiger Hinweis:

Alle in diesem Buch enthaltenen Ratschläge und Rezepte sind von der Autorin sorgfältig ausgewählt und überprüft worden. Dennoch muss jegliche Haftung seitens der Autorin oder des Verlags für Sach- oder Personenschäden ausgeschlossen werden.

Inhaltsverzeichnis

Einige Worte vorab 7

... und ein guter Rat vorab 10

Wildpflanzen gestern und heute 11

Tipps zum sicheren Bestimmen und Sammeln 13

Konservierungsmethoden 16

Hausweinbereitung 23

Gelees, Marmeladen und Sirup 31

Die Pflanzen in Feld und Küche 34

Hinweise zu den Rezepten 35

Pflanzenporträts und Rezepte 36
    Bärlauch 36 / Beifuß 40 / Beinwell 44 / Brennnessel 50 /
    Brombeere 60 / Dost 66 / Franzosenkraut 70 / Gänseblümchen 74 /
    Heckenrose 78 / Himbeere 85 / Schwarzer Holunder 88 /
    Große und kleine Klette 98 / Knoblauchsrauke 104 /
    Löwenzahn 108 / Wilde Malve 116 / Meerrettich 120 /
    Pastinak 124 / Pfefferminze 130 / Quendel 135 / Salbei 138 /
    Sauerampfer 141 / Schafgarbe 144 / Schlehdorn 148 /
    Die weiße und die rote Taubnessel 152 / Duftendes Veilchen 156 /
    Vogelmiere 160 / Walderdbeere 164 / Waldkiefer 168 /
    Wiesenbocksbart 172 / Zitronenmelisse 178

Sammelkalender 182

Die Autorin 184

Rezept-Index... 185

Deutsche und lateinische Pflanzennamen................ 188

Adressen rund ums Thema 189

Einige Worte vorab

Die Natur hat in unserer Gesellschaft ihr vielschichtiges Gesicht verloren. Sie wird zunehmend zum Erholungsobjekt mit Reinheitsgehalt deformiert. Besonders deutlich hat sich dieser Trend im ländlichen Raum herauskristallisiert. Hier ufert ein »Sauberkeits-«Fanatismus in eine massenhysteriegleiche Kulthandlung aus; dem Natürlichen wird das Widernatürliche bevorzugt gegenübergestellt. Tiere, Blumen und Bäume haben ihren eigentlichen Wert verloren und stehen – aus ihrer natürlichen Un-Ordnung gelöst – in einer Ordnung, in der es nur noch schön, gut und nützlich gibt. Doch für wen und um welchen Preis? Wenn wir schon von der Ordnung beziehungsweise Unordnung unserer Umwelt sprechen, dürfen wir auch nicht vergessen, dass hier grundsätzlich von der menschlichen (!) Umwelt die Rede ist. Eine andere Vorstellung davon gibt es nicht, da wir keine andere Perspektive kennen.

Mir wurde das Wissen um die Pflanzen sozusagen in die Wiege gelegt. Meine Eltern waren schlichte und bescheidene Leute – Kleinbauern, wie sie im Buche stehen. Mutters »einzige« Aufgabe bestand darin, sich um Haus, Garten, Feld, Stall und Hof zu kümmern. Vater fuhr mit seinem Gespann – dessen schweres Geschirr ich wöchentlich zu putzen hatte – täglich zum Holzrücken in den Wald, wie es auch sein Vater schon tat. Deswegen kannte er wohl jeden grünen Halm. In den Ferien durfte ich bei ihm sein und von seinem ungeheuren Wissen, das ich als das Aufregendste überhaupt empfand und auch heute noch empfinde, etwas mitbekommen.

Wenn ich mich zurücklehne und einen Augenblick lang darüber nachsinne, sehe ich die vielen golden schimmernden Schnallen und Beschläge des Kummetgeschirrs im wechselnden Licht einsamer Waldwege und mir fallen viele wunderbar anmutende Geschichten wie die Geschichte mit dem Frischling – »meinem« Frischling – ein:
Wir waren auf dem Heimweg, waren müde und kaputt und auch die beiden braunen Wallache ließen erschöpft und von der schweren Arbeit ausgelaugt die Köpfe hängen. Wenn die Sonne sich langsam westwärts verliert, wenn die Schatten wachsen, wächst mit ihnen eine kühle Dunkelheit, die die einzelnen Konturen verschwinden lässt, nicht zu vergleichen mit dem in zartes Silber getauchten morgendlichen Beginn eines Tages im Wald. In dieses melancholische Licht des beginnenden Abends mischte sich plötzlich ein zartes Geräusch, ein Knistern und Knacken wie Reisig, das in einem offenen Feuer entflammt. Dann ein Huschen: Frischlinge stoben wie ein Fischschwarm auseinander. Ein kleiner Frischling lief unschlüssig davon, weil er irgendwie den Anschluss

an seine Meute verloren hatte. Ich wollte ihn haben, und Vater fing ihn (das hört sich wesentlich einfacher an, als es in Wirklichkeit war), steckte das Tierchen in einen Sack (was wiederum auch ein Bravourstück war!) und legte die Fracht vorsichtig auf die Stämme unseres Langholzwagens, der schon bald das Ende des Waldweges erreicht haben würde. Natürlich schrie der Frischling im Sack lang anhaltend, schrill und ohne damit aufzuhören. Es dauerte nicht lange, und eine Bache, wohl seine Mutter, folgte zornig grunzend, wenn auch in sicherem Abstand, mit einer Truppe weiterer Frischlinge unserem Wagen. Die Dame wurde merklich aufgeregter, kam immer dichter heran, und – wie sollte es auch anders sein? – wir gaben ihr, gezwungenermaßen, den kleinen Frischling zurück. Ich weiß nicht, ob sie das Gespann angegriffen hätte, war mir aber derzeit ziemlich sicher, dass sie es getan hätte.

Dies alles ist noch nicht einmal so lange her, zwanzig, fünfundzwanzig Jahre vielleicht; ich kann den Schweiß der Pferde noch riechen, kann ihre frommen Gesichter deutlich sehen, höre ihren Atem, die Musik der Ketten, monotone Schritte auf dem weichen Boden, sehe Vögel, Pilze, Pflanzen, rieche Harz. Wir haben viel verloren.

Wenn ich heute in Wald und Feld unterwegs bin, dröhnen Motoren schwerer Fahrzeuge, Kettensägen zerschneiden nicht nur Holz. Waldsterben, Umweltschmutz und in freiem Feld zufällig verlorener Hausmüll geben dem Ganzen noch einen wesentlich beängstigerenden Anstrich, vom furchtbaren Gestank chemisch vergifteter Felder ganz zu schweigen. Ein Tierarzt erzählte mir, dass jedes Jahr Hundehalter um das Leben ihrer Vierbeiner ringen, da sich die Tiere bei ausgedehnten Frühjahrsspaziergängen in den Feldern vergiften. Sie hätten neben deutlichen Gleichgewichtsstörungen, die sich in unkontrolliertem Taumeln äußern, einen kräftezehrenden Durchfall, der je nach Schwere der Toxine bis zum Tod führt.

Man merkt: Eine »neue Zeit« ist angebrochen. Nun ja – Aussteigen ist für die wenigsten die Lösung, und wer sich dennoch mit dem Gedanken trägt, muss als Nächstes enttäuscht fragen: WOHIN? Auch der Mond trägt bereits unsere Spuren (oder sollte man Blessuren sagen?). Einen Urwald, so wie wir ihn verstehen, gibt es nicht mehr. Die heimische Fauna und Flora hat »Federn gelassen«, selbst im eigenen Garten ist man vor dem Lärm und Schmutz der Nachbarschaft nicht sicher.

Nun – wie kann man dem entgehen!? Entweder man hofft auf die nächste Sintflut, oder man versucht durch Bescheidenheit, diesen unseligen Zustand beenden zu helfen. Nur Mut! Dem Konsum, der in einer Konsumgesellschaft an erster Stelle rangiert, ist einfach mit der noch einfacheren Frage »Muss ich das auch wirklich haben?« entgegenzutreten. Bald merkt man, dass es viel zu viel Unnützes gibt.

Apropos unnütz. Eine Vielzahl von Insektenvernichtungsmitteln würden sich erübrigen, hätten wir gelernt, ein wenig Vertrauen in die »Machenschaften« unserer Erde zu bringen. Ein eindrucksvolles Erlebnis, bei dem es mir gewissermaßen wie Schuppen von den Augen fiel, möchte ich kurz schildern:

Jedes Jahr versammelten sich Tausende und Abertausende von Ameisen auf der Arbeitsplatte meiner Küche, um mir das Leben schwer zu machen. In meiner grenzenlosen Dummheit ging ich in ungezählten, immer wieder neuen Versuchen mit vielen schweren Geschützen gegen die »Biester« vor, um irgendwann den Kampf doch verloren aufzugeben. Egal wie viele ich tötete, es kamen ständig mehr nach. Im letzten Jahr hatte ich DIE Idee! Da bisher, von »Nebenwirkungen« abgesehen, alle weltweit gegen Insekten durchgeführten Feldzüge mehr oder weniger fehlschlugen, ja sogar das Gegenteil bewirkten, keimte in mir die Annahme, dass man ganz ohne Kriegserklärung auskommen und in gegenseitiger Achtung MITEINANDER leben könne. Gedacht, getan. Peinlichst achtete ich auf »meine« Ameisen, putzte fürsorglich um sie herum, krümmte keiner ein Haar ... Was soll ich sagen? – Die erwartete Invasion blieb aus! Nun tummeln sich lediglich zehn bis fünfzehn Ameisen täglich in der warmen Mittagssonne auf der Arbeitsplatte meiner Küche, um später befriedigt abzurücken und mich für den Rest des Tages zu verschonen. Nur ein Zufall? Mir gab diese Geschichte auf jeden Fall etwas vom ganz großen Gefühl, dem Gefühl der Einheit, der Weltenverbundenheit zurück.

Das Gleiche gilt für den toleranten Umgang mit den Pflanzen, auch sie sind Geschöpfe dieser Welt, Unkräuter eingeschlossen ...

Bei meinen umweltpädagogischen »Wiesen-Führungen« habe ich feststellen dürfen, dass es für die Menschen, egal ob Jung oder Alt, etwas Besonderes ist, gleich einem Privileg, Pflanzen der Heimat kennen und genießen zu lernen – vorgefasste Meinungen nicht bestätigt zu bekommen, dafür aber neue Eindrücke zu erfahren, weg von der digitalisierten Welt, hin zum Reichtum unserer lebendigen Mutter Erde. Man kann gar nicht glauben, wie groß doch das Interesse an einer gesunden, intakten Umwelt und der dementsprechenden Lebensweise ist, wie sehr sich die Menschen nach der Lebensauffassung der Alten sehnen, wie viel davon verloren ging und wie wichtig es ist, diese Erfahrungen für die Generation danach zu erhalten.

Lassen Sie uns den ersten Schritt tun, manchmal staunt ein Mensch, wie schnell er lernt, auf eigenen Beinen zu stehen!

... und ein guter Rat vorab

Der Fantasie sind in der Wildpflanzenküche keine Grenzen gesetzt; wer den Weg zu ihr gefunden hat, kommt schlecht wieder davon los. Die Wildpflanzen können wie jeder »normale Salat« oder jedes »normale Gemüse« aus dem Supermarkt oder aus dem Garten verwendet, kombiniert und angerichtet werden. Wer den Geschmack erst einmal einzuordnen weiß, kann gerade mit ihnen unverwechselbare und noch dazu sehr gesunde Unikate auf den Tisch bringen, die mit einer bunten Vielfalt gemischter Blüten auch zu einem Augenschmaus werden können.

In vielen Büchern zu diesem Thema stehen viele wunderschöne Rezepte. Vertrauen Sie aber nicht irgendeinem schönen Bogen Papier, der mit einem exotischen Abenteuer lockt, sondern nur Ihrer Nase! Essen Sie nur, was sie mögen, zwingen Sie sich zu nichts (oder essen Sie alles, was die Gemüseecke im Supermarkt zu bieten hat?)!

Viele Pflanzen wie Disteln, Wiesenbärenklau, Hirtentäschel, Huflattich, Wegerich etc. sind zwar nicht giftig und sogar genießbar, doch die einen schmecken eher sonderbar, die anderen sind nur mit einem ungeheuren Aufwand zuzubereiten, und die dritten können in größeren Mengen genossen oder unter bestimmten Umständen der Gesundheit abträglich sein: Disteln entstacheln ist wegen des Zeitaufwands ein Unding, Wegerich ist zäh wie Hosenleder und auf jeden Fall besser als blutstillendes Mittel zu gebrauchen (Blätter bei offener Verletzung kräftig reiben, bis sie leicht matschig sind, und auf die Wunde auflegen), Hirtentäschel sollte vorsichtig dosiert werden, da er auch arzneiliche Wirkungen hat, und der als Retter der männlichen Potenz gepriesene Wiesenbärenklau verursacht Wiesendermatitis, wenn der Saft der Pflanze mit der Haut des Menschen in Berührung kommt und diese auch noch – wie sollte es im Sommer anders sein? – der Sonne ausgesetzt wird. Man sollte bedenken, dass auch Gras und Klee und Quecken der Gesundheit sogar zuträglich sein können – sie sind keineswegs giftig, sondern essbar –, deswegen aber noch lange nicht experimentierfreudigen Küchenbotanikern zum Opfer fielen und nun in atemberaubenden Rezepten demütig ihrer Eroberung harren. Warum wohl?

Wildpflanzen gestern und heute

Pharmazeutische Unternehmen schicken ihre Mitarbeiter in die »grüne Apotheke«, um deren Geheimnisse zu lüften, Universitäten und Forschungszentren kultivieren in Kräutergärten, was später unters Mikroskop kommt. Die Wissenschaft der Pflanzenheilkunde – Phytotherapie genannt – erlebt eine Renaissance. Aus gutem Grund: Kräuter vermitteln Gesundheit und Wohlgeschmack, sind Würze und Essenz, Narkotika oder Aphrodisiaka. Kräuter beherrschen und beflügeln nicht nur den Körper und die Sinne, sondern auch die Fantasie (die auch bei unseren Vorfahren schon äußerst erotisch war). Es gibt Tausende von Überlieferungen, noch mehr Rezepte, unglaublich viele Tinkturen gegen dies und jenes, Salben, Pillen etc. Auch als Garant für glückliche Ehen werden und wurden Kräuter verwendet.

Als kleines Beispiel: Früher wurde von den Alten Weisen angeraten, ein Brautgemach zu räuchern, bevor es zum Brautgemach gemacht werden sollte. Zu diesem Zweck wurde die Brombeere herangezogen, denn der Brombeerrauch galt als magischer Schutz gegen jegliches Unheil, das enttäuschte Kontrahenten dem jung vermählten Paar gewünscht hatten. Natürlich durften die Fenster während der Räucherung und danach nicht geöffnet werden; der Zauber des Rauches wäre sonst entwichen und mit ihm die guten, hilfreichen Geister, die den Verwünschungen widerstanden. Damit der Aufenthalt (verbranntes Brombeergestrüpp ist nicht gerade ein Aphrodisiakum) in der Liebeskammer dennoch möglich und auch das Brautgemach als solches zu nutzen war, wurden duftende Kräuter eingesetzt, die dem Qualm entgegengewirkt haben sollen. Mögen die Brautleute lange Freude an den duftenden Kräutern gehabt haben!
Da wir gerade bei etwas obskuren Bräuchen sind – auch wenn es jetzt nicht so ganz zum Thema passt, zeigt es doch ganz gut, was auf diesem Gebiet überhaupt an Aberglauben möglich war und gemacht wurde: Im Mittelalter hielt sich ein Brauch, der, um »eine Frau dem Manne gefügig zu machen«, unter Zuhilfenahme eines einfachen Apfels geschah. Dieser musste von dem Buhler mit dem Schweiß des auserkorenen »Weibes« befeuchtet und von der Selbigen dann schließlich gegessen werden. Welch Tragödien könnten sich im Mittelalter abgespielt haben, wenn ein später Frost die Apfelblüten zerstörte?

Doch zurück zum Thema. Neben dem mystischen Aspekt – viele Kräuter werden eng mit Teufel, Hexen und Zauber in Verbindung gebracht – spielt gerade auch bei Kräutern der Gebrauch als Heilmittel eine wesentliche Rolle. Die Anwendungsarten sind mannigfaltig: So werden aus Kräutern alkoholische Auszüge bereitet, Tees hergestellt, Tinkturen erzeugt und Salben bereitet. Kräuter sind unersetzlich. Daneben sei der Wohlgeruch dank der ätherischen Öle und der Wohlgeschmack nicht vergessen. Außerdem bereichern sie jede Mahlzeit durch eine Fülle an Vitaminen, darin schlagen sie die üblichen Kulturgemüse haushoch. So hat zum Beispiel die Brennnessel einen sechseinhalb Mal so hohen Gehalt an Vitamin C wie der Spinat. Kräuter geben in einem guten Essen einfach den Ton an.

Vitamin-C-Gehalt in mg/100 g essbarem Anteil

Kulturgemüse		Wildgemüse	
Kopfsalat	13	Gänseblümchen	87
Spargel	21	Löwenzahn	115
Wirsing	45	Sauerampfer	117
Rotkohl	50	Franzosenkraut	125
Spinat, frisch	52	Wilde Malve	178
Blumenkohl	73	Große Brennnessel	333

 Tipp: Kräuter eignen sich übrigens nicht nur zum Verfeinern von Speisen. Auch als Trockengestecke sind sie eine Augenweide und trösten über so manchen tristen grauen Wintertag hinweg. Außerdem eignen sie sich zur Füllung eines Duft-, Schlaf- und/oder Heilkissens.

Tipps zum sicheren Bestimmen und Sammeln

Grundsätzlich dürfen nur Pflanzen, die zweifelsfrei als genießbar identifiziert wurden, gesammelt werden. Dieser Ratschlag kann gar nicht oft genug wiederholt werden, denn nirgends sind Freund und Feind so eng beisammen wie in der Natur. Viele »Neueinsteiger« überschätzen sich und ihre Fähigkeiten bei der eindeutigen Bestimmung der grünen Weggefährten. Für den Anfänger ist ein schrittweiser Einstieg, begleitet von einem guten Pflanzenführer, anzuraten: Auch gibt es schon Institutionen, die Kurse auf diesem Gebiet anbieten.
Auf jeden Fall sollte Wert auf wetterfeste Kleidung sowie gutes Schuhwerk gelegt werden, da sich der Vorgang des Sammelns lange hinziehen kann.
Seien Sie fair mit der Natur, sie will auch leben. Ernten Sie nicht alles rigoros ab! Haben Sie keine Angst, auch nicht vor einer Maus oder einer Spinne. Niemand tut Ihnen etwas!

Wir haben auf unserer Rinderweide einen hohlen Weidenbaumstamm, in dem es sich ein Schwarm Hornissen sozusagen bequem gemacht hatte. Anfänglich ängstigten mich die großen Brummer schon, zumal sie aufgeregt umherschwirrten. Doch als ich sah, dass sie sogar die sich an dem Stamm scheuernden Rinder unbehelligt ließen, ging ich zu ihnen. Dicke, fette, gewaltige wespenähnliche Wesen, wie aus einem Genlabor entwichen, umschwirrten meinen Kopf und setzten sich auf meiner Kleidung ab. Nein, keine hat mich gestochen, auch nicht an den folgenden Tagen, die ich bei unseren Rindern verbrachte.

Was kann ich sammeln?

Gesammelt werden können Blätter, Früchte, Beeren, Blüten und Wurzeln. Hier eine Auswahl an wohl schmeckenden und häufig vorkommenden Wildpflanzen, die sich ganz hervorragend für den Einsatz in der Küche eignen.

Speisepflanzen:
Beinwell, Brennnessel, Brombeere, Franzosenkraut, Gänseblümchen, Hagebutte, Himbeere, Holunder, Klette, Löwenzahn, Malve, Meerrettich, Pastinak, Sauerampfer, Schlehdorn, Taubnessel, Vogelmiere, Wiesenbocksbart

Würzpflanzen:
Bärlauch, Beifuß, Dost, Knoblauchsrauke, Meerrettich, Pfefferminze, Quendel, Salbei, Sauerampfer, Schafgarbe, Waldkiefer, Zitronenmelisse

Teepflanzen:
Brombeere, Dost, Heckenrose/Hagebutte, Himbeere, Pfefferminze, Quendel, Salbei, Schafgarbe, Zitronenmelisse

Pflanzen, die der Weinbereitung dienen:
Früchte: Brombeere, Hagebutte, Himbeere, Schlehe
Blüten: Löwenzahn
Wurzeln: Pastinak

Pflanzen, die der Sirupbereitung dienen:
Veilchen, Löwenzahn, Holunder, Schlehdorn

Knospen für die Kapernbereitung:
Löwenzahn, Gänseblümchen

Pflanzen zum Aromatisieren von Essig und Öl:
Bärlauch, Beifuß, Dost, Quendel, Salbei, Schafgarbe

Wann kann ich sammeln?

Damit sich die Kräfte einer Pflanze voll entfalten können, sind bestimmte Sammelzeiten zu beachten. Die Mondphasen spielen dabei ein wichtige Rolle, da sich die Anziehungskraft des Mondes auf die Pflanzen auswirkt: Bei abnehmendem Mond ziehen die Säfte in die Wurzel, bei zunehmendem Mond wandern sie in die oberirdischen Teile der Pflanze. Grundsätzlich gilt deshalb für alle oberirdischen Pflanzenteile die Zeit des zunehmenden Mondes bis zum Vollmond als beste Sammelzeit. Wurzeln dagegen sollten bei abnehmendem Mond bis zum Neumond geerntet werden.
Zu welcher Jahreszeit gesammelt wird, hängt von der Art des Sammelguts ab. Als Faustregeln gelten:
— *Blätter* nur im Frühjahr bis zum Sommer, grundsätzlich nur von einer einwandfreien Farbe und Beschaffenheit am Morgen, sobald der Tau getrocknet ist (mit Ausnahme der Blätter für die Teefermentation, die »taufrisch« geerntet werden).

- *Blüten* nur voll aufgeblüht, ohne Flecken oder Schimmelpilzbefall, bei Sonnenschein
- *Früchte* zur Reifezeit
- *Beeren* ebenfalls nur zur Reifezeit (auch hier: Finger weg von pelzig/pilzig überzogenen Exemplaren)
- *Wurzeln* im Frühjahr oder Herbst, morgens oder abends.

Ein Sammelkalender für die im Buch vorkommenden Pflanzen befindet sich im Anhang (Seite 182). Dort können Sie nachschlagen, in welchen Monaten Sie die einzelnen verwendbaren Pflanzenbestandteile einer jeden Pflanze finden.

Wo kann ich sammeln?

An Straßen, Radwanderwegen und Bahndämmen sollte wegen der starken Verschmutzung vom Sammeln Abstand genommen werden. Berghänge, Uferbereiche, abseits liegende Feldwege und schwer zugängliches Gelände eignen sich dagegen hervorragend zur Ernte.

Meiden Sie ausgedehnte Kulturlandschaften (Plantagen gehören mit dazu!) und Ränder von Äckern, die durch regelmäßige Fahrspuren unterbrochen sind! Wer auf Nummer sicher gehen will, erkundigt sich in einer Ortschaft nach einem ansässigen Öko-Bauern und fragt diesen um Rat. Gern wird er Ihnen erklären, wo seine Felder in der Gemarkung liegen, die Sie dann ganz sicher schon von weitem von den anderen unterscheiden werden. Kamille steht davor und darin und versprüht einen faszinierenden Duft, roter Mohn tanzt wie beseelt zwischen den Getreidehalmen, Kornblumen tanzen mit, vom Gesang der Lerchen begleitet.

Was brauche ich zum Sammeln?

Gleich einem Gärtner benötigen wir ein Minimum an Utensilien, wenn wir in der Natur ernten wollen: scharfe Schneidwerkzeuge, solides Bindegarn, Span- oder andere Holzkörbe (aber keine Plastiktragetaschen!) und für die Wurzelernte einen Spaten. Damit beginnen wir.

Zur Verarbeitung unserer Ernte zu Hause können wir alle haushaltsüblichen Küchengeräte benutzen. Allerdings sollte das Besondere und Aufwendige schon durch eine schonende Verarbeitung und durch Ergänzung ökologisch erzeugter vollwertiger Nahrungsmittel zu etwas ganz Besonderem gemacht werden. Erst dann erhebt sich eine Mahlzeit zu einem Höhepunkt.

Konservierungsmethoden

Wichtig ist auch bei den Kräutern eine schonende Konservierung. Beim Trocknen der Kräuter verflüchtigen sich die für den typischen Geruch oder Geschmack verantwortlichen ätherischen Öle zwar ein wenig, zum Würzen und für Tees eignet sich diese Konservierungsmethode aber dennoch, wenn man die besonderen Aromen das ganze Jahr über zur Verfügung haben möchte. Für die Kräuterkonservierung bieten sich außerdem das Einlegen in Essig und Öl an sowie die Aromatisierung von Essig und Öl mit diversen Würzkräutern. Die Aromen bleiben so sehr gut erhalten. Allerdings eignet sich natürlich nicht jedes Gericht dazu, mit einem würzigen Öl oder Essig verfeinert zu werden.

Trocknen

Das Trocknen eignet sich hauptsächlich für Gewürz- und Teekräuter.

Zutaten und Utensilien

Die Kräuter sollten frisch und einwandfrei sein, das heißt ungezieferfrei und ohne Schimmel.

Zum Trocknen der Kräuter benötigt man lediglich eine saugfähige Unterlage (zum Beispiel Papier).

Eine einfache Methode, mit der man gerade bei fermentiertem Tee gute Trocknungsergebnisse erzielt, ist das Trocknen mit einem Trockenrahmen: Dafür bespannt man einen aus Latten zusammengenagelten Rahmen mit einer Baumwollwindel oder einem anderen dünnen Baumwolltuch.

Vorgehensweise

Die Pflanzen, die nicht feucht sein dürfen, werden bei zunehmendem Mond gesammelt, da sich das Aroma und die grüne Farbe dann länger halten. Sie werden an einer möglichst windgeschützten Stelle im Freien oder in einem gut gelüfteten Raum auf einem saugfähigen Papier ausgebreitet, aber niemals der prallen Sonne ausgesetzt. Die Pflanzen werden während des Trockenprozesses mehrmals gewendet, eventuell wird die Unterlage gewechselt, wenn sie zu feucht geworden ist.

Notfalls kann auch im Backofen getrocknet werden, die Temperatur sollte allerdings 36° C nicht überschreiten, damit die wertvollen Inhaltsstoffe nicht zerstört werden.

Wenn man einen Trockenrahmen gebastelt hat, lehnt man diesen an einem luftigen, schattigen Ort schräg an die Wand. Die Kräuter werden darauf ausgebreitet und hin und wieder gewendet. Dadurch ist von beiden Seiten eine optimale Luftzufuhr gewährleistet.

Langstielige Pflanzen können auch gebündelt aufgehängt getrocknet werden und haben so auch noch einen höchst dekorativen Nutzen.

Nach dem Trocknen bewahrt man die Kräuter zerkleinert bzw. gerebelt in luftdicht abgeschlossenen und möglichst lichtundurchlässigen Gefäßen auf.

Aromatisierung

Zur Aromatisierung von Essig oder Öl kann man verschiedene würzende Kräuter zusetzen. Das Aroma der Würzkräuter geht in den Essig bzw. das Öl über und gibt ihm dadurch eine ganz bestimmte geschmackliche Note. Diese besonderen Essenzen geben Salaten den letzten Pfiff und sind auch zum Verfeinern von Saucen oder herzhaften säuerlichen Suppen bestens geeignet.

Zutaten und Utensilien

Man benötigt saubere, von Ungeziefer und Verderb freie aromatische Kräuter (Bärlauch, Beifuß, Dost, Quendel, Salbei, Schafgarbe, Veilchen) und relativ neutral schmeckendes Öl bzw. Essig. Verwendet werden können alle oberirdischen Pflanzenteile, auch blühende.

An Utensilien braucht man verschließbare Einweckgläser und dunkle Flaschen.

Aromatisierung von Öl

Zum Aromatisieren von Öl nimmt man ein verschließbares Einmachglas und füllt dieses etwa halb voll mit gereinigten, zerkleinerten Kräutern. Bedingung ist, dass die Kräuter und das Gefäß ganz trocken sind. Wenn die Kräuter beim Trocknen eventuell anwelken, ist das nur von Vorteil, da sich die meisten ätherischen Öle erst dann so richtig entfalten.

Auf die vorbereiteten Kräuter, die man getrost auch mischen kann, gibt man so viel gutes, im Geschmack neutrales Öl, dass sie vollständig bedeckt sind. Man lagert es fest verschlossen an einem warmen, sonnigen Ort vier bis sechs Wochen, dann wird es gefiltert und in dunkle Flaschen umgefüllt.

Eine andere Variante, die allerdings mehr der Optik als dem Geschmack dient, ist das Einsetzen von Kräuterzweigen (vorherige Reinigung ist selbstverständlich) in dekorative Ölgefäße, die nicht nur als Blickfang dienen, sondern vielmehr Ihre Gäste auf Ihren Küchenzauber neugierig machen werden.

Aromatisierung von Essig

Die Vorgehensweise gleicht der Aromatisierung von Öl. Allerdings ist hier die Verwendung frischer, nicht angewelkter Pflanzen von Vorteil, auch sollte man vorher bedenken, welches Resultat man erzielen will.

Neben Veilchen (ergibt einen Parfumessig, um den man Sie beneiden wird!) können alle anderen aromatischen Pflanzen und Blüten genutzt werden, so dass man schnell seine Favoriten konserviert hat. Die Dauer des Einlegens bestimmt den Geschmack, der von mild bis kräftig tendieren kann und jedem selbst überlassen bleibt.

 Tipp: Ich belasse meine Kräuter bis zum Aufbrauchen des Flascheninhaltes im Essig; er ist noch nie schleimig geworden. Sollte dies einmal der Fall sein, so wurde wahrscheinlich nicht sauber genug gearbeitet.

Einlegen von Wildkräutern

Auch die aromatischen Kräuter selbst lassen sich mit einer einfachen Methode spielend so konservieren, dass man auch im Winter den Salat durch die Beigabe eingelegter Wildkrautblätter ein wenig aufpeppen kann.

Zutaten und Utensilien

Man benötigt einen Wein- oder Apfelessig, Meersalz und einwandfreie frische Kräuter. Die Gläser müssen gut gereinigt und fest verschließbar sein.

Vorgehensweise

Die Wildkräuter werden gründlich gereinigt und gut getrocknet. Dann hackt man sie fein, schichtet sie in reine Gläser und drückt sie an. Der Essig wird aufgekocht; auf 1 l Essig kommt 1 EL Salz. Nach einer kurzen Abkühlpause gibt man den Sud über die Kräuter und verschließt die Gläser fest.

An einem trocknen, dunklen Ort gelagert, halten sich die Kräuter mindestens ein Jahr.

Alkoholische Kräuterauszüge/Liköre

Natürlich können Kräuter auch in Alkohol eingelegt den »Winter überdauern« (wenn man sie nicht vorher konsumiert. Es schmeckt ja so gut, was Ihre Freundinnen und Freunde auch bald feststellen werden).

Die einfachste Methode ist die Mazeration. Hierbei werden Kräuter »aufgesetzt«, das heißt, sie werden mit einem relativ preisgünstigen weißen Kornbrand (32 – 40 %ig) begossen, der die Geschmacksstoffe extrahiert. Mit 90 %igem Alkohol werden bessere Ergebnisse erzielt. Sollen die Kräuterauszüge zu Heilzwecken angewendet werden, eignet sich der hochprozentige Alkohol am besten. Für Liköre ist Alkohol mit einem schwächeren Alkoholgehalt angebracht.

Zutaten und Utensilien

Die Blätter, Blüten, Knospen, Samen, Wurzeln, Zapfen, Nadeln müssen einwandfrei sein, das heißt ohne Ungeziefer, Schimmel und Verunreinigungen. Für einen Likör verwendet man Alkohol mit 32 – 40 % Alkoholgehalt; für Heilzwecke nimmt man einen 90 %igen Alkohol; diesen bekommt man nur in der Apotheke. Ferner braucht man Wasser und Vollrohrzucker.
Die Gefäße müssen sauber und gut verschließbar sein. Außerdem benötigt man Trichter und Seihtücher (der Einfachheit halber tut es auch ein Kaffeefilter in einem Trichter).

Vorgehensweise

Die gut gereinigten und getrockneten Kräuter werden in ein luftdicht verschließbares Gefäß gegeben und mit der entsprechenden Menge Alkohol versetzt. Es ist lediglich darauf zu achten, dass der Alkohol die Ingredienzien vollkommen bedeckt. Der Vollrohrzucker wird in etwas Wasser aufgelöst hinzugegeben. Dies hat zweierlei Vorteile: Zum einen ändert sich der Geschmack – der Likör wird samtig weich – zum anderen sinkt der Zucker nicht auf den Flaschengrund. Die festen Bestandteile bleiben über einen längeren Zeitraum in den Gefäßen, bevor sie abgeseiht werden. Hierfür verwendet man am Besten ein Seihtuch oder einen Kaffeefilter. Zum »Reifen« kommt der Likör einige Wochen in den Keller. (Mengenangaben und genaue Vorgehensweise siehe Rezepte)

// **Tipp:** Ich bereite für die Mazeration immer einen Blütensirup zu, den ich statt Vollrohrzucker hinzugebe. Beispiele für Blütensirup finden Sie auf den Seiten 158 und 159.

Rezepte für Liköre: Brombeerlikör (Seite 65), Holunderlikör aus Obstbrand und aus Weinbrand (Seite 96), Weißer mit Kiefernspross (Seite 170), Wildkräuter-Magenbitter (Seite 134), Zitronenmelisse-Likör (Seite 181)

Teekräuterbereitung

Nichts – oder nicht viel – geht über den Genuss einer heißen Tasse Tee in gemütlicher Atmosphäre, vielleicht bei knisterndem Feuer im eigenen Herd. Es ist so einfach, mit wenigen Dingen Harmonie herzustellen und ohne großen finanziellen Aufwand etwas ganz Besonderes – etwas Großartiges – mit den eigenen Händen zu schaffen. Wer dieses Gefühl verloren hat, sollte sich darauf zurückbesinnen und diesem einmaligen Gefühl der genießerischen Kreativität einen festen Platz im Leben einräumen.

Tee selbst herzustellen, ist einfacher als vielfach angenommen; das Ergebnis wird bestimmt zum Weitermachen ermutigen.

Es gibt zwei Möglichkeiten für die Teeherstellung. Entweder wird das Kraut an einem schattigen, luftigen Ort getrocknet (siehe auch »Trocknen von Kräutern« Seite 16), oder es wird fermentiert und erst danach getrocknet. Der Unterschied liegt im Geschmack; niemand wird Ihnen glauben, dass sie da zum Beispiel Himbeerblätter gebrüht haben, wenn sie Tee aus fermentierten Blättern servieren. Alle Rosengewächse eignen sich übrigens vorzüglich zum Fermentieren und schmecken gut.

Zutaten

Saubere Pflanzen, die frei von kranken Blättern sind, sind die Grundbedingung für einen wohl schmeckenden, aromatischen Tee. Auch auf Insektenbefall prüfen! *Pfefferminze*, *Salbei*, *Waldmeister* und *Zitronenmelisse* werden vor der Blüte geerntet. *Weißdorn* wird nicht voll erblüht gesammelt, *Dost*, *echtes Labkraut*, *Kamille* und die Blüten der *Königskerze* sowie der *Schafgarbe* werden nur voll erblüht an einem trockenen Tag – von Vorteil ist immer Sonnenschein – gesammelt. *Brombeer-*, *Erdbeer-* und *Himbeerblätter* sammelt man am Besten vor der Blüte, da sich dann die meisten Inhaltsstoffe in den Blättern befinden. Grundsätzlich werden nur junge, etwas hellere Blätter geerntet. An Brombeer-, Erdbeer- und Himbeerpflanzen kann man bis zum August solche jungen Blätter finden, die *Heckenrose* dagegen wirft schon recht früh das Laub ab. Es beginnt schon im Juli, sich zu verfärben.

Brennnesselwurzel wird im Herbst geerntet. Beim Huflattich werden die Blüten, die vor den Blättern erscheinen, im zeitigen Frühjahr geerntet, die Blätter im Sommer. Blätter und Blüten wirken gegen Husten.

Utensilien

An Gerätschaften wird nicht viel benötigt: ein Nudelholz, ein Flanell- oder Handtuch, etwas Folie, ein Holzbrett, eventuell ein Steintopf mit Deckel und ein schön warmer Ort, an dem die Teeblätter in Ruhe fermentieren können.

Auch der gesundheitliche Aspekt sollte in diesem Buch nicht zu kurz kommen. Den verschiedenen Teesorten werden folgende Wirkungen zugeschrieben:
*Die Blüten des **Weißdorns** sind als Herzpflegemittel bekannt.*
***Schafgarbe** reguliert neben der Verdauung auch die Menstruation.*
***Salbei** ist gut für Hals und Bronchien und sorgt für eine gesunde Gesichtsfarbe.*
***Brennnesselwurzeln** werden zur Stärkung nach überstandener schwerer Krankheit oder als Haarspülung bei Schuppen eingesetzt.*
***Kamille** wirkt entzündungshemmend und beruhigt sanft die Nerven.*
*Die **Königskerze** gleicht in ihrem Wirkungsspektrum dem **Huflattich**: Sie ist hilfreich bei Husten und Bronchialverschleimung.*
*Das **echte Labkraut** soll äußerlich angewendet zum Auswaschen von Wunden oder als Fußbad gut Dienste leisten. Als Tee wirkt es harntreibend und krampflösend.*
***Brombeer-** und **Himbeerblätter** werden als Tee bei Hautausschlägen gegeben.*
***Erdbeerblättertee** wirkt harntreibend und zusammenziehend und wird allgemein zur Stärkung empfohlen.*
***Waldmeister** (Herzfreude) soll das Herz stärken. Der typische Duft kommt von Kumarin. Das Kraut wird vor der Blüte im Mai gesammelt.*

Trocknen
Die Pflanzen werden gebündelt und an einem schattigen Ort getrocknet (siehe auch »Trocknen von Kräutern« Seite 16). In luftdicht verschlossenen Gefäßen hält sich ihr unverwechselbares Aroma sehr gut.

Fermentieren
Die Blätter der Heckenrosen, Himbeeren, Erdbeeren und Brombeeren werden im zeitigen Frühjahr, recht früh am Morgen (wegen der Feuchtigkeit durch Tau) geerntet, in ein festes Tuch gewickelt und in der Sonne liegend leicht angewelkt. Sie werden binnen einiger Stunden ganz lasch und faltig, und der Geruch verändert sich – die Blätter riechen intensiv. Nach dem Anwelken werden sie auf einer festen Unterlage (angefeuchtetes Holzbrett) mit einem Nudelholz so lange bearbeitet, bis sie sich ganz dunkel verfärbt haben (20 Minuten sollte man für diese Arbeit mindestens einkalkulieren!). Im Anschluss daran werden die Blätter mit etwas warmem Wasser besprengt, in ein Flanelltuch fest eingewickelt (wie eine Roulade) und abschließend mit einer luftundurchlässigen

Folie umgeben an einem warmen Ort (aber nicht über 30° C) drei bis vier Tage gelagert. Danach werden die Blätter, die nun einen angenehmen Geruch haben und von dunkler Farbe sind, auseinander gezupft, zerkleinert, getrocknet und aromaschonend aufbewahrt.

Wem diese Methode zu müßig ist (ab einer bestimmten Menge wird sie es mit Sicherheit), kann die Blätter auch, ähnlich wie bei der Sauerkrautbereitung, in einen Steintopf fest einschichten und fest stampfen. Man sollte allerdings wissen, dass sich die Blätter schon beim Stampfen – nicht Zermatschen! – ein wenig dunkel färben. Abgedeckt wird der Steintopf mit einem passenden Deckel (ich nehme, falls kein Holzdeckel hinein passt, einen Porzellanteller), den ich mit einem schweren Stein beschwere.

Hier noch eine einfache Methode, wie sie von meiner Freundin Ruth praktiziert wird: Sie gibt die Blätter in einen großen Zellophanbeutel und bearbeitet nun den Beutelinhalt mit ihrem Körpergewicht – sprich mit den (sauberen) bloßen Füßen –, der sich tatsächlich während der nächsten halben Stunde dunkel färbt. Dann verfährt sie weiter wie oben beschrieben.

 Tipp: Durch Hinzugabe getrockneter Früchte (Himbeeren, Brombeeren usw.) kann der Geschmack des Tees noch spezifischer geprägt und individueller gestaltet werden.

Rezept mit fermentiertem Tee: Rosen-Milch-Tee (Seite 80)

Hausweinbereitung

Zu einem guten Essen gehört seit Urzeiten ein guter Tropfen süffigen Weins. Mit dem Hauswein ist es übrigens wie mit allen anderen hausgemachten »Lebensmitteln«; sie sind einfach immer wieder zum Verlieben ... klar und rein im Geschmack. Und man hat die Sicherheit, dass nichts darin ist, was eigentlich gar nicht hinein gehört. Und dass Wein grundsätzlich aus Weintrauben oder Äpfeln gemacht sein muss, ist Unsinn, wie Sie im Folgenden erfahren werden. Einen Wein selbst herzustellen – egal woraus –, ist immer eine besonders aufregende Sache, vor allem wenn man bedenkt, wie lange es dauert, bis der Wein fertig ist.

Was brauche ich zur Weinherstellung?

Zutaten
Viele Früchte haben einen zu geringen Zuckergehalt für die Bereitung von Wein. Der **Zucker** wird durch die Gärung zu Alkohol umgewandelt, zusätzlich ist ein gewisser Restzuckergehalt aber nötig, um den oft sehr sauren Charakter des Weins zu mildern. Daher gibt man noch Zucker hinzu. Die notwendige Zugabe größerer Zuckermengen für die Gärung sollte in Intervallen von einigen Tagen geschehen, damit die Gärfähigkeit der Weinhefe nicht beeinträchtigt wird. Verwendet wird raffinierter weißer Zucker, der mehr oder weniger vollständig vergoren wird. Daher würde es nicht viel Sinn machen, guten – und natürlich sonst sehr viel gesünderen – Vollrohrzucker oder andere gesündere Süßungsmittel zu verwenden.

Das **Wasser** braucht nicht abgekocht zu werden, wenn es Trinkwasserqualität hat.

Durch die Zugabe von **Weinhefe** wird die Gärung beschleunigt und das Entstehen unerwünschter Hefepilze verhindert. In Drogerien gibt es verschiedene Weinhefestämme, durch die sich das Bukett, der Alkoholgehalt und die Süße des Weins bestimmen lassen. Grundsätzlich sollte Weinhefe 24 Stunden vor der Verwendung schon in etwas Most angesetzt werden, damit die größtmögliche Hefeaussaat erreicht wird und die »wilden« Hefen überwuchert werden.

// **Tipp:** Säuren sind ein natürlicher Schutz gegen Weinerkrankungen. Aus diesem Grund empfiehlt es sich, dem Weinansatz Zitronensäure zuzusetzen. Auf fünf Liter Wein verwendet man den Saft von zwei unbehandelten Zitronen.

Utensilien

Als **Gärgefäße** benutzt man grundsätzlich weiße oder grüne Glasballons. Sie bieten den Vorteil, dass man den Verlauf der Gärung sowie die Klärung des Weins ständig beobachten, sprich kontrollieren kann. Die verwendeten Gefäße dürfen nicht aus Metall sein, also keine Kupfer-, Zink- oder Eisengefäße verwenden. Plastik ist unästhetisch und beeinflusst den Geschmack negativ.

Neben den üblichen Küchenutensilien wie Trichter, Schüssel etc. braucht man noch **Gärröhrchen**, eventuell etwas Knetmasse zum Abdichten und auf die Ballone passende Korken. Zum Abziehen des Weins nimmt man einen im Handel (zum Beispiel Drogerie) erhältlichen Weinschlauch.

Zum Entsaften kann man verschiedene Möglichkeiten wählen: **Dampfentsafter, Fruchtsaftzentrifuge.** Wer solche Geräte nicht besitzt, kann sich auch eine Saftpresse selbst bauen (siehe Kasten Seite 26).

Vorbereitung der Früchte

Reinigung der Früchte

Alle Früchte werden gründlich gereinigt, eventuell geht man ihnen mit einer scharfen Bürste zu Leibe oder übergießt sie mit kochendem Wasser, um so gleichzeitig an den Früchten haftende Hefen und Bakterien abzutöten. Dies bedingt auch eine bessere Saftausbeute. Weiche Beeren werden in einen Durchschlag gegeben und gründlich abgebraust. Stiel, Blatt- und Blütenreste entfernen.

Da allerdings das geerntete Gut nicht vom Straßenrand oder von einer mit Pestiziden behandelten Plantage kommt, kann man auch ohne intensive Reinigung verfahren, denn durch die Gärung wird der ganze Schmutz »ausgeworfen« – Sie werden staunen, was da so alles herauskommt.

Zerkleinern der Früchte

Beeren, Obst, Gemüse und Kräuter werden entweder mit einem rostfreien Messer, einem verzinnten Fleischwolf oder mit der Küchenmaschine grob zerkleinert. Dabei sollte man aufpassen, dass weiche Beeren nicht zermatscht werden.

// **Tipp:** Je besser das Pressgut zerkleinert ist, desto höher ist die Saftausbeute.

24

Gewinnung von Most oder Maische

Das zerkleinerte Gärgut kann auf zwei Arten weiterverarbeitet werden: Entweder werden die zerkleinerten Früchte sofort entsaftet (Most) oder die Früchte werden mit Wasser versetzt (Maische) und einige Zeit vergoren, bevor der Saft ausgepresst wird. Diese Methode eignet sich vor allem für Früchte, die durch Auspressen wenig Saftausbeute bringen. Beide Methoden werden im Folgenden beschrieben.

Je nach zugegebener Zuckermenge und nach Art der Weinhefe erhält man einen leichten oder einen schweren Wein. Leichter Wein ist süffig und von leicht herbem Charakter. Er hat einen Alkoholgehalt von 5 – 8 %. Setzt man einen schweren Wein an, erhält man abhängig von der Zuckermenge und der Hefeart einen herben, trockenen bis sehr süßen Wein (Dessertwein mit 9 – 16 % Alkohol).

Most

Bleiben wir zunächst bei der Gewinnung von Most oder Saft, dem **Auspressen**. Dies lohnt sich nur, wenn im Pressgut genug Saft vorhanden ist. Beeren pressen sich ausnehmend gut, Hagebutten verständlicherweise sehr schlecht bzw. gar nicht.

Da wohl die Wenigsten eine geeignete Fruchtpresse zu Hause haben, sind hier drei andere gute Methoden genannt, um an den wertvollen Saft zu kommen: Der Saftentzug mittels **Fruchtsaftzentrifuge** dauert lang und macht wenig Spaß. Allerdings bleiben Geschmack und Vitamine gut erhalten.

Dampfentsaftung ist eine andere Möglichkeit. Diese Methode geht schnell, Bakterien und Keime werden zerstört, aber leider auch ein Teil der Vitamine. Die Ausbeute ist relativ hoch.

Mit einer **selbstgebauten Fruchtsaftpresse** kann man ebenfalls Saft gewinnen, dies ist vielleicht die einfachste Methode, da man kein spezielles Gerät benötigt.

Von den drei genannten Methoden soll hier besonders die Fruchtsaftgewinnung durch Auspressen mit der selbstgebauten Fruchtsaftpresse (siehe folgende Seite) erläutert werden: Das Pressgut wird in ein sauberes Baumwolltuch gewickelt (ich nehme der Einfachheit halber einen einfachen weißen Kopfkissenbezug aus kochfester Baumwolle), auf das Brett in der Kiste gelegt und mit dem Pressholz abgedeckt, das dann mit Gewichten beschwert wird. Als Gewichte können (gesäuberte) Steine verwendet werden. Das Gewicht richtet sich nach der Größe der Kiste und dem zu entsaftenden Gut. (Wenn es zu schwer ist, spritzt der Saft durch das Tuch eventuell durch den Raum, und dort wollen wir ihn ja nicht haben.)

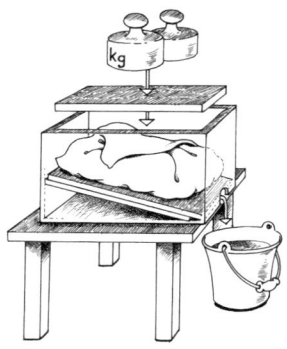

Die Fruchtsaftpresse ist schnell improvisiert bzw. zusammengezimmert: Eine saubere Kiste aus unbehandeltem Holz wird auf der Innenseite beider Breitseiten mit je einer starken Leiste versehen. (Notfalls mit Pergamentpapier auskleiden, wenn das Holz sehr rau ist, dadurch wird auch ein Vollsaugen des Holzes verhindert.) Wegen des neutralen Geschmacks sollte möglichst eine Laubholzart verwendet werden. Dabei muss darauf geachtet werden, dass die Leisten parallel zueinander angebracht werden und ein leichtes Gefälle zum Saftablauf hin aufweisen. Der Saftablauf ist einfach ein Loch im unteren Teil der Kiste, unter das die Auffangschüssel gestellt wird. Denken Sie daran, dass genügend Platz für das Pressgut bleiben sollte, dass also die Leisten nicht zu hoch angebracht werden. Am besten ist es, wenn die Schräge direkt in den Saftablauf mündet.

Auf die Leisten wird ein passendes stärkeres, mit Pergamentpapier verkleidetes Brett gesetzt (es muss dem Druck der noch einzusetzenden Gewichte standhalten!). Ein zweites Brett, das natürlich auch wieder den Maßen der Kiste entsprechen muss, wird als Pressholz benutzt. Das Pressholz kann mit Pergamentpapier abgedeckt, ausgefugt und abgedichtet werden.

 Tipp: Most oder Maische dürfen nicht mit Metallteilen in Berührung kommen. Wenn man Geräte mit Metallteilen verwenden möchte, kann man diese mit Kelterlack versiegeln. Auch die herausragenden Nägelköpfe kann man mit Kelterlack bestreichen, damit es nicht zu unerwünschten Oxidationen kommt.

26

Der Vorgang des Auspressens wird Stunden, wenn nicht gar eine ganze Nacht andauern. Der Saft kann anschließend gleich in den Ballon gefüllt werden. Grundsätzlich empfiehlt es sich beim Arbeiten mit Weinhefe, schon mit dem ersten gewonnenen Saft eine saubere 0,7-Liter-Flasche zu drei Vierteln zu füllen (bei Zimmertemperatur), die Weinhefe hineinzugeben, den Ansatz mit einem Wattebausch zu verschließen und bis zum Einsatz mindestens 24 Stunden an einem warmen Ort ruhen zu lassen. So kann die Hefe schon »vorgären«. Noch besser ist es, zunächst nur eine kleine Menge Saft für den Ansatz zu gewinnen (etwa einen halben Liter) und den restlichen Saft erst am folgenden Tag zu pressen.

Nun wird zu dem gewonnenen Saft die in den jeweiligen Rezepten angegebene Wassermenge gegeben und die angesetzte Hefe sowie der aufgelöste Zucker zugesetzt. Zum Auflösen des Zuckers wird dieser mit wenig Wasser gekocht, bis er klar ist. Für einen schweren, süßen Wein wird zunächst erst ein Drittel des Zuckers zugesetzt, da große Zuckermengen die Gärung hemmen können. Der Ballon darf nicht bis zum Rand gefüllt werden, damit bei der in den ersten Tagen einsetzenden stürmischen Gärung nichts von der wertvollen Flüssigkeit aus dem Ballon schwappt. Der Ballon wird vorerst mit einem Wattebausch verschlossen.

Maische

Einmaischen nennen die Experten die Art der Obstsaftgewinnung, bei der das Gärgut zunächst etwas vorgegoren wird, bevor man es entsaftet. Dadurch ist die Saftausbeute höher. Allerdings stellt das Einmaischen auch schon die erste Stufe der Weinbereitung dar. Beim Einmaischen werden gern Kräuter, Beeren oder Obst- und Gemüsesorten verwendet, die wenig Saft haben.

Das zerkleinerte Maischgut wird in ein emailliertes Gefäß oder ein Holzgefäß gefüllt und mit Leitungswasser versetzt. Wer nicht ohne feste Gewichtsangaben arbeiten möchte, nimmt Maischgut und Wasser zu gleichen Teilen, das ist auf keinen Fall verkehrt. Experimentierfreudigere ermitteln mittels Augen, Mund und Nase den Reifegrad, die Süße und das Aroma des Rohstoffes, entscheiden ganz individuell, wie viel Wasser zugesetzt wird (Verhältnis Rohstoff zu Wasser 1:1 bis 2:3) und bestimmen damit das Aroma des Weines. Mondstände, Reifegrade und Qualität tragen erheblich zu Geschmacksunterschieden bei, die man in einem Rezept einfach nicht berücksichtigen kann.

In die Maische kommt die Wein- oder Bäckerhefe sowie je nach Weincharakter für einen leichten Weinansatz die gesamte im Rezeptteil angegebene Zuckermenge, für schweren Weinansatz zunächst nur ein Drittel der angegebenen Zuckermenge. Damit der Zucker gelöst in die Maische gelangt, sollte er vorher in einer kleinen, aber ausreichenden Wassermenge aufgekocht werden, bis er sich vollkommen gelöst hat. Die Ansatztemperatur der Maische sollte 20° C betragen, liegen die Außentemperaturen deutlich darüber, wird empfohlen, den Ansatz zu schwefeln. Da darauf aber lieber verzichtet werden soll – schließlich wollen wie ein »echtes« Naturprodukt ohne Zusätze erhalten – ist die Weinbereitung bei sehr hohen Lufttemperaturen nicht zu empfehlen. Das Gefäß wird dann mit einem Tuch abgedeckt. Nach 24 Stunden wird der Saft abgeseiht oder ausgepresst.

Das Abseihen geht mit einem umgekehrt auf den Tisch gestellten Stuhl am einfachsten: Ein Baumwolltuch wird mit den Zipfeln an den Stuhlbeinen befestigt, darunter kommt das Sammelgefäß. Dann gibt man die Maische in das Tuch. Zum Auspressen sollte man auf die selbstgebaute Saftpresse zurückgreifen (siehe Kasten Seite 26) oder kleinere Mengen von Hand in einem improvisierten Presssack auswringen.

Man füllt den gewonnenen Saft gleich in den Ballon (nicht bis zum Rand!) und verschließt ihn provisorisch mit einem Wattebausch.

 Tipp: Grundsätzlich müssen die Gärgefäße »passen«, also niemals in einem 20-Liter-Ballon fünf Liter Wein ansetzen! Allerdings muss wegen der stürmischen Gärung auch noch etwas Platz im Ballon bleiben. Daher sollte auch ein Standplatz gewählt werden, an dem der Weinansatz ruhig einmal aus dem Ballon treten darf.

Gärung

Etwa zwei Tage, nachdem der Weinansatz aus Maische oder Most in den Ballon gefüllt und provisorisch verschlossen wurde, setzt die **»stürmische Gärung«** ein. In dieser Zeit wird das zweite Drittel der Zuckermenge für schweren Wein hinzugegeben. Etwa am vierten Tag gibt man auch noch die restliche Zuckermenge hinein. Die geeignete Gärtemperatur liegt bei 20 – 25° C. Um ein Überlaufen zu verhindern, verschließt man den nicht allzu voll gefüllten Ballon mit einem Trichter, auf dem ein Deckel (zum Beispiel eine Untertasse) nicht zu fest sitzen sollte. Nach einer Woche, gelegentlich dauert die Gärung auch etwas länger (das ist von der Temperatur und dem Temperament abhängig), beruhigt sich der Wein und geht zur ruhigen Gärung über. Dies erkennt man an den vielen kleinen weißen, im Ballon aufsteigenden Blasen. Nun ist es an der Zeit, die laut Rezeptur vorgesehene Wassermenge bis zum unteren Ende das Flaschenhalses aufzufüllen. Mit einem Gärröhrchen, einem passenden Korken und eventuell mit spezieller Knetmasse wird der Ballon luftdicht verschlossen. Dies ist unbedingt notwendig, damit sich Schimmelpilze, Kahmhefen und Essigbakterien, die meist für ihre Entwicklung Sauerstoff benötigen, nicht entwickeln können. Das Gärröhrchen sollte nur wenige Zentimeter vom Gärgut entfernt sein.

// **Tipp:** Ob zum zusätzlichen Abdichten Knetmasse benötigt wird, lässt sich ganz einfach herausfinden: Wenn im Ballon kleine Bläschen aufsteigen, wodurch die im Gärröhrchen befindliche Flüssigkeit in Bewegung gerät und »klickert«, ist der Ballon fest verschlossen. Ist die Flüssigkeit im Gärröhrchen ruhig, so weist dies darauf hin, dass der Ballon nicht fest genug geschlossen ist und der Kork mit Knetmasse abgedichtet werden muss.

Abziehen des Weins

Nach etwa sechs Wochen sollte der Weinansatz das erste Mal abgezogen werden. Dies ist nötig, da die auf dem Boden sitzenden feinen Bestandteile wie Hefen und Fruchtteilchen dem Wein einen muffigen, bitteren, fauligen Geschmack geben könnten. Diese Bestandteile bleiben in dem Gefäß zurück, das gut ausgespült wird. Man zieht den Wein in ein emailliertes Gefäß oder ein Laubholzgefäß mit einem im Handel üblichen Weinschlauch ab. Für die ganz »Neuen« unter den Kelterfreundinnen und -freunden: Ein Ende in den Ballon, das andere in den Mund! Jetzt saugen, saugen und probieren (des Kelterers liebste Arbeit!) Danach lässt man den Schlauch, ohne den Fluss zu unterbrechen, möglichst tief in das vorbereitete Gefäß gleiten. Bedenken Sie dabei, dass Wasser nicht bergauf fließen kann: Stellen sie das Gefäß tiefer als den Ballon (Ballon auf den Tisch, Gefäß auf den Stuhl!) Dieser Vorgang wird nach einigen Wochen wiederholt.

Ein Wein gilt erst dann als ausgereift, wenn eine entnommene Probe in einer geöffneten, dreiviertelvollen Flasche über mehrere Stunden an einer warmen Stelle (Zimmertemperatur) gelagert wird und anschließend die verkorkte und für drei Tage im Kühlschrank aufbewahrte Flasche keine erneute Bläschenbildung oder gar eine Austreibung des Korkens zeigt.

Wenn dies der Fall ist, wird der Wein ein letztes Mal abgezogen, verkorkt und liegend gelagert.

Leichter Wein sollte wenigstens ein Jahr, schwerer Wein wesentlich länger gelagert werden.

// **Tipp:** Der beim mehrmaligen Abziehen entstandene Schwund muss durch frisches Wasser immer wieder aufgefüllt werden.

Weinkrankheiten

Essig entsteht durch Essigbakterien. Ist die Infektion noch nicht so weit fortgeschritten, kann man den Wein durch leichtes Pasteurisieren retten. Dazu wird der Wein in verschließbare Gefäße (Flaschen oder Gläser) gefüllt, die im Wasserbad etwa zehn Minuten auf etwa 70° C erhitzt werden. Nach dem Auskühlen kann man durch das Hinzufügen einer neuen Hefekultur (Vorkultur beachten siehe Seite 23) die Gärung noch einmal anregen und lenken. Die Zugabe von ein wenig Zuckersirup ist ebenfalls zu empfehlen.

Schleimbildung entsteht vorwiegend in säurearmen Getränken. Abhilfe schafft eine gute Durchlüftung des Weines (mit dem Schneebesen ordentlich durchschlagen!), gründliches Reinigen des Gefäßes und Zugabe von Zitronensaft (Saft von zwei Zitronen auf fünf Liter). Durch den Zusatz von Weinhefe sollte anschließend die Voraussetzung zu einer flotten Gärung neu geschaffen werden.

Weinrezepte: Brombeerwein (Seite 64), Hagebuttenwein aus frischen oder getrockneten Früchten (Seite 82 f), Hagebutten-anders-Wein (Seite 84), Himbeerwein (Seite 87), Holunderwein (Seite 97), Löwenzahn-Dessertwein (Seite 112), Pastinakenwein (Seite 129), Schlehenwein (Seite 151)

Gelees, Marmeladen und Sirup

Wer weiß nicht, wie toll und unkompliziert sich gerade Beeren zu den herrlichsten Schlemmereien verarbeiten lassen? Mit ihnen ist alles machbar, und ihr kräftiges und so typisches Aroma betört sogar Skeptiker – wenn wir sie erst einmal am Tisch haben. Die wohl ertragreichste Konservierungsmethode für Beeren ist mit Sicherheit das Einkochen oder die Marmeladen- und Geleebereitung (das Einfrieren geht bekanntlich wesentlich schneller, allerdings leidet die Qualität nach dem Auftauen gewaltig).

Eine besonders saubere Verarbeitung ist beim Einkochen der Früchte zu Gelees, Marmeladen oder Sirup unbedingt notwendig! Denn nur mit einwandfreien Früchten ohne Schimmel, faule Stellen und Ungeziefer und mit gut gereinigten Gläsern und Utensilien können die köstlichen Früchte und Pflanzen über Jahre konserviert werden.

Prinzip des Einkochens von Gelees und Marmeladen ist es, die Früchte durch den Zusatz von Zucker haltbar zu machen und zu gelieren. Manche Früchte haben einen geringen Pektingehalt, so dass man am Besten noch Geliermittel zugibt, damit die süßen Aufstriche, die Marmelade oder das Gelee auch schön fest werden. Falläpfel (mit Schalen und Kernhaus), Quitten und Preiselbeeren sind Obstsorten mit hohem Pektingehalt, mit denen man beliebig kombinieren kann. Eine Faustregel besagt, dass Marmelade aus sauren, unreifen und gut gelierenden Früchten schneller steif wird; süße Früchte müssen länger gekocht werden. Man wählt auch gerne nicht ganz reife Früchte und entsaftet sie mit Schale und Kernen, um einen höheren Pektingehalt zu erreichen. Je höher der Pektingehalt ist, desto weniger Zucker wird benötigt. Pektinarme Früchte verarbeitet man mit einem Geliermittel. Das hat auch den Vorteil, dass die Früchte wesentlich schneller gelieren und die Vitamine wegen der kürzeren Kochzeit besser erhalten bleiben.

Um festzustellen, ob die Marmelade oder das Gelee schon die richtige Konsistenz hat, macht man die Gelierprobe. Dazu gibt man einen Tropfen der Masse auf eine Untertasse und prüft die Konsistenz, sobald der Tropfen erkaltet ist. Sobald die Gelierprobe gelingt, füllt man die Marmelade in Gläser, die eventuell auch vorgewärmt oder auf ein feuchtes Tuch gestellt werden können, damit sie beim Einfüllen der heißen Masse nicht platzen. Bis zum Abkühlen stellt man die geschlossenen Gläser auf den Kopf, damit Luft entweichen kann. Dadurch wird die Haltbarkeit erhöht.

Zutaten

Die verwendeten **Früchte** müssen gut gereinigt und frei von faulen Stellen, Schimmel oder Ungeziefer sein. Pektinreiche Früchte werden nur mit **Vollrohr-**

zucker eingekocht, für pektinärmere verwendet man eine **Gelierhilfe** wie Agar-Agar, Pektin oder auch Ahornsirup. Diese Gelierhilfen sind in Naturkostläden oder in Reformhäusern erhältlich.

Utensilien

Neben den normalen, in jedem Haushalt vorkommenden Utensilien benötigt man sehr gut gereinigte, möglichst ausgekochte **Gläser** (für Sirup auch Flaschen), die gut verschließbar sind. Gläser mit Twist-off-Deckeln eignen sich gut.

Gelee

Gelee wird aus dem Saft der Früchte bereitet. Da der Saft weniger Pektin enthält als die ganze Frucht, legt man bei der Auswahl der Früchte für Gelees besonders großen Wert auf einen hohen Pektingehalt.

Vor dem Entsaften werden die Früchte gut gereinigt. Himbeeren werden nur sorgfältig verlesen und vor allem nach Maden untersucht. Sie werden aber möglichst nicht gewaschen, da sie schnell zu wässrig werden und dann vermatschen.

Der Saft kann entweder mit dem Entsafter oder mit der Saftpresse gewonnen werden (siehe auch Kapitel Weinbereitung, »Gewinnung von Most oder Maische«, Seite 25). Beim Arbeiten mit Vollrohrzucker muss der Saft abgewogen, mit der in den Rezepten angegebenen Vollrohrzuckermenge vermengt und zum Kochen gebracht werden. Das Gelee hat die richtige Konsistenz, wenn ein Tropfen auf einer kalten Untertasse nicht mehr auseinander läuft (Gelierprobe). Während des Einkochens schöpft man den immer wieder entstehenden Schaum ab. Auch dieser ist ein köstlicher Brotaufstrich, der aber bald verzehrt werden sollte, da er schnell eintrocknet.

Die Gelierprobe gelingt wesentlich schneller, wenn man das Gelee mit einem Geliermittel verarbeitet, zum Beispiel Agar-Agar oder Pektin. Die erforderliche Menge richtet sich nach der Herstellerangabe.

Marmelade

Marmelade wird aus zerkleinerten Früchten und Beeren bereitet.

Die Früchte werden wie für Gelee vorbereitet, aber nicht entsaftet. Sie werden nur zerkleinert und anschließend gleich mit der entsprechenden Menge an Vollrohrzucker eingekocht, eventuell auch mit einem Geliermittel, damit die

Masse schneller geliert. Wenn die Marmelade dick ist (auf einer Untertasse die Konsistenz prüfen), wird sie abgefüllt.

Eine besonders fruchtige und vitaminreiche Marmelade, die aber nicht sehr lange haltbar ist, erhält man ohne Kochen.

Gekochte Marmelade

Früchte vorbereiten – dabei auf den Reifegrad achten: Unreife und überreife Früchte enthalten weniger Pektin –, zerkleinern, mit Vollrohrzucker vermengen und nach Rezept weiterbehandeln.

Ungekochte Marmelade

Früchte vorbereiten – unreife Früchte besitzen kaum Zucker und weniger Aromen –, zerkleinern, nach Vorschrift mit Gelierzucker vermengen und mit einem Handrührgerät den entstandenen Fruchtbrei so lange schlagen, bis der Gelierzucker sich vollkommen gelöst und sich ein feiner weißer Schaum abgesetzt hat.

 Tipp: Wer auf Gelierzucker verzichten möchte, probiert folgende Methode: Gereinigte und zerkleinerte Früchte mit Vollrohrzucker und Weinstein vermengen und auf einer warmen Herdplatte mindestens eine Stunde stehen lassen, dabei gelegentlich umrühren. Bei Walderdbeeren empfiehlt es sich, die rohe Marmelade 20 Minuten auf 80° C zu erhitzen, um den Fuchsbandwurm abzutöten.

Sirup

Für Sirup werden nicht Beeren und Früchte, sondern Blüten und Grünteile verwendet. Er wird durch längeres Kochen mit Vollrohrzucker bei geringer Hitze geliert. Sirup wird nicht so fest wie Marmelade oder Gelee. Er hat die richtige Konsistenz, wenn er zähflüssig ist.

Rezepte für Gelees: Brombeer (Seite 63), Himbeer (Seite 87),
Holunder (Seite 93 f), Löwenzahnblüten (Seite 113),
Löwenzahn mit Pfefferminze (Seite 113), Pfefferminz-Wildkirsch (Seite 134),
Marmeladen: Brombeer (Seite 63), Brombeer-Holunder (Seite 64),
Hagebutte (Seite 81), Himbeer (Seite 86), Holunderbeer (Seite 94),
Walderdbeer (Seite 166),
Sirup: Schlehe (Seite 151), Kiefer (Seite 171),
Veilchenblüten (Seite 158), Frühlingsblüten (Seite 159)

Die Pflanzen in Feld und Küche

Um die Pflanzen, die nun der Ernährung dienen sollen, richtig bestimmen zu können, bedarf es einiger Übung. An der Obsttheke im Supermarkt kennen wir uns aus; alles ist frisch und sauber verpackt. Zugreifen, in den Korb legen, zu Hause reinigen und gleich verwenden – ein einfaches Geschäft, das Geschäft mit unserer Nahrung. Im Feld sieht das ganz anders aus. Alles ist grün, nirgends eine Deklarierung, auch Haltbarkeits- und Lagerdaten sind nicht angegeben. Zu allem Unglück kommt noch hinzu, dass man auf den ersten Blick nicht erkennt, ob es auch wirklich frisch und für den Verzehr geeignet ist. Ich habe Menschen getroffen, die Pflanzen suchten und sie nicht sahen, obwohl sie direkt daneben standen. Andere wieder waren enttäuscht, dass die vorgefundenen Pflanzen und Früchte so klein waren oder die begehrten Früchte mit ordinärem Ungeziefer geteilt werden sollten.

Also, wenn Sie von vornherein die großen drallen, glänzenden Früchte des Supermarktes bevorzugen, wenn Sie darauf bedacht sind, möglichst perfekte Nahrungsmittel zu kaufen, dann werden Sie es schwer haben. Die Beeren des Feldes werden nicht gewachst, damit sie glänzen, die Wurzeln nicht gereinigt – es sei denn, Sie tun es selbst – bestrahlt wird auch nichts. Raupen fressen die Blätter, Käfer verbergen sich in Stängeln, Spinnen bauen ihre Netze dazwischen. Und reklamieren geht nicht.

Sie sind auf sich gestellt, Sie müssen entscheiden und die richtige Wahl treffen. Ich habe versucht, Ihnen die Wahl so einfach wie möglich zu machen, indem ich nur die relativ »harmlosen«, nämlich gut identifizier- und verwertbaren Pflanzen aufgeführt habe.

Oft und gern wird bei der Wildpflanzenküche ein »Überlebenstrainingseffekt« hervorgehoben. Damit ist gemeint, dass das Wissen über Wildpflanzen in Notzeiten von Vorteil ist. Kaffeeersatz aus Wurzeln oder Öl aus Bucheckern können natürlich bei Nahrungsmangel durch Naturkatastrophen und Kriege lebenswichtig werden. Aber vollwertig und vor allem auch wirklich wohl schmeckend wird es erst mit »luxuriösen« Zutaten, also mit guten und richtigen Zutaten. Darin unterscheidet sich die Wildpflanzenküche nicht von dem Kochen mit »ganz normalen« Zutaten.

Hinweise zu den Rezepten

Übrigens ist im gesamten Rezeptteil freigestellt, ob man lieber Honig, braunen oder weißen Zucker zum Süßen verwenden will, ob jemand mit Weizenmehl Typ 405 oder lieber mit einem vollwertigen Vollkornmehl umgeht. Natürlich schmeckt das Naturbelassene mit Naturbelassenem am Besten, aber es »geht« grundsätzlich alles. Deshalb sind in den Rezepten auch meist die **vollwertigen Zutaten** verwendet. Eine Ausnahme bilden die Weinrezepte, bei denen die Verwendung von Honig oder Vollrohrzucker nicht viel Sinn macht, denn der Zucker wird ganz oder zum größten Teil zu Alkohol vergoren.

Es wird vorausgesetzt, dass die **Grundbegriffe des Kochens** und die üblichen Zubereitungstechniken – wie das Herstellen einer Mehlschwitze oder die einzelnen Schritte zur Bereitung eines Hefeteigs – bekannt sind.

Die **angegebenen Mengen** an Wildkräutern und -früchten sind nur **Richtwerte**. Größe und Gewicht der wilden Pflanzen sind an keine Normen angepasst, so dass genaue Angaben kaum möglich sind. Schließlich wird auch kaum jemand mit der Waage spazieren gehen, um die benötigten Mengen auf das Gramm genau sammeln zu können. Ein gutes Maß ist die Angabe »Hand voll«: Dieses Maß hat man immer dabei, und so kann man in der Natur gleich die richtige Menge ernten.

Symbolerklärung

Die Rezepte sind mit Symbolen für die Jahreszeit, in der die verwendeten Pflanzenteile geerntet werden können, gekennzeichnet (siehe auch Sammelkalender auf Seite 182).

Frühjahr   **Sommer**   **Herbst**   **Winter**
(Vorrat getrocknet)

Bärlauch

(Allium ursinum)

Bärenlauch, Hexenzwiefel, Judenzwiefel, Ramsen, wilder Knoblauch, wilder Knofel, Waldknoblauch, Wurmlauch, Zigeunerlauch, Zigeunerzwiefel

Ursinum ist das lateinische Wort für Bär. Vielleicht fraßen früher die Bären auffällig gern diese Pflanze? Oder Bärenschinken, der in diesen Wildlauch eingelegt wurde, mundete besser? Wir wissen es heute nicht mehr.
Heimisch ist der Bärlauch, mehr oder weniger selten, in ganz Europa. Wenn er vorkommt, dann allerdings gleich massenhaft. In Auwäldern zum Beispiel gedeiht der Bärlauch unkrauthaft, so dass man den typischen Knoblauchgeruch schon von weitem vernimmt.
Die Blätter ähneln denen des Maiglöckchens bzw. der Herbstzeitlosen – deshalb Vorsicht, damit es nicht zu Verwechslungen kommt! Ein untrügliches Zeichen ist aber der intensive Knoblauchduft des Bärlauch den die Blätter des Maiglöckchens natürlich nicht verströmen.
An Inhaltsstoffen können ätherische Öle, ein antibiotisch wirksames Öl, Vitamin C und Flavonoide hervorgehoben werden.
In der Volksmedizin wird und wurde der Bärlauch ähnlich wie Knoblauch verwandt: als Tonikum bei Verdauungsbeschwerden, bei Arteriosklerose und Bluthochdruck.
Auch in der Küche kann er wie Knoblauch verwendet werden. Allerdings ist sein Aroma weniger intensiv.

Sammelzeit: Blätter: März bis Juni; Zwiebeln: April bis Juni und August bis Oktober

Standorte: schattige, nährstoffreiche und feuchte Standorte wie Auwälder, humusreiche Laubwälder, Waldhänge, Gebüsche

Verwendbare Pflanzenteile: Blätter, Zwiebeln

Bärlauchbrotaufstrich

*250 g Quark / eventuell saure oder süße Sahne (nach Geschmack) /
1 Hand voll Bärlauchblätter / Meersalz*

Zunächst wird der Quark mit der Sahne glatt gerührt, dann werden die Bärlauchblätter gehackt und anschließend alle Zutaten gut vermengt. Schmeckt phantastisch auf Vollkornbrot!

// **Tipp:** Wer es feiner, besser, anders haben möchte, kann, wie ich, auch Quark oder Frischkäse leicht selbst herstellen.

Als Anregung eine kleine Episode, die zeigen soll, wie einfach es ist, aus Milch selbst Quark und Frischkäse herzustellen – aber ist es wirklich so einfach?
Ich wollte es ganz genau wissen und holte mir bei »meinem« Milchbauern vier Liter gute frische, noch euterwarme Kuhmilch. Diese goss ich durch ein Sieb in eine Schüssel, rührte etwas Buttermilch unter und stellte das Gefäß, das ich mit einem sauberen Geschirrtuch abgedeckt hatte, in die Küche an einen warmen Ort. Quark sollte aus der Milch werden – einfach so.
Nach vier Tagen roch meine liebe, gute, frische Milch richtig herzhaft – keineswegs penetrant-sauer, nach zwei weiteren war sie dick. Oben hatte sich eine dicke gelbliche Schicht sauren Rahms abgesetzt. Nachdem ich ein sauberes Baumwollgeschirrtuch in den Durchschlag gelegt hatte, goss, kippte, schwappte ich den Inhalt der Schüssel dort hinein (Dickmilch entwickelt beim Umfüllen, dies hatte ich leider nicht bedacht, ein lebhaftes Eigenleben!). Es spritzte und platschte fürchterlich. Bei Verwendung eines Schöpflöffels wäre mir das anschließende Fenster- und Küchenputzen und das erforderlich gewordene teilweise Wechseln der Garderobe mit Sicherheit erspart geblieben. Die Molke tropfte dessen ungeachtet gemächlich. Nach zwei Tagen war der Quark von ihr getrennt und ich glücklich. Quark ist ja so herrlich vielseitig in der Verwendung und genau die richtige Grundlage, die ein vitaminhungriger Mensch braucht, der nicht gerne auf exotische Früchte oder Vitamintabletten zurückgreifen möchte.
Mein Quark war köstlich, krümelig, mit einem leichten Hang zum Frischkäse. Ich bestreute ihn mit Kräutern, die man ja im Frühjahr ohne Probleme und in guter Qualität finden kann, und schwelgte in einem kulinarischen Zustand der Glückseligkeit – bis Barbara, meine beste

Freundin, bei mir auftauchte und fürchterlich mit mir schimpfte.
»Du kannst doch nicht einfach Rohmilch nehmen!«, waren ihre entsetz-
ten Worte, mit denen sie mir die mit einer fein gewiegten Kräuter-
mischung bestreute und mit Quark bestrichene Vollkornbrotschnitte
buchstäblich aus den Zähnen riss.
»Es gibt Keime, die gesundheitlich bedenklich sind!«, sagte sie belehrend,
roch gleichzeitig – sie wollte/musste es wissen, schließlich ist nicht
umsonst ihr Vater Biologielehrer an einem Gymnasium – an meinem
Quarkbrot, schüttelte ein wenig mit dem Kopf, nachdem sie nach der
Schnüffelei auch noch den Blicktest durchgeführt hatte, und meinte
schließlich leicht enttäuscht, dass man die Keime sowieso nicht ohne
Mikroskop und ohne chemische Analyse sehen und schon gar nicht
riechen könne. Ein wenig irritiert legte ich meine »Vitaminbombe« beiseite
und griff zum Telefon. Nach einigen Telefonaten war ich aber immer noch
nicht schlauer. Ein Mitarbeiter des Lebensmitteluntersuchungsamtes und
der Landesgewerbearzt in Wiesbaden hatten mich mit Wortschwällen an
Fachausdrücken reichlich irritiert zurückgelassen, aber leider auch nicht
über die tatsächliche gesundheitliche Gefährdung durch Rohmilch
aufgeklärt. Erst ein netter Tierarzt füllte meine Bildungslücke. Er erklärte:
Die Milchqualität hängt im Wesentlichen von der Gesundheit des Euters
ab, diese ist abhängig von der Sorgfalt des Bauern. Faktoren wie Stress,
unzureichende Futtergaben oder gar minderwertiges, schlechtes Futter
wirken ebenso qualitätsmindernd. Daneben müssen die Melkhygiene und
die Reinlichkeit der Melkzeuge selbstverständlich sein, wie auch die
sofortige Kühlung der Milch aus eben diesem Grund dringend geboten ist.
Werden alle Bedingungen eingehalten, ist die Gefahr von gesundheits-
schädlichen Keimen sehr gering. Dann gestand er mir, dass er selbst
grundsätzlich Rohmilch konsumieren würde und dass gesunden erwach-
senen Menschen wenig Gefahr durch den Konsum drohen würde. Ältere
und Kleinkinder, wie auch Menschen mit geschwächtem Immunsystem,
betonte er, sollten aber im eigenen Interesse darauf verzichten. Natürlich
habe ich all das genau so meiner Freundin erzählt, sie zu einem zünftigen
Frühstück eingeladen und ihr meinen Quark in den herrlichsten Variatio-
nen angeboten.

Bärlauchnudeln

3 – 4 Bärlauchzwiebeln mit Blättern / 500 g Nudeln / Olivenöl /
1 – 2 Zwiebeln / 500 g Quark / 2 – 3 Eier / 40 g Butter / Meersalz /
frisch gemahlener schwarzer Pfeffer / Knoblauchsrauke

Man erntet den Bärlauch mit der Zwiebel, trennt die Blätter ab und reinigt alles gut.
Die Nudeln werden in Salzwasser gegart. In der Zwischenzeit bräunt man in einer Pfanne in guter Butter oder in Olivenöl die gehackten Zwiebeln des Bärlauchs und die gehackten Zwiebeln an. Die fertig gekochten Nudeln werden abgeschreckt und der Quark mit den Eiern und etwas Butter verrührt. Etwas Salz, Pfeffer, die fein gewiegten Blätter des Bärlauchs sowie der Knoblauchsrauke, Bärlauchzwiebeln und Zwiebeln werden nun mit dem Quark gemischt und unter die Nudeln gehoben. In einer gefetteten Auflaufform wird das Ganze etwa 45 Minuten überbacken und vor dem Servieren mit frischen fein gewiegten Kräutern bestreut.

Cremesuppe mit Bärlauch

2 – 3 Bärlauchzwiebeln mit Blättern / 2 Zwiebeln / Butter /
evtl. etwas Grünkernschrot / Meersalz / 1 l Gemüsebrühe /
etwas süße Sahne / frisch gemahlener schwarzer Pfeffer / Toast

Der Bärlauch wird mit der Zwiebel geerntet, das geht mit einem kleinen Spaten (Campingbedarf) am einfachsten. Man trennt die Blätter von den Zwiebeln und reinigt alles gut. Nun werden die Zwiebeln zusammen mit der gleichen Menge Zwiebeln kräftig in Butter angebraten (wer mag, kann ein wenig Grünkernschrot mit rösten – das rundet den Geschmack fantastisch ab). Mit leicht gesalzener Gemüsebrühe löscht man nun ab. Nach einer relativ kurzen Kochzeit von etwa zehn Minuten wird die Suppe püriert und man hebt etwas Sahne und die fein gewiegten Blätter des Bärlauchs unter. Ein Hauch Pfeffer aus der Mühle ergänzt die Kreation.
Dazu passt Toast sehr gut.

Beifuß

(Artemisia vulgaris)

Besenkraut, Biboz, Bochele, Edelraute, Fliegenkraut,
Flohfänger, Flohkraut, Gänsekraut, Himmelskehr,
Jungfernkraut, Sonnenwendgürtel, Weibergürtel,
Wilder Wermut

Der in ganz Europa heimische, ausdauernde Wurzelstock treibt alljährlich mannshohe (bis 175 cm) Stängel aus dem Boden, die von unten her verholzen. Die Blätter sind auf der Oberseite satt dunkelgrün, auf der Unterseite von feinem weißlich-grauem Filz überzogen. Im Spätherbst zeigt sich die Pflanze gern in kupferroten Tönen. Wer sie sucht, wird garantiert auf Ödland, entlang von Bahndämmen oder an Fluss- und Bachufern, an Brücken und dergleichen fündig. Werden die frischen Blätter zwischen den Fingern zerrieben, entwickelt sich ein angenehmes, leicht bitteres, unwahrscheinlich intensives Aroma.
Beifuß enthält unter anderem ätherische Öle, Bitterstoffe, Vitamine und Gerbstoffe.
In der Volksmedizin wird er als Magentonikum verwendet. Er reguliert die Menstruation und wirkt als leichtes Beruhigungsmittel. Sitzbäder und Tees wurden früher, je nach Stärke der Dosierung, dazu verwendet, die ausgebliebene Monatsblutung anzuregen, den Geburtsvorgang voran- und einen abgestorbenen Fötus abzutreiben. Außerdem gehört Beifuß zu den Johanniskräutern und wurde somit als Brautpflanze verstanden.

Nach altem Glauben pflückten die Hexen ihre Kräuter zur Sommersonnenwende, und zwar nackt und mitten in der Nacht. Entgegen manch falscher und märchenhafter Vorstellung waren/sind Hexen naturverbundene Frauen, die die Welt als Ganzes sehen, und keineswegs berüchtigte Giftmischerinnen. Auch Bäuerinnen pflückten in den Mitsommertagen ihre Kräuter, die dann ein Johanniskräuterbüschel ergaben. Diese Johanniskräuter haben neben ihrer gesundheitlichen Wirkung auch eine hohe mystische Bedeutung. Braut-Mutterkräuter waren/sind Pflanzen, die eine starke Wirkung auf den weiblichen Organismus ausüben.

Eine alte Sage erzählt, dass sich am Johannistage unter einer Beifuß-
staude geheimnisvolle Kohlen finden lassen, die, um den Hals getragen,
Fieber vertreiben sollen. Ferner wurden aus der Pflanze auch Gürtel
geflochten, die man um den Leib trug und die zur Sonnenwendfeier nach
dem Fest ins Johannisfeuer geworfen wurden, damit die Krankheiten und
das Unheil des vergangenen Jahres vernichtet würden. Und da wir schon
beim Unheil sind, noch folgende Gebrauchsanweisung gegen Blitzschlag:
Wenn Beifuß in der Blüte steht, schneidet man einen Stängel direkt über
dem Boden ab und bindet ihn am dritten Tag mit einem Stück Draht an
der höchsten Stelle des Firstes fest. Kein Blitz kann jemals in dieses Haus
einschlagen – wird berichtet.
Seinen Namen soll dieses Kraut übrigens der Tatsache verdanken, dass es,
um den Fuß gebunden, den Träger beim Wandern niemals ermüden lässt.

Beifuß ist ein Würzkraut, die Blätter können als Beigabe zu Salaten, an Suppen und Saucen gegeben werden. Zwiebelgerichten kommt der fein herbe, etwas bittere Geschmack besonders zugute.

Sammelzeit: Blätter: April bis Mai (vor der Blüte); Samenrispen: Juni bis Juli (bevor sie sich öffnen)

Standorte: trockene, steinige, oft siedlungsnahe Stellen wie Wegränder, Ödland, entlang Bahndämmen oder an Fluss- und Bachufern

Verwendbare Pflanzenteile: Blätter, Blütenknospen, Samenrispen

 Tipp: Die Blütenrispen bei trockenem Wetter ernten (dabei darauf achten, dass sie noch nicht geöffnet sind) und an einem schattigen Ort für den Wintervorrat trocknen.

Zwiebelkuchen

300 g Mehl / ¼ Würfel Hefe / etwas Meersalz / etwas Vollrohrzucker /
3 – 4 große Zwiebeln / Salbeiblätter / Beifußblätter / Meersalz /
frisch gemahlener schwarzer Pfeffer / Olivenöl zum Beträufeln

Aus Mehl, Hefe, Salz und Vollrohrzucker wird ein Teig bereitet, den man an
einem warmen Ort etwa eine Stunde gehen lässt. Der Teig wird auf ein mit
Olivenöl bestrichenes Backblech gegeben und zu einem Oval ausgezogen. Hier-
auf gibt man die in Ringe geschnittenen Zwiebeln, die fein gewiegten Salbei-
und Beifußblätter, Salz und Pfeffer nach Geschmack. Zuletzt beträufelt man den
Kuchen noch mit reichlich Olivenöl und schiebt ihn in den vorgeheizten Ofen.
Der Kuchen wird bei 200° C etwa eine halbe Stunde gebacken und heiß serviert.

Zwiebelgemüse Thüringer Art

250 g Zwiebeln / 250 g frische Tomaten / Olivenöl zum Anbraten /
1 EL Weizenmehl / ½ l Buttermilch / Meersalz /
frisch gemahlener schwarzer Pfeffer / Kümmel /
Beifußrispen und -blätter / Knoblauch

Die Zwiebeln werden geschält und in dünne Scheiben geschnitten, die Tomaten mit heißem Wasser überbrüht, enthäutet und ebenfalls in dünne Scheiben
geschnitten. Beides gart man in erhitztem guten Olivenöl, bestreut es mit ein
wenig feinem Weizenschrot, bräunt es leicht an und löscht mit Buttermilch ab.
Die Masse wird nur kurz unter Zugabe von einigen frischen zerkleinerten Bei-
fußrispen- und blättern aufgekocht und mit Salz, Pfeffer und ganzen oder gemahlenem Kümmel abgeschmeckt. Wer mag, ergänzt diese leckere Kreation
mit ein oder zwei zerdrückten Knoblauchzehen.

Zwiebelsuppe, französisch

4 – 6 große Zwiebeln / 80 g Butter / etwas Beifuß /
1 Glas trockener Rotwein / 1 ½ l Gemüsebrühe / Meersalz /
frisch gemahlener schwarzer Pfeffer / 4 Brotscheiben /
200 g Käse / Petersilie

Die in Streifen geschnittenen Zwiebeln werden in reichlich Butter unter Zugabe der getrockneten und zerriebenen Samenrispen des Beifußes (nicht sc viel nehmen, sonst wird er zu bitter) hellbraun angebraten. Dann wird mit dem Rotwein abgelöscht, schließlich mit Gemüsebrühe aufgefüllt und mit Salz und Pfeffer abgeschmeckt. Nach fünf Minuten Kochzeit verteilt man die Suppe auf die Suppentassen und bedeckt sie mit je einem Stück gerösteten Brotes, auf das reichlich geriebener Käse gestreut wurde. Die Suppe wird bei starker Oberhitze überbacken und vor dem Servieren mit gehackter Petersilie bestreut.

Beinwell

(Symphytum officinale)

*Beinwurz, Glotwurzel, Hasenbrot,
Hasenlaub, Himmelsbrot, Honigblum,
Kuchenkraut, Lotwurzel, Milchwurz,
Schärzwurz, Schmalwurz, Schmeerwurz,
Soldatenwurzel, Speckwurz, Waldwurz,
Wallwurz, schwarze Waldwürze, Wottel,
Zuckerhaferl*

Der Beinwell ist ein Mitglied der Familie
der Ochsenzungengewächse. Streifen Sie
einmal mit geschlossenen Augen mit der
flachen Hand über seine langen ovalen Blätter – genau so, nur etwas kräftiger und rauer,
fühlt sich der Kontakt mit einer Kuhzunge an.
Sie können mir das ruhig glauben – ich habe die
Zungen der Kühe oft genug auf meiner Haut gespürt,
beim Melken beispielsweise kriechen die Biester einem damit unters T-Shirt,
strapazieren den Rücken, die Arme, den Bauch, selbst Kälber sind dieser Manie
verfallen, wollen mit der Zunge Menschenhaare fassen, kauen, fressen und
schieben die Zunge, wenn sie können, quer durchs Gesicht des Opfers ...
Der Beinwell ist eine Uferpflanze, die vorzugsweise an feuchten, lichten Plätzen
gedeiht. Aus der Rosette langer, ovaler bis handtellerbreiter, spitz auslaufender
rauer Blätter steigt ein Spross empor, der bis zu einem Meter Höhe erreichen
kann. An diesem kräftigen, leicht astigen Spross wachsen die Blätter aufwärts
und werden zur Blüte hin (sie krönt den Spross) immer kleiner. Die Blüten des
Beinwell sind gelblich-weiß bis violett-rosa und glockenförmig. Die Blätter sollten während oder kurz vor der Blüte gesammelt werden.
Im Geschmack ist der Beinwell dem Gurkenkraut, auch Borretsch genannt,
ähnlich.
Nach anthroposophischem Verständnis regt die Pflanze den Ätherleib zu rege-
nerativen Prozessen entsprechend ihrer eigenen vitalen Natur an.
Beinwell ist in der Volksmedizin seit eh und je ein vorzügliches Heilmittel bei
Wunden, Geschwüren, Knochenbrüchen und inneren und äußeren Verletzun-
gen. Auch Rheuma-, Gicht- und Arthrosekranken ist diese Pflanze wärmstens
zu empfehlen. Hierfür werden die frischen Blätter zerdrückt auf die schmerzhaf-

ten Gelenke aufgelegt. Oder die Blätter werden zur Mazeration in Öl eingelegt (mindestens ein halbes Jahr ziehen lassen!), und die verletzten Stellen werden mit dem Öl behandelt. Auch die Wurzeln (im Herbst ernten) verfügen über hohe Heilkräfte.

An Inhaltsstoffen wären Schleimstoffe, Gerbstoffe, Kohlenhydrate, Kalium und Alkaloide zu nennen. Wegen der Alkaloide sollten Beinwellblätter nicht in großen Mengen verzehrt werden, es heißt, er wirke dann krebserregend. Dies wird übrigens dem Huflattich auch nachgesagt, selbst die Anwendung der Rhabarberwurzel ist umstritten, da sie erbgutverändernd wirken soll.

Zum Thema Giftpflanzen fand ich einen Hinweis der Informationszentrale gegen Vergiftungen der Universität Bonn, der klar macht, dass selbst der Genuss eines unserer Grundnahrungsmittel nicht ganz ungefährlich ist: *Kartoffel: [...] alle Organe sind giftig [...] enthält giftige Alkaloide [...] frische, gut geschälte und gekochte Kartoffeln sind am wenigsten gefährlich.*

Sammelzeit: April bis August (während oder kurz vor der Blüte)

Standorte: feuchte, lichte Stellen wie Waldränder, Gräben, Bachufer, gelegentlich auf nassen Wiesen

Verwendbare Pflanzenteile: Blätter, Blütensprossen

Beinwellsuppe mit Brennnesselknödeln

Für die Brennnesselknödel:
6 EL Semmelbrösel / 80 g Butter /
4 Eier / Meersalz / 5 – 6 Hand voll Brennnesselblätter

Für die Beinwellsuppe:
1 – 2 Hand voll Beinwellblätter / Meersalz / Kräuteressig nach Geschmack /
Muskatnuss / 1 Hand voll frische Beifuß-Blätter oder 1 Stängel getr. Blüten /
60 g Butter / 3 EL Dinkelmehl / 3 Eigelb

Für die Brennnesselknödel werden 4 EL Semmelbrösel bei mäßiger Hitze in Butter gebräunt. Dann nimmt man die Pfanne vom Feuer und gibt 2 EL ungebräunte Semmelbrösel hinzu. Man vermengt die Brösel rasch und gibt schließlich die ganzen Eier, etwas Salz und die fein gewiegten Brennnesseln hinzu (vorheriges gründliches Reinigen der Brennnesseln ist selbstverständlich!). Diese Masse knetet man zu einem Teig, aus dem mit einem Löffel kleine walnussgroße Klößchen gestochen werden. Die Klößchen werden in leicht gesalzenem Wasser eine Viertelstunde gar gekocht.

Diese Zeit nutzt man, um die Beinwellsuppe zuzubereiten: Die gewaschenen und abgetropften Blätter des Beinwell werden kurz gegart, zerkleinert und anschließend in den Suppentopf gegeben. Man füllt so viel Wasser auf, wie für die Suppe benötigt wird. Unter Zugabe von Salz, Essig, Muskat und gehacktem Beifuß wird das Ganze eine knappe Viertelstunde geköchelt. In der Zwischenzeit bereitet man aus etwas Butter und fein geschrotetem Dinkelmehl eine helle Mehlschwitze – eine Einbrenne, wie man früher dazu sagte. Die Suppe wird damit angedickt und mit den Eigelb glatt gezogen. Schließlich gibt man die Brennnesselklößchen hinzu.

// **Tipp:** Beim Vorbereiten der Brennnesselblätter sollten Sie Handschuhe tragen, damit Sie sich nicht die Finger verbrennen.

Beinwell-Brennnessel-Suppe

4 Hand voll Brennnesseln / 4 Hand voll Beinwell / 2 – 3 EL Butter /
1 große Zwiebel / 1 l Gemüsebrühe / 4 – 5 mittelgroße Kartoffeln /
Meersalz / frisch gemahlener schwarzer Pfeffer / 1 Lorbeerblatt /
2 Hand voll Knoblauchsrauke / ⅛ l saure Sahne zum Verfeinern

Brennnesseln und Beinwell werden etwa zu gleichen Teilen gesammelt, gereinigt und in feine Streifen geschnitten. Anschließend dünstet man sie in guter Butter zusammen mit einer gewürfelten Zwiebel an und gießt mit Gemüsebrühe auf. Dann werden gewürfelte Kartoffelstückchen hinzugegeben und weich geköchelt. Die Suppe wird mit Salz, Pfeffer, Lorbeerblatt und Knoblauchsrauke gewürzt und mit saurer Sahne verfeinert.

Beinwurz in Teig

150 g feines Dinkel- oder Weizenmehl /
¹/₈ l Milch oder Weißwein /
¹/₈ l Sonnenblumenöl / Meersalz / 2 Eiweiß /
2 – 3 Beinwellblätter pro Person / Öl zum Ausbacken

Aus Mehl, Milch oder Wein, Öl und Salz wird ein lockerer Teig bereitet, unter den man das zu Schnee geschlagene Eiweiß hebt. Dann werden die jungen Beinwellblätter gründlich gereinigt, getrocknet, in dem Ausbackteig beiderseits gewendet und in gutem Öl goldgelb gebacken.

Wildkrautbraten

Je 1 Hand voll Blätter von Beinwell, Pastinak, Taubnessel,
Spitzwegerich, Vogelmiere / 2 Hand voll Wurzeln von Pastinak /
3 – 4 eingeweichte und ausgedrückte Brötchen / 3 Eier /
Meersalz nach Geschmack / Schafgarbe / 1 Blatt Rainfarn / Dost /
Fett zum Backen / ½ l Gemüsebrühe / ⅛ l saure Sahne

Von den Blättern werden die holzigen Stängel entfernt. Dann dünstet man sie zusammen mit den Pastinakwurzeln etwa 15 Minuten vor. Mit den eingeweichten und wieder ausgedrückten Brötchen (Semmelbrösel gehen auch, schmecken aber nicht so gut) werden sie anschließend fein zerkleinert und mit 2 Eiern, Meersalz, fein gehackten Kräutern wie Schafgarbe, einem jungen Blatt Rainfarn und Dost gewürzt und zu einem Braten geformt. Der Braten wird in heißem Fett goldbraun gebacken und unter Zugabe von ein wenig Gemüsebrühe zugedeckt bei schwacher Hitze eine knappe Stunde gegart. Den Bratensaft verfeinert man mit saurer Sahne und dickt mit einem geschlagenen Ei an.

 Tipp: Rainfarm ist eine kräftige Pflanze mit tiefgrünen, farnähnlichen Blättern und wunderschönen goldgelben, knopfförmigen Blütenköpfen (Juli – September), die in Dolden angeordnet sind. Sie wächst an Wegrändern, Bahndämmen und auf Brachflächen. Ihr Geschmack ist aromatisch und leicht bitter.
Spitzwegerich bildet eine Blattrosette und wird nicht sehr groß. Die Blätter sind lanzettartig geformt. Er wächst auf Wegen und Brachflächen. Die Blätter sollten vor der Blüte gesammelt werden (Mai – Oktober).

Brennnessel

(Urtica dioica)

*Donnernessel, große Nessel, Hanfnessel, Nettel,
Sauernessel, Senznessel, Senznettel*

Die Brennnessel – wer kennt sie nicht? Sogar nachts,
wenn man die Hand nicht vor den Augen sieht, kann
man sie sicher am Griff bestimmen, da sie beißt, brennt
oder sticht. Unter den Pflanzen gilt sie als Kosmopolit,
da sie fast auf der ganzen Welt zu Hause ist. Sie fehlt
nur im tropisch-afrikanischen, im südafrikanischen,
im indischen und im antarktischen Vegetationsbe-
reich.
Schon sehr früh im neuen Jahr (in geschützten Lagen
bereits ab Februar) treibt diese Pflanze ihre starken
dunkelgrünen Blätter aus dem noch wenig erwärmten
Boden und läutet die Saison der Üppigkeit ein. Beheimatet
ist sie in ganz Europa vornehmlich in der Nähe menschlicher Wohnsiedlungen.
Als ob sie eine Symbiose mit den Menschen eingegangen wäre.
Keine Wildpflanze ist so vielfältig zu verwenden wie sie. An Inhaltsstoffen sind
besonders herausragend: ein relativ hoher Chlorophyllgehalt (in getrocknetem
Kraut bis zu 1 %), Kieselsäure und Vitamin C. Auch viele andere Mineralstoffe
sind in der Brennnessel enthalten, so zum Beispiel Eisen, Magnesium, Natrium,
Calcium, Phosphor und Kalium. In den Brennhaaren befinden sich Acetylcholin
und Histamin (dieses ist allergieauslösend; für Allergiker ist daher Vorsicht geboten!). Organische Säuren sind für den schmerzhaften Effekt bei Berührung verantwortlich.
In der Volksheilkunde wird und wurde die Brennnessel innerlich als Diuretikum (harntreibendes Mittel) und als mildes Mittel gegen Durchfall verwendet.
Sie ist Milch treibend, wirkt blutreinigend, adstringierend (zusammenziehend),
Blut bildend, macht frisch, hilft bei Erschöpfungs- und Ermüdungszuständen
und stärkt auch das Immunsystem gegenüber Erkältungskrankheiten. Der Brenn-
nesselabsud wird äußerlich bei Durchblutungsstörungen und Ekzemen und als
Haarwasser gegen Schuppen angewandt. Die in Wein und Honig gekochte
Wurzel soll die Luftgänge der Lunge reinigen und »weit machen« um die Brust.
Brennnesselsamen in süßem Wein angesetzt und/oder mit Zwiebel und Ei gegessen, soll ebenfalls die Brust weiten und bei so MANNchem Leiden Wunder
wirken, sprich die nachlassende Potenz wieder auf Vordermann bringen.

Nach altem Glauben ist die Brennnessel eine Zauberpflanze. So ging man früher bei Fiebererkrankungen morgens oder abends an drei aufeinander folgenden Tagen, wenn die Sonne noch nicht oder nicht mehr am Himmel stand, zu einer Brennnessel und sprach sie beschwörend und (unbedingt!) personifiziert an und ersuchte sie um Hilfe. Ferner soll sie der Sitz eines dämonischen Wesens sein. Dort wo viele Brennnesseln wachsen, soll es nicht mit rechten Dingen zugehen. In den Brennnessel-Büschen sollen unsichtbare Gnome hausen.

Als Kind habe ich diese Gnome einmal nicht unbedingt persönlich erblicken, so aber doch anderweitig erfahren können. In unmittelbarer Nähe meines Elternhauses befindet sich das Bett der Breitsülze, jenes legendären Baches, der der Sage nach bergauf fließt.

Die Geschichte weiß zu berichten, dass ein Mönch aus dem Kloster Reifenstein, der 1292 in den Rabenturm eingesetzt und wegen Brandstiftung zum Tode verurteilt wurde, dies bewirkt haben soll und sein weltliches Leben mit diesem Wunder retten konnte. Er hatte aber, da der Teufel höchstpersönlich seine Hände mit im Spiel hatte, seine Seele verwirkt; es heißt, der Mönch hätte mit einem Ochsengespann den Bachlauf vorgepflügt.

Heute ist der außergewöhnliche Bachlauf längst unterbrochen und aus dem sagenumwobenen Bach ist ein schmutziger, müllbeladener Wasserlauf geworden; die Zeugnisse der Vergangenheit, wie der mit großen Quadersteinen befestigte Wasserlauf in der Oberstadt, sind verschwunden. Leider, wie ich meine, da manche Stellen des verschlungenen Wasserlaufes märchenhaft bezaubernd waren.

Als Kinder trafen wir uns regelmäßig zum Spielen dort. Zu dieser Zeit also trug es sich zu, dass ein zugezogener Junge Mitspielrecht begehrte. Natürlich ging dies auch damals nicht ohne eine törichte Mutprobe. Sie bestand darin, sich auf die unterste Stufe einer Treppe zu knien (vor noch gar nicht mal all zu langer Zeit holten die direkten Nachbarn des Baches an dieser Stelle ihr Trink- und Brauchwasser eimerweise aus dem Bach) und den Kopf tief ins kalte Wasser zu stecken. Der besagte Junge tat, wie ihm geheißen, verlor das Gleichgewicht und fiel ins kalte Wasser. Natürlich konnte keiner von uns Kindern schwimmen und das rettende Ufer war von Brennnesseln gesäumt, durch die der arme Kerl sich schließlich quälen musste. Gewiss hat er die bösen Unholde in den Brennnesseln zu spüren bekommen, und ich kann mir gut vorstellen, dass er sie auch gesehen hat.

Wenn ich jetzt aus vergangenen Tagen berichte, muss noch erwähnt werden, dass die Brennnessel zu der Zeit noch eine andere Bedeutung hatte: Sie wurde gemäht und getrocknet, da sie ein vorzügliches und äußerst gesundes Heu abgab, welches die Tiere ausgesprochen gern fraßen.

Wahrscheinlich ist die Brennnessel nur in Ungnade gefallen, weil wir die Selbstverständlichkeit im Umgang mit Unkräutern verloren haben, die gerade in den nahrungsmittelarmen Kriegs- und Nachkriegsjahren den Speisezettel bereicherten und erst durch die Konjunktur zu einem Arme-Leute-Essen verkamen. Zum Glück hatte meine Großmama keine Probleme mit der Brennnessel, so dass ich diese Pflanze schon von Kindesbeinen an auf meinem Teller fand, wofür ich ihr ewig dankbar sein werde.

Um auch anderen Menschen – gerade den jüngeren – die Möglichkeit zu bieten, dieses »brennende Unkraut« mit anderen Augen zu sehen, möchte ich einen Liebeszauber verraten: Wer von brennender Liebe gepackt ist, gehe an einem Freitagmorgen bei Sonnenaufgang zu einer Brennnessel und sehe sie im Namen der Person an, der die Liebe gilt. Dann muss die Brennnessel mit Salz besprengt werden. Am Abend des selben Tages, bei Sonnenuntergang, muss die Brennnessel samt der Wurzel ausgegraben werden. Vorsicht, sollte es sich bei der Brennnessel um einen ganzen Horst handeln und ausgerechnet in dessen Schutz auch noch ein relativ großer Stein liegen, könnte es sich um den sagenumwobenen Eingang der Pcuvushe handeln, jener kleiner Erdmenschen, die nach altem Zigeunerglauben unter der Erde leben! Die Brennnesseln müssen dann in die Glut eines offenen Feuers gelegt werden. Natürlich muss auch an dieser Stelle ein finster und dämonisch klingender Zauberspruch aufgesagt werden. Ich weiß nicht, ob der Zauber tatsächlich wirkt – als ich das »Rezept« bekam, lebte ich schon in einer guten Beziehung.

// **Tipp:** Brennnesseln waschen, trocken schleudern und mit einem scharfen Messer oder Wiegemesser auf einem Holzbrett zerkleinern.

Sammelzeit: Blätter: Februar (ganze Pflanze) bis Mai (dann nur noch Triebe und Spitzen); Samenrispen: September, Oktober; Wurzeln: April bis Mai, August, September

Standorte: sehr verbreitet an Wegen, Grabenrändern, Ufern, Auewäldern, Ödland

Verwendbare Pflanzenteile: Blätter, Wurzeln, Samenrispen

52

Brennnesselpudding

etwa 500 g (7 – 8 Hand voll) Brennnesseln / 100 g Butter / Meersalz /
frisch gemahlener schwarzer Pfeffer / 4 Eier / 1 Zwiebel /
2 Tassen Semmelbrösel

Ein Pfund Brennnesseln überbrüht man nach dem Waschen mit kochendem Wasser und lässt sie zugedeckt eine Stunde stehen. Anschließend lässt man die Brennnesseln in einem Durchschlag abtropfen und zerkleinert sie.
Die Butter wird mit Meersalz, Pfeffer, Eigelb, der fein gehackten Zwiebel und den Semmelbröseln schaumig gerührt. Dann gibt man die Brennnesselmasse hinzu, und schließlich hebt man den steif geschlagenen Eischnee vorsichtig unter. Der Brennnesselpudding wird in einer gebutterten Form eine Stunde lang im Wasserbad gekocht.

// **Tipp:** Eiweiß lässt sich mit einer Prise Salz leichter schlagen. Auch wenn einige Tröpfchen Eigelb in das Eiweiß geraten sein sollte, lässt es sich noch immer gut schlagen.

Brennnesselauflauf

1 kg Brennnesselblätter / 250 g Weißbrot / ½ l Milch /
3 EL Butter / Meersalz / frisch gemahlener schwarzer Pfeffer /
1 Hand voll Knoblauchsrauke /
4 Eier / 2 EL Vollkornmehl / Zitronensaft / Beifuß / 1 Lorbeerblatt /
400 g Kartoffeln / Öl

Die Brennnesselblätter werden sauber verlesen, gewaschen, mit kochendem Wasser überbrüht und fein gehackt. Das Stückchen Weißbrot wird in Milch eingeweicht, ausgedrückt und mit dem vorbereiteten Brennnesselspinat vermengt. Anschließend dünstet man die Masse in 1 EL guter Butter. Nach dem Auskühlen wird Meersalz, Pfeffer, die fein gehackten Blätter der Knoblauchsrauke, das Eigelb und das steif geschlagene Eiweiß hinzugegeben. Alles, mit Ausnahme des Eischnees, wird miteinander vermengt und der Eischnee anschließend vorsichtig untergehoben. Dann gibt man die Masse in eine gebutterte Form und gart sie im kochenden Wasserbad eine gute Stunde.

Als Sauce bereitet man eine helle Mehlschwitze aus 2 EL Butter und 2 EL Vollkornmehl (das Getreide – wobei bei diesem Auflauf die Zunge diktieren sollte, welches man verwendet – sollte stets nur kurz vor der Zubereitung geschrotet werden!), würzt sie mit Zitronensaft, Beifuß und Lorbeerblatt und gibt sie über den gestürzten Auflauf.

Die Kartoffeln werden gut gebürstet, aber nicht geschält gebacken. Es empfiehlt sich, einige Tropfen Öl auf dem Backblech zu verteilen. Wer die Kartoffeln nicht so kross haben möchte, kann sie auch etwas mit Öl beträufeln. Durch Einschneiden der Schale, Bestreuen mit Kümmel etc. sind Variationen möglich. Die knusprig braun gebackenen Kartoffeln garniert man um den Rand des Auflaufs.

Apropos Kartoffeln: *Dass Kartoffel nicht gleich Kartoffel ist, ist kein Geheimnis. Wer aber den vollendeten Genuss und ein garantiert »gutes Mahl« haben will, sollte gezielt alte Sorten zum Backen in der Schale verwenden. Und wenn wir schon bei alten Sorten sind, sollten wir ruhig die Schmähungen des Botanikers Raoul Combes erwähnen, der sie zum abscheulichsten Gemüse seiner Zeit degradierte. Selbst der Philosoph Friedrich Nietzsche vertrat die Ansicht, dass übermäßiger Konsum von Reis zur Opiumsucht und übermäßiger Kartoffelverzehr zwangsweise zum Alkoholismus führen werde ...*

Alte Kartoffelsorten überzeugten noch jede und jeden. Ihre raffinierte und überraschend breite Vielfalt des Geschmacks sprechen für ihre Einmaligkeit.

Ob fest kochend oder mehlig, innen und / oder außen rot, weiß, blau oder gelb, hörnchenförmig oder überdimensional groß: Alte Sorten gibt es heute gottlob wieder häufiger. Es lohnt sich, danach Ausschau zu halten!

Brennnesselklöße mit Senfsauce

1 kg junge Brennnesselblätter / Butter zum Dünsten / 100 g Butter /
3 Eier / 2 Brötchen / 2 EL feines Mehl / Meersalz / 1 Lorbeerblatt /
Senf nach Geschmack / evtl. Honig / Meerrettich nach Geschmack /
hart gekochte Eier zum Garnieren

Die jungen Brennnesselblätter werden roh gehackt (dazu Handschuhe anziehen!) und in etwas Butter leicht gedünstet. Dann schlägt man etwas Butter schaumig und gibt nach und nach die Eier hinzu. Die vorbereiteten Brennnesselblätter, die gewürfelten und in Butter knusprig braun gebratenen Brötchen und das Mehl gibt man ebenfalls in diese Masse und würzt mit etwas Meersalz. Aus dieser Masse werden nach dem Vermengen Klöße geformt, die in gesalzenem und mit einem Lorbeerblatt gewürztem Wasser etwa zehn Minuten gekocht werden.

Aus einer hellen Mehlschwitze bereitet man eine Senfsauce, die man darüber gibt. Übrigens schmeckt eine solche Sauce am besten, wenn sie auch mit etwas Honig abgeschmeckt und kurz vor dem Auftragen frischer Meerrettich hinzugefügt wurde.

Die Klöße können mit geviertelten, hart gekochten Eiern garniert werden.

 Tipp: Eine vorzügliche Beilage zu Brennnesselgerichten und Salaten oder Bratlingen: Dinkel und/oder Weizenkörner werden über Nacht eingeweicht, anschließend in einem Topf bei mittlerer Hitze langsam quellen und köcheln gelassen und mit Butter, Meersalz, Zwiebelwürfeln und Knoblauch verfeinert.

Für die Sauce:

2 EL Butter / 2 EL Dinkelmehl / 1 EL Senf / 1 EL Meerrettich /
etwas Honig / Salz / evtl. etwas süße Sahne

Die Butter erhitzen, das Mehl einstreuen und mit Wasser ablöschen, so dass eine Sauce entsteht. Diese mit Senf, Meerrettich, etwas Honig und Salz abschmecken und eventuell mit süßer Sahne verfeinern.

Brennnesselomelette

Am besten eignet sich dieser Spinat zum Füllen von Omelettes. Er ist eine besondere Delikatesse an tristen Februartagen, wenn der Körper nach frischem Grün
verlangt.

Für die Füllung:
*8 – 10 Hand voll junge Brennnesselblätter / Meersalz /
frisch gemahlener schwarzer Pfeffer / 1 Lorbeerblatt /
1/8 l saure Sahne / 1 EL feines Weizenschrot*

Für das Omelette:
8 Eier / eine Prise Meersalz / 16 TL Hirseflocken / 2 Eigelb / Meersalz

Die jungen Blätter der Brennnessel werden gereinigt, gedünstet und klein geschnitten. Man würzt mit Meersalz, Pfeffer und Lorbeerblatt und dickt mit saurer Sahne ein, die mit etwas feinem Weizenschrot verrührt wurde.
Für das Omelette rührt man Eigelb und Salz zusammen schaumig, fügt dann
nach und nach Hirseflocken, 12 TL Wasser, Eigelb und Meersalz hinzu und
hebt zum Schluss das zu Schnee geschlagene Eiweiß unter. In der heißen,
schäumenden Butter werden die Omelettes nur von einer Seite gebacken, mit
dem Brennnesselspinat gefüllt und zusammengeklappt serviert.

Brennnessel-Rahmspinat

8 – 10 Hand voll Brennnesselspitzen (evtl. gemischt mit Taubnesselspitzen) /
Meersalz / frisch gemahlener weißer Pfeffer / Muskatnuss /
1 Knoblauchzehe / ⅛ l süße Sahne /
1 EL feines Weizenschrot

Die jungen zarten Spitzen der Brennnessel (können auch mit Taubnesseln vermischt werden) werden verlesen, gereinigt, in etwas Wasser gedünstet und im Garwasser püriert. Man würzt diesen Spinat mit Meersalz, Pfeffer, Muskatnuss und Knoblauch. Kurz vor dem Auftragen verfeinert man mit süßer Sahne, die mit etwas feinem Weizenschrot verrührt wurde.

// **Serviertipp:** Brennnesselspinat im Hirsering, dazu
Brennnesselbratlinge!

Brennnesselbratlinge

125 g Maisgrieß / 3 Eier / Meersalz / frisch gemahlener schwarzer Pfeffer /
2 Knoblauchzehen (gepresst) / 5 Hand voll Brennnesseln /
evtl. etwas Dost / Öl zum Braten

½ l Wasser wird zum Kochen gebracht, der Grieß mit einem Schneebesen eingerührt, kurz aufgekocht, von der Feuerstelle genommen und mit Salz, Pfeffer und Knoblauch gewürzt. Die Brennnesseln reinigen, mit dem Wiegemesser zerkleinern und zur Masse geben. Wenn die Masse etwas abgekühlt ist, hebt man die Eier unter und würzt mit etwas Dost nach Geschmack. Schließlich wird die Masse auf einem mit kaltem Wasser benetzten Backblech ausgestrichen (etwa 1 cm stark), in appetitliche Stücke (zum Beispiel Rhomben) zerteilt und in gutem Öl beidseitig knusprig braun gebraten.

Warmer Käsepudding mit Brennnesselsauce

50 g Butter / 250 g milder Käse / 125 g Parmesan / 60 g Mehl /
4 Eier / Semmelbrösel / 8 Hand voll junge Brennnesselblätter /
Butter und Mehl für eine helle Mehlschwitze / 1/8 l saure Sahne /
Meersalz / frisch gemahlener weißer Pfeffer / Schnittlauch

Butter, geriebenen Käse und Mehl verrührt man in einem Topf bei gelinder Wärme zu einem glatten Teig, bis sich die Masse vom Topfboden löst. Nach dem Erkalten wird das Eigelb und das steif geschlagene Eiweiß darunter gehoben. Der Pudding wird in einer gebutterten und mit Semmelbröseln ausgestreuten Form eine Stunde im Wasserbad gekocht und dann gestürzt.

Für die Sauce dünstet man die jungen Brennnesselblätter weich, rührt sie mit einer hellen Mehlschwitze sämig und verfeinert mit saurer Sahne. Gewürzt wird mit Salz, Pfeffer und fein gewiegtem Schnittlauch.

Brombeere

(Rubus fruticosus)

Brambeere, Bramel, Braunbeere,
Brombesing, Bromedorn, Brämel,
Bromelbeere, Brumenbeere, Frombeere,
Hirschbollen, Kratzbeere, Kratzelbeere,
Moren, Nurr, Rahmbeere

An Waldrändern, auf lichten Waldwie-
sen, kultiviert und gezähmt in Gärten:
Brombeeren gibt es in mehr als hundert
verschiedenen Arten. Die unterschiedlichen Größen der einzelnen Früchte
sind aber nicht nur von den einzelnen
Arten abhängig, sondern stehen auch in
direktem Zusammenhang mit dem Stand-
ort. Nach der Blütezeit, die etwa im Juni beginnt und bis in die ersten Wochen des Septem-
bers andauern kann, bilden sich anfänglich kleine, grüne, harte, ungenießbare
Früchte, die später erröten, bis sie schließlich drall und rund und schwarz glän-
zend in der Glut der Augustsonne erstrahlen.
Die Brombeere stellt eine eigenwillige Form einer »Beere« dar. Botanisch gesehen ist sie nämlich eine Sammelsteinfrucht; jede ihrer kleinen Einzelbeeren ist
im Aufbau einer Steinfrucht (zum Beispiel Kirsche) gleich.
Nennenswerte Inhaltsstoffe der Beere sind Vitamin C, Pektin, Gerbstoffe, Zucker und verschiedene organische Säuren. In den Blättern sind ebenfalls Pektin
und Vitamin C enthalten, außerdem auch ätherische Öle.
Für einen guten Tee werden die jungen Blätter der Brombeere vor oder während
der Blüte geerntet. Getrocknet und danach aufgebrüht ergeben sie ein gutes
»Waschwasser« gegen Hautausschläge; ein Tee aus fermentierten Blättern ersetzt zweifelsfrei einen guten chinesischen Tee (Hinweise zur Fermentation der
Blätter im Kapitel »Teekräuterbereitung«, Seite 20). Ein solcher Tee ist übrigens
für Allergiker besonders gut verträglich.

 Tipp: Wer den Brombeeren zu Leibe rücken will, sollte der
spitzen Stacheln wegen auf festes Schuhwerk und lange Hosen
bedacht sein.

Sammelzeit: Blätter: März bis Mai; Beeren: Juli bis Oktober

Standorte: in Wäldern, Hecken, Gebüschen, aber auch auf Industriebrachflächen

Verwendbare Pflanzenteile: Blätter, Beeren

Brombeerdessert

400 g Brombeeren / 2 – 3 EL Honig oder Vollrohrzucker /
½ l süße Sahne / 2 EL Vollrohrzucker /
abgeriebene Schale einer halben unbehandelten Zitrone / ½ Vanilleschote

Die Beeren werden gewaschen, verlesen und abgetropft. Anschließend püriert man sie unter Zugabe von Honig oder Vollrohrzucker und füllt sie in dekorative Dessertgläser. Die Sahne schlägt man steif, hebt Vollrohrzucker, Zitronenschale und das Mark der Vanilleschote unter und verteilt sie über die Brombeermasse. Das Dessert wird gut gekühlt serviert.

Brombeeromelette Kindertraum

(Mengen für ein Backblech; für eine Springform nur die Hälfte nehmen.)

Das Brombeeromelette ist eigentlich eher eine Nachspeise, wird aber nicht nur von Kindern gern auch als Hauptgericht genommen.

6 Eier / etwa 100 g Vollrohrzucker / etwa 100 g feines Weizenschrot /
Fett für die Form / 100 – 200 g Brombeeren /
¹/₁₆ l süße Sahne / 3 EL Honig

Das Eigelb wird mit dem Vollrohrzucker schaumig gerührt, das Eiweiß zu steifem Schnee geschlagen. Dann gibt man den Eischnee über die schaumig gerührte Eigelbmasse und streut darüber das Weizenschrot. Mit einem Schneebesen verrührt man alles vorsichtig und füllt die Masse in eine gefettete und mit Semmelbröseln ausgestäubte Backform oder streicht sie auf das Backblech. Im vorgeheizten Ofen wird das Omelette bei mittlerer Hitze etwa 20 Minuten gebacken (Stichprobe machen: Die Nadel muss nach dem Herausziehen trocken sein!). Währenddessen püriert man die Brombeeren und rührt sie mit Sahne und Honig glatt. Nach dem Backen bestreicht man das Omelette noch heiß mit der vorbereiteten Brombeermasse, klappt es zusammen und lässt es auf eine vorgewärmte Platte gleiten. Es wird heiß serviert!

// **Tipp:** Cognac-Brombeer-Omelette: statt Sahne Cognac verwenden.

Brombeergelee

*800 g – 1 kg Brombeeren / evtl. gemischt mit einigen Holunderbeeren
(ergeben ca. ½ l Saft) / 450 g Vollrohrzucker*

Die Brombeeren werden am besten zusammen mit ein paar Holunderbeeren entsaftet. Unter ständigem Rühren wird der Saft zusammen mit dem Vollrohrzucker langsam erhitzt. Man lässt ihn so lange köcheln, bis die Gelierprobe gelingt. Dann gibt man das noch flüssige Gelee in saubere Gläser, die man fest verschließt.

 Tipp: Durch das Hinzufügen eines kleinen Stücks frischen Ingwers (vor dem Abfüllen wieder herausnehmen) bekommt das Gelee einen Hauch Exotik.

Brombeermarmelade aus roh gerührten Früchten

*500 g Brombeeren / 500 g Gelierzucker (oder 400 g Vollrohrzucker) /
Saft einer halben Zitrone / 2 geh. TL Apfelpektin*

 Tipp: Den Zucker erst mit dem Pektin vermengen und dann den Früchten zusetzen.

Die Beeren sollten frisch gepflückt und ohne schadhafte Stellen sein, Blätter und Stängel müssen entfernt werden (sauber verlesen!).
Die Beeren werden mit einer Gabel zerdrückt (bei größeren Mengen tut es auch die saubere Hand) und die entsprechende Menge Gelierzucker hinzugefügt. Mit einem Handrührgerät wird die Masse so lange geschlagen, bis sich der Zucker vollkommen gelöst und sich auf dem Fruchtbrei ein feiner weißer Schaum abgesetzt hat. Nun füllt man die Marmelade in sehr gut gesäuberte Gläser. Im Kühlschrank ist sie etwa ein halbes Jahr haltbar.

Brombeer-Holunder-Marmelade

500 g Brombeeren / 500 g Holunderbeeren / 1 kg Vollrohrzucker /
Geliermittel (Pektin oder Agar-Agar)

Die Früchte werden gewaschen und sauber verlesen, die Holunderbeeren von den Dolden gestreift. Brombeeren und Holunderbeeren zerdrückt man anschließend in einem Topf mit einer Gabel und lässt sie mit der entsprechenden Menge Vollrohrzucker vermengt über Nacht stehen. Die Masse wird nach dem Aufkochen am nächsten Tag heiß in saubere Gläser gefüllt und auf den »Kopf« gestellt, um die Luft entweichen zu lassen.
Solange man kein Agar-Agar als Gelierhilfe verwendet, kann man die Gläser auch im noch warmen Zustand wieder wenden oder noch umgedreht Platz schaffend beiseite stellen. Ansonsten gilt: Finger weg vom Eingemachten, solange es noch nicht vollständig erkaltet ist!

Brombeerwein

(ergibt 5 l)

Frühstückswein (leichter Wein):
3,5 l Brombeersaft (aus etwa 5 – 6 kg Früchten) / 1 kg Zucker /
800 g Wasser / Weinhefe

Dessertwein:
3 l Brombeersaft (aus etwa 4 – 5 kg Früchten) / 1,7 kg Zucker /
1 l Wasser / Weinhefe

Die Brombeeren werden nach Möglichkeit entsaftet (oder eingemaischt) und der gewonnene Saft in den Ballon gefüllt. Weinhefe und Zucker gibt man je nach gewünschtem Weincharakter hinzu und verschließt das Gärgefäß vorerst mit einem Wattebausch. Zur weiteren Vorgehensweise siehe »Hausweinbereitung« ab Seite 23.

Brombeerlikör

(ergibt 1 l)

300 g reife Brombeeren /
mindestens 100 g Vollrohrzucker (nach Geschmack) /
ein Stück Zimtstange / 0,7 l Wodka

Die Brombeeren werden sauber verlesen und gewaschen. Der Vollrohrzucker wird mit ein wenig Wasser so lange gekocht, bis er klar ist. Man füllt die Zutaten anschließend in eine passende saubere Flasche. Die Flaschen verschließt man und lässt sie mindestens für sechs Wochen an einem warmen Ort ruhen. Dann wird der Likör in dekorative kleinere Gefäße abgeseiht (durch Kaffeefilter).

Dost

(Origanum vulgare)

Badkraut, Brauner Dost, Dosten,
Grober Chölm, Grober Chostez, Koschtets,
Kostenz, Lungenkraut, Orantkraut, wilder
Majoran, wilder Masero, Wohlgemut

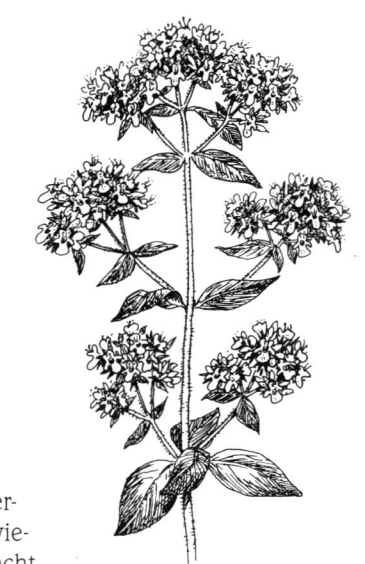

»Ein blümlein auf der weiden,
mit namen wolgemut,
lass uns der lieb gott wachsen,
ist uns für trauren gut«
(altes Volkslied)

Dost soll das Kraut sein, dass Kummer verschwinden lässt, erloschenen Lebensmut wieder aufrichtet und den Menschen fröhlich macht.
Früher wurde den tagtäglich schwer arbeitenden
Menschen aus der ländlichen Bevölkerung Dost unter das Essen gemischt, um
sie bei Laune zu halten. Fröhliche Menschen arbeiten erwiesenermaßen zügi-
ger, bereitwilliger und schneller.
Dost bildet recht häufig an Wegrändern und auf Wiesen und Brachflächen bis
zu einem halben Meter hohe Stauden, die ab Juli in Blüte gehen. Die Blätter
variieren häufig in Größe und Farbe. Sie sind eiförmig, gestielt und ein wenig
weichhaarig; sie fühlen sich auch zart und weich an. Nur der drahtige Stängel
ist bei allen Pflanzen gleich. Die ganze Pflanze riecht stark aromatisch nach
Majoran, die violetten oder rosa Blüten riechen besonders intensiv und eignen
sich auch für aparte Trockengestecke oder -sträuße.
Nach altem Glauben widersteht Dost dem Teufel und soll, vors Haus gepflanzt,
gegen Verzauberungen hilfreich sein.
Dost schmeckt harmonisch zu Reisgerichten, rundet Kräutersaucen ab und
ergibt in Hefeteig gebacken ein leckeres Fladenbrot.
Soll Dost als Gewürz Verwendung finden, werden die nicht blühenden Zweige
geerntet, die im Schatten getrocknet werden. Anschließend werden die Blätter
von den Stängeln gerebelt. In luftdichten Behältern sind sie gut lagerbar. Für Tee
wird das blühende Kraut gesammelt, luftig im Schatten getrocknet, zerkleinert
und in lichtundurchlässigen fest verschließbaren Behältern gelagert.

Als besonderen Inhaltsstoff besitzt der Dost ein ätherisches Öl, das Thymol, das seinen intensiven Geschmack und Duft bewirkt.
In der Volksmedizin wird Tee aus Dost bei Bronchialkatarrh (fördert den Auswurf), Halsentzündung, Husten und Menstruationsbeschwerden empfohlen. Bei Verwendung als Badezusatz soll er juckenden Ausschlag sowie Rheumabeschwerden lindern. In Wein angesetzt, soll Dost der Gesundheit alter Menschen sehr zuträglich sein.

Sammelzeit: Mai bis September (für Tee) während der Blüte, als Gewürz nicht blühende Zweige

Standorte: in Kalkmittelgebirgen besonders auf trockenen Wäldern, Wiesen, Brachflächen und an Wegrändern

Verwendbare Pflanzenteile: Blätter, Blüte

Dostfladen

500 g Vollkornmehl / 1 EL Vollrohrzucker / ein Würfel (42 g Hefe) /
2 Hand voll Dost / Meersalz / 1 Eigelb / 1 TL Olivenöl

Man gibt das Mehl in eine Schüssel und verrührt einen Teil des Mehls mit etwas Vollrohrzucker, etwas warmem Wasser und der Hefe zu einem flüssigen Vorteig, den man zugedeckt stehen lässt (die Masse verdoppelt oder verdreifacht ihr Volumen). Über das restliche Mehl gibt man den zerkleinerten Dost und knetet ihn nach dem Gehen mit etwas Salz unter. Nach dem ausgiebigen Kneten muss der Teig noch einmal Gelegenheit zum Gehen haben, und zwar mindestens eine Stunde an einem warmen Ort. Aus dem fertigen Teig formt man ein Fladenbrot, bepinselt es mit einem Gemisch aus Eigelb, 1 TL Vollrohrzucker, Olivenöl und 1 EL Wasser und lässt es bei mittlerer Hitze etwa eine halbe Stunde backen. Übrigens können Sie diesen Teig auch für Pizza verwenden.

// **Tipp:** Stellen Sie für den Fall, dass Sie zu viel warmes Wasser an den Teig gegossen haben, immer Mehl in erreichbare Nähe!

Kartoffelklöße mit Dostsauce

Für die Klöße:
1 kg Kartoffeln / 50 g feines Weizenmehl / 75 g Stärkemehl / Butter /
1 Ei / Meersalz / Muskatnuss / Wasser / geröstetes Brot

Für die Sauce:
4 große Zwiebeln / Butter oder Olivenöl / 3 EL Weizenschrot / Meersalz /
Dost / trockener Rotwein / Buttermilch / frisch gemahlener schwarzer Pfeffer

Die Kartoffeln werden geschält, gekocht und anschließend gerieben oder mit der Kartoffelpresse gepresst. Dann werden sie mit den restlichen Zutaten zu einer glatten Masse gemischt und zu appetitlichen Klößen geformt. In die Mitte jedes Kloßes drückt man je ein Stück geröstetes Brot. Die Klöße werden dann in leicht gesalzenem kochenden Wasser etwa 15 Minuten leicht geköchelt (wenn die Klöße aufgestiegen sind, den Deckel vom Topf nehmen). Für die Sauce brät man reichlich fein gehackte Zwiebelstückchen in Butter oder gutem Olivenöl unter Zugabe von ein wenig feinem frischem Weizenschrot kräftig an und salzt leicht. Dann gibt man eine Hand voll getrockneten und fein zerkleinerten Dost zu und löscht gleich anschließend mit ein wenig Rotwein. Die Sauce wird mit etwas Buttermilch aufgefüllt und mit Salz und Pfeffer abgeschmeckt.

Kartoffelsuppe mit Dost

*1 Zwiebel / Butter zum Braten / einige Beifußknospen / 500 g Kartoffeln /
500 g Gemüse der Saison (zum Beispiel Lauch, Möhren, Erbsen) /
mindestens 1 Hand voll getrockneter Dost / Meersalz /
frisch gemahlener schwarzer Pfeffer / süße Sahne /
geröstetes Vollkornbrot*

Eine recht große, fein gehackte Zwiebel wird in einem Suppentopf in reichlich guter Butter unter Zugabe einiger Beifußknospen angebraten. Man löscht mit klarem Wasser ab und fügt klein gewürfelte Kartoffeln und Gemüse der Saison hinzu. Die getrockneten Blätter des Dostes zupft man von den Stielen und gibt sie ebenfalls in die Suppe. Die Stängel bindet man mit Küchengarn zusammen und legt sie zunächst beiseite. Bei mäßiger Hitze wird die Suppe etwa 25 Minuten geköchelt und mit Salz und Pfeffer aus der Mühle gewürzt. Dann passiert man sie durch ein Sieb, hängt das Bündel mit Doststielen in den Topf und lässt die Suppe weitere zehn Minuten auf der heißen Herdplatte ziehen. Danach wird das Bündel aus der Suppe genommen und die Suppe mit süßer Sahne verfeinert.

Serviert wird auf tiefen Suppentellern, auf denen je eine Scheibe geröstetes Vollkornbrot liegt.

Franzosenkraut

(Alaria petiolata)

Lauchkraut, Lauchhederich,
kleinblütiges Knopfkraut,
Knoblauchhederich

»Siehe, ich habe euch gegeben
alles Kraut, das sich besamet auf Erden
und alle Bäume, die in sich selbst Samen haben
nach ihrer Art, dass sie euch zur Speise dienen.«
Buch Genesis, 1. Kapitel, Vers 29

Schon die Bibel weist in unzähligen
Textpassagen auf die Reichhaltigkeit
der Flora hin, ohne zwischen Kraut und
Unkraut zu unterscheiden. Es ist der
Mensch, der frei entscheidet, was Kraut
oder Unkraut, nützlich oder schädlich, schön oder
hässlich, aromatisch oder ungenießbar ist. Vieles davon ist Vorurteilen unter-
worfen, so auch das radikal gehasste und rücksichtslos verfolgte Franzosenkraut.

In Fachbüchern kann man nachlesen, dass es sich beim Franzosenkraut um ein
eingeschlepptes Garten- und Ackerunkraut handelt, welches durch die »Fran-
zosenkriege«, die Napoleonischen Kriege also, Einzug gehalten hat (daher soll
auch der Name stammen). Ursprünglich soll das Franzosenkraut in Südamerika
beheimatet gewesen sein, auf dunklen Wegen fand es nach Spanien und Frankreich, und später soll es auf eben solchen dunklen Wegen auch in unsere Breiten
gelangt sein. In Deutschland wurde es erstmalig Anfang des 19. Jahrhunderts
in der Pfalz verwildert angetroffen. Ob es allerdings von dort aus seinen Sieges-
zug in die Gärten und auf die Äcker angetreten hat, bleibt ebenfalls im Dunkeln.
Landwirte und Gartenbesitzer kennen diese Pflanze nur zu gut. Sie tritt in
Massen auf, typisch ist auch das massenhafte Auftreten mehrerer Generationen
nebeneinander – Franzosenkraut kann sich immerhin drei Mal im Jahr vermehren, so dass auf der gleichen Fläche neben Jungpflanzen auch bereits blühende
Exemplare anzutreffen sind. Dies bedeutet, dass das Franzosenkraut dort, wo es
sich einmal niedergelassen hat, mit herkömmlichen Mitteln kaum wieder zu
vertreiben ist – es sei denn, man isst es auf. Ich konnte jedenfalls diese Beobach-

tung machen: Seitdem wir das Franzosenkraut regelmäßig verzehren, bedarf es zeitweise der Schonung, damit es nicht gänzlich aus dem Garten verschwindet. Es schmeckt nämlich phantastisch, beinahe wie Zuckererbsenschoten, nur viel zarter.

Beim Franzosenkraut handelt es sich um eine einjährige Pflanze von 20 bis 30 Zentimetern Höhe. Das Kraut liebt trockenen, lockeren, humusreichen Boden, doch auch auf Sandböden gedeiht es prächtig. Der aufrechte Stängel, an dem zierliche, hellgrüne, leicht gezahnte Blätter paarweise sitzen, teilt sich während der Entwicklung der Pflanze, so dass im Spätsommer aus dem zierlichen, kleinen, unscheinbaren Pflänzchen ein recht stattliches Exemplar mit vielen Blüten gewachsen ist. Die Blüte ist unscheinbar klein und weiß, in der Mitte ist sie gelb und ähnelt in gewisser Weise einer viel zu klein geratenen Kamillenblüte.

An Inhaltsstoffen sind ein hoher Chlorophyllgehalt, Vitamine, Mineralien sowie Zucker nennenswert. Verwendet werden frische Stängel und Blätter der Pflanze, bevor sie blühen. Durchs Erhitzen verliert Franzosenkraut seinen außergewöhnlich zarten Geschmack. Es schmeckt dann zwar nur noch »grün«, aber auch gut. Besonders gut passt es aber in Kräuterquarkzubereitungen oder eben als Salat (solo) oder nur als Beimischung, in kalten Saucen oder Kräuterfüllungen. Aber auch als »Spinat« ist es nicht zu verachten.

Sammelzeit: April bis Juli (vor der Blüte)

Standorte: in ganz Europa, vornehmlich in Gärten, entlang von Rainen und Äckern und auf Brachflächen

Verwendbare Pflanzenteile: Blätter, Stängel

Franzosenkraut-Frischkäse

1 Becher Magerquark / 1 Becher Schmand oder saure Sahne /
1 mittelgroße wilde Pastinake / Meerrettich nach Geschmack /
2 Hand voll fein gewiegte Franzosenkrautblätter / Meersalz

Der Quark wird mit dem Schmand bzw. der sauren Sahne leicht verrührt. Anschließend wird die frische gehobelte Pastinake sowie ein Stück fein geriebene Meerrettichwurzel, die fein gewiegten Franzosenkrautblätter und das Meersalz zugegeben und abschließend noch einmal kurz durchgerührt. Der Frischkäse kommt zum Durchziehen für etwa eine Stunde in den Kühlschrank.

// **Tipp:** Passt gut zu Vollwert-Toast oder als Füllung für Windbeutel! (Brandteig für Windbeutel Seite 136).
Franzosenkraut welkt sehr schnell, deswegen am Vormittag ernten und gleich frisch verwenden. Nach dem Abspülen sollte es nur trocken geschleudert werden, so bleiben die zarten Blätter in Form.

Franzosenkraut-Spinat

8 – 10 Hand voll Franzosenkrautblätter /
100 ml Weißwein (evtl. mit etwas Wasser verdünnt) /
Meersalz / Muskatnuss / ⅛ l süße Sahne / 2 EL Vollkornmehl /
Pfeffer aus der Mühle / ein Schuss Zitronensaft /
1 Hand voll Knoblauchsrauke

Die Blätter werden gereinigt, in etwas Weißwein (der eventuell mit etwas Wasser verdünnt wird) gedünstet und mit Salz und Muskatnuss abgeschmeckt. Die süße Sahne verrührt man mit etwas Vollkornmehl und dickt den Spinat damit ein. Zum Schluss wird mit einem Schuss Zitronensaft und einem Hauch geriebener Muskatnuss sowie mit den gründlich gereinigten und fein gehackten Blättern der Knoblauchsrauke abgeschmeckt.

Franzosenkraut-Cremesuppe

1 Zwiebel / 8 Hand voll Franzosenkrautblätter /
etwas Butter zum Bräunen / 1 l Gemüsebrühe / Vollkornmehl /
⅛ l süße Sahne / 4 – 5 Eier / Meersalz / 1 – 2 Zehen Knoblauch /
Zitronensaft nach Geschmack / Muskatnuss /
frisch gemahlener schwarzer Pfeffer / Knoblauchsrauke / Schafgarbe

Die fein gewürfelte Zwiebel wird mit den gereinigten Blättern des Franzosen-
krautes (reichlich verwenden, die Blätter fallen ganz zusammen) in etwas Butter gebräunt. Abgelöscht wird mit Gemüsebrühe. Wer es mag, verrührt etwas
Vollkornmehl mit der süßen Sahne und dickt hiermit die Suppe nach dem Aufkochen etwas ein, bevor sie mit den Eiern legiert wird. Wer es nicht so dick haben
möchte, rührt die Sahne erst kurz vor dem Servieren unter. Abgeschmeckt wird
mit Salz, Knoblauch aus der Presse, einem Spritzer Zitronensaft, Muskatnuss
und Pfeffer. Ganz zum Schluss werden die fein gewiegten Kräuter untergerührt.
Man gibt die Suppe in tiefe Suppenteller, in denen je ein Toastbrot liegt, oder gibt
kurz vor dem Auftragen klein gewürfelte und knusprig gebräunte Vollwerttoast-
würfelchen hinzu.

Gänseblümchen

(Bellis perennis)

Angerbleamel, Augenblümchen, Busserl, Dorotheastöckel, Gänseblume, Gänsekraut, Gänseliesel, Gänsenagerl, Grasbleamel, Herzblümli, Himmelsblume, Katzenblümlein, Mägdelieb, Maiblume, Maifüßchen, Mairöserl, Margaritenblume, Margaretel, Märzblume, Maßliebchen, Matheisblümchen, Monatsblume, Mondscheinbleamel, Morgenblume, Müllerblume, Mümmeli, Mutterblümchen, Muttergottesblimla, Osterblume, Petersblümchen, Rainblume, Regenblume, Rekrutenröserl, Rockerl, Saubleamel, Schweinzerle, Seidenröserl, Sommertürlein, Tausendschön, Wasenbleamerl, Wieseli, Zeitlose, Zeitlosenkraut

In ganz Europa und Asien ist das kleine, gerade mal einige Zentimeter hohe Blümchen beheimatet. Es blüht auf Weiden und Wiesen, entlang grasbewachsener Wege, in Vorgärten und überall sonst, wo Gras steht, beinahe das ganze Jahr hindurch. Nur nachts und bei Regen schließen sich die kleinen weißen bis rosafarbenen Blüten, ansonsten folgen sie tagtäglich dem Lauf der Sonne. Das Gänseblümchen – wer kennt es nicht? Kinder winden ihre Kränze aus den Blüten, Verliebte zählen ihr Herzblut daran ab. Als »Mutterkraut« wird dem Gänseblümchen in der »Hexenmedizin« eine fehlgeburtsfördernde Wirkung nachgesagt. Wegen dieser Wirkung sahen die Bauern ihr Vieh gefährdet und wollten das Blümchen daraufhin ausrotten. Zum Glück fruchtete der Kampf nicht, und wir können uns noch heute am Anblick der Maßliebchen erfreuen. Im Geschmack ist das Gänseblümchen etwas zusammenziehend – es enthält viele Gerbstoffe –, aber interessant. An Inhaltsstoffen sind unter anderem Saponine, verschiedene organische Säuren, Pflanzenschleim, Inulin, Bitterstoffe, ätherische Öle, Protein, organische Säuren und Vitamin C zu nennen. Als Salatbeilage ist es gerade im Frühjahr, wenn nichts außer Löwenzahn und Brennnesseln gedeiht, sehr empfehlenswert.

In der Volksmedizin wird es gern als ausscheidungsförderndes Mittel verwendet, zur Schleimlösung, bei Erkältungen der Luftwege und Bronchien.

// **Tipp:** Auf einen Salat, der nur aus Gänseblümchen besteht, sollte wegen der enorm schweißtreibenden Wirkung verzichtet werden. Ich selbst habe nach solch einem »Menü« noch drei Tage später ordentlich geschwitzt!

Sammelzeit: ganze Pflanzen und Blüten das ganze Jahr über, Knospen im Frühjahr

Standorte: überall, wo auch Gras wächst, an Wegrändern und an Feldwegen

Verwendbare Pflanzenteile: Blätter, Blüten und Knospen

Grundrezept Kapernbereitung

2 Hand voll Gänseblümchenknospen / ½ l Salzwasser / ½ l Essig

Die Knospen werden gewaschen, in Salzwasser schnell aufgekocht und zum Abtropfen in einen Durchschlag oder ein Sieb gelegt. Danach gibt man die Knospen in einen Steintopf und übergießt sie mit kochendem Essig. Nach vier bis fünf Tagen werden sie in diesem Essig aufgekocht (sie müssen vollkommen bedeckt sein!). Nach dem Erkalten wird der Topf mit Einmachhaut oder Einmach-Cellophan abgedeckt. (Als es noch keine solchen Folien gab, wurde übrigens die Blase des Schweines dafür verwendet.)

 Tipp: Die Verwendung der Kapern ist sehr vielseitig. Erwähnenswert wäre die Beigabe zu Salaten, Ragouts, Mayonnaisen und Saucen.

Maßliebchensuppe

Dieses einfache Rezept ist sehr schnell nachgekocht und bedarf wenig Erfahrung in der Küche. Außerdem ist die Suppengrundlage schnell zusammengetragen, so dass sich diese Suppe nach einer längeren Wanderung in herbstlicher Witterung geradezu anbietet.

4 große Hand voll Gänseblümchen (ganze Pflanzen mit Wurzeln) /
etwas Olivenöl zum Ausbraten / evtl. 100 ml Apfelwein /
1 l Gemüsebrühe / Meersalz / frisch gemahlener schwarzer Pfeffer /
⅛ l süße Sahne / Vollkornbrotwürfel

Die ganzen Gänseblümchenpflanzen werden gereinigt, grob gehackt und in einem guten Olivenöl kurz, aber kräftig angebraten. Wer es mag, löscht mit ein wenig gutem Apfelwein ab (wer nicht, sollte einfach eine Gemüsebrühe nehmen). Nach dem Ablöschen gießt man Gemüsebrühe auf, würzt die Suppe mit etwas Salz und Pfeffer und verfeinert evtl. mit etwas süßer Sahne. Während die Suppe aufkocht, bräunt man die Brotwürfel in einer Pfanne an und bestreut die Suppe kurz vor dem Servieren damit.

Grünkernsuppe
mit Gänseblümchen

1 mittelgroße bis große Zwiebel / 1 – 3 Knoblauchzehen /
Butter zum Dünsten / Grünkernschrot / 1 l Gemüsebrühe /
4 Hand voll Gänseblümchen (ganze Pflanzen mit Wurzeln) /
etwas Milch / etwas süße Sahne / Meersalz /
frisch gemahlener weißer Pfeffer / Quendel

Zwiebel und Knoblauchzehen werden geschält, fein gehackt und in Butter zusammen mit Grünkernschrot hellgelb gedünstet. Man löscht mit Gemüsebrühe ab und köchelt die Suppe langsam auf kleiner Flamme etwa 20 Minuten. In der Zwischenzeit putzt man die frisch gesammelten und einwandfreien Gänseblümchen, hackt sie grob und gibt sie nach etwa 20 Minuten Kochzeit zusammen mit Milch und süßer Sahne zu der Suppe. Nun wird die Suppe noch einmal einige Minuten langsam auf kleiner Flamme geköchelt. Kurz vor dem Servieren würzt man mit Salz, weißem Pfeffer und den abgezupften Blättchen des Quendel (die Stängel können mit Küchengarn gebündelt und zum Auskochen schon vorher in den Topf gehängt werden).

Heckenrose

(Rosa canina)

Arschkitzler, Buttelrose, Dornröschen, Frauenrose, Hagebutte, Hagrose, Hainbuttern, Heideröslein, Hiefen, Hundsdorn, Hundsrose, Judendorn, Rosendorn, Schlafdorn, Wipken

Wie Festungen stehen die wehrhaften Sträucher der Heckenrose in der Gemarkung und bilden undurchdringbare Mauern. Von weitem schon kann man sie an ihrer Eleganz – die Zweige hängen bogenbildend über – erkennen. Wenn im Frühjahr die Knospen platzen und sich der Strauch mit unzähligen rosafarbenen Blüten ziert, tanzen summend und surrend unzählige Insekten den Hochzeitstanz, der dem Herbst eine reiche Ernte verspricht. Übrigens beheimatet ein einziger Strauch mehr als einhundert verschiedene Insektenarten, beim Weißdorn sind es doppelt so viele. Im Schutz der vielen und abervielen Dornen brüten außerdem Vögel, haben Reptilien, Schnecken und anderes Getier eine Heimat gefunden, auch andere Pflanzen nutzen das besondere Klima. So machen sich zum Beispiel Farne gern an den feucht-schattigen Plätzen inmitten einer Hecke breit.

Die Heckenrose ist bekannt für ihre Früchte, die Hagebutten. Dass die Blätter der Heckenrose viel Jod beinhalten, wird einige vielleicht überraschen. Auch basische Proteine (Histone) kommen in der Pflanze vor; Histone sind bekannt für ihre Anti-Tumorwirkung. In den Früchten sind Provitamin A und die Vitamine B, C, E und K sowie organische Säuren und Vanillin vorhanden. Die frischen Hagebuttenfrüchte enthalten deutlich mehr Vitamin C als Zitronen. Allerdings sollte man bedenken, dass sich bereits Ende Juni die Blätter wieder gelb färben und für die Bereitung von Tee denkbar ungeeignet werden.

Die Blüten werden gesammelt, wenn sie noch nicht aufgeblüht sind. Sie ergeben getrocknet einen heilsamen Tee, der bei leichten Entzündungen im Mund- und Rachenraum hilft.

Hagebutten werden gesammelt, wenn sie leuchtend rot an den Zweigen hängen. Nachdem das Kernhaus entfernt wurde, werden auch sie (man kann sie natürlich auch zerteilen) getrocknet und als Beigabe zu einem guten Tee gegeben. Hagebutten sind ein gutes Stärkungsmittel.

Sammelzeit: Blätter: März bis Juni; Blüten: Juni/Juli; Früchte: ab Ende September bis zum ersten Frost, für Wein nach dem ersten Frost

Standorte: häufig in Gesellschaft mit anderen wilden Sträuchern wie Schlehdorn, Weißdorn, Hartriegel, als einzelner Strauch an mageren Hängen und Böschungen, Waldränder

Verwendbare Pflanzenteile: Blüten, Blätter, Früchte (Hagebutten)

Hagebuttenmark

Hagebutten / Vollrohrzucker

Feste Hagebutten befreit man von Stielen und Köpfen, schneidet sie auf, wäscht sie mit oder ohne Kerne, schüttet sie auf Tücher und trocknet sie anschließend ab. Die so vorbereiteten Hagebutten lässt man zugedeckt vier bis fünf Tage kühl stehen, bis die Früchte weich geworden sind. Dann werden sie durch ein Haarsieb gestrichen und zu gleichen Teilen mit Vollrohrzucker verrührt, bis sich der Zucker gelöst hat. Hagebuttenmark in luftdicht verschlossenen Gläsern kühl lagern.

// **Tipp:** Hagebuttenmark eignet sich zum Verfeinern von Süßspeisen, als Brotaufstrich oder als Kuchenbelag.

Rosen-Milch-Tee

Die fermentierten Blätter des Hagebuttenstrauchs ergeben mit Milch und Eigelb einen einzigartigen Tee. (Fermentieren von Tee siehe Seite 21)

½ l Milch / 1 gehäufter TL fermentierte Rosenblätter /
½ Vanillestange / Vollrohrzucker / 1 Eigelb

Man lässt die Milch aufkochen und gibt die fermentierten Rosenblätter hinein. Diese lässt man fünf Minuten ziehen, dann siebt man durch, gibt die halbe Vanillestange und nach Geschmack auch etwas Vollrohrzucker hinein und hebt das Eigelb darunter. Gut durchrühren, die Vanillestange entfernen und die Milch in hohen Tassen servieren.

Hagebuttenmarmelade

Hagebutten / Wasser (1 l auf 1 kg Früchte) / Vollrohrzucker / Zimt

Die Hagebutten werden von Stielen und Köpfen befreit und gereinigt. Auf 1 kg Hagebutten gibt man 1 l Wasser und kocht die Früchte weich. Sie werden dann in dem verbliebenen Wasser zerkleinert (ich bevorzuge für diese Arbeit die »Flotte Lotte«). Dann wird die gleiche Menge an Zucker zugegeben und gekocht, bis die gewünschte Konsistenz erreicht ist. Durch einen Hauch Zimt erhöht sich der wunderbare Eigengeschmack dieser Marmelade, der durch den hohen Gehalt der Kerne an Vanillin ohnehin fast unübertroffen ist.

// **Tipp:** Die Hagebutten länger köcheln lassen, denn erst durch das Köcheln entwickelt sich der typische Vanillegeschmack! Das sonst sehr hitzeempfindliche Vitamin C aus der Hagebutte wird durchs Erhitzen nicht zerstört.

Wenn ich beim Putzen der Hagebutten in der Küche am alten Tisch sitze und im Holzherd ein lustiges Feuer knistert, denke ich oft an die Zeit zurück, als wir – meine Familie saß früher häufig gemeinsam am Küchentisch und erledigte diverse Arbeiten geschlossen – noch nicht so ernsthaft und diszipliniert mit den Dingen umgegangen sind.

Die Kerne der Hagebutte stellen bekanntlich ein verflucht gutes Juckpulver dar, das wir generell, am liebsten händeweise, im Rückenteil der Garderobe unseres Tischnachbars, natürlich auch während des Unterrichts in der Schule, verteilten.

Meine Kinder sitzen heute auch mit mir am Tisch, dann erzähle ich ihnen alte Geschichten und sehe einen Glanz in ihren Augen, den ich wohl damals auch gehabt haben muss. Übrigens ist der Holzherd ein Ort der wohligsten Wärme, wie viele meiner Freunde, die ihn immer wieder bestaunen, mir sagten. Nebenbei macht er nicht nur schön warm, sondern ist auch noch äußerst wirtschaftlich; das Wasser wird nebenbei heiß, in der Röhre trocknen nebenbei Trockenpflaumen oder brutzelt Mus vor sich hin, über ihm trocknet gerade im Herbst die Wäsche gut nach.

Hagebuttenwein von frischen Früchten
(ergibt 5 l)

Ansatz für leichten Wein:
1,2 kg Hagebutten / 700 g Zucker / 4,6 l Wasser

Ansatz für schweren Wein:
1,5 kg Hagebutten / 1,7 kg Zucker / 4 l Wasser

Ansatz für Schaumwein:
*1 kg Hagebutten / 500 g Zucker / 4,7 l Wasser /
passende Weinhefe (für Champagner geeignet)*

Die Früchte werden von Stielen und Blattresten befreit und durch den Fleischwolf gedreht oder mit der Küchenmaschine zerkleinert. Zwei Drittel der vorgeschriebenen Wassermenge werden darüber gegeben, für Schaumwein wird auch
noch die Weinhefe hinzugefügt. Die Zuckermenge bemisst man je nach gewünschtem Weincharakter: Für leichten Wein wird der gesamte, für schweren
Wein zunächst nur ein Drittel des Zuckers zugesetzt und mit einem Tuch bedeckt 24 Stunden stehen gelassen. Danach wird die Masse durch ein Tuch
gepresst und in den Ballon gefüllt. Zur genaueren und weiteren Vorgehensweise siehe Kapitel »Hausweinbereitung« ab Seite 23.

Hagebuttenwein von getrockneten Früchten

(ergibt 5 l)

500 g getrocknete Hagebutten mit Kernen oder 250 g getrocknete Hagebutten ohne Kerne / Weinhefe (je nach gewünschtem Charakter)

Für leichten Wein:
900 g Zucker / 4,4 l Wasser

Für schweren Wein:
1,8 kg Zucker / 3,9 l Wasser

Die getrockneten Früchte werden grob zerstoßen, mit zwei Dritteln der auf 40° C erwärmten Wassermenge übergossen und 24 Stunden stehen gelassen. Dann werden die Früchte abgeseiht und leicht ausgepresst und die Flüssigkeit in den Ballon gefüllt. Der Zucker wird in etwas Wasser aufgekocht, bis er sich gelöst hat, und zusammen mit der vorgeschriebenen Menge an Weinhefe zugegeben. Bei schwerem Wein gibt man zunächst nur ein Drittel der Zuckermenge zu. Der Ballon wird mit einem Wattebausch verschlossen. Weitere Vorgehensweise siehe Kapitel »Hausweinbereitung« ab Seite 23.

Hagebutten-anders-Wein

(ergibt 5 l)

Ansatz für leichten Wein: *1,5 kg Hagebutten /*
4 – 6 Würfel Presshefe oder Weinhefe / 700 g Zucker / 4,5 l Wasser

Ansatz für schweren Wein: *1,5 kg Hagebutten /*
4 – 6 Würfel Presshefe oder Weinhefe / 1,65 kg Zucker / 3,9 l Wasser

// **Tipp:** Bevor Sie sich zum Kauf einer Weinhefe entschließen, sollten Sie die Gärfähigkeit prüfen. Sie ist gewährleistet, wenn das Verfallsdatum nicht überschritten ist, der Bodensatz sich relativ mühelos durch Schütteln löst und die Lagerung der Hefe nicht an einem übertemperierten Ort stattgefunden hat.

Gerade Hagebuttenwein tendiert sehr leicht zu einem Essigstichwein. Dies ist mit folgender, noch dazu sehr einfacher Methode abzuwenden: Die gesäuberten, von Blüten und Blattstielen befreiten, möglichst reifen Früchte werden mehrmals gewaschen, das Waschwasser dabei mehrfach wechseln. In das letzte Wasserbad gibt man entweder Presshefe, und zwar so viel, dass das Wasser milchig trüb wird, oder reine Weinhefe (diese eignet sich wesentlich besser). Erst dann halbiert man die Früchte und gibt sie zusammen mit dem Zucker – drei Teile Zucker ergeben ein Teil Alkohol! – und dem hefeversetzten Wasser in den Ballon. Der Ballon sollte nicht ganz gefüllt sein, damit der Weinansatz bei der bald einsetzenden stürmischen Gärung nicht aus dem Ballon tritt. Das Wasser muss die Hagebutten vollkommen bedecken.
Der Ballon muss recht warm (etwa 25° C) gestellt werden. Schon nach einigen Stunden setzt die stürmische Gärung ein (Achtung! Manchmal blubbert es im Ballon wie in einem wild gewordenen Vulkan, wodurch die Küche in ein Schlammfeld verwandelt wird). Erst wenn die Früchte nicht mehr steigen, wird das Gärröhrchen aufgesetzt und der Ballon luftdicht verschlossen. Die Beeren werden so lange im Ballon gelassen, bis die Gärung abgeschlossen ist. Dies kann mitunter über ein halbes Jahr dauern. Wenn der Wein geklärt werden soll (in einem kühlen Raum), können die herausgenommenen Hagebutten, mit Zucker versetzt, noch einen leichten Wein nach dem gleichen Verfahren ergeben (siehe auch »Hausweinbereitung« ab Seite 23).

Himbeere

(Rubus idaeus)

*Madebeere, Ambas, Ampe,
Entenbeere, Haarbeere,
Hendelbeere, Hexenschmier,
Himmelbeere, Hindelbeere,
Hintbeere, Hohlbeere,
Katzenbeeren, Molbeeren,
Mutterbeere, Niedelbeere,
Runtzelbeere, Waldbeere,
Waldhimmelbreme*

Aufrechter als die Brombeerstängel,
die im Herbst in tiefen, weiten Bögen
überhängen, steht die Himbeere. Sie
ist nur leicht gebogen und überhän-
gend. Auch die Dornen der Himbeeren
sind nicht mit denen der Brombeere ver-
gleichbar; sie sind wesentlich »harmloser«, kratzen mehr, als dass sie pieksen.
Allerdings besteht in der Fruchtform eine Übereinstimmung; die Himbeere ist
eine Sammelsteinfrucht. Die frische Himbeere zeichnet sich durch einen hohen
Mineralstoffgehalt aus, an Vitaminen sind besonders das Vitamin C und Provitamin A hervorzuheben. Sie besitzen außerdem Pektin, organische Säuren, Zucker und Gerbstoffe.
Ein Tee aus Himbeerblättern wird besonders Allergikern empfohlen, da er sehr
gut verträglich ist.

Sammelzeit: Blätter: März bis Mai; Beeren: Juli bis August

Standorte: an Waldrändern, in feuchten Wäldern, auf Lichtungen und Schlägen

Verwendbare Pflanzenteile: Blätter, Beeren

85

Himbeermarmelade
aus roh gerührten Früchten

Sie ist wohl die Königin unter den Wildfruchtmarmeladen, wenn man von den vielen Kernen absieht!

500 g Himbeeren / 500 g Gelierzucker (oder Saft einer halben Zitrone) / 400 g Vollrohrzucker / 2 gehäufte TL Pektin

Die Beeren sollten frisch gepflückt und ohne schadhafte Stellen sowie frei von Maden sein (sauber verlesen!).
Man zerdrückt die Beeren mit einer Gabel und fügt die entsprechende Menge Gelierzucker hinzu. Mit einem Handrührgerät wird die Masse so lange geschlagen, bis sich der Vollrohrzucker vollkommen gelöst und sich auf dem Fruchtbrei ein feiner weißer Schaum abgesetzt hat. Nun füllt man die Marmelade in sehr gut gesäuberte Gläser, die man gut verschließt.
Sie ist im Kühlschrank etwa ein halbes Jahr haltbar.

Himbeermarmelade gekocht
500 g Himbeeren / 500 g Vollrohrzucker

Die Früchte werden gereinigt (nicht waschen, sonst werden die Himbeeren matschig und wässrig) und sauber verlesen (auf die berüchtigten Maden achten!). Anschließend zerdrückt man sie in einem Topf mit einer Gabel und lässt sie mit der entsprechenden Menge Vollrohrzucker vermengt über Nacht stehen. Am nächsten Tag wird die Marmelade gekocht. Nach etwa einer Stunde führt man die Gelierprobe durch. Sobald die Marmelade geliert, füllt man die Masse heiß in saubere Gläser und verschließt sie luftdicht.

 Tipp: Man kann die Gelierzeit wesentlich verkürzen, indem man Agar-Agar oder Pektin dazugibt. Unbedingt die auf der Packung angegebenen Mengenangaben einhalten!

Himbeergelee

½ l Himbeersaft (aus 800 – 900 g Beeren) / 500 g Vollrohrzucker

Des wunderbaren Aromas wegen sollten die Himbeeren möglichst roh entsaftet werden. Der Saft wird mit dem Vollrohrzucker eingekocht, bis die Gelierprobe gelingt. Dann wird das heiße Gelee gleich in saubere Gläser gefüllt und fest verschlossen.

Himbeerwein

(ergibt 5 l)

Es gibt Jahre, da bersten die Sträucher buchstäblich unter der süßen Last: Es ist Weinzeit.
Wenn es einen Fruchtwein gibt, der durch sein Aroma die Zunge verführt, dann dürfte das wohl der schwere, süße Himbeerwein sein. Der Aufwand lohnt sich auf jeden Fall.

Ansatz für schweren Dessertwein:
3 kg Himbeeren / 1,7 kg Zucker / 2 l Wasser /
Saft von zwei Zitronen / Malagaweinhefe

Variation:
3 kg Himbeeren / 1,8 kg Zucker / 2 l Wasser /
Saft von zwei Zitronen / Samosweinhefe

Die Beeren werden nach dem Pflücken sauber verlesen, eingemaischt und wie im Kapitel »Hausweinbereitung« beschrieben weiterverarbeitet (ab Seite 23).

Schwarzer Holunder

(Sambucus nigra)

Alhorn, Elhorn, Eller, Flier,
Haler, Holder, Holderbusch,
Holler, Hitschel, Keilken,
Kisseke, Pisseke, Schetschke,
Schirbike, Zibke

Kaum jemandem, der beim Schlendern durch die heimatliche Natur auf ihn trifft, dürfte bekannt sein, dass der Holunder neben Wacholder, Pappel, Esche und anderen in den Kreis der heiligen Bäume gehört.

Die alten Germanen benutzten ihn auf verschiedene Weise beim Bestatten ihrer Leichen. Sie nahmen mit einer Holunderrute die Maße des Leichnams für den Sarg, und der Fuhrmann, der die Leiche chauffierte, trug an Stelle der Peitsche einen Holunderstock. Gepflanzt wurde schließlich auf das Grab des teuren Verstorbenen – wen wundert es? – ein Holunderstrauch. (Möge Odin in Holunder schwelgen ...) Auch dürfte nicht bekannt sein, dass der Holunder als Wetterprophet gute Dienste tut und tat; die Blüten öffnen sich auf den Tag genau vier Wochen vor der Getreidemahd (deshalb hat er wohl früher an fast keinem Bauernhaus gefehlt) und, dies stelle man sich einmal vor, die Beschädigung des Holunderbusches galt als persönliche Beleidigung. Sein Holz benutzte man zur Schuhherstellung. Aus dem festen Holz wurden Nägel bereitet, mit denen die Schuhsohlen gehalten wurden.
Nun, im Lauf der Zeit hat sich einiges geändert; der Schreiner misst, wenn er misst, mit einem Zollstock, auf die Gräber kommen Blumen (die Friedhofsverwaltung würde verrückt spielen, wenn stattdessen überall Hollerbüsche gedeihen würden), die Bauern setzen bei der Voraussage des Wetters in der Getreidemahd auf andere, technische Hilfsmittel, auch die Schuhe werden heute nicht mehr zusammengenagelt ... Warum also ist trotz allem dieser Strauch noch immer nicht in Vergessenheit geraten?

Dafür gibt es eine einfache Erklärung: Die ganze Pflanze ist eine gesund-
heitsfördernde Apotheke, deren »Arzneien« obendrein – wenn man sich
die Mühe macht und sie selbst sammelt – zum Nulltarif zu haben sind
und die zudem auch noch recht manierlich schmecken.

In den Blüten befinden sich ätherische Öle, organische Säuren, Gerbstoffe, Saponine und Rutin, und die Beeren haben neben einem hohen Zuckergehalt auch viele Vitamine wie Provitamin A, Vitamine der B-Gruppe (besonders reichlich Vitamin B_1 und B_6) und viel Vitamin C.
Gesammelt werden die Blüten voll erblüht und nur bei trockenem Wetter, die Blätter vor der Blüte, die Rinde im Frühjahr, die Wurzeln und Beeren im Herbst. Die Blüten wirken, als Tee genossen, schweißtreibend und helfen somit bei Erkältungskrankheiten; ferner können wir aus ihnen herrlich erfrischende oder gar leicht alkoholische Getränke zaubern (zum Beispiel den bekannten Holundersekt). Äußerlich angewendet, regen sie die Durchblutung an. Blätter, Rinde und Wurzeln sind harntreibend, leicht abführend, blutreinigend und stoffwechselanregend – bei den Beeren kommt daneben noch eine kontraneuralgische Wirkung gerade bei Nervenschmerzen, Ischias oder Hexenschuss hinzu. Aber Vorsicht, keine rohen Beeren essen! Bei empfindlichen Personen können sie Übelkeit und Brechreiz hervorrufen.

Sammelzeit: Blüten: April bis Juni; Früchte: August bis Oktober

Standorte: in Hecken, Gebüschen, an Waldrändern, in lichten, feuchten Wäldern, auf Ödland

Verwendbare Pflanzenteile: Blütendolden, Früchte

Jacobs Kefir-Käse mit Holunderblüten

(10 l Milch ergeben etwa 1 kg Käse)

Kefirferment / Milch / 1–2 Holunderblütendolden / Meersalz

Das Kefirferment (erhältlich in jedem Reformhaus) versetzt man nach Vorschrift mit zimmerwarmer Milch und lässt es mindestens über Nacht, besser 24 Stunden lang bei Zimmertemperatur ruhen, bis die Säuerung abgeschlossen ist. Dann wird es vorsichtig erwärmt (niedrigste Stufe!), wobei sich der Bruch bildet bzw. ausflockt und sich zugleich sichtbar von der Molke trennt (die Molke sollte leicht grünlich und klar sein). Es ist ganz wichtig, dass die Masse nun etwa eine Stunde warm gehalten wird, damit der Bruch sich verfestigen kann. In der Zwischenzeit werden die Holunderblütendolden gewaschen, zerkleinert und mit ein wenig Meersalz vermengt. Der Bruch wird durch einen Durchschlag, in dem ein sauberes Tuch liegt, abgegossen, mit den Holunderblüten vermischt und über Nacht in einer Käsepresse verfestigt. Die Lagerung und Reifung erfolgt im Kühlschrank und dauert zwei bis drei Tage. Der Käse hält sich etwa acht Tage.

 Tipp: Improvisierte Käsepresse
Den Deckel von einer Konservendose entfernen und mit einem Nagel mehrere Löcher einschlagen. Ein Baumwolltuch (Windel) dient zum Auslegen der Dose. Den Käse einfüllen, mit dem Tuch bedecken und gereinigte und eventuell in Pergamentpa-

// pier eingewickelte Steine als Gewichte darauf legen. Molke abtropfen lassen.

Tipp: Die frische Molke mit Zucker, Holunderblüten (können im Ganzen bleiben) und Wein- bzw. Bäckerhefe versetzen und in ein passendes Gefäß füllen (große Weinflasche), das mit Gummipfropfen und Gärröhrchen verschlossen wird. Das ergibt ein äußerst aromatisches, je nach Zuckerzugabe leicht alkoholisches, sektähnliches Getränk, das allerdings nur eine geringe Haltbarkeit hat. Probieren Sie diesen Käse ruhig auch einmal ohne Kräuter- oder Blütenzugabe und legen Sie ihn in Ihr aromatisiertes Öl.

Ich hatte ein solches Gefäß über Wochen hinweg einfach im Freien stehen lassen. Der gesamte Zucker hatte sich während dieser Zeit in Alkohol verwandelt. Das Getränk hatte sich auch vollkommen geklärt, und hätte ich, was ich versäumte, diesen Schlamm abgezogen, wäre in der Tat ein recht interessantes alkoholisches Getränk entstanden. So aber schmeckte es leicht käsig und war von trockener, leicht herber Natur.

Gebackene Holunderblüten (Holderküchli)

Die Blütendolden sollten immer möglichst in der Mittagssonne gepflückt werden. (Dabei bedenken, wo man erntet, gerade im Frühjahr spritzen viele Bauern Pestizide und andere »Pflanzenschutzmittel«). Man sollte die Blüten wegen der Gefahr durch den Fuchsbandwurm am Besten erst über Kopfhöhe pflücken. Wer sie unbedingt nass reinigen, also waschen will, sollte sie nur vorsichtig abbrausen und ihnen im Anschluss an diese Prozedur Zeit zum Trocknen geben.

12 Holunderblütendolden / Öl zum Backen /
etwas Löwenzahnblütengelee (siehe Seite 113)

Für den Ausbackteig:
250 g feines Weizenmehl / 4 Eier / etwas Meersalz /
Vollrohrzucker nach Geschmack / etwas Milch

Die Zutaten für den Ausbackteig werden verrührt, die trockenen Blüten (sie müssen natürlich einwandfrei sein!) hineingetaucht und in gutem Öl goldgelb ausgebacken. Anschließend richtet man sie auf einem vorgewärmten Teller an und besprenkelt oder begießt sie mit ein wenig Löwenzahnblütengelee.

 Tipp: Meiden Sie Ackergrenzen und Feldränder beim Ernten, machen Sie um Plantagen (außer Streuobstwiesen) natürlich einen weiten Bogen.

Holundersekt

(ergibt 5,2 l)

3 sehr große Holunderblütendolden / 1 unbehandelte Zitrone /
1/8 l guter Weinessig / 500 g Vollrohrzucker / 5 l abgekochtes Wasser

Man spült die Holunderblütendolden sorgfältig ab und legt sie zusammen mit der in Scheiben geschnittenen Zitrone in einen großen Tontopf mit 6 bis 7 l Fassungsvermögen. Darüber gießt man den Weinessig und streut den Vollrohrzucker darüber. Wenn sich der Zucker gelöst hat, werden 5 l abgekochtes Wasser aufgegossen, gut umgerührt und der Saft nach drei Tagen in dickwandige Flaschen gefüllt, die gut verschlossen werden. Wichtig: kalt stellen! Nach etwa zehn Tagen ist der erfrischende Holundersekt genussfertig.

Holundersaft

*1 kg Holunderbeeren / Saft einer Zitrone / etwa 300 g Vollrohrzucker /
½ Vanillestange*

Die Beeren werden von den Stielen gezupft und in einen Topf gegeben. Es wird so viel Wasser aufgegossen, dass es übersteht. Zitronensaft, Vollrohrzucker nach Geschmack und die halbe Vanillestange gibt man hinzu. Das Ganze wird 20 Minuten gekocht und anschließend abgefiltert. Den Saft, der übrigens sehr gut schmeckt, lässt man durch ein im Durchschlag liegendes Geschirrtuch langsam ablaufen (bitte kein gutes Geschirrtuch verwenden, es wechselt unwiderruflich die Farbe!). Danach wird er abermals aufgekocht und in kleinere saubere Flaschen abgefüllt.

 Tipp: Diesen Saft nimmt man im Winter, wenn es draußen richtig kalt ist, trinkt ihn heiß und süß oder gibt ihn, etwas eingedickt, zu Hefeklößen. Oder aber – ein Geheimtipp – man mischt ihn zu gleichen Teilen mit Rotwein, gibt neben braunem Zucker Nelken, Zimt und Zitronenschale hinzu, erhitzt ihn und genießt einen ganz besonderen Glühwein.

Holundergelee mit Geliermittel

*1 kg Holunderbeeren / 500 g Vollrohrzucker oder Agavendicksaft /
Geliermittel Agar-Agar / Pektin (Menge je nach Herstellerangabe)*

Die Holunderbeeren werden sauber verlesen und entsaftet. Mit Geliermittel und Vollrohrzucker vermengt, werden sie so lange gekocht, bis die Gelierprobe gelingt. Dann füllt man sie in saubere Gläser, die man gut verschließt.

 Tipp: Wer keinen Entsafter hat, kann folgende Methode versuchen: 1 kg Beeren wird mit ½ l Wasser zehn Minuten lang aufgekocht, durch ein Tuch gepresst (bleibt für immer gefärbt, übrigens sind auch Ihre Hände ziemlich dauerhaft gefärbt, wenn Sie hierbei keine Handschuhe tragen!) und der Saft mit Vollrohrzucker und dem verwendeten Geliermittel zu Gelee weiterverarbeitet.

Holundergelee ohne Geliermittel

etwa 1 kg Holunderbeeren für ½ l Saft / 400 g Vollrohrzucker

Die Holunderbeeren werden verlesen und sämtliche Grünteile entfernt. Dann werden die Beeren in der Fruchtsaftpresse entsaftet. Der Saft wird zusammen mit dem Vollrohrzucker eingekocht, bis die Gelierprobe gelingt. Dann wird das Gelee noch heiß in saubere Gläser gefüllt und fest verschlossen.

Holunderbeermarmelade

1 kg Holunderbeeren / 800 g Vollrohrzucker / eventuell Honig /
Geliermittel Agar-Agar oder Pektin (nach Herstellerangabe)

Die sauber verlesenen reifen Beeren werden mit dem Vollrohrzucker vermengt und anschließend mit einer Gabel zerdrückt. Ein Teil des Vollrohzuckers (maximal die Hälfte) kann durch Honig ersetzt werden. Mit einer noch größeren Honigmenge leidet der fruchtige Geschmack. Man lässt die Marmelade abgedeckt über Nacht stehen und kocht sie am nächsten Tag so lange, bis die Gelierprobe gelingt. Dann füllt man sie in gut gereinigte Gläser ab.

// **Tipp:** Wem die kleinen Kerne zu viel sind, sollte das Mus vor dem Kochen passieren.

Holunderbeerkompott

1 kg Holunderbeeren / 400 g Vollrohrzucker / Geliermittel Pektin

1 kg Beeren wird sorgfältig verlesen und gewaschen. Nach dem Abtropfen werden sie vorsichtig mit dem Vollrohrzucker und mit Pektin (Menge siehe Herstellerangabe) vermengt und über Nacht stehen gelassen. Am nächsten Tag wird das Kompott in saubere Gläser gefüllt und im Wasserbad (Gläser sollten zur Hälfte im Wasser stehen) 25 Minuten bei 85° C eingekocht.

 Tipp: Das Kompott schmeckt besonders gut zu Pudding oder erhitzt über Hefeklöße.
Verwenden Sie auch einmal Apfel- oder Birnendicksaft oder Traubenzucker nach Geschmack, und Sie haben den hundertprozentigen Fruchtgenuss! Das Kompott kann auch statt mit Pektin mit Sago, Johannisbrotkernmehl, Kartoffelstärke oder Getreideflocken ein wenig eingedickt werden. Der Fantasie sind dabei kaum Grenzen gesetzt.

Holunder-Chutney

1 kg Holunderbeeren / 2 – 3 sehr große Zwiebeln /
1 TL gemahlener oder ein Stück frischer Ingwer /
5 – 6 EL Vollrohrzucker / 1 TL Meersalz /
frisch gemahlener schwarzer oder weißer Pfeffer / 0,7 l Apfelessig

Die Beeren werden sorgfältig verlesen und in einem Topf mit einer Gabel zerdrückt. Anschließend würfelt man die Zwiebeln und gibt sie an das Holundermus. Die Masse mischt man mit geriebenem Ingwer, Vollrohrzucker, Meersalz, Pfeffer nach Geschmack und Apfelessig und lässt sie bei mittlerer Hitze langsam gar köcheln, bis eine zähflüssige Masse entsteht. Sie wird heiß in Gläser gefüllt, die gut verschlossen werden.

Holunderlikör aus Obstbrand

(ergibt 1 l)

500 – 600 g Holunderbeeren / 0,7 l Obstbrand /
300 – 400 g Vollrohrzucker / 1 Zimtstange

Die Holunderbeeren werden gründlich gereinigt, die Grünteile entfernt und die Beeren in einem Durchschlag gut trocknen gelassen. Zusammen mit Obstbrand, Vollrohrzucker und der Zimtstange gibt man sie anschließend in einen Steintopf und lässt sie an einem warmen Ort gut sechs Wochen ziehen. Danach seiht man die Beeren ab und füllt den Likör in dekorative Flaschen.

Holunderlikör aus Weinbrand

(ergibt 1 l)

1 kg Holunderbeeren / maximal 1/8 l Flüssigkeit (Wasser, Obstsaft) /
300 g Vollrohrzucker / 0,7 l Weinbrand

Die Beeren werden gereinigt und unter Zugabe von etwas Flüssigkeit erhitzt, bis sie platzen. Die Masse streicht man durch ein Sieb, vermengt sie noch heiß mit Vollrohrzucker und lässt sie abkühlen. Anschließend wird der Brei mit Weinbrand gemischt und sechs Wochen an einem warmen Ort ziehen gelassen. Danach filtert man ihn ab (Kaffeefilter) und füllt den Holunderlikör in kleinere Flaschen.

 Tipp: Das Filtrat nicht wegwerfen! Mit Vollrohrzucker versetzt und in ein fest verschlossenes Glas gefüllt, hält es sich im Kühlschrank mehrere Wochen. Verwenden Sie es als ungewöhnliche Zutat zum Glühwein oder machen Sie daraus zusammen mit Mineralwasser und Weißwein eine besondere Silvesterbowle. (Setzen Sie diese Bowle unbedingt mit frischem Ingwer an – Sie werden begeistert sein!)

Holunderwein

(ergibt 5 l)

Tiefrot und schwer steht der Wein im Ballon, den ich hin und wieder akribisch poliere, um der besonderen Farbgebung des Holunderweines zu huldigen.

Ansatz für leichten Wein:
2,5 kg Holunderbeeren / 700 g Zucker / 2,9 l Wasser

Ansatz für schweren Wein:
2,5 kg Holunderbeeren / 1,7 kg Zucker / 2,2 l Wasser

Man erntet nur die reifen Früchte und streift die Beeren gründlich von den Dolden. Dann werden die Beeren gut gewaschen, abgetropft und zerkleinert und anschließend in einem emaillierten oder einem Holzgefäß mit zwei Dritteln der vorgegebenen Wassermenge übergossen. Nun setzt man die Weinhefe und den Zucker zu (bei einem leichten Weinansatz den gesamten Zucker, bei schwerem Weinansatz zunächst nur ein Drittel des Zuckers). Mit einem sauberen Tuch bedeckt, wird der Weinansatz 24 Stunden stehen gelassen und anschließend durch ein Tuch gepresst. (Zur weiteren Vorgehensweise siehe »Weinansatz aus Maische« Seite 27.)

Große und kleine Klette

(Arctium lappa/ Arctium minus)

Bolstern, Haarballe, Haarwachswürze, Kinderblätter, Kinzel, Kirmsen, Kirmsgästchen, Kladde, Kladdebusch, Klebern, Klibe, Klibusch, Kliewen, Klitzebusch, Klusen, Tabaksblatt, Wolfskraut

Heimisch in ganz Europa, Nordasien, Nordamerika ja sogar bis nach Afrika, wächst sie an Wegen, Hecken und auf Schutthalden. Die Klette kann bisweilen durch ihre Größe bestechen – ich las von Exemplaren, die die stattliche Höhe von 3 Metern erreicht haben sollen; selbst die kleine Klette *(Arctium minus)* kann bis zu 1,50 Meter hoch werden. Kletten sind zweijährig; im ersten Jahr treiben sie ihre großen, herzförmigen Blätter aus, im zweiten einen großen, astähnlichen Stängel, an dem schließlich die rundlichen Blütenköpfe stehen. Die Kletten blühen purpurrot von Juli bis September. Wissenswert ist, dass die Kletten eine große Heilwirkung auf den Organismus haben. Sie sind mild abführend, schweißtreibend und somit stoffwechselanregend, regen die Gallentätigkeit an und sorgen für die Ausscheidung von Harnsäure. Bei äußerlicher Anwendung ist diese Pflanze zugleich ein Antibiotikum, das besonders gegen Furunkel und Abszesse (auch des Zahnfleisches) wirkt. In der Veterinärmedizin wird sie bei Räude und Haarausfall verwendet.

An Inhaltsstoffen ist besonders die große Menge an Inulin und ihre antibiotisch wirksamen Substanzen zu nennen. Schon 1964 isolierten Wissenschaftler aus dieser Pflanze eine gegen Tumorwachstum wirksame Substanz.

Auch im Aberglauben taucht die Klette auf. Danach heilt die Klette alle Schäden. Zu diesem Zweck schneidet man einen Klettenbusch ab und legt ihn ins Haus, bis er welk wird; hiernach muss er mit einem Faden, der nie gewaschen wurde, an der stärksten und dichtesten Stelle gebunden werden. Zuvor muss man sagen: Klettenbusch, ich binde dich, dass du den Schaden heilst. Mit dem doppelt genommenen Faden fährt man nun die erste Runde um den Busch und spricht: »Im Namen Gottes, des Vaters« und macht einen Knoten, beim zweiten Umwickeln sagt man: »Im Namen Gottes, des Sohnes« und macht den zweiten Knoten, beim dritten Mal sagt man: »Im Namen des Heiligen Geistes« und macht den dritten Knoten: Zauberkundige achten darauf, dass kein Knoten vergessen wird, denn mit jedem Knoten wird die Krankheit oder der Schaden fester an die Pflanze gebunden. Die Pflanze wird aus dem Haus entfernt, das Übel ist gepackt und soll, so heißt es, mit ihr verschwinden.

Nicht um das Verschwinden, sondern vielmehr um das Hinzukommen geht es bei meinem nächsten Geheimnis, das sich mit der Schönheit des Haares beschäftigt. Ein Absud aus den gereinigten Wurzeln und den Blättern der Großen Klette, die zuvor in einem Mörser zerstoßen worden sind, wird mehrmals täglich über einen längeren Zeitraum auf das Haupt gegeben und muss von allein trocknen. Es heißt, dass dies schönes, langes, goldenes Haar macht (ein probates Mittel gegen Kahlköpfigkeit?) und dass selbst das Gedächtnis sich bessern solle ...

Für manche ist die Klette ein nutzlos, lästiges Unkraut – für andere ein dem Geschmack der Schwarzwurzeln ähnlicher Genuss.

// **Tipp:** Verwendet werden können sowohl die jungen zarten Stängel, als auch die älteren holzigen. Diese werden geschält, um an das Klettenmark zu gelangen. Es schmeckt verführerisch.

Sammelzeit: Mai/Juni bis September

Standorte: auf stickstoffreichen Unkrautböden wie Wegen und Mauern sowie Schuttplätzen

Verwendbare Pflanzenteile: Stängel, Blätter, Mark

Klettengemüse

etwa 15 sehr junge Klettentriebe / Meersalz / etwas Vollrohrzucker /
2 EL Butter / 3 EL feines Grünkernschrot / 1 Ei /
Saft einer Zitrone / süße Sahne

Die Triebe der Klette werden vom Blattwerk befreit, in appetitliche Stücke zerteilt und zusammen mit Salz und Vollrohrzucker in Wasser bei mäßiger Hitze langsam weich gedünstet (höchstens zehn Minuten!). Das Klettendünstwasser wird mit einer hellen Mehlschwitze aus frisch gemahlenem feinen Grünkernschrot und Butter angedickt und mit Ei, Zitronensaft sowie süßer Sahne verfeinert.

Klettenauflauf

100 g Grünkern / 500 – 700 g junge Klettentriebe / 2 Eigelb /
etwa 100 g Butter / 200 g würziger Käse / 1 Becher saure Sahne /
2 Eier / Meersalz / frisch gemahlener schwarzer Pfeffer

Man weicht den Grünkern ein und lässt ihn quellen. Die jungen Triebe der Klette werden von den Blättern befreit und in etwa 3 cm lange Stücke geschnitten, in leicht gesalzenem Wasser nicht all zu weich gekocht und im Anschluss daran in einem Sieb zum Abtropfen beiseite gestellt. Aus Grünkern, Eigelb, 80 g Butter und geriebenem Käse bereitet man dann eine geschmeidige Masse.
Nun wird eine Auflaufform gebuttert und das abgetropfte Gemüse hineingegeben. Man träufelt ein wenig ausgelassene Butter darüber und verteilt einen gehobelten würzigen Käse und die vorbereitete Grünkernmasse darüber. Die saure Sahne wird mit Ei, Salz und Pfeffer gemischt und über die Grünkernmasse gegeben. Nun wird der Auflauf etwa eine halbe Stunde bei mittlerer Hitze gebacken.

Klettensprosssuppe

500 g junge / zarte Klettenstängel / 1 ½ l Gemüsebrühe / 50 g Butter /
3 EL Mehl / 3 EL Schmand oder saure Sahne /
1 Eigelb / Meersalz / Muskat

Die jungen Blattstiele werden von den Blattresten befreit und in fingerlange Stücke geteilt. Anschließend wird das so vorbereitete Gemüse in Gemüsebrühe weich gekocht. In der Zwischenzeit bräunt man die Butter an und bereitet mit dem Mehl eine Mehlschwitze. Diese wird mit der Kochbrühe aufgegossen und gut aufgekocht, die Klettenstückchen werden hineingegeben und beim Anrichten mit Schmand oder saurer Sahne und Eigelb glatt gerührt. Gewürzt wird mit Salz und etwas Muskat.

Klettensalat

etwa 10 junge Triebe und junge Blätter der Klette /
Meersalz / Zitronensaft / 1 Spritzer Bärlauchöl / Muskatnuss /
Petersilie / Schafgarbe

Die jungen Triebe der Klette werden vom Blattwerk befreit, in Stücke geschnitten und in etwas Wasser unter Zugabe einer Prise Salz gedünstet. Die Blätter wäscht man sorgfältig, zerteilt sie in zarte Streifen und zieht sie unter die abgekühlten Triebe. Gewürzt wird nach Geschmack mit Zitronensaft, Bärlauchöl, Salz, einem Hauch Muskatnuss, Petersilie und Schafgarbe.

// **Tipp:** Feiner Klettensalat: Den Klettensalat mit hart gekochten und gewürfelten Eiern und gestifteltem milden Käse verfeinern.

Gratiniertes Klettengemüse

etwa 15 junge fingerstarke Klettentriebe / ⅛ l süße Sahne /
Meersalz / Muskatnuss / 150 g Käse / Schafgarbenblätter

Die Stängel der Klette werden in Stücke geschnitten und in Salzwasser al dente
gegart. Anschließend lässt man sie abtropfen und schichtet sie dachziegelartig
in eine gut gefettete Form. Die süße Sahne wird mit Salz und geriebener Muskatnuss abgeschmeckt und darüber gegeben. Im vorgeheizten Backofen backt man
das Gemüse bei mittlerer Hitze etwa 25 Minuten. Kurz vor Ende wird geriebener Käse darüber gestreut und das Gemüse kurz vor dem Auftragen mit frischen
gehackten Schafgarbeblättern garniert.

Knoblauchsrauke

(Alliaria petiolata)

Bärentatze, Knoblauchhederich, Lauchhederich, Lauchkraut

Die einen sagen, sie hätte eine gewisse Ähnlichkeit mit der Brennnessel, andere wiederum behaupten, die Knoblauchsrauke sähe wie Hederich aus. Ich denke, dass man beiden Meinungen zustimmen kann, denn gewisse Ähnlichkeiten mit beiden Kräutern lassen sich nicht leugnen. Für den erfahrenen Kräutersammler oder mit Hilfe eines Pflanzenführers ist es allerdings kein Problem, die Pflanzen voneinander zu unterscheiden. Am deutlichsten unterscheidet sich die Knoblauchsrauke allein schon durch ihre »Koloniebildung« von der Brennnessel. Die Brennnessel wächst über starke unterirdische Triebe, die die Brennnesselhorte immer optisch bündeln, ja zu einer unüberwindbaren Festung verwachsen lassen. Die Knoblauchsrauke dagegen tritt zwar stellenweise auch massenhaft auf, allerdings bilden sie kaum solche »Festungen«. Verglichen mit dem bedrohlichen Auftreten der Brennnessel hat sie das Gemüt eines leichtfüßigen Gauklers, der mal eben hierhin und dorthin hüpft. Heimisch in ganz Europa, trifft man sie vorzugsweise an feucht-schattigen Orten in Laubwäldern, Gebüschen und entlang von Wegrändern, Zäunen oder Hecken an. Die vierkantigen Stängel erreichen eine Höhe von knapp einem Meter und sind von unten her mit nierenförmigen, hell- bis mittelgrünen Blättern besetzt, die sich nach oben hin merklich verkleinern und eine herzförmige, stark gezähnte Gestalt annehmen. Zu erklären ist dieser Umstand damit, dass sich auf diese Weise unbehindert Blüten bilden können, aus denen möglichst viele Samen entstehen sollen, die nicht durch eine zu große Beschattung an der Reife gehindert werden. Die Blüten der Knoblauchsrauke sind relativ unscheinbar und weiß, die ebenfalls vierkantigen Samenstände sehen wie kleine Böhnchen aus, in denen dann ähnlich wie beim Hederich kleine runde Samenkörner zur Reife gelangen. Diese Samenkörner haben in der Homöopathie eine gewisse Bedeutung. In Wein aufgekocht, sollen sie bei Nierensteinen und Koliken hilfreich sein. Dem frischen Kraut werden auch ausleitende Eigenschaften nachgesagt, weshalb es als Ingredienz bei Frühjahrskuren verwendet wird. Typisches

Merkmal der Pflanze ist der unwahrscheinlich kräftige Knoblauchgeruch, der sich beim Zerreiben der Blätter entwickelt.

An Inhaltsstoffen sind nennenswert: Knoblauchsöl, ätherische Öle, Saponin, Mineralien, Enzyme, Zucker und Vitamine.

Verwendet wird die frische ganze Pflanze vor der Blüte und die ausgereiften Samen.

In der Küche ist die Knoblauchsrauke universell einsetzbar, ob in Suppen, Salaten, Kräuterquark oder als Würze. Selbst die kleinen attraktiv dunkel gefärbten Samen geben süß-sauer Eingemachtem den letzten Pfiff.

Sammelzeit: Blätter und Stängel: April bis Juni; Samen: August bis Oktober

Standorte: in ganz Europa in feucht schattigen Laubwäldern, unter Hecken, entlang von Zäunen

Verwendbare Pflanzenteile: Blätter, Samen

Knoblauchsrauken-Kuchen

(für ein Blech)

Für den Hefeteig:

250 g Vollkornmehl / 1 EL Vollrohrzucker /
etwas warme Milch / ½ Würfel Hefe / eine Prise Meersalz
(Der Teig sollte dünn auf dem Backblech aufliegen. Die Zutatenmengen
können aber auch leicht erhöht werden, um den Teiganteil des
äußerst herzhaften Kuchens ein wenig zu erhöhen.)

Für den Belag:

500 g frische Champignons / Meersalz /
frisch gemahlener schwarzer Pfeffer / 2 Knoblauchzehen /
¼ l saure Sahne / 3 Hand voll gehackte Knoblauchsrauke /
4 Eier / 200 g würziger Käse

Man gibt das Mehl in eine Schüssel und drückt in die Mitte eine Vertiefung, in die man die Hefe und 1 EL Vollrohrzucker gibt. Zusammen mit der warmen Milch rührt man einen zähflüssigen Vorteig, den man wie gewohnt weiter verarbeitet.

Nachdem der Teig gegangen ist, wird ein gut mit Olivenöl gefettetes Backblech damit ausgelegt. Durch das Bestäuben des Teigs mit ein wenig Mehl kann das Ausrollen mit dem Nudelholz wesentlich vereinfacht werden.

Für den Belag werden die gereinigten Champignons in dünne Scheiben geschnitten, dachziegelartig auf den Teig gelegt und vorsichtig ein wenig eingedrückt. Im Anschluss daran werden die Gewürze mit der sauren Sahne sowie den fein gehackten Blättern der Knoblauchsrauke (nach dem Reinigen trocken schleudern, so behält sie ihr Aroma und verwässert nicht) und den Eiern vermischt und auf den Pilzen verteilt. Zum Abschluss kommt der geriebene Käse darüber.

Der pikante Kuchen wird im vorgeheizten Ofen etwa 35 Minuten bei mittlerer Hitze gebacken.

// **Tipp:** Darauf achten, dass die Milch nicht zu heiß ist, da die Hefe sonst ihre Triebkraft verliert.

Knoblauchsrauken-Pesto

Pesto ist eine hervorragend schmeckende Würzpaste.

100 g Pinienkerne / 1 Hand voll Knoblauchsrauke / 1 Knoblauchzehe /
150 g Käse (zum Beispiel Parmesan oder Pecorino) / Meersalz /
etwa 60 ml Olivenöl

Die Pinienkerne werden in der Pfanne leicht gebräunt, mit dem Wiegemesser werden die frischen, trockenen, gut gereinigten Knoblauchsraukenblätter grob zerkleinert (zupfen geht auch). Im Mörser oder mit dem Pürierstab werden dann die frischen Blätter der Knoblauchsrauke und die gerösteten Pinienkerne zusammen mit dem Knoblauch zu einer Paste püriert. Geriebener Käse und Salz werden untergemischt. Durch langsames Unterrühren eines sehr guten Olivenöls wird die Paste cremig.

// **Tipp:** In kleine Gläser gefüllt und mit einer dünnen Schicht Olivenöl bedeckt, hält sich dieses äußerst eigenwillige und ebenso gesunde Pesto im Kühlschrank vier bis sechs Wochen.

Knoblauchsraukendressing

3 EL Olivenöl / 1 Knoblauchzehe / Meersalz /
frisch gemahlener schwarzer Pfeffer / 1 EL Blütensirup /
evtl. etwas Weißwein / einige Blätter der Knoblauchsrauke

Je nach Salatmenge wird gutes Olivenöl mit dem fein gehackten Knoblauch, Salz, Pfeffer sowie Blütensirup vermengt. Man kann mit etwas Weißwein verfeinern. In diese Mischung werden die frischen, fein gewiegten Knoblauchsraukenblätter gegeben.

// **Tipp:** Passt gut zu bunten Salaten und über geschmortes Gemüse oder gebratenen Käse.

Löwenzahn

(Taraxacum officiale)

*Apostenwurzel, Augenmilchkraut, Augenwurz,
Bammbusch, Bärenzahnkraut, Bettseicher,
Butterblume, Düwelsblom, Eierbusch, Eierkraut,
Feldblume, Gelbe Wegwarte, Große Ankenblume,
Hundszahnkraut, Kettenblume, Knabenblume,
Kuhblume, Kuhlattich, Laterne, Laternenblume,
Maienschöpfel, Maienzahn, Märzenblume,
Milchbleamel, Milchbusch, Milchdistel,
Milchrödelwurz, Milchschöpfe, Milchstöckel,
Pampelkraut, Pfaffenplatte, Pferdekraut, Popenblume,
Pusteblume, Röhrlkaut, Roßblume, Saubleamel,
Saurüssel, Saustochkraut, Scheerkraut, Seichkraut,
Schmalzbleamel, Sommerdornkraut, Sonnenwirbelkraut,
Sonnenwurzel, Wiesenlattich, wilde Zichorie*

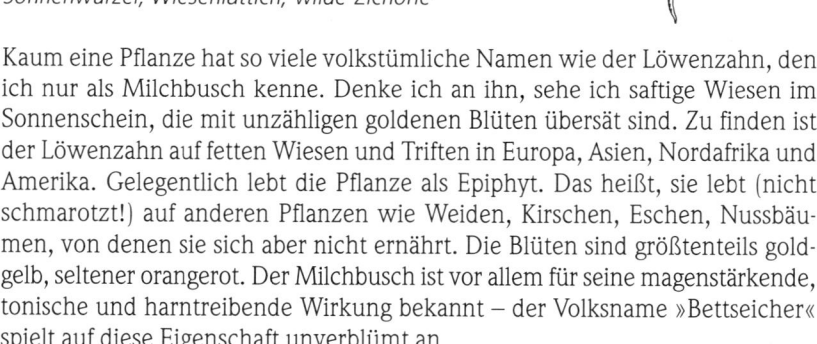

Kaum eine Pflanze hat so viele volkstümliche Namen wie der Löwenzahn, den ich nur als Milchbusch kenne. Denke ich an ihn, sehe ich saftige Wiesen im Sonnenschein, die mit unzähligen goldenen Blüten übersät sind. Zu finden ist der Löwenzahn auf fetten Wiesen und Triften in Europa, Asien, Nordafrika und Amerika. Gelegentlich lebt die Pflanze als Epiphyt. Das heißt, sie lebt (nicht schmarotzt!) auf anderen Pflanzen wie Weiden, Kirschen, Eschen, Nussbäumen, von denen sie sich aber nicht ernährt. Die Blüten sind größtenteils goldgelb, seltener orangerot. Der Milchbusch ist vor allem für seine magenstärkende, tonische und harntreibende Wirkung bekannt – der Volksname »Bettseicher« spielt auf diese Eigenschaft unverblümt an.

Zum Löwenzahn steht in der »Praxis des Landmanns« von 1923 geschrieben: »Gegen den Löwenzahn, der auch unter die Unkräuter zählt, wird Bespritzen mit Eisenvitriollösung empfohlen. Ich habe aber zu meiner Freude nie gesehen, dass dieses Rezept zur Anwendung gekommen wäre. Erstens ist der Löwenzahn ein nahrhaftes Kraut (das sogar der Mensch als Salat isst), und dann – betrachte man einmal im Frühling eine mit Löwenzahn bestandene Wiese am Dorf, wenn die Sonne am Himmel aufgeht, und tausende kleiner goldener Sönnchen im Grase sich öffnen, um ihr Licht zurückzustrahlen. Ich möchte doch wissen, ob die Schönheit in der Welt ein so wertloser Firlefanz geworden ist,

dass ausgerechnet wir Landleute sie völlig übersehen und zu bloßen Rechen-
maschinen werden sollten.« Ach ... und das Herz geht einem auf!

Besondere Inhaltsstoffe der Wurzeln sind neben Bitterstoffen, Cholin und Fruc-
tose auch Inulin (besonders interessant für Diabetiker) und Vitamin D. In Blättern und Blütenstängeln sind Glyzerin, Kautschuk, Aminosäuren, viel Vitamin
C und Mineralstoffe zu finden.

Als Bittermittel regt der Löwenzahn die Sekretion der Verdauungsdrüsen an.
Die im Herbst gesammelte und dann äußerst inulinreiche Wurzel wird geröstet
und als Kaffee getrunken.

In der Homöopathie wird die frische Pflanze bei Hepatitis, Gastritis, Reizblase,
einfacher Gelbsucht sowie Nierenentzündung eingesetzt. Außerdem soll sie
Fettsucht, Gicht, Rheumatismus und bestimmten Formen des Diabetes entge-
genwirken. In vielen Ländern wird sie auch als Volksmedizin gegen Warzen
und Krebs eingesetzt.

Wenn das nicht Argumente genug sind!? Guten Appetit!

Sammelzeit: Blätter: März bis Juli; Blüten: April bis Juli; Wurzeln: Herbst

Standorte: fette Wiesen und Triften

Verwendbare Pflanzenteile: Blüten, Blätter, Wurzel

Löwenzahnsalat (roh)

Der eine mag seinen Salat von Öl triefend, die andere nur mit saurer Sahne oder Joghurt, die Nächste gar wird fassungslos, wenn die Schüssel nicht nach Zitrone duftet. Lassen Sie Ihren Empfindungen bei der Bereitung eines Salates freie Hand, würzen Sie mit den Fingern, schwappen Sie Essig oder Öl der Nase nach!

4 Hand voll Löwenzahnblätter /
mindestens 2 Zwiebeln (nach Geschmack) /
Sauce nach Wahl (Joghurt, saure Sahne) / Honig /
Vollrohrzucker / Schafgarbe / Petersilie

Die zarten Blätter des fast erblühten Löwenzahns werden gepflückt und gründlich gereinigt. Man schält die Zwiebeln und schneidet sie in feine Ringe. Aus Joghurt oder saurer Sahne, Honig oder Vollrohrzucker bereitet man einen recht herzhaften süßen oder sauren Dip mit Schafgarbe und Petersilie als Würzkräuter und gibt ihn auf den Salat (schmeckt angenehm bitter).

 Tipp: Übrigens schmecken auch die zarten Knospen des Löwenzahns, die man auch zu Kapern (Grundrezept Kapernbereitung im Kapitel Gänseblümchen, Seite 76) verarbeiten kann, in einem Salat sehr gut.

Löwenzahnsalat (gedünstet)

etwa 20 Löwenzahnpflänzchen / Beifußöl nach Geschmack / 1 Zwiebel /
Zitronenmelisse / Essig / Meersalz / 1 EL Löwenzahnblütengelee (Seite 113)

Die zarten Löwenzahnpflänzchen werden ein Stück unter der Erde abgestochen, die äußeren Blätter entfernt, das Wurzelstück sauber geschabt und die ganzen Pflanzen gründlich gereinigt. In leicht gesalzenem Wasser dünstet man sie schließlich einige Minuten, richtet sie nach dem Abtropfen in einer Schüssel an und würzt mit Beifußöl, Zwiebelwürfeln, Zitronenmelisse, Essig, Meersalz und Löwenzahnblütengelee.

 Tipp: Dieser Salat kann durch die Zugabe von Mungbohnensprossen oder anderen Sprossen aufgepeppt werden.

Großer gemischter Frühlingssalat
in süßer Marinade

Dieses Rezept sollte man rechtzeitig einplanen – der Sirup für die süße Marinade muss schon tags zuvor vorbereitet werden!

Für den Salat:

je 1 Hand voll Birkenblätter, Gänseblümchenrosetten, Franzosenkrautblätter,
Löwenzahnblätter, Brennnesselblätter, Wegerich
(bei Löwenzahn und Brennnesseln junge zarte Pflanzen wählen) /
100 g milder aromatischer Käse / 4 Eier / 1 Knoblauchzehe

Für die Marinade:

4 Hand voll Löwenzahnblüten / 1 Hand voll Schlehdornblüten /
200 g Vollrohrzucker / Öl / Meersalz / frisch gemahlener schwarzer Pfeffer /
Saft einer halben unbehandelten Zitrone oder Kräuteressig / Meerrettich

Die Wildkräuter werden gereinigt, klein geschnitten und gut durchmischt. Der Käse wird gewürfelt und darunter gehoben, die hart gekochten Eier in Scheiben geschnitten und alles vorsichtig in einer mit Knoblauch ausgeriebenen Schüssel angerichtet. Die tags zuvor gepflückten und mit etwas Wasser aufgekochten Löwenzahnblüten (siehe »Löwenzahnblütengelee« Seite 113) versetzt man mit einer Hand voll Blüten des Schlehdorn und gießt durch ein Tuch ab. Den verbleibenden Saft (knapp ½ l) kocht man mit Vollrohrzucker etwas ein. Die benötigte Menge dieses Sirups wird nach dem Erkalten mit einem guten Öl, Meersalz, Pfeffer, dem Zitronensaft oder Kräuteressig und Knoblauch abgeschmeckt und über den Salat gegossen. (Der Rest des Sirups kommt in eine Flasche und gehört in den Kühlschrank!)
Mit frisch geriebenem Meerrettich verfeinert, ist der Salat eine Delikatesse!

// **Tipp:** Im Monat Mai grünt zart, anscheinend in das Frühjahr verliebt, die Birke. Ich möchte behaupten, sie ist der schönste Baum, den das Frühjahr hervorbringt. Ob allerdings die Geschichte mit der anregenden Wirkung bei Sexualschwäche stimmt ...? Hier das Rezept für das Birkenknospen-Aphrodisiakum – zum Ausprobieren: Die Knospen im Vorfrühling sammeln, 100 – 150 g in 1 l Wasser geben, gut zehn Minuten kochen lassen und täglich zwei bis drei Tassen trinken!

Löwenzahn-Dessertwein

(ergibt 5 l)

Wer den berüchtigten Holunderblütensekt kennt bzw. endlich an das heiß ersehnte Rezept herangekommen ist, kann sich nun die Hände reiben. Löwenzahn-Dessertwein ist die absolute Versuchung – ein Highlight des Selbstgesuchten und -gemachten!

1000 – 1500 Löwenzahnblüten
(etwa eine Einkaufstüte voll) / 4 l Wasser /
Schale einer unbehandelten Zitrone und einer unbehandelten Orange /
5 Würfel Hefe / 2 kg Zucker (zum Beispiel Kandiszucker) /
1 Orange / evtl. einige Gewürznelken

1000 – 1500 Löwenzahnblüten (hört sich mehr an, als es ist!) sollten bei trockenem Wetter und Sonnenschein gepflückt werden. Das Wasser wird darüber gegossen, die abgeriebenen Schalen je einer unbehandelten Zitrone und einer unbehandelten Orange hinzugegeben und bei kleiner Flamme etwa 20 Minuten geköchelt. Wer keine so großen Töpfe hat, kann die Masse auch ruhig teilen. Der Blütenbrei wird nach dem Abkühlen durch ein Tuch in ein großes Gefäß gefiltert, die Masse muss noch handwarm sein. Man gibt nun die in warmem Wasser aufgelösten Hefewürfel und den Zucker, gern auch Kandiszucker, hinein, ebenso eine große geschälte und entkernte Orange, die auch mit Nelken gespickt werden kann. Das Ganze lässt man dann an einem warmen Ort (zum Beispiel in der Küche) je nach Temperament vier, fünf oder sechs Tage gären. Vorsichtshalber sollte man ein altes Handtuch unterlegen, damit der entweichende Gärschaum (von Temperament zu Temperament verschieden!) sich gleich dort fängt. Danach wird der Wein in Flaschen gefüllt, sorgsam verschlossen und der »keimende« Likörwein für einige Wochen in den dunklen Keller gestellt. Die Flaschen müssen über dem Korken verschnürt werden (die guten, alten Bügelflaschen funktionieren auch!), damit diese nicht aufknallen. Erst wenn das Getränk kristallhell ist, ist es genussfertig.

// **Tipp:** Im Handel erhältliche Bügelflaschen (Bier und Limonade) können problemlos verwendet werden. Bei wiederaufgefüllten Sektflaschen müssen die Korken mit einem Apothekerknoten gesichert werden; fragen Sie am besten in der nächsten Apotheke um Rat. Plastikflaschen oder Flaschen mit Plastikverschlüssen sind ungeeignet.

Löwenzahnblütengelee

Eigentlich ist dieses Gelee kein Gelee im herkömmlichen Sinn, es ist mehr ein Honigsirup wie die anderen »fruchtlosen« Gelees auch. Doch gerade deswegen lässt sich das Löwenzahngelee als Beigabe zu Salaten (auch der Kartoffelsalat schmeckt damit doppelt so gut!) und in der Vorweihnachtszeit in der Weihnachtsbäckerei vorzüglich einsetzen.

200 Löwenzahnblüten / 1 l Wasser / Vollrohrzucker

Die Blüten werden an einem sonnigen Tag gesammelt, mit dem kalten Wasser zum Kochen gebracht, drei Minuten langsam geköchelt, dann von der Feuerstelle genommen und 24 Stunden ruhen gelassen. Am nächsten Tag gießt man sie durch ein Tuch (zum Beispiel eine Baumwollwindel) und vermengt den Saft mit der gleichen Menge Vollrohrzucker. Auf kleiner Flamme wird das Gelee nun sehr langsam eingekocht.

// **Tipp:** Der Saft darf nur eindicken, aber nicht geleeartig fest werden. Er kristallisiert sonst zu schnell im Glas.

Löwenzahngelee mit Pfefferminze

Schmeckt köstlich aromatisch, beinahe exotisch, wenn man nicht wüsste, dass es »nur« Zutaten aus der heimischen Natur enthält.

200 Löwenzahnblüten / Vollrohrzucker / 1 Hand voll Pfefferminze

Die Blüten werden gesammelt und wie im Rezept für Löwenzahnblütengelee weiterbehandelt (siehe oben). Dann wäscht man die frische Pfefferminze ohne Stiele und lässt sie abtropfen (am besten in einem Tuch trocken schwenken). Die Blätter werden fein gehackt, unter das fertige Gelee gerührt und noch einmal kurz aufgekocht. Das Gelee wird dann heiß in die Gläser gefüllt.

Löwenzahnblüten als Magenbitter
(ergibt 0,7 l)

20 – 30 Löwenzahnblüten / 0,7 l Korn

Die Blüten werden sauber verlesen. Man füllt eine Literflasche gut halb voll mit Blüten, übergießt sie mit 0,7 l Korn, verschließt sie und lässt sie an einem warmen und sonnigen Ort vier Wochen ruhen. Nach dem Absieben und/oder Filtrieren lagert man die Flasche im Keller.

 Tipp: Damit der Magenbitter ein besseres Aroma bekommt, kann er mit Orangenstückchen (mit Schale), die mit Gewürznelken gespickt wurden, und durch das Hinzufügen von Vollrohrzucker aromatisiert werden. Ich würde aber nicht mehr als 100 g Vollrohrzucker auf eine Literflasche verwenden; es wird sonst wahnsinnig süß.

Und noch etwas: Gießen Sie die alkoholischen Reste bitte nicht weg! Mit denen kann man auch später noch arbeiten, beispielsweise Beeren einlegen.

Löwenzahnwurzelkaffee
Nie hat Kaffeetrinken so viel Spaß gemacht!

Löwenzahnwurzeln / Milch

Man gräbt die Wurzeln des Löwenzahn aus (nach ergiebigen Regenfällen kann man sie sogar mühelos von Hand ausreißen), reinigt sie, zerteilt sie in kleine Stücke und backt bzw. röstet sie entweder auf dem Backblech im Herd oder in einer Pfanne, bis sie schön braun sind. Nach dem Abkühlen mit kochendem Wasser überbrühen (etwa 1 EL Wurzeln auf ¼ l kochendes Wasser) und mit Milch genießen.

Schmeckt angenehm bitter.

Augenschmaus

Eine tolle Geschenkidee!

*Eine Flasche Klarer oder Korn (mindestens 40 %ig) /
einige dekorative Blüten / einige Löwenzahnwurzeln als Gewichte*

Der Klare bzw. Korn wird mit dekorativen Blüten (können durchaus gemischt werden) gefüllt. Da diese nicht gerne untergehen, sondern sich lieber auf der Oberfläche des engen Flaschenhalses tummeln, werden sie mit kleinen Gewichten (die nur ein Sinken verursachen) beschwert. Hierzu eignen sich die Blüten von Heckenrose, Veilchen, Löwenzahn, Johanniskraut, Königskerze, Scharfgarbe, Weißdorn, Holunder, Klee, Hopfen, Wegwarte oder Quendel. Oder man nimmt die wunderschönen leuchtend rot bzw. rosafarbenen Blüten des Sigmarskraut *(Malva alcea)*, dabei erntet man aber den Blütenschaft in einer Länge, dass man durch den Stängel noch ein Stück Wurzel vom Löwenzahn schieben kann. Dazu ist etwas Fingerspitzengefühl nötig, wenn man aber den Bogen raus hat, sieht es toll aus und kommt immer gut an (auf dem Flaschenboden kann man bei der Dekoration seiner Fantasie durchaus freien Lauf lassen: Zapfen, skurrile Wurzelstückchen etc.).

 Tipp: Blüten und Pflanzenteile von giftigen Pflanzen dürfen natürlich nicht verwendet werden!

Wilde Malve

(Malva silvestris)

*Gänsepappel, Hasenpappel,
Käsepappel, Kasköpfe, Kaskraut,
Käslein, Katzenkäse, Katzenkrallen,
Krallen, Krallenblum, Pappeln,
Rosspappel, Schafkas, Schwellkraut,
Sizikappel, Wesing, Ziegerli,
Zuckerplätzchenkraut*

Zwischen Unkraut, auf Schuttplätzen
und zwischen alten Ruinen fühlt sich
die wilde Malve wohl, hier gedeiht
sie zum Teil unkrauthaft, beinahe
ekstatisch. Erkennen kann man sie
schon von weitem an den wunderschönen rosafarbenen Blüten, die
sich an drahtig niederliegenden bis
aufsteigenden Stängeln (die Pflanze
kann einen halben bis einen Meter hoch werden) im Sommerwind wie im Tanze
wiegen, verliebt in die eigene Pracht, Hummeln und Bienen im Gefolge.
Inhaltsstoffe der Malve sind unter anderem Gerbstoffe, Stärke, ätherische Öle
und Schleimstoffe.
Viele kennen die Malve vor allen Dingen als Tee, der auch als Hibiskustee
bekannt ist. Der Hibiskus ist eine exotische Malvenart mit angenehm sauer-
aromatischem Geschmack. Aber auch aus heimischen Malvenarten bereiteter
Tee schmeckt gut und ist bekömmlich. In der Volksheilkunde wurden Blätter-
und Blütenabkochungen bei Schleimhautentzündungen und Husten angewandt. Außerdem soll ein Tee aus Blüten oder Blättern wohltuend bei Katar-
rhen der Atemwege wirken. Äußerlich angewandt (Waschungen, Bäder) soll
der Absud der Pflanze die Elastizität und den Feuchtigkeitsgehalt der Haut
erhöhen.
Die Blüten der Malve wurden früher einmal zum Färben von Zuckerwaren verwendet. Eine andere Vertreterin der Malvengewächse, die Stockrose – auch
Roseneibisch oder Eibischrose genannt –, diente vor noch nicht einmal allzu
langer Zeit als Färberpflanze. Liebhaberinnen und Liebhaber gut angelegter Bau-
erngärten werden das vermutlich wissen. Gerade die Variante mit den schwarz-

purpurnen Blüten wurde um 1920 in einigen Gegenden Deutschlands angepflanzt; die Blüten dienten zum Färben von Rotwein.

Der Brauch, einem Verstorbenen Blumen aufs Grab zu legen, stammt aus uralten Tagen. Schon die Neandertaler betteten ihre Toten auf Blüten und würzige Heilkräuter; neben Beifuß waren dies Malven, Schafgarbe, Flockenblumen und einige andere. Man erklärt sich dies aus dem Seelenhaften der Blumen, die durch ihre Blüten eng mit dem Makrokosmos verbunden sind, ja, den Verstorbenen den Weg dorthin auch wieder weisen sollen. Nirgendwo ist die Pflanzenseele der geistigen Ebene näher als in ihrer Blüte.

Sammelzeit: Mai bis August

Standorte: zwischen Unkräutern, auf Schuttplätzen, stillgelegten Industrieanlagen, Bahndämmen

Verwendbare Pflanzenteile: Blätter, Blütenblätter

Malven-Kartoffel-Suppe

500 g mehlig kochende Kartoffeln / 1 l Milch /
Meersalz / Muskatnuss / Butter /
2 – 3 Hand voll Malvenblätter

Die Kartoffeln werden geschält, in Salzwasser gegart und anschließend gestampft. Die Milch wird aufgekocht, unter die gestampften Kartoffeln gearbeitet und mit Salz und Muskatnuss gewürzt. Dann dünstet man die jungen, fein gehackten Malvenblätter in guter Butter etwa zehn Minuten und zieht sie kurz vor dem Servieren unter den Kartoffelbrei.

// **Tipp:** Dazu passen sehr gut die Malvenklößchen.

Malvenklößchen

250 g Malvenblätter / etwas Butter / 60 – 70 g Haferflocken / 1 Ei /
1 Zwiebel / Meersalz / frisch gemahlener schwarzer Pfeffer / Schafgarbe /
1 Brötchen / Fett zum Backen

Die Malvenblätter werden in guter Butter vorgedünstet, in der Küchenmaschine zerkleinert und mit den Haferflocken, die zuvor in etwas Wasser eingeweicht wurden, dem Ei, der klein geschnittenen Zwiebel, Meersalz, Pfeffer, gehackter Schafgarbe und dem geriebenen Brötchen verknetet. Anschließend backt man die Klößchen in heißem Fett von allen Seiten goldbraun.

Wildkrautsuppe

je 1 Hand voll Malven-, Taubnessel-, Klee- und Birkenblätter,
Malvenblütenblätter, Wiesenbocksbart- und Klettenstängel /
Butter zum Braten / 1 Zwiebel / 1 Tasse Semmelbrösel /
1 l Gemüsebrühe / Meersalz / frisch gemahlener schwarzer Pfeffer /
Muskatnuss / 3 – 4 Blätter Schafgarbe, gezupft / 2 Vollkorn-Brötchen

Die Wildkräuter werden sauber verlesen, sorgfältig gereinigt und grob gehackt. Man erhitzt ein gutes Öl oder gute Butter im Suppentopf und brät die Wildkräuter zusammen mit einer fein gewiegten Zwiebel sowie etwas Semmelbröseln (diese sollen die Suppe nur sämig machen) kräftig darin an. Anschließend löscht man mit Gemüsebrühe ab. Mit Salz, Pfeffer, Muskatnuss und frischer Schafgarbe (ruhig ein Sträußchen davon verwenden) wird die Suppe gewürzt. Vor dem Auftragen backt man die gewürfelten Brötchen in Butter recht braun und gibt sie hinzu.

Kandierte Malvenblüten

(als Dekoration)

500 g Zucker / 100 g Traubenzucker / 100 ml Wasser / Malvenblüten

Aus Zucker und Wasser wird eine Zuckerlösung gekocht. Die Blüten werden in die warme, aber nicht heiße Zuckerlösung getaucht (auch andere Blüten wie Veilchen, Gänseblümchen, Heckenrose oder dekorativ aromatische Blätter eignen sich) und zum Abtropfen auf einen Durchschlag oder in ein Sieb gelegt.

Meerrettich

(Armoracia lapathofolia)

*Bauernsenf, Fleischkraut, Kren, Krien, Mährrettich,
Märek, Marrettig, Mirch, Pfefferwurzel, Rachenputzer,
Waldrettich*

Seine Heimat befindet sich im Süden Russlands und
in Westasien. In Osteuropa kennt man ihn bereits
seit dem Mittelalter, in Mitteleuropa verbreitete er
sich jedoch nur allmählich, vorzugsweise an feuchten
Orten. Heute ist der Anblick der Pflanze mit den tabak-
ähnlichen Blättern aus unserem Breitengrad nicht mehr
wegzudenken. Meerrettich ist mehrjährig, das heißt er besitzt einen ausdauernden Wurzelstock – wobei das Wort
»ausdauernd« in diesem speziellen Fall noch als pure Schmei-
chelei zu verstehen ist.

*Ich erinnere mich noch sehr genau an den ersten wirklichen Kontakt, der
einer Kriegserklärung gleichkam: Als unsere Familie einen neuen Acker
Land übernahm, stellten wir im Frühjahr erschrocken fest, dass sich auf
der gesamten Fläche Meerrettich breit gemacht hatte – ein einzigartiges
fruchtbares Meerrettichdorado sozusagen – was uns zwei Jahre Schwerst-
arbeit abverlangte, da man ihn nur mit Kreuzhacke und Spaten ausbür-
gern kann.*

Die einst »wilde« Pflanze wurde kultiviert, allerdings trifft man gelegentlich auf
Ödland, an Feldrändern oder mit Gras überwucherten Wegen auf Kolonien des
Meerrettichs, der sich dort ungestört entfalten konnte. Natürlich sind die Stangen nicht so stark wie beim kultivierten Meerrettich, allerdings hält er im
Geschmack jedem Vergleich stand. Das Hauptanbaugebiet hierzulande ist Franken. Dort werden jährlich zwischen 50.000 und 60.000 Zentner (!) Meerret-
tichwurzeln geerntet und zum Teil auch vor Ort veredelt. Der Meerrettich-
anbau ist nach wie vor sehr arbeitsintensiv, da er noch heute in der Zeit der
Industrialisierung mit sehr viel Handarbeit verbunden ist; er ist eine »Hack-
frucht« im wahrsten Sinne des Wortes. Dem nicht genug: Im März oder April
müssen die starken Seitentriebe, die während der zurückliegenden Ernte als
Stecklinge aussortiert werden – größtenteils von Hand in den gut gelockerten
Boden gesteckt werden. Diese werden später während der Wachstumsperiode

wiederum von Hand noch mehrmals »gehoben« und von Seitentrieben befreit. Schließlich wird der Meerrettich im Herbst durch einen Roder geerntet. Eingesammelt werden die Wurzeln dann wieder per Hand.

Der Vollständigkeit halber möchte ich erwähnt haben, dass es sogar ein Meerrettichmuseum (Adresse im Anhang, Seite 189) gibt, welches sich in Baiersdorf, der »Meerrettichstadt« schlechthin, befindet.

Zurück zur Pflanze: Die Laubblätter der Pflanze (bis 125 Zentimeter hoch) sind opulent grün, länglich oval, mit glattrandigen oder gezähnten Abschnitten, kräftig, langgestielt und ungleich eingekerbt. Der Blütenstand ist rispenartig und aus zahlreichen lockeren Trauben zusammengesetzt. Die langen, gelblich-grauen, dicken Wurzeln sollte man im Herbst, vorzugsweise in den Monaten mit dem Buchstaben »r«, also ab September, ausgraben. Da die Blätter im Herbst an Kraft verlieren und allmählich verwelken, sollte man möglichst früh eine geeignete Stelle finden. Hier kann man dann – sofern die Witterung es zulässt – bis November/Dezember Wurzeln graben. Denken Sie aber auch daran, dass die Pflanze leben will. Verschließen Sie daher nach dem Ausgraben einzelner Wurzeln (nie die ganze Pflanze entfernen!) das Erdreich wieder, damit die Pflanze sich regenerieren kann.

In den Wurzeln ist ähnlich wie beim Schwarzen Senf viel von einem schwefelhaltigen Glykosid enthalten. Daneben sind noch reichlich ätherische Öle, Vitamin B_1 und C, flüchtige antibiotische Substanzen sowie Enzyme vorhanden. Medizinisch wird die hautreizende stimulierende Eigenschaft bei äußerlicher Anwendung genutzt. Innerlich angewandt, gilt der Meerrettich als harntreibendes Mittel (Diuretikum), hilft bei Gicht und Rheuma, bei Verdauungsstörungen und Harnweginfektionen, gegen Skorbut; neuerdings wird er auch als Teeaufguss bei Hepatitis A angewendet.

Dass man die Wurzel in den verschiedensten Varianten genießen kann, dürfte bekannt sein, dass man aber in Asien auch die jungen Blätter des Meerrettichs konsumiert, vielleicht nicht. Ergänzend sollte an dieser Stelle betont werden, dass die Wurzel vor dem Verzehr grundsätzlich nur gut gebürstet und nicht, wie so häufig fälschlich praktiziert, geschält wird.

Sammelzeit: Blätter: April bis Mai; Wurzel: September bis Oktober

Standorte: Ödland, Feldränder, mit Gras überwucherte Wege

Verwendbare Pflanzenteile: Wurzel, Blätter

Warme Meerrettichblätter

20 junge, saftige Meerrettichblätter / Meersalz / Öl zum Braten

Die Meerrettichblätter werden gewaschen und mit kochendem Wasser über-brüht, so dass das Wasser ein wenig übersteht. Nach kurzem Abkühlen schich-tet man sie in eine Schale oder einen Steintopf und streut etwas Meersalz zwi-schen die einzelnen Schichten. Die Schale oder den Steintopf deckt man mit einem Teller ab und lässt die Blätter einen halben Tag lang ziehen. Anschlie-ßend werden sie in gutem Öl angebraten und zu Vollkornbrot, Reis oder Grün-kern serviert.

Apfelmeerrettich

6 große Äpfel / 1 EL Vollrohrzucker / 1 EL Weißwein /
Apfelessig nach Geschmack / 3 EL geriebener Meerrettich

Die Äpfel werden gewaschen, gerieben und mit Vollrohrzucker, Weißwein, Ap-felessig und geriebenem Meerrettich vermischt, so dass ein festes Mus entsteht.

Meerrettichdip mit Ei

2 hart gekochte Eigelb / 3 EL Weinessig /
3 EL geriebener Meerrettich / Vollrohrzucker / Meersalz

Das Eigelb von zwei hart gekochten Eiern wird mit einem Holzlöffel zerdrückt und nach und nach mit Weinessig, geriebenem Meerrettich, Vollrohrzucker und Meersalz vermengt.

 Tipp: Meerrettich, zu Gurkenkonserven gegeben, soll die Gurken knackig halten.
Meerrettich immer nur kurz vor Gebrauch verarbeiten. Durch den Sauerstoff wechselt er schnell die Farbe und sieht dann nicht mehr appetitlich aus.
Frisch geriebener Meerrettich, auf einem guten Butterbrot gegessen, ist eine Delikatesse, die nicht nur die Nase frei macht, sondern auch das Hirn, denn man sagt, Meerrettich macht klare Gedanken.

Meerrettichdip mit Sahne

¼ l saure Sahne / 3 EL geriebener Meerrettich / 1 EL Öl /
Meersalz / Vollrohrzucker oder Blütensirup

Saure Sahne, geriebener Meerrettich und Öl werden kräftig miteinander verquirlt und mit Salz und Vollrohrzucker abgeschmeckt. (Anstelle von Vollrohrzucker ruhig auch einmal einen Blütensirup verwenden).

 Tipp: Ergibt ein prima Salatdressing für herzhaft bittere Salate.

Meerrettich-Brotaufstrich

¼ l Milch / 2 EL Dinkelmehl / 1 EL geriebener Meerrettich /
Meersalz / Vollrohrzucker

Man verkocht Milch und Dinkelmehl zu einem Brei, den man anschließend abkühlen lässt. Dann fügt man nach und nach den geriebenen Meerrettich hinzu und würzt mit Meersalz und Vollrohrzucker.

Meerrettichwasser

1 Meerrettichstange / Alkohol (mindestens 40 %)

Freunden eines unverwechselbaren Tropfens sei an dieser Stelle einmal angeraten, das Stück einer geschälten Meerrettichstange in Alkohol zu geben und wenigstens sechs Wochen darin an einem warmen Ort zu belassen.
Schmeckt interessant, besonders nach einem zu gehaltvollem Menü.

Pastinak

(Pastinaca sativa)

Bastnägel, Dickmöhre, Duftmöhre, Gäli
Bangele, Hammelmöhre, Hirschfraß, Pastenei,
Pastinada, Pastornak, Schafwurz, Spindelwurz,
Wiesenweißwurz

So kurios es klingen mag – Pastinaken sind seit ihrer erstmaligen Erwähnung in Italien in der Zeit des Klassischen Altertums und auch später derart häufig mit anderen Wurzelgemüsen (der damaligen Zeit) verwechselt worden, dass es schwierig ist, den Beginn ihrer Kultivierung annähernd genau zu datieren. Selbst das »Morkrut« der Hildegard von Bingen (1098 – 1172) ist nicht zweifelsfrei zu identifizieren. Erst Kräutervater Hieronymus Bock (16. Jahrhundert) beendete die Begriffsverwirrung weitestgehend. Er bezeichnet die Pflanze, die damals ein Grundnahrungsmittel der Bauern war, mit »Pestnachen«. Aus dieser Zeit stammen dann schließlich auch Berichte von »zahmen« und »wilden« Pastinaken, was Rückschlüsse auf die Vergangenheit wie auch auf die Kultur zulässt. Durch die Einbürgerung der Kartoffel im 18. Jahrhundert verlor der Anbau der Pastinake allmählich an Bedeutung. Dieses Projekt wurde von Friedrich dem Großen höchstselbst per »Kartoffelbefehl« in einer landesweiten Kampagne vorangetrieben. Zuvor fristete die Kartoffel nahezu 150 Jahre ihr Dasein als »Lustgartenpflanze« wegen des damalig kursierenden Aberglaubens, dass es sich bei ihr um eine Frucht der Sünde handelte, die aus dem Speichel des Teufels entstanden sei.

Auch in diesem Jahrhundert sind Pastinaken in unseren Breiten nur noch selten angebaut worden (Verlangen Sie einmal ein Päckchen Saatgut in einem Fachgeschäft. Nur wenn Sie großes Glück haben, kann der Verkäufer mit Ihrer Bitte etwas anfangen). Verwildert steht die Pflanze noch heute auf Wiesen und entlang von Gräben, an Straßen- und Wegrändern. Ab dem Spätsommer ist sie gut an ihren eindrucksvollen gelben Blütendolden, die auf hohen verzweigten Stängeln stehen, zu erkennen. Pastinaken blühen im zweiten Jahr. Obwohl die Blätter im Vergleich zur verwandten Möhre – beide sind Doldengewächse – größer und nur einfach gefiedert sind, ist es schwierig, die jungen nicht blühenden

Pflanzen zwischen all dem »Grünzeug« darum herum ausfindig zu machen, zumal die Wildformen in puncto Größe wesentlich zierlicher ausfallen als ihre domestizierten Artgenossen. Auch die weiße bis hellgelbe Wurzel fällt kleiner aus. Sie weist größtenteils lediglich einen Durchmesser von rund einem Zentimeter und etwa zehn bis zwölf Zentimeter Länge auf. Beim Schneiden der Wurzel fällt die weiche, ein wenig watteähnliche Konsistenz auf, die auf einen ausgesprochen hohen Trockensubstanzanteil zurückzuführen ist. Eine Eigenschaft, die sich gerade in einer im Vergleich zu Möhren oder Kartoffeln wesentlich kürzeren Kochzeit niederschlägt. Pastinaken weisen einen hohen Stärke- und Zuckergehalt auf, dagegen enthalten sie wenig Eiweiß und Fett; an Mineralien ist Kalium reichlich vorhanden.

Sammelzeit: August bis Oktober des ersten Jahres oder April bis Mai des zweiten Jahres

Standorte: an Wegen, Getreideäckern, Bahndämmen, Gräben, auf Schuttplätzen

Verwendbare Pflanzenteile: Wurzeln, Blätter

Pastinaksuppe

6 – 8 wilde Pastinaken / Meersalz / 400 g Kartoffeln /
frisch gemahlener weißer Pfeffer / Knoblauch / Schafgarbe / Rainfarn /
Beinwellblätter / 1 EL Butter / 1 – 2 EL feines Dinkelschrot

Die Wurzeln der jungen Pastinakenpflanzen werden geschabt und zerteilt. In leichtem Salzwasser gart man zunächst die kleinen Kartoffelstückchen, würzt mit Salz, Pfeffer und Knoblauch und gibt die Pastinaken nach etwa einer Viertelstunde hinzu – sie garen sehr schnell. Einige fein gewiegte junge Triebe der Schafgarbe, ein Ästchen Rainfarn und eine Hand voll Beinwellblätter werden hineingegeben und können ruhig kurz mit aufgekocht werden. Mit einer goldgelben Mehlschwitze aus guter Butter und einem schmackhaften feinen Dinkelschrot verfeinert man die Suppe.

Feine Pastinaksuppe

8 wilde Pastinaken / 1 große Zwiebel /
250 g Kartoffeln / Olivenöl zum Braten / Kräutersalz /
⅛ l süße Sahne / Knoblauch / Muskatnuss

Die Wurzeln der Pastinaken werden geschabt und zusammen mit der zerkleinerten Zwiebel und den gewürfelten Kartoffelstückchen in einem guten Olivenöl mit Kräutersalz angebraten, bis sie knusprig braun sind. Danach gibt man die frische Sahne dazu und schmeckt mit einem Hauch Knoblauch und etwas geriebener Muskatnuss ab.

Pastinakgemüse

8 – 10 wilde Pastinaken / 1 Zwiebel / 1 EL Butter /
2 EL Dinkelmehl / Meersalz /
frisch gemahlener schwarzer Pfeffer / Petersilie

Die Pastinakwurzeln werden gereinigt, geschabt und anschließend gewürfelt. Unter Zugabe der gehackten Zwiebel werden sie anschließend in wenig leicht gesalzenem Wasser gedünstet, mit einer guten Mehlschwitze aus Butter und Dinkelmehl angedickt und mit Pfeffer und Petersilie gewürzt.

// **Tipp:** Dieses Gemüse passt sehr gut zu gegartem Einkorn, das ich immer in Wasser ansetze und im Kühlschrank einen Tag lang quellen lasse (so lässt sich die Garzeit der Körner erheblich verkürzen).

Einkorn ist ein naher Verwandter unseres heutigen Weizens. Es wurde schon vor 7000 – 7500 Jahren im Ursprungsgebiet von Euphrat und Tigris kultiviert. Selbst Ötzi, die Gletscherleiche, konsumierte es zu Lebzeiten. Einkorn ist ein Spelzgetreide und somit – neben den anderen Spelzgetreiden (Hafer, Dinkel, Gerste) – wesentlich »sauberer« als Getreide ohne Spelz, denn der Spelz schützt vor allgemeinen Umwelteinflüssen: Schimmelpilze, Stickoxide, Keime und Ruß nehmen nach der Schälung deutlich ab; auch durch die Lagerung bedingte Verunreinigungen werden beim Entfernen der Schale teilweise eliminiert. Im Geschmack ist es leicht nussig, sehr aromatisch und von angenehmer Festigkeit.

Gabas Geheimtipp:

Pastinak mit Kräuterquark

1 mittelgroßer bis großer Pastinak / 125 g Quark oder Frischkäse /
Meersalz / Knoblauch / verschiedene Kräuter (besonders Zitronenmelisse)

Der Pastinak wird in leicht gesalzenem Wasser gegart, bis er weich ist. Währenddessen wird der Kräuterquark zubereitet. Des guten Geschmacks wegen sollte kein Magerquark verwendet werden. An Kräutern kann neben Salz und Knoblauch alles hinein, was das Herz höher schlagen lässt, allerdings sollte auf einige Blättchen Zitronenmelisse nicht verzichtet werden.

Pastinakenkuchen

3 Eier / 250 g Vollrohrzucker / 200 ml Pflanzenöl / 150 g Pastinaken /
250 g feines Dinkel- oder Weizenmehl / 100 g Sultaninen /
100 g gehackte Walnüsse / 2 TL gemahlener Ingwer /
2 TL gemahlener Zimt / Kardamom /
Nelken und Koriander nach Geschmack / Semmelbrösel /
abgeriebene Schale einer unbehandelten Zitrone oder etwas Muskatnuss /
1 TL Backpulver / 1 TL Natron

Für die Glasur:
200 g Frischkäse / 100 g Puderzucker /
abgeriebene Schale einer unbehandelten Zitrone oder etwas Muskatnuss

Die Eier werden mit dem Vollrohrzucker verrührt und das Öl zugegeben, die Pastinaken werden geraspelt. Danach rührt man die übrigen Zutaten unter und gibt zuletzt das mit Backpulver und Natron gemischte Mehl dazu. Die Masse muss mit einem Holzlöffel gut gerührt werden. In einer gefetteten und mit Semmelbröseln ausgestreuten Kastenform wird der Kuchen bei 180° C etwa eine Stunde gebacken.
Zum Schluss rührt man noch den Frischkäse mit dem Puderzucker zu einer cremigen Masse, fügt die abgeriebene Schale einer Zitrone oder einen Hauch Muskatnuss – je nach Geschmacksvorliebe – hinzu und streicht diese Masse auf den abgekühlten Kuchen.

Pastinakenwein

(ergibt 5 l)

Gerade Pastinaken eignen sich wegen ihrer ungewöhnlichen Süße sehr gut zur Hausweinbereitung; selbst die Farbe des »Endproduktes« erstrahlt in wahrem Glanze.

Ansatz für leichten Wein:
3 kg Pastinaken / 4,3 l Wasser /
4 – 6 (je nach Herstellerangaben) Würfel Weinhefe (Bäckerhefe) /
800 g Zucker / Saft von 2 Zitronen

Ansatz für schweren Wein:
3 kg Pastinaken / 3,9 l Wasser /
4 – 6 (je nach Herstellerangaben) Würfel Weinhefe (Bäckerhefe) /
1,8 kg Zucker / Saft von 2 Zitronen

Die Wurzeln werden gesäubert, gebürstet, zerkleinert und etwa eine halbe Stunde in der vorgegebenen Wassermenge in einem Emaillegefäß geköchelt. Man füllt die Flüssigkeit samt Pastinakenstücken in den Ballon oder nimmt die Pastinaken heraus, presst sie aus und füllt nur den Sud ab. Anschließend fügt man Wein- (oder Bäcker-)hefe, Zucker (für schweren Wein zunächst nur ein Drittel der gesamten Zuckermenge) und Zitronensaft zu, verschließt den Ballon mit einem Wattebausch (Grundsätzlich: an die stürmische Gärung denken und den Ballon nicht zu voll füllen!) und versieht die Flasche nach der stürmischen Gärung mit Gärröhrchen. Wenn der Wein zur »Ruhe« kommt, das heißt wenn sich feste Partikel am Boden des Ballons abgesetzt haben, wird er abgezogen (nach sechs Wochen oder später, das hängt vom Temperament des Weines ab). Zur weiteren Vorgehensweise siehe Kapitel Hausweinbereitung, »Abziehen des Weins« ab Seite 29.

// **Tipp:** Bei abnehmenden Mond und nach einer längeren Trockenheit haben Wurzeln generell ein wesentlich intensiveres Aroma.

Pfefferminze

(Mentha piperita)

Balsam, Englische Minze,
Peperminte, Schmeckerts

Diese Pflanze, die verwildert in sehr
vielen Arten (man sagt auch »bastar-
disierend«) überall in der Flur anzutreffen ist, gedeiht an feuchten, schattigen Orten, aber auch in der prallen
Sonne. Größtenteils bildet sie große
Kolonien.
An den leicht drahtigen, aufrechten,
vierkantigen Stängeln, die sich nach
oben hin verzweigen, befinden sich
gegenständig die gestielten, länglich
spitzen Blätter, die vereinzelt mit zarten gräulichen Haaren besetzt sein
können. Pfefferminzblätter sind oben
und unten gleichmäßig grün. Die Blüte
ist länglich, ein wenig walzenförmig und von rosa bis hellblauer Farbe. Zwischen den Fingern zerrieben, riecht die Pfefferminze angenehm durchdringend
balsamisch. Dafür sind die ätherischen Öle verantwortlich (50 % davon ist Men-
thol!), ferner sind noch Gerb- und Bitterstoffe sowie Enzyme in der Pfefferminze
vorhanden.
Der Sage nach wurde die schöne Minthe, die Geliebte des Hades – des griechischen Gottes der Unterwelt –, in wilder Eifersucht zerrissen. Ihr Körper kehrte
in Form von diesem duftenden Kraut an die Erdoberfläche zurück.
Bevorzugt wird die Pfefferminze als Tee, aber auch als »Gewürzkraut« eingesetzt. In der Volksheilkunde wird sie innerlich bei Magen- und Darmbeschwerden, bei Schlaflosigkeit und Kopfschmerzen, gegen Blähungen und Durchfall
verwendet.
Die Blätter werden kurz vor oder während der Blüte (dann haben sie das inten-
sivste Aroma) von Juli bis August gesammelt (ohne Blüten), im Schatten oder an
einem luftigen Ort getrocknet und luftdicht und lichtgeschützt aufbewahrt.
Manche Menschen vertragen die Pfefferminze allerdings nicht, bei diesen führt
sie zu Magen- und Darmbeschwerden. Damit dies nicht eintritt, sollten Sie
einen alten Aberglauben bedenken, nach dem das Ausreißen der Pflanze einen

Frevel darstellt und Unglück bringt. Wem die Minze helfen soll, der muss neun Tage hintereinander von einer Pflanze pflücken, ohne sie aus dem Boden zu reißen.

// Tipp: Im Westen Münchens liegt der kleine Ort Eichenau. Früher war in dieser Region einmal das Hauptanbaugebiet pharmazeutisch genutzter Pfefferminze Europas. Mittlerweile ist dieser Wirtschaftszweig ausgestorben, nur das Pfefferminz-museum erinnert noch an diese glorreichen Tage (Adresse im Anhang Seite 189).

Sammelzeit: Juni bis August (kurz vor oder während der Blüte)

Standorte: feuchte Wiesen und Bachufer

Verwendbare Pflanzenteile: Blätter

Reissuppe mit Pfefferminze

2 Zwiebeln / 2 Stangen Lauch / Olivenöl zum Braten / 1 l Gemüsebrühe /
1 Tasse Wildreis / 1 – 2 Lorbeerblätter / Rosmarin / Meersalz /
frisch gemahlener schwarzer Pfeffer / Muskatnuss / ⅛ l Joghurt /
1 – 2 Eigelb / 2 EL fein gehackte Pfefferminze

Die Zwiebeln werden fein gehackt, der Lauch in Streifen geschnitten und beides in gutem Olivenöl gebräunt. Anschließend löscht man mit Gemüsebrühe ab und gibt etwas Wildreis zu, die Menge richtet sich nach der gewünschten Sämigkeit. Nun fügt man Lorbeerblätter, Rosmarin, Salz, Pfeffer und Muskatnuss hinzu und lässt bei mittlerer Hitze etwa eine halbe Stunde köcheln. In der Zwischenzeit wird der Joghurt mit Eigelb verrührt. Die Suppe wird von der Herdstelle genommen und mit der Joghurt-Ei-Mischung legiert. Nun wird nochmals abgeschmeckt und vor dem Servieren fein gehackte Pfefferminze untergerührt.

Pfefferminzsauce mit Ei

1 Becher Crème fraîche / ⅛ l Gemüsebrühe / 1 Eigelb / Meersalz /
frisch gemahlener schwarzer Pfeffer / 2 EL Pfefferminze

Die Crème fraîche wird mit der gleichen Menge Gemüsebrühe, dem Eigelb, Salz und Pfeffer nach Geschmack und mit fein gehackter Pfefferminze vermengt und langsam bei geringer Hitze unter ständigem Schlagen zum Kochen gebracht.

// **Tipp:** Diese Sauce schmeckt besonders gut zu Bratlingen oder Polenta.

Pfefferminzsauce mit Milch

1 Becher Crème fraîche / etwas Milch / Saft einer halben Zitrone /
Meersalz / frisch gemahlener schwarzer Pfeffer / Vollrohrzucker /
1 Hand voll Pfefferminzblättchen

Die Crème fraîche wird in einer Schüssel mit etwas Milch und dem Zitronensaft verrührt. Dann werden Salz, frisch gemahlener Pfeffer, Vollrohrzucker sowie reichlich klein gehackte und gut gereinigter Pfefferminzblättchen dazugegeben.

Kalter Pfefferminz-Apfel-Tee

Pfefferminztee und Apfelsaft zu gleichen Teilen /
evtl. etwas Süßmittel nach Wahl / gestoßenes Eis

Man kocht einen kräftigen Pfefferminztee, den man nach dem Abkühlen zu gleichen Teilen mit einem naturbelassenem Apfelsaft vermischt. Nach Bedarf kann ein wenig gesüßt werden. Vor dem Servieren wird mit gestoßenem Eis gekühlt.

 Tipp: Probieren Sie einmal puren Pfefferminztee mit Mineralwasser gemischt. Hier sollte dann allerdings auf Zucker, auch in kleinsten Mengen, verzichtet werden, um den erfrischenden Geschmack vollkommen genießen zu können.

Pfefferminz-Wildkirschen-Gelee
2 – 3 Hand voll frisch gepflückte Pfefferminzblätter /
1 kg Wildkirschen / 500 g Vollrohrzucker / Geliermittel Pektin

Die Pfefferminzblätter lässt man mindestens eine Viertelstunde mit ⅛ l Wasser in einem abgedeckten Gefäß ziehen. Die Wildkirschen werden in 1 l Wasser etwa 25 Minuten gekocht, dann die noch heiße Masse in ein Tuch gegeben und ausgepresst (man kann sie auch durch ein Sieb streichen). Gleichzeitig wird das Wasser mit den Pfefferminzblättern zum Kochen gebracht. Beides wird miteinander verrührt, der Vollrohrzucker wird hinzugegeben und das Ganze so lange kochen gelassen, bis die Gelierprobe gelingt. Dann wird das Gelee in saubere Gläser gefüllt, die gleich verschlossen werden.

 Tipp: Kirschen haben im Allgemeinen einen niedrigen Pektingehalt; deshalb vor dem Einfüllen in Gläser unbedingt eine Gelierprobe machen und ruhig etwas mehr Gelierhilfe verwenden.

Wildkräuter-Magenbitter
Klarer Schnaps / Pfefferminze / Hagebutten / Löwenzahn /
brauner Kandiszucker

Für den Magenbitter eignet sich die Pfefferminze als wohl schmeckendes Kraut besonders. Sie wird mit Hagebutte und Löwenzahn gemischt oder eben auch pur verwendet. Die Flasche wird knapp halb voll mit den aromatischen Zutaten gefüllt, mit braunem Kandiszucker versetzt und vier Wochen an einem hellen, warmen Ort ruhen gelassen.

 Tipp: Genauso lassen sich die frischen oder getrockneten Blätter in einem Liter trockenen Weißwein zu einem Pfefferminzwein ansetzen, der für seine beruhigende, blähungshemmende Wirkung bekannt ist.

Quendel

(Thymus serpyllum)

Daimianche, Demutkraut, Feldbulla, Feldkömmelkraut,
Feldkümmel, Feldpohley, Feldthymian, Geismajoran,
Geschwulstkraut, Hühnchenkümmel, Hühnerbolle,
Hühnerpolei, Jungfernzucht, Karwendel, Kinderkraut,
Kounola, Kranzlkraut, Kückenkümmel, Kudelkraut, Kundelkraut,
Kundikraut, Kunerle, Kuttelkraut, Marienbettstroh, Niederer Kasper,
Quandel, Rainbadkraut, Rainkinderle, Rauschkraut, Sandthymian,
Violetter Bohler, wilde Meron, wilder Thymian

Der Quendel, oder wilde Thymian, ist wegen seiner geringen Größe nicht
leicht auszumachen, obwohl er weit verbreitet ist. Die Pflanzen variieren stand-
ortbedingt in Farbe, Behaarung und Blattgröße. Meist sind die Blätter sehr klein,
von der Größe eines großen Weizenkorns, die zarten Stängelchen sind äußerst
drahtig, deshalb sollte man sie mittels Schere beernten, damit die Pflanze nicht
ausgerissen wird. Gern bedecken Thymiangewächse trockene Wege oder Wie-
senränder, auch auf Ameisenhaufen sind sie häufig zu finden. Sollte man beim
Spaziergang zufällig auf eine Pflanze treten, tritt sofort ein starker, äußerst angenehmer Duft (leicht zitronenartig) auf, von dem es heißt, er »täte dem Hirn
wohl«. Für diesen Duft ist ein ätherisches Öl verantwortlich, das Thymol. Weitere wichtige Inhaltsstoffe sind Saponine, Gerbstoffe und Mangan.
Feldthymian kann sowohl als Gewürz als auch als Tee verwendet werden, als
Tee allerdings nicht über einen längeren Zeitraum.
In der Volksmedizin wird Thymian gegen Husten und bei Bronchitis eingesetzt,
außerdem wirkt er desinfizierend, magenstärkend, verdauungsfördernd sowie
appetitanregend.
Zur Blütezeit werden die oberen Triebe geerntet (blühende Triebe sind gut zur
Beigabe in Kräuterteemischungen).
Im Schatten getrocknet, lässt sich Feldthymian in verschlossenen Behältern gut
lagern. Thymian passt sehr gut zu verschiedenen Gemüsegerichten.

Sammelzeit: Triebe: April bis Juni; blühende Triebe: Juni bis September

Standorte: trockene Magerrasen, Wiesen- und Wegränder, Böschungen, häufig
auch auf Ameisenhaufen

Verwendbare Pflanzenteile: Triebe und Blüten

Quendelquark

Ob Mager- oder Vollfettquark, Frisch- oder Hüttenkäse – die geschmackliche Vielfalt wird durch die Kombination mit Kräutern nahezu unendlich.

250 g Quark / evtl. Frisch- oder Hüttenkäse / Meersalz / etwas Meerrettich / Quendel / 1 kleine Zwiebel / Salbei / Knoblauchsrauke

Der frische Quark (kann auch mit Frisch- oder Hüttenkäse gemischt werden) wird mit etwas Salz gewürzt, frischer Meerrettich wird gerieben und die zarten Blättchen des Quendel abgezupft. Man hackt die Zwiebel in feine Würfelchen, wiegt einige Blätter Salbei und Knoblauchsrauke fein und hebt alles unter den Quark.

 Tipp: Nicht nur auf Vollkornbrot genossen, ist ein (Frischkäse-) Kräuterquark ein Genuss, auch als Füllung für Windbeutel hat er Genießern viel zu bieten. Und einen Windbeutel-Brandteig herzustellen, ist einfacher als vielfach angenommen:

Brandteig für Windbeutel

³/₈ l Wasser / etwas Meersalz / 100 g Butter / 200 g feines Dinkel- oder Weizenmehl / 4 – 5 Eier
(Mengenangaben genau einhalten)

Das Wasser wird mit dem Salz und der Butter zum Kochen gebracht. Sobald das Wasser sprudelt, wird das feine Mehl in einem Zug hinzugegeben. Man rührt mit einem Holzlöffel die langsam sich verfestigende Masse so lange, bis sich auf dem Topfgrund ein weißer Belag bildet und sich die Masse zu einem Kloß formt. Dann wird die Masse von der Kochstelle genommen, kurz abgekühlt und rasch ein Ei untergerührt. Danach erst rührt man auch die restlichen Eier unter, bis die Brandmasse glatt und geschmeidig ist.

Mit einem mit Wasser benetzten Löffel sticht man kleine Stücke ab und legt sie auf ein Backblech, wobei zu beachten ist, dass sich die Masse während des Backens stark ausdehnt. Der Teig wird im gut vorgeheizten Ofen etwa eine halbe Stunde bei etwa 200° C gebacken. Nicht vor Ende der Backzeit die Ofentür öffnen, da die Windbeutel sonst zusammenfallen könnten!

Kräuternudeln

500 g kurze Nudeln / 1 – 2 Zwiebeln / Butter zum Braten /
100 g Sauerkraut / mindestens 1 Knoblauchzehe / Meersalz / Quendel /
Olivenöl zum Braten / Knoblauchsrauke / Schafgarbe / Petersilie

Die Nudeln werden al dente gekocht. In der Zwischenzeit bräunt man Zwiebel-
würfel in einer Pfanne in etwas guter Butter an. Dort hinein gibt man dann das
Sauerkraut, den frisch gepressten Knoblauch, Salz und Quendel. Etwas gutes
Olivenöl wird in einer anderen großen Pfanne erhitzt. Die nun fertig gegarten
Nudeln gibt man hinein und brät mehrere Minuten kräftig an. Nun hebt man
das Gemisch aus der ersten Pfanne sowie die frischen, fein gewiegten Blätter
der Knoblauchsrauke, Schafgarbe und Petersilie unter die Nudeln und serviert
das Ganze.

Kartoffelgratin mit Quendel

500 g mehlig kochende Kartoffeln /
500 g Gemüse der Saison (Pastinaken, Kohlrüben oder Kohlrabi) /
¼ l saure Sahne / Quendel / Schafgarbe / Meersalz /
100 g Käse / Kürbiskerne / Mandeln

Die gut gereinigten rohen Kartoffelscheiben werden in eine gebutterte Auflaufform geschichtet, etwas klein geschnittenes Gemüse darauf verteilt und mit
einer Mischung aus saurer Sahne, gehacktem Quendel, gehackter Schafgarbe
und Salz übergossen. Das Kartoffelgratin wird im Backofen bei starker Hitze eine
knappe Stunde gebacken. Kurz vor Ende der Backzeit werden geriebener Käse,
Kürbiskerne und Mandeln darüber gegeben.

Salbei

(Salvia officinalis)

Altweiberschmecken, Edelsalbei, Gartensalbei, G'schmackblattln, Königssalbei, Kreuzsalbei, Lävendel, Muskatellerkraut, Müsli, Salf, Sälvel, Scharleikraut, Schuvensoibei, Selve, Sophie, Zaffe, Zupfblatteln, Zuffen

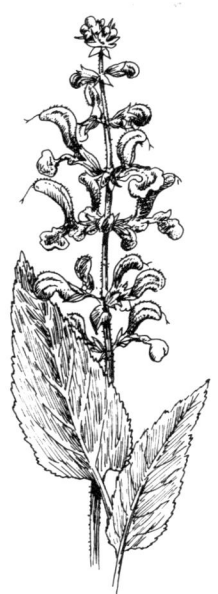

In einem alten Spruch aus dem 14. Jahrhundert heißt es: »Cur moriatur homo, cui Salva crescit in horto?« Für die Nichtlateiner unter uns: »Warum soll der Mensch sterben, dem Salbei im Garten wächst?«.
Die (traurige) Antwort: »Contra vim mortis non est medicamen in hortis« – übersetzt: »Gegen den Tod ist kein Kräutlein im Garten gewachsen.« In England sagte man: »Wer ewig leben will, muss Salbei im Mai essen.«
An felsigen, sonnigen Hängen und auf trockenen, kargen Wiesen sowie Ödland gedeiht gelegentlich neben anderen Kräutern der Salbei. Die aus dem Mittelmeerraum stammende Pflanze bildet einen Halbstrauch mit krautigen aufrechten, leicht verzweigten Ästen von 50 Zentimeter bis knapp einem Meter Höhe, an denen längliche, zungenförmige grau-grüne Blätter gegenständig angeordnet sind. Die Blätter sind auf Ober- und Unterseite von gleicher Farbe und ähnlich einer Zunge auf der Oberseite mit vielen kleinen »Bläschen« überzogen. Der Geruch ist sehr würzig, angenehm. Er enthält viel ätherisches Öl, außerdem Kampfer und organische Säuren.
Die Blätter werden vor der Blüte (Juni bis August) geerntet. Sie können frisch in Teig ausgebacken oder als Würzkraut oder aber in getrocknetem Zustand zum Würzen oder als Tee verwendet werden. Salbei eignet sich vorzüglich zum Aromatisieren von Olivenöl.
In der Volksmedizin wurde und wird Salbei gegen vielerlei Gebrechen vorzugsweise als Tee eingesetzt. Nennenswert sind seine antiseptischen Eigenschaften gegen Hals- und Mandelentzündungen und die erwiesene Wirksamkeit gegen zu starke Schweißbildung (besonders Nachtschweiß). Außerdem soll Salbeitee blutzuckersenkend, magenstärkend und wundheilend sein, als Hausmittel soll sich eine Tinktur gegen Haarausfall bewährt haben. Diese Tinktur wird folgendermaßen hergestellt: Eine Hand voll getrockneter und zerkleinerter Salbeiblätter wird mit 100 g Alkohol (60 %ig) aufgesetzt und zwei Wochen an einem

warmen Ort belassen. Dann wird der Ansatz durchgeseiht, auf die Kopfhaut geträufelt und gut einmassiert.

Das Zahnfleisch bleibt gesund und fest, wenn man es mit frischen Salbeiblättern massiert. Reibt man das Haar damit öfters ein, soll es sich schwarz färben. Kneipp empfahl Salbeitee bei Nieren- und Leberleiden.

Nach altem Glauben kommt die Heilkraft des Salbei von den Segnungen Marias, die von der Pflanze zusammen mit dem Jesuskind vor dessen Verfolgern verborgen wurde. Sie gab ihm die Kraft, die Menschen zu heilen, auch dem (krankheitsbedingten) Tode zu widerstehen.

Sein lateinischer Name Salvia kommt von salvare und bedeutet heilen, salvere bedeutet gesund sein. Früher spielte gerade bei den armen Leuten, die nicht zum Arzt gehen konnten, der Salbei eine große Rolle – hieß es doch, er stärke die Nerven, kräftige das Wohlbefinden und beseitige gar Verstopfungen des Hirns. »... Salbei, Lavendel, samt gerechte Bibernell – Nach Schlüsselblumen und nach Brunnenkressen eyl, Wann etwan von den Schlag Die Glieder seyn berührt ...« (Quelle: Gottessegen der Kräuter).

Sammelzeit: April bis August

Standorte: Kalkgebiete, trockene Wiesen, Dämme, Wegränder

Verwendbare Pflanzenteile: Blätter

Salbeizüngchen in Ausbackteig
(als Beilage halbe Zutatenmengen)

40 – 50 Salbeiblättchen / Öl zum Backen

Für den Ausbackteig:
*3 Eier / 200 g feines Weizenmehl (Einkornmehl ist noch leckerer!) /
eine Prise Meersalz / etwas Vollrohrzucker
(als herzhafte Beilage ohne Zuckerzugabe)*

Die Eier werden getrennt und das Eiweiß zu Schnee geschlagen. Aus allen Zutaten bereitet man einen dickflüssigen Teig, unter den man zuletzt den Eischnee hebt. Die gut gereinigten und trockenen Salbeiblätter taucht man beiderseits in den Teig und backt sie in gutem Öl goldgelb.

// **Tipp:** Eignet sich vorzüglich als Beilage zu Reis- und Körnergerichten.

Salbeispätzle
*2 Eier / 1 Prise Meersalz / 1 – 2 EL Butter /
200 g feines Weizenmehl / Salbeiblätter*

Die Eier, etwas Wasser, Salz und Butter werden in das Mehl gegeben. Alle Zutaten werden locker miteinander vermischt und durch ein spezielles Spätzlesieb in kochendes, leicht gesalzenes Wasser gegeben. Nach dem Garen richtet man die Spätzle in einer Schüssel an, vermengt sie mit guter Butter und klein gehackten Salbeiblättern und reicht die Spätzle zu einer Wildkrautpüreesuppe (siehe Seite 175).

Sauerampfer

(Rumex acetosa)

Ampfer, Großer Ampfer, Salatampfer, Sauerblätter,
Säuerling, Sauergras, Sauerhampf, Sauerknöterich,
Sauerstängel, Sauerstingel, Säuskraut

Bis zu einem Meter hohe Stängel, an denen große glän-
zende Blätter sitzen, brechen aus einer Blattrosette hervor, verjüngen sich am Ende in eine blühende, verzweigte, zum Herbst hin rötlich gefärbte Spitze. Der Wuchs
ist unverwechselbar, genau wie der saure Geschmack
der Blätter. Sauerampfer gedeiht vorzugsweise auf nassen (sauren) Wiesen und in schattigen Bereichen, auf
Schuttplätzen, Wiesen und Weiden. Veterinärmedizi-
ner warnen vor der Pflanze, da sich alljährlich Tiere auf
den Weiden mit Sauerampfer vergiften. Verantwortlich
dafür ist der hohe Gehalt an Oxalsäure, die übrigens
auch im Rhabarber und im Spinat vorkommt. Daneben
enthält der Sauerampfer Vitamin C, Gerb- und Bitterstoffe.
Blütezeit ist ab Mai oder Juni. Aus den kleinen Blüten entwickeln sich kleine kantige Früchtchen, die sich von Grün
ins Braunrote verfärben. Verwendung finden die Wurzeln sowie die Blätter der Pflanze. In der Volksheilkunde gelten sie als
stark harntreibend, und Umschläge bringen Besserung bei Halsschmerzen.
In der Küche verwenden wir nur die Blätter. Sauerampferblätter sind Beilage in
vielen Saucen, auch in der legendären Grünen Soße sind sie enthalten.
Vorsicht – keine größeren Mengen roher Blätter verzehren! Sie führen zu Vergiftungen, die durch einen nicht unerheblichen Anteil an Oxalsäure hervorgerufen werden (wie auch im Rhabarber). Menschen mit Nierenschäden und
Gicht- und Arthritiskranke sollten auf Sauerampfer gänzlich verzichten. Sauerampfer nicht mit Mineralwasser zubereiten oder zusammen konsumieren!

Sammelzeit: April bis Juli

Standorte: nasse, fette (saure) Wiesen, schattige Bereiche, Schuttplätze, Wiesen und Weiden

Verwendbare Pflanzenteile: Blätter

Sauerampfergemüse

3 – 4 Hand voll Sauerampferblätter / Butter zum Dünsten /
Mehl und Butter für eine Mehlschwitze / 1 – 2 Eigelb /
⅛ l saure Sahne / Meersalz / Liebstöckel / Majoran

Man dünstet die Blätter ohne Stiele in etwas Butter, lässt den Saft abtropfen und hackt die Blätter wie Spinat. Mit einer hellen Mehlschwitze (Vorsicht! – nicht zu viel, sonst wird es zu breiig) und etwas abgetropftem Saft dickt man die Masse ein. Anschließend zieht man Eigelb und saure Sahne unter (darf nicht nochmals aufkochen, da die Sahne sonst gerinnt!) und würzt mit Salz, Liebstöckel und Majoran.

Sauerampfersuppe

3 – 4 Hand voll Sauerampferblätter / 1 l Gemüsebrühe /
Mehl und Butter für eine Mehlschwitze / 1 Eigelb /
2 Vollkornbrötchen bzw. 3 Scheiben Weißbrot / Butter zum Bräunen

Die gewaschenen und gut abgetropften Sauerampferblätter werden fein zerkleinert, mit der Gemüsebrühe in einen Topf gefüllt und langsam etwa eine Viertelstunde gekocht. In der Zwischenzeit wird eine helle Mehlschwitze bereitet, die fertig gegarte Suppe damit angedickt und mit Eigelb glatt gezogen. Man bräunt gewürfelte Vollkornbrötchen oder Weißbrot in Butter an und zieht sie kurz vor dem Servieren unter die Suppe.

Sauerampfersuppe mit Sahne

3 – 4 Hand voll Sauerampferblätter / 1 EL Butter zum Braten /
2 EL feines Weizenmehl / etwa 1 l Gemüsebrühe / ¹/₈ l süße Sahne /
1 Eigelb / Meersalz / Muskatnuss

Die Sauerampferblätter werden gut gereinigt und zerkleinert. Die Butter erhitzen, die Sauerampferblätter kurz darin anbraten, das feine Weizenmehl zugeben und bräunen. Man kann eventuell leicht salzen. Anschließend füllt man so viel Gemüsebrühe auf, dass die Suppe während des Aufkochens eine noch sehr sämige Konsistenz behält. Dann wird sie vom Herd gezogen, mit süßer Sahne glatt gerührt und mit Eigelb legiert. Mit Salz und etwas Muskatnuss wird abgeschmeckt.

Sauerampferblätter in Bierteig

etwa 20 Sauerampferblätter / 1 kleine Flasche Bier (0,33 l) /
230 g feines Weizenmehl / eine Prise Meersalz / Öl zum Braten

Die jungen Blätter des Sauerampfers werden gründlich gereinigt und gut getrocknet. Das Bier wird in einer Schüssel mit dem feinen Weizenmehl und dem Salz vermengt. Der Teig kann sofort verwendet werden. Man taucht die Sauerampferblätter von beiden Seiten ein und brät sie in gutem Öl schwimmend von beiden Seiten goldgelb an.

Schafgarbe

(Achillea millefolium)

Achilleskraut, Bauchwehkraut, Blutkraut,
Blutstillkraut, Boanfraßkräutli, Dusentacken,
Fasankraut, Feldgarbe, Frauendank, Gachelkraut,
Grabenkraut, Gor, Gotteshand, Grensing,
Grillengras, Heil allen Schaden, Kachelkraut,
Katzenkraut, Katzenschwanz, Lämmerzunge,
Margaretenkraut, Schafrippen, Schafzunge,
Tausendblatt, Teekraut

»Millefolium« bedeutet »tausendblättrig« und bezieht sich auf die feinen Abschnitte der dunkelgrünen fiederspaltigen, krausen Blätter, die im Frühjahr noch vor dem aufrechten, drahtigen Stängel,
an dem sich später die Blütendolde entwickelt, aus
dem Boden schieben. Gern wächst die Schafgarbe
auf Wiesen und Weiden, entlang Wegen und Rainen
sowie auf Ödland. Die Blätter sind ziemlich fest, obwohl sie zart und grazil
aussehen, man könnte meinen, sie seien ein wenig drahtig. Sie bilden eine
Rosette, ähnlich wie die des Löwenzahn, nur viel unscheinbarer. Der Geruch
der zerriebenen Blätter hat eine leicht bittere, sehr aromatische Note und wird
als angenehm empfunden. Die Schafgarbe hat zahlreiche Inhaltsstoffe, die sich
positiv auf die Gesundheit auswirken, wie ätherische Öle, Kampfer, Gerb- und
Bitterstoffe, Vitamin C und Inulin.
In der Volksmedizin wird Schafgarbe gegen Verdauungsbeschwerden eingesetzt, sie regt die Gallensekretion an, wirkt blutdrucksenkend, harndesinfizie-
rend, entzündungswidrig und krampflösend. »Schafgarbe im Leib, tut wohl jedem Weib« lautet ein alter Bauernspruch. Doch auch als Orakelpflanze tut die
Schafgarbe so ihre Dienste: Wollte ein junges Mädchen wissen, wie der Mann
aussieht, der sie einmal aus der elterlichen Obhut befreien würde, so wandte sie
sich an die Schafgarbe. Damit das Orakel auch »treffsicher« ausfällt, musste es
eine Pflanze vom Grab eines früh verstorbenen Mannes sein. Diese wurde schließlich unter das Kopfkissen gelegt und mit einem Spruch versehen ... Möge das
Orakel befriedigend ausgefallen sein.
Die würzigen Blätter passen besonders gut zu Eierspeisen und Kartoffelgerich-
ten, besonders zu Salaten. Die Blüten ergeben einen leicht bitteren Tee, der sehr

interessant schmeckt, wenn man das bittere Aroma erst einzuordnen weiß. Blätter werden vor der Blütezeit gesammelt, Blüten müssen voll erblüht gepflückt werden, während die Sonne scheint (»gute« Blüten sind weiß, die älteren färben sich dunkel). Die Blüten werden an einem luftigen und schattigen Ort getrocknet, die Blätter nur frisch verwendet.

Sammelzeit: Blätter: April bis Juni und September bis November; Blüten: Juni bis Oktober

Standorte: auf trockenen Wiesen und Weiden, entlang Wegen, Dämmen und Rainen sowie auf Ödland

Verwendbare Pflanzenteile: Blätter (zum Würzen), Blüten (für Tee)

Kartoffelsalat mit Schafgarbe

1 kg festkochende Kartoffeln / 6 Eier / ¼ l saure Sahne / Meersalz /
frisch gemahlener weißer Pfeffer / 1 große Zwiebel / 2 – 3 Äpfel /
Schafgarbe / Estragon / Quendel / Salbei / Petersilie / Saft einer Zitrone

Die Kartoffeln werden in leicht gesalzenem Wasser gegart und anschließend gepellt. Dann werden sie in Scheiben geschnitten und zum Abkühlen beiseite gestellt.
Für die Sauce vermengt man die weich gekochten Eier (das Eigelb sollte noch flüssig sein) mit der sauren Sahne und würzt mit Salz und weißem Pfeffer. Dann gibt man in kleine Würfel geschnittene Zwiebeln und Äpfel und zum Schluss noch etwas fein gezupfte Schafgarbe, Estragon, Quendel, Salbei sowie reichlich Petersilie und den Zitronensaft hinzu. Alles wird miteinander vermengt und über die Kartoffelscheiben gegeben. Nun wird die Salatsauce gut, aber vorsichtig untergehoben, damit die Kartoffelscheiben ganz bleiben. Vor dem Verzehr lässt man den Salat einige Stunden im Kühlschrank durchziehen.

 Tipp: Diesen Kartoffelsalat serviert auf einem mit Blättern (zum Beispiel Löwenzahn oder Spitzwegerich) verzierten Teller und garniert ihn mit Blüten (zum Beispiel Gänseblümchen oder Malve).

Schafgarbenpastinaken

etwa 15 wilde Pastinaken / Olivenöl zum Braten /
2 EL Dinkelvollkorn- oder Hafermehl / ½ l Milch / ⅛ l saure Sahne /
1 Ei / 1 EL Schafgarbe / Meersalz /
frisch gemahlener weißer Pfeffer / Muskatnuss

Die Pastinaken werden gründlich gereinigt, in appetitliche Stücke zerteilt und in gutem Olivenöl kräftig angebraten. Danach wird etwas Dinkelvollkorn- oder Hafermehl darüber gegeben und ebenfalls kurz angebraten. Man verrührt die Milch mit der sauren Sahne und dem Ei und löscht die Suppe damit ab, bis eine cremesuppenartige Konsistenz erreicht ist. Die Suppe aufkochen lassen (nicht länger als zwei Minuten, da die Suppe sehr leicht ansetzt) und reichlich fein gewiegte Schafgarbenblätter unterheben. Man schmeckt mit Salz, weißem Pfeffer und einem Hauch Muskatnuss ab.

Kalte Schafgarbensuppe

¼ l Rote-Bete-Frischsaft / 1 Becher saure Sahne / ½ l Buttermilch /
Dill / Schafgarbe / Knoblauchsrauke / Bärlauch /
1 kleine bis mittelgroße Zwiebel / 1 Salatgurke / Meersalz /
frisch gemahlener schwarzer Pfeffer / etwas Blütenhonig /
Eier zum Garnieren

Der Frischsaft der Roten Bete wird mit saurer Sahne und Buttermilch vermengt. Dann wird reichlich frischer Dill, Schafgarbe, Knoblauchsrauke, Bärlauch, die fein gewiegte Zwiebel sowie die in feine Würfelchen geschnittene frische Gurke zugegeben. Mit etwas Salz, Pfeffer und Blütenhonig wird anschließend abgeschmeckt. Man vermengt die Suppe gut und lässt sie im Kühlschrank mindestens zwei Stunden reifen.
Dann richtet man sie auf tiefen Tellern an, die man mit geviertelten, hart gekochten Eiern garniert.

Schlehdorn

(Prunus spinosa)

Ackerpflaume, Bockbeerli, Dornschleha, Dornschlehen,
Effken, Haferpflaume, Hageldorn, Kietschkepflaumen,
Saudorn, Schlaia, Schlechbeeri, Schlehe,
Schliehe, Schlingenstrauch, Schlinken,
Schwarzdorn

Beheimatet ist der Schwarzdorn in ganz Europa, Kleinasien und in Nordamerika – dort heißt er unter anderem auch Blackthorn. Bevorzugt wächst dieser sparrige, dicht verzweigte Strauch – der immerhin knapp vier Meter Höhe (selten fünf Meter!) erreichen kann – an Fels- und Schutthängen, in lichten Laubgehölzen und in Knicken, wie Hecken, die »Lebensadern der Landschaft«, auch genannt werden. Hecken wurden in Deutschland zu Beginn des 18. Jahrhunderts von den Bauern angelegt, die mit diesem »lebenden Pathwerk« ihren Grund und Boden einfriedeten bzw. ihre Tiere an einem Ort hielten. Die Funktionen, die die Sträucher dabei übernahmen (Einzäunung, Grenzmarkierung, Windbruch etc.) waren genauso vielseitig wie die Sträucher einer Hecke an sich. Erwähnenswert ist, dass in den Hecken eine beispiellose Artenvielfalt vorherrscht. In Hecken leben zum Beispiel die Hälfte aller einheimischen Säugetiere, sämtliche Reptilien und ein Fünftel unserer heimischen Vogelwelt neben unzähligen Insekten, die wir hier keinesfalls vergessen wollen. Schätzungsweise an die 10.000 Tierarten insgesamt bevölkern diesen Lebensraum, nicht zu vergessen die über 1.000 verschiedenen Pflanzen, die den Hecken im Jahreslauf ein abwechslungsreiches buntes Aussehen verleihen.
Doch zurück zum Schlehdorn, der – und an dieser Stelle verrate ich bestimmt eine Neuigkeit – früher einmal als Gradierwerk in den Salinen verwendet wurde. Zu diesem Zweck wurden die Schwarzdornzweige geschält und miteinander zu »Wänden« verflochten; über die dann die Sole geleitet wurde.

// **Tipp:** Deutschlands schönstes Gradierwerk steht in unmittelbarer Bahnhofsnähe in Bad Salzungen – ich war verblüfft, als ich es entdeckte: Ein Schmuckstück, zusammengesetzt aus wunderschönen Fachwerkbauten, die alle liebevoll restauriert sind.

Im zeitigen Frühjahr, bevor der Schwarzdorn seine Blätter austreibt, überzieht er sich mit einem Meer duftender kleiner Blüten, von denen sich allerdings die wenigsten im Spätsommer zu einer Schlehe entwickeln. Es ist wirklich erstaunlich, dass nach solch einer Blüteninvasion im Herbst oder Winter so wenige Früchte an einem Strauch zu finden sind. Vielleicht – und hier äußere ich nur meine Vermutung – sind die im Frühjahr immer wieder nachkommenden Fröste (Eisheiligen), vor denen der Schlehdornstrauch seine Blätter durch das späte Austreiben schützt, am Fruchtnotstand Schuld.

In den Früchten ist neben Zucker, Gerbstoffen und organischen Säuren auch viel Vitamin C enthalten.

Gesammelt werden die Blüten vor dem Erscheinen der Blätter, wenn sie noch ein wenig geschlossen sind. Sie werden getrocknet und vor Licht geschützt aufbewahrt als Tee verwendet. Aus frischen Blüten kann eine Essenz hergestellt werden. Die Blüten wirken blutreinigend und leicht abführend. In der Homöopathie wird die Essenz unter anderem bei Koliken – auch der Harnblase – eingesetzt. Die Schlehenfrüchte tun in der Küche gute Dienste. Sie werden erst nach den ersten Frösten geerntet, denn dadurch verlieren sie ihre stark herbe, zusammenziehende Note. Die Beeren können aber auch schon im September geerntet und in der Tiefkühltruhe »nachbehandelt« werden. Hauptsache ist, sie werden Minustemperaturen ausgesetzt, denn dadurch wird ein Teil der unangenehm zusammenziehenden Stoffe zu Zucker umgewandelt, was die Früchte erst genießbar macht. Schlehenmarmelade hilft bei Magenschwäche und Blasen- und Harnleiden; der Schlehenwein ist bekannt als Abführmittel und inneres »Reinigungsmittel« und wirkt harntreibend; der Saft wirkt gegen Nasenbluten, kann aber auch gleichzeitig als Gurgelmittel bei Mund-, Hals- und Zahnfleischgeschwüren verwendet werden.

Sammelzeit: Blüten: März bis April; Früchte: September bis November

Standorte: Fels- und Schutthänge, in lichten Laubgehölzen, zwischen Äckern, auf mageren Böden

Verwendbare Pflanzenteile: Beeren, Blüten

Schlehenalkohol

etwa 200 g Schlehen / 70 – 100 g Vollrohrzucker / ½ – ¾ l Gin /
½ – ¾ l trockener Sherry oder Brandy

Man sticht die gewaschenen Schlehen mit einer Gabel oder einem Zahnstocher mehrmals an und füllt sie in eine Literflasche. Dann gibt man den Vollrohrzucker und schließlich den Gin hinzu und füllt trockenen Sherry oder Brandy nach, bis die Flasche zu gut drei Vierteln voll ist. Man lässt sie mindestens drei Monate an einem warmen Ort stehen und schüttelt gelegentlich. Danach gießt man die Früchte ab und lagert den Alkohol mindestens ein halbes Jahr kühl, bevor man ihn genießt.

// **Tipp:** Aus den vollgesogenen Früchten, die zum Wegwerfen viel zu schade sind, kann man Schlehenschokolade machen:

Schlehenschokolade

Früchte von der Schlehenalkoholbereitung
(von 200 – 300 g frischen Früchten) /
100 g Vollmilch- oder Zartbitterschokolade

Man schabt das alkoholisierte Fruchtfleisch von den Kernen – das geht mit der Hand sehr gut – und streicht es anschließend durch eine Sieb. Diese Masse rührt man in geschmolzene Schokolade. Die Schokolade streicht man auf Backoblaten, lässt sie erkalten und schneidet sie in quadratische Stücke – fertig ist die Likörschokolade.

Sirup von Schlehen

2 kg Schlehen / etwa 800 g Vollrohrzucker /
gemahlene Nelken und / oder Zimt nach Geschmack

Die Schlehen werden nach den ersten Frösten geerntet, gewaschen und in einem Topf mit kochendem Wasser begossen, so dass sie bedeckt sind. Man lässt sie einen Tag zugedeckt ruhen, danach gießt man den Saft ab, lässt ihn erneut aufkochen und gibt ihn kochend wieder über die Schlehen. Dieser Vorgang wird an zwei aufeinander folgenden Tagen wiederholt. Ganz zum Schluss filtert man den Saft durch ein Tuch, gibt die Gewürze und den Vollrohrzucker hinzu und köchelt bei mäßiger Hitze, bis sich der Vollrohrzucker vollkommen gelöst hat. Man füllt den Sirup noch heiß in saubere Flaschen.

 Tipp: Schmeckt gut als Zusatz zu Sodawasser oder zu gekühltem Sekt. Außerdem ist der Sirup erfrischend auf Grießbrei, zu Eis oder Pudding.

Schlehenwein

(ergibt 5 l)

Ansatz für leichten Wein:
1 kg Schlehen / 850 g Zucker / 4,3 l Wasser

Ansatz für schweren Wein:
1 kg Schlehen / 1600 g Zucker / 4 l Wasser

Die Früchte werden eingemaischt (ohne Kerne!!) – eine Arbeit, bei der ich zum ersten Mal die Vorzüge meiner »flotten Lotte« richtig zu schätzen wusste –, mit zwei Dritteln der vorgeschriebenen Wassermenge – unbedingt kochend – übergossen und mit einem Tuch bedeckt 24 Stunden stehen gelassen. Danach wird der Saft nur abgeseiht, die Maische wird aber nicht gepresst. Zur weiteren Vorgehensweise siehe Kapitel »Weinansatz aus Maische« ab Seite 27.

Die weiße und die rote Taubnessel

(Lamium album /
Lamium purpureum)

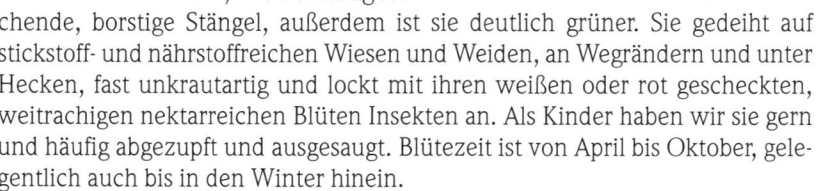

Weiße Taubnessel: Bienensaug,
Blumennessel, Lugerle, Lugnesseln,
Nettel, Seichkraut, Sugerle,
Sugnesseli, Wurmnessel, Zuzeln;
Rote Taubnessel: Ackertaubnessel,
Hahneköpp, Hummelgras,
Hummelsauger, stinkende Nessel, tote
Nessel, zu Luge

Auf den ersten Blick mag man die Taubnessel mit ihrer wehrhaften Schwester, der Brennnessel, verwechseln. Allerdings offenbart sich beim genauen Hinsehen ihre Harmlosigkeit: Die Taubnessel hat weder Brennhaare auf den Blättern, noch bösartig stechende, borstige Stängel, außerdem ist sie deutlich grüner. Sie gedeiht auf stickstoff- und nährstoffreichen Wiesen und Weiden, an Wegrändern und unter Hecken, fast unkrautartig und lockt mit ihren weißen oder rot gescheckten, weitrachigen nektarreichen Blüten Insekten an. Als Kinder haben wir sie gern und häufig abgezupft und ausgesaugt. Blütezeit ist von April bis Oktober, gelegentlich auch bis in den Winter hinein.

Die Taubnessel besitzt an Inhaltsstoffen unter anderem Gerbstoffe, Zucker, Saponin und ätherische Öle. In der Volksmedizin war und ist die Blüte der Weißen Taubnessel ein Heilmittel mit erwiesener Wirkung auf Nieren und Harnwege. Auch in der Frauenheilkunde findet sie Verwendung, speziell bei zu früher oder unregelmäßiger und schmerzhafter Periode, bei Weißfluss und Entzündungen im Genitalbereich und der Blase, und sie wirkt der Harnverhaltung alter Männer entgegen.

Gerade der weißen Taubnessel wird eine belebende Wirkung auf das Liebesleben nachgesagt, sie galt in früheren Zeiten als schwaches Aphrodisiakum. Als Anregung für ihn: kandierte Taubnesselblüten!

Früher wurde die Taubnessel mit Selbstverständlichkeit in der Küche als Spinat, Gemüse oder zur Suppe verwendet, und die zarten Blätter wurden in einem herzhaften Ausbackteig zur vollen kulinarischen Entfaltung gebracht.

 Tipp: Taubnesselblätter grundsätzlich vor der Blüte ernten (man kann ruhig die Stauden regelmäßig zurückschneiden und hat so immer nicht blühende Pflanzen zur Verfügung). Da die Taubnessel eine sehr empfindliche Pflanze ist, sollte man bei der Zubereitung schonend mit ihr umgehen.

Sammelzeit: März bis Oktober

Standorte: auf stickstoff- und nährstoffreichen Wiesen und Weiden, an Wegrändern und unter Hecken, auf Schuttplätzen, an Mauern, Bahndämmen und Ufern

Verwendbare Pflanzenteile: Blätter

Taubnesselgemüse

8 – 10 Hand voll Taubnesselblätter / Butter zum Dünsten / Meersalz /
frisch gemahlener weißer Pfeffer / Knoblauch

Die Taubnesselblätter werden sauber verlesen, gewaschen, abgetropft und in
guter Butter gedünstet. Man würzt sie vorsichtig mit Meersalz, weißem Pfeffer
und einem Hauch Knoblauch. Delikat!

 Tipp: Passt gut zu Kartoffelbrei.

Taubnesseleierkuchen

200 g feines Weizenschrot / Meersalz / 3 Eier / knapp ½ l Milch /
Öl zum Backen / 2 – 3 Hand voll Taubnesselblätter

Aus dem feinen Weizenschrot, Meersalz, den Eiern und der Milch wird ein
Eierkuchenteig bereitet. Diesen füllt man in eine Pfanne mit heißem Öl und
bestreut ihn sofort mit sauber verlesenen, gereinigten und abgetrockneten Taubnesselblättern. Der Eierkuchen wird dann von beiden Seiten goldbraun gebacken.

Tipp: An Stelle der aufgestreuten ganzen Blätter gleich frisch
gehackte Blätter in die Masse einrühren. Soll der Eierkuchen
besonders locker werden, sollte er mit Eischnee zubereitet
werden. Für einen knusprigen Eierkuchen nimmt man an Stelle
von Milch stark kohlensäurehaltiges Mineralwasser.

Graupensuppe

mit Kartoffel-Taubnessel-Beilage
(für 4 – 6 Personen)

3 – 4 kleine Zucchini / 2 Zwiebeln / 3 – 4 Tomaten /
2 EL Butter zum Braten / 1 – 2 kleine Kohlrabi /
1 Tasse Graupen / Meersalz / frisch gemahlener schwarzer Pfeffer /
Knoblauchsrauke / Muskatnuss / 500 g mehlig kochende Kartoffeln /
3 – 4 Hand voll Taubnesselblätter / Olivenöl zum Braten / Beifuß

Man schneidet die Zucchini in feine Streifen, würfelt 1 Zwiebel und die Tomaten fein und brät alles anschließend in Butter kräftig an. Mit ½ l klarem Wasser wird abgelöscht. Dann gibt man Kohlrabi sowie die Graupen in die Suppe, lässt die Suppe kurz aufkochen und anschließend bei mäßiger Hitze etwas ziehen. Gewürzt wird mit Salz, Pfeffer, Knoblauchsrauke und Muskatnuss.
Währenddessen werden die Kartoffeln in einem separaten Topf gedämpft oder gegart und in einer Pfanne mit 1 gewürfelten Zwiebel zusammen mit Taubnesselblättern in gutem Olivenöl angebraten. Sie werden vorsichtig mit etwas Salz, Pfeffer und Beifuß gewürzt.
Man richtet die geschälten Pellkartoffeln mit dem Zwiebel-Taubnessel-Gemüse auf tiefen Tellern an und gibt die Suppe darüber.

Duftendes Veilchen

(Viola odorata)

*Blauröschen, Blauvögschen,
Duft-Veilchen, Heckenveigerl,
Maiennägelein, Marienstängel,
Märzveilchen, Oeschen, Osterveigerl,
Schwalbenblume, Vegeli, Vieli,
Vigelchen, Vigeli, Viole, Wohlriechendes
Veilchen*

> *»Komm lieber Mai und mache
> Die Bäume wieder grün
> Und laß mir an dem Bache
> Die kleinen Veilchen blüh'n«*

Was hat sich Christian Adolph Overbeck
gedacht, als er diesen Text verfasste, der zu
einer Melodie von Mozart gesungen wird?
Veilchen blühen in geschützten Lagen nämlich schon ab Februar. Eine spezielle
Sorte ist das Duftveilchen *(Viola odorata)*. Veilchen werden zehn bis fünfzehn
Zentimeter hoch. In einer kurzgestielten Rosette herzförmiger, wurzelständiger
Laubblätter erscheinen ab März die violettblauen kleinen Blüten. Veilchen sind
eng mit den Stiefmütterchen verwandt; sie blühen etwa zur selben Zeit. Ihr
Ursprungsgebiet soll im Mittelmeerraum sein, allerdings zählen sie heute zu
den Kosmopoliten unter den Blütenstauden, sind sehr ausdauernd und winter-
hart. Einmal an einer Stelle angesiedelt, vermehren sie sich gut und beständig,
bis sie sich zu wahren Polstern ausdehnen. Ob diese Pflanzenpolster allerdings
etwas mit der Sage um die Nymphe zu tun haben, die da fastend neun Tage lang
regungslos auf ihren göttlichen Beischläfer wartete – der nichts mehr von ihr
wissen wollte (bei der Hygiene nicht verwunderlich) – und in wahnsinniger
Leidenschaft verharrte. Ihre Glieder sollen während dieser Zeit mit dem Boden
verwachsen sein und Blumen, dem Veilchen äußerst ähnlich, ihr Gesicht bedecken.
In der griechischen Mythologie galt das Veilchen als Totenblume.
Anzutreffen sind die violetten Blümchen sowohl an schattigen Orten wie in
Hecken, unter Gebüschen, entlang an Ufern oder in Wiesen, die extensiv be-
wirtschaftet werden (also ohne Einsatz von Kunstdünger und Pestiziden). Spe-

zifisch ist der allseits bekannte Wohlgeruch der zierlichen Blüten (der viele Dichter zu gereimten Seufzern hinriss). Veilchen sind als »Blumen der Liebe« bekannt, aber auch als Synonym für den Frühling.

Auch wenn es einem die kleinen Stauden noch so angetan haben, sollten Veilchen an ihrem Naturstandort nicht ausgegraben werden. Im eigenen Garten eingepflanzt, gehen sie meist ein.

Das März-Veilchen ist saponinhaltig und somit bei Bronchialverschleimungen auswurffördernd. Weiterhin enthält es Zucker, Schleimstoffe, ein ätherisches Öl und ein Alkaloid.

Nach einer Empfehlung der heiligen Hildegard soll eine Salbe, bereitet aus Veilchensaft, Olivenöl und Ziegentalg, wirksam gegen Kopfschmerz und hilfreich bei schlecht heilenden Wunden sein.

Sammelzeit: März bis Mai

Standorte: in ganz Europa an schattigen Standorten (unter Hecken, entlang von Zäunen, Ufern, auf Wiesen und Weiden)

Verwendbare Pflanzenteile: Blüten

Veilchenblütensirup

Dazu benötigt man Ausdauer!!

5 – 6 Hand voll Veilchenblüten (ohne Stiele) / Vollrohrzucker

Ein Bratentopf wird randvoll mit Blüten gefüllt. Die Blüten dürfen aber nicht festgedrückt werden! Dann füllt man mit ¾ l Wasser auf und lässt die Mischung drei bis vier Minuten kochen. Anschließend nimmt man die Blüten von der Feuerstelle und lässt sie 24 Stunden ruhen. Am nächsten Tag gießt man sie durch ein dünnes Tuch (zum Beispiel eine Baumwollwindel) und vermengt die abgegossene Flüssigkeit mit der gleichen Menge Vollrohrzucker. Auf kleiner Flamme wird das Gelee nun sehr langsam eingekocht.

Veilchenblütensirup – schnelle Methode

Mit weißem Zucker bekommt dieser Sirup eine besonders schöne Farbe, aber das Ergebnis lässt sich natürlich auch mit Vollrohrzucker sehen – und schmecken!

mindestens 7 – 8 Hand voll Veilchenblüten /
Vollrohrzucker oder weißer Zucker

5 – 6 Hand voll Veilchenblüten werden locker in einen Topf gegeben und mit ¾ l kochendem Wasser übergossen. Wenn das Wasser erkaltet ist (am besten über Nacht), wird es abgegossen und aufbewahrt. Dann werden mindestens 2 Hand voll frischer Veilchenblüten zu den schon vorhandenen gegeben und mit der nochmals aufgekochten Flüssigkeit begossen. Der Vorgang kann mehrmals wiederholt werden. Nach dem Abkühlen die Flüssigkeit abgießen und die Blüten gut ausdrücken. Die Mischung wird dann auf unterster Stufe mit der gleichen Menge Zucker eingekocht.

 Tipp: Bei dieser Methode färbt sich das Wasser herrlich blau, allerdings verblasst die Farbe durch das Kochen später ein wenig.

Frühlingsblütensirup

Sirupe, diese süßen kleinen Geheimnisse, die für die unverwechselbare Abrundung vieler Salate sorgen, können auch in einer Tasse Tee einem stürmisch verregneten Herbsttag trotzen und uns auf eine blühende Wiese zurückversetzen.

Als Faustregel: 3 – 4 Doppelhände Blüten für 1 ½ l Wasser
12 – 15 Hand voll gemischte Frühlingsblüten
(zum Beispiel Veilchen, Holunder, Labkraut, Löwenzahn) /
Schlehdorn / Weißdorn / Vollrohrzucker

Die Blüten werden gesammelt und sauber verlesen (aber nicht gewaschen!). Anschließend werden sie in einen Topf gegeben, mit Wasser versetzt, langsam aufgekocht und mindestens fünf Minuten kochen gelassen. Dann lässt man sie weitere fünf Minuten bei mäßiger Hitze ziehen und abschließend über Nacht erkalten.
Der Sud wird am nächsten Tag durch ein Tuch gegossen. Dann wird zu gleichen Teilen Vollrohrzucker hinzugegeben und bei schwacher Hitze langsam geköchelt, bis die Konsistenz siruppartig ist. In kleine Gläser und Flaschen gefüllt, hält sich dieser Sirup lange, allerdings kristallisiert er innerhalb von zwei Jahren und sollte aus diesem Grund nicht viel länger aufbewahrt werden.

Ich hatte ein Glas von diesem kristallinen Blütensirup aus dem Keller geholt und auf den warmen Rand meines Holzofens in der Küche gestellt; dort sollte sich der fest gewordene Zucker – wie Honig – wieder verflüssigen. Er tat es nicht, auch nicht am nächsten Tag. Stattdessen hatte er in der zweiten Nacht ein Loch in das Glas gerissen, und der Sirup hatte seinen Weg auf meine blanke Herdplatte gesucht und gefunden; es war eine furchtbare Sauerei. Auch der Versuch mit dem nächsten Glas – ich wollte den Sirup im warmen Wasserbad lösen – scheiterte kläglich. Wieder war ein Loch im Gefäß, wieder war der Sirup ausgetreten. Nun bereite ich nicht mehr Sirup, als ich in einem Jahr verbrauchen kann.

Vogelmiere

(Stellaria media)

Alsine, Feldsternmiere, Hüenerdarm,
Hüenersepp, Hühnerdarm, Hühnerbiss,
Mausdarm, Meiderich, Miere,
St. Ostegel, Vogelkraut,
Vogel-Sternmiere

Ein Rosenliebhaber bat in einem Leser-
brief an die Redaktion einer Gartenzei-
tung um Rat, wie er gegen die sich in
seinem Rosenbeet immer wieder ver-
mehrende Vogelmiere vorgehen könne.
Die Antwort der Redaktion lautete, dass
diese Pflanze lediglich den gesunden und
einwandfrei gedüngten Zustand des Bodens anzeigen würde.
Für Vogelzüchter ist sie ein Renner, Papageien schwören auf das zarte grüne
Kraut mit den vielen unscheinbaren kleinen Blättern. Vogelmiere ist ein Boden-
decker und bildet ganze »Nester«. Im Geschmack erinnert sie an Mais, an
Inhaltsstoffen hat sie Saponin, viele Mineralstoffe und Vitamine zu bieten. Viele
Salate profitieren von ihrem dezenten Aroma.
An dieser Stelle möchte ich davor warnen, die Vogelmiere mit dem giftigen
Ackergauchheil zu verwechseln. Einen großen und nicht zu verkennenden
Unterschied gibt es aber zwischen diesen beiden sich sehr ähnelnden Pflanzen:
Die Vogelmiere hat runde, zart behaarte Stängel, wogegen Ackergauchheil glän-
zende viereckige Stängel aufweist; außerdem blüht diese Giftpflanze rot, im
Gegensatz zur Vogelmiere, die kleine, weiße Blüten trägt.

Sammelzeit: März bis Oktober

Standorte: Wiesen, lichte Laubwälder, Waldsäume, Gebüsche

Verwendbare Pflanzenteile: Triebe

160

Vogelmieresalat mit Käse

3 – 4 Hand voll Triebe der Vogelmiere / 1 saurer Apfel /
1 Hand voll Walderdbeeren / 1 Hand voll Him- oder Brombeeren /
100 g Käse / ⅛ l süße Sahne / Meersalz /
frisch gemahlener schwarzer Pfeffer / Apfelessig

Die jungen Triebe der Vogelmiere werden gründlich gereinigt und von holzigen Teilen befreit oder die Blättchen von den Stängeln gezupft. Zusammen mit dem Obst werden sie in appetitliche Stücke geschnitten und mit Käsewürfelchen gemischt. Aus süßer Sahne, Meersalz, Pfeffer und Apfelessig wird ein süß-saurer Dip bereitet und unter den Salat gehoben.

Bunter Salat mit Vogelmiere

je 1 Hand voll Vogelmiere, Löwenzahn, Klee,
Gänseblümchen, Franzosenkraut /
Blütenhonig / Zitronensaft / ⅛ l Joghurt oder süße Sahne /
Meersalz / kandierte Blüten zur Dekoration

Die möglichst abwechslungsreiche Blätterkomposition wird nach gründlicher Reinigung in eine dekorative Glas- oder Keramikschüssel gegeben. Als Saucengrundlage stellt man eine Blütenhonigmayonnaise her (siehe »Grundrezept Mayonnaise«, Seite 177); bitte denken Sie immer daran, dass die Zutaten Zimmertemperatur haben sollten, dann gelingt die Mayonnaise schneller, die man mit einem kräftigen Schuss Zitronensaft herzhaft abrundet. Nun wird die Mayonnaise mit Joghurt – für diejenigen, die es nicht ganz so fett mögen – oder aber mit süßer Sahne verrührt, mit Salz abgeschmeckt und über die Salatblätter gegeben. Alles wird vorsichtig untereinander gehoben und mit diversen essbaren Blüten (zum Beispiel Malve, Gänseblümchen oder Veilchen) oder auch kandiert dekoriert.

// **Tipp:** Klee wächst gern auf Wiesen und Weiden. Sein Geschmack ist säuerlich-frisch.

Vogelmiere-Franzosenkraut-Salat

2 Hand voll Vogelmiere / 2 Hand voll Franzosenkraut /
⅛ l Joghurt / Meersalz / frisch gemahlener schwarzer Pfeffer /
Zitronensaft / Quendel / Zitronenmelisse

Für den Salat verwendet man Vogelmiere und Franzosenkraut zu etwa gleichen Teilen. Man entfernt alle holzigen Ästchen, zupft die Blätter des Franzosen-krauts von den Stängeln, reinigt alles gründlich und gibt die gut getrockneten Blätter in eine Glasschale. Ein süß-saurer Dip aus Joghurt, Salz, Pfeffer, etwas Zitronensaft, einigen Spitzen des Quendels und den fein gewiegten Blättern der Zitronenmelisse wird darübergegeben und erst kurz vor dem Servieren ange-richtet, denn der Salat welkt rasch.

// **Tipp:** Für Zuckermäuler kann auch etwas Blütensirup mit dem Joghurt vermengt werden.

Walderdbeere

(Fragaria vesca)

Besingkraut, Darmkraut, Erbel, Erbern,
Flohbeere, Hafelsbeer, Rotbeere, rote
Besinge, Waldbeeren

An sonnigen Plätzen und auf Brachflächen, vor und in Wäldern ist die
niedrige, beinahe possierliche
Pflanze anzutreffen, deren Blüte
schon recht früh im April einsetzt
und bis in den Juli hinein vorhält.
Die Walderdbeeren stellen die
Wildform der Gartenerdbeere dar
und gehören zur Gattung der
Kriech- und Rosettenpflanzen. Botanisch gesehen sind sie eine Sam-
melnussfrucht, deren dreizählige
Blätter aus dem ausdauernden Wurzelstock hervortreiben, neben schnur-
ähnlichen Ausläufern, an denen neue kleine Pflänzchen wie an einer Nabel-
schnur hängen. Schon im August zeigen sich die ersten leuchtend roten kleinen
Früchte darunter. Ihr Duft ist beispiellos, wie das Aroma auch. Walderdbeeren
gelten als Delikatesse.

Allerdings war das nicht immer so. Dem Steinzeitmenschen war das Sammeln
der kleinen Früchte zu aufwendig. Bei Ausgrabungen in Dänemark, England
und in der Schweiz wurden nur selten Erdbeersamen gefunden. Auch in römischen Aufzeichnungen finden sich keine Hinweise auf Erdbeeren – Karl der
Große ließ sie nicht auf seinen Domänen anbauen. Erst im 15. Jahrhundert
finden sie als »Medizin« Beachtung und schon 1560 sollen Erdbeeren mit Sahne ein beliebtes Dessert gewesen sein. Ab dem 17. Jahrhundert wurden erste
Versuche unternommen um *Fragaria vesca* zu kultivieren. Das Ergebnis waren
schließlich neben den uns bekannten roten Sorten auch weiße und grüne Erdbeeren, die längst wieder in Vergessenheit geraten sind.

An Inhaltsstoffen ist bei Erdbeeren der hohe Gehalt an Mineralstoffen, besonders Eisen, herauszuheben. Außerdem enthalten sie Zucker, Vitamin C und
organische Säuren.

In der Volksmedizin werden die Blätter als Tee bei rheumatischen Beschwerden angewandt, sie wirken harntreibend und blutreinigend. Walderdbeeren stehen in dem Ruf, in zerquetschtem Zustand auf die entsprechenden Stellen gelegt, der Entstehung von Gesichts- und anderen Falten vorzubeugen. Blätter werden vor der Blüte gesammelt, Früchte wenn sie tief und rot locken. Laufend durchpflücken (das heißt über einen längeren Zeitraum ernten), schnell verarbeiten.

Sammelzeit: Blätter: Mai bis Juli (vor der Blüte); Früchte: Juni bis Oktober

Standorte: nährstoffreiche sonnige Plätze wie Waldränder, im Wald und an Gebüschen

Verwendbare Pflanzenteile: Blätter, Beeren

Walderdbeermarmelade, ungekocht

1 kg Walderdbeeren / 1,5 kg Vollrohrzucker / 3 g Weinsteinpulver

Die miteinander vermischten Zutaten werden auf der warmen(!) Herdplatte etwa eine Stunde stehen gelassen und ab und zu umgerührt (nicht kochen lassen!). In saubere Gläser gefüllt und luftdicht verschlossen, hält sich diese Marmelade sehr gut.

// **Tipp:** Um dem Fuchsbandwurm keine Chance zu geben, erhitze ich diese Marmelade gern im Topf 20 Minuten auf knapp 80° C.

Walderdbeerensalat mit Löwenzahn

Walderdbeeren sind äußerst aromatisch und ergänzen sich hervorragend mit dem würzigen Löwenzahn.

2 Hand voll Walderdbeeren / etwas Zitronensaft / etwas Vollrohrzucker / 2 – 3 Hand voll Löwenzahnblätter / 1/8 l Joghurt / Meersalz / Nüsse / Kürbiskerne / Sonnenblumenkerne / Pinienkerne

Die Walderdbeeren werden gründlich gereinigt, mit Zitronensaft und Vollrohrzucker nach Geschmack vermengt und kurz aufgekocht. Anschließend stellt man sie zum Auskühlen beiseite. Die Löwenzahnblätter reinigt man in der Zwischenzeit gründlich, teilt sie in appetitliche Stücke und gibt sie in eine dekorative Glasschüssel, in die dann auch die erkalteten Walderdbeeren kommen. Aus Joghurt, etwas Salz, Zitronensaft und Vollrohrzucker wird ein Dip bereitet, der schließlich unter den Walderdbeer-Löwenzahn-Salat gehoben wird. Verfeinern kann man mit gerösteten Nüssen, Mandeln, Kürbis-, Sonnenblumen- oder Pinienkernen.

Walderdbeersuppe

800 g Walderdbeeren / etwas Zitronensaft / 1 Glas Rotwein /
100 g Vollrohrzucker oder Agavendicksaft /
Zitronenmelisse zum Dekorieren

Für den Eierstich:
1 Vanillestange / 3 Eier / 100 ml Sahne /
1 EL Vollrohrzucker

Die Walderdbeeren werden gründlich gereinigt und anschließend gut getrocknet. Dann vermengt man sie mit etwas Zitronensaft sowie Rotwein und reichlich Vollrohrzucker und püriert das Ganze. Zum Durchziehen kommen sie eine Stunde in den Kühlschrank.

Der süße Eierstich ist sehr einfach und schnell zubereitet: Das aus der Vanillestange herausgeschabte Mark wird mit den weiteren Zutaten verquirlt. Dann backt man die Masse in einer flachen Form im Backofen, bis sie oben leicht gebräunt und durchgebacken ist. Oder sie wird zunächst in einem Wasserbad gestockt und kommt dann in die Backröhre. Während der in Quadrate oder Rauten geschnittene Eierstich auskühlt (er sollte vorm Erkalten gestürzt werden, da er sonst gern anhängt), wird das mittlerweile gut durchgezogene Walderdbeerpüree auf kleiner Flamme für kurze Zeit zum Kochen gebracht. Dann vermengt man die Suppe mit dem köstlichen Eierstich, und das süße Erlebnis wird pur, warm oder durch Vanilleeis gekühlt, in stilvollen Dessertschalen serviert, die mit einigen frischen Blättern der Zitronenmelisse dekoriert werden können.

Waldkiefer

(Pinus sylvestris)

*Föhre, Furche, Führe, Forchenbaum, Föhrenbaum,
Kienbaum, Däle, Tälle, Gränbaum, Schleißholz,
Spanholz*

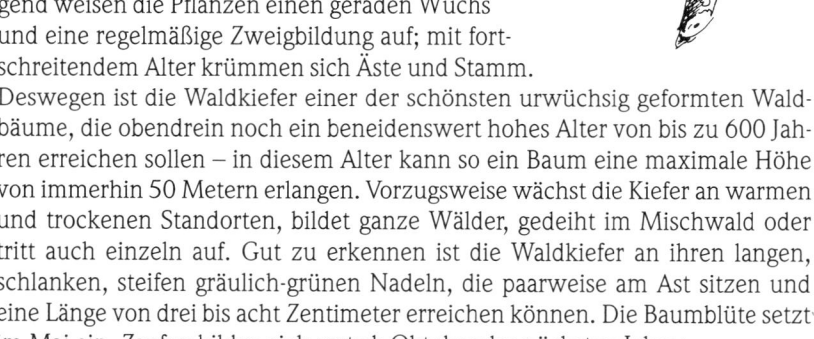

Unsere Bäume regen manchmal durch ihre
krumme und schiefe Statur die Fantasie der
sie Betrachtenden an. Malerische Anmut liegt
in den krummen, von Wind und Wetter ge-
zeichneten Exemplaren. Die Waldkiefern
scheinen da besonders stark betroffen bzw. besonders »verunstaltet« zu sein. Nur in der Jugend weisen die Pflanzen einen geraden Wuchs
und eine regelmäßige Zweigbildung auf; mit fort-
schreitendem Alter krümmen sich Äste und Stamm.
Deswegen ist die Waldkiefer einer der schönsten urwüchsig geformten Wald-
bäume, die obendrein noch ein beneidenswert hohes Alter von bis zu 600 Jahren erreichen sollen – in diesem Alter kann so ein Baum eine maximale Höhe
von immerhin 50 Metern erlangen. Vorzugsweise wächst die Kiefer an warmen
und trockenen Standorten, bildet ganze Wälder, gedeiht im Mischwald oder
tritt auch einzeln auf. Gut zu erkennen ist die Waldkiefer an ihren langen,
schlanken, steifen gräulich-grünen Nadeln, die paarweise am Ast sitzen und
eine Länge von drei bis acht Zentimeter erreichen können. Die Baumblüte setzt
im Mai ein, Zapfen bilden sich erst ab Oktober des nächsten Jahres.
In Japan und China ist die Kiefer wegen ihres unverderblichen Harzes ein Symbol für die Unsterblichkeit und wegen ihrer trotzigen Standhaftigkeit gegenüber
Wetterunbilden das Symbol der Lebenskraft.
Kulturhistorisch war die Waldkiefer ein Baum, der unwahrscheinlich variabel
eingesetzt wurde. Aus dem Harz einer heute nicht mehr existierenden Art
bildete sich zum Beispiel der Baltische Bernstein, der heute noch als Schmuck-
stein verwendet wird. Früher soll sogar Zahnersatz aus dem Harz der Waldkiefer gefertigt worden sein. Dem nicht genug: In der Zeit, in der die Elektrizität
und die damit verbundenen segensreichen Errungenschaften noch nicht erfunden waren, nannte man unsere heimische Kiefer auch Feuerbaum oder Fackel-
baum. Aus dem besonders harzreichen Holz wurden die so genannten Kienspä-
ne geschnitten, die – manchmal noch in Harz oder Pech getaucht – als Fackeln

dienten. Aus dem Holzteer wurde dann Kienöl (für Lampen) sowie Schuster-pech zum Imprägnieren der Lederwaren gewonnen. Auch das eher weiche Holz der Waldkiefer hat ähnliche Wasser abweisende Eigenschaften und war als Baumaterial begehrt, die Nadeln sollen als Stopf- und Füllmaterial genutzt worden sein, und schließlich wurden die jungen Zweigspitzen wegen ihres hohen Vitamin-C-Gehaltes gegessen.

An Inhaltsstoffen sind neben dem Vitamin C auch Terpentin- und Kiefernnadel-öl nennenswert. Das Kiefernharz (Terpentin) ist ein altes und vielseitig anwend-bares Heilmittel, das nichts von seiner Bedeutung eingebüßt hat. Es herrscht in allen Teilen der Waldkiefer vor und ist vor allem heilsam für die Harn- und Atemwege. Ferner soll die Waldkiefer darüber hinaus auch eine anregende Wir-kung auf Leber und Nebennierenrinde (die Sexualhormone bildet) haben sowie Prozesse im Stoffwechsel positiv beeinflussen. Es ist möglich, durch Wasser-dampfdestillation das Terpentin in zwei Komponenten aufzutrennen: in das Terpentinöl und in den Rückstand Kolophonium. Das Kolophonium dient heute noch als Gleitmittel zum Bestreichen von Geigenbögen.

Verwendet werden in der Regel die Knospen oder die jungen, hellgrünen Triebe. Beim Ernten sollte man ein scharfes Messer verwenden und daran denken, dass die Bäume in gewisser Weise dadurch geschädigt werden, also niemals zu viele Triebe von einem Baum entfernen. In älteren Nadeln sind Verunreinigungen durch Immissionen angereichert (die immergrüne Kiefer wechselt ihr Kleid ja nicht jährlich), daher sollte man wirklich nur die jungen Triebe verwenden.

 Tipp: Bei Mandelentzündung, Heiserkeit und Halsweh eine Hand voll Knospen der Waldkiefer eine halbe Stunde in ½ l Wasser kochen (fünf Minuten sprudelnd, dann nur bei schwacher Hitze ziehen lassen), filtrieren und den Sud zum Gurgeln verwenden oder mit Honig gesüßt als Tee bei Erkältungsbeschwerden einnehmen.

Sammelzeit: April bis Juni

Standorte: in ganz Europa an trockenen sonnigen Standorten, in Mischwäl-dern oder vereinzelt

Verwendbare Pflanzenteile: Nadeln, Knospen

Weißer mit Kiefernspross

Klarer Schnaps (mindestens 40 %ig) / 1 – 3 junge Kiefertriebspitzen / evtl. Vollrohrzucker oder Sirup nach Geschmack

In eine Flasche klaren Schnaps werden je nach gewünschtem Resultat 1 – 3 gut gereinigte und getrocknete junge Triebspitzen der Kiefer gesteckt. Die Flasche wird wieder fest verschlossen. Nach vier bis sechs Wochen sind die Inhaltsstoffe extrahiert.

Wer auf einen süßen Likör Wert legt, kann natürlich auch Vollrohrzucker oder Sirup hinzugeben.

Sirup aus jungen Kiefernsprossen

*8 – 10 junge Kieferntriebe von 10 – 15 cm Länge / 1 l Wasser /
evtl. Saft einer Zitrone / Vollrohrzucker*

Die jungen Triebe der Kiefer werden gesammelt, sauber verlesen (aber nicht gewaschen!), in einen Topf gegeben, mit Wasser versetzt und langsam mindestens fünf Minuten aufgekocht. Es kann auch der Saft einer Zitrone hinzugegeben werden. Dann lässt man die Triebe weitere fünf Minuten bei mäßiger Hitze ziehen und abschließend über Nacht erkalten.

Den Sud gießt man am nächsten Tag durch ein Tuch und gibt zu gleichen Teilen Vollrohrzucker hinzu. Bei schwacher Hitze lässt man die Mischung langsam köcheln, bis die Konsistenz sirupartig ist.

In kleine Gläser und Flaschen gefüllt, hält sich dieser Sirup lange, allerdings kristallisiert er innerhalb zweier Jahre und sollte aus diesem Grund nicht länger aufbewahrt werden.

 Tipp: Statt mit Vollrohrzucker kann man den Sirup auch mit Honig einkochen (häufig rühren; brennt sehr leicht an!). Er wirkt Wunder bei Erkältungen, dafür gibt man ihn einfach in den Tee oder nimmt hin und wieder einen Löffel pur.

Wiesenbocksbart

(Tragopogon pratensis)

Bockbatzer, Butzenstängel, Fressblume, Geißbart, Gugelgau, Habermark, Himmelsbrot, Himmelskraut, Josephblume, Kälbermilch, Knaupel, Melcher, Milchblume, Ochsengukel, Paperasch, Sonnenblume, Sternächut, Süesskrut, Süßling

Auf Wiesen, Weiden und an Wegrändern steht der beinahe einen halben Meter hohe und gertenschlanke Wiesenbocksbart. Er ist leicht an seiner feinen Form, den langen, schmalen, gelben Blüten, die wie kleine Sonnen über der Pracht der Wiesen thronen, und den beinahe spiralfederähnlich gedrehten Blättern zu erkennen. Der Wiesenbocksbart hat einen hohen Gehalt an Vitaminen und Mineralstoffen. Die schlanken braunen Wurzeln haben gekocht ein vorzügliches, leicht bitteres Aroma (das Kochwasser bildet eine delikate Suppengrundlage, deshalb niemals weggießen!). Sie erinnern an Schwarzwurzeln und können aus diesem Grund sehr gut zu feinem Gemüse mit holländischer Sauce verarbeitet werden. Roh schmecken die Wurzeln in einem gemischten Salat sehr gut, da sie recht süß sind. Hierfür werden sie von den Seitentrieben befreit, gebürstet oder geschabt, gründlich gereinigt und in appetitliche Stücke zerteilt.
Die Schösslinge des Wiesenbocksbartes eignen sich auch sehr gut zum Ausbacken in Ausbackteig. Man verwendet die zarten Schösslinge mit den Knospen, die noch nicht aufgeblüht sein dürfen (sie werden sehr schnell holzig).

Sammelzeit: Wurzel: April bis Mai; Schösslinge und Knospen: Mai bis Juni

Standorte: auf nährstoffreichen Wiesen, Weiden und an Wegrändern

Verwendbare Pflanzenteile: Wurzeln, Schösslinge und Knospen

// Tipp: Die geschlossenen Knospen eigen sich übrigens vorzüglich für die Kapernbereitung (siehe Seite 76).

Wiesenbocksbartgemüse

Leider hat diese schmackhafte Pflanze ziemlich dünne Stängel, weshalb es sehr arbeits- und noch mehr zeitaufwendig ist, ein Gericht für vier Personen zuzubereiten. Sollte man sich doch dazu hinreißen lassen, entschädigt der Geschmack auf jeden Fall!

20 – 30 Triebe des Wiesenbocksbarts / 500 g Pellkartoffeln /
4 EL frisch geschroteter Hafer / 1 EL Butter zum Bräunen /
½ l Gemüsebrühe / Petersilie / Kerbel / Schafgarbe / Meersalz /
frisch gemahlener weißer Pfeffer / 2 Knoblauchzehen

Die jungen und etwas längeren Triebe des Wiesenbocksbartes werden als Bündel gebunden in Salzwasser maximal zehn Minuten gekocht. Dazu werden Pellkartoffeln und eine wild-aromatische braune Kräutersauce gereicht. Für die Sauce wird der frisch geschrotete Hafer in Butter gebräunt, mit ½ l Gemüsebrühe aufgegossen und mit Petersilie, Kerbel, Schafgarbe, Meersalz, weißem Pfeffer und zwei gepressten Knoblauchzehen gewürzt.

 Tipp: Probieren Sie dieses Rezept auch einmal mit einer guten hellen Mehlschwitze, in die sie zu gleichen Teilen Milch und Sahne einrühren und diese dann mit Zitrone und einem leichten Weißwein und eventuell einer Spur Honig abrunden. Wer es weniger fett mag, darf natürlich auch Wasser verwenden.
Das Gemüse kann auch wie Klettengemüse zubereitet werden (Seite 100). Dies gilt auch für die kurze Garzeit!

Wiesenbocksbartauflauf

4 Hand voll Triebe des Wiesenbocksbarts (keine holzigen Triebe verwenden) /
1 EL Butter / 2 EL Dinkelmehl / $^1/_8$ l süße Sahne /
2 – 3 Eigelb / Meersalz / frisch gemahlener weißer Pfeffer / Muskatnuss /
Knoblauchsrauke / Schafgarbe / Salbei / Quendel / 150 g Käse

Die jungen Triebe das Wiesenbocksbarts, ruhig auch mit Knospen, werden gründlich gereinigt, in appetitliche Stücke zerteilt und etwa fünf Minuten in ½ l leicht gesalzenem Wasser gekocht. Danach gibt man sie zum Abtropfen in einen Durchschlag. Aus Butter und frisch gemahlenem Dinkelmehl bereitet man eine Mehlschwitze. Diese wird mit dem Kochwasser des Wiesenbocksbart gelöscht, mit süßer Sahne verfeinert und nach dem nochmaligen Aufkochen vom Herd genommen. Jetzt wird das Eigelb untergezogen. Man würzt mit Salz, weißen Pfeffer und einem Hauch Muskatnuss. Nun schichtet man die abgetropften Wiesenbocksbartstücke in eine gut gefettete Auflaufform, bestreut diese mit einer Kräutermischung aus den fein gewiegten Blättern der Knoblauchsrauke, der Schafgarbe, des Salbei und des Quendel, gibt die Sauce darüber und bestreut diese mit kleinen Käsewürfelchen. Anschließend wird der Auflauf im vorgeheizten Backofen etwa 20 Minuten bei 200° C gebacken.

Wildkrautpüreesuppe

2 Zwiebeln / Butter zum Dünsten / feines Weizenschrot /
1 Hand voll Klettenstängel oder -mark /
1 Hand voll Wiesenbocksbartstängel /
2 – 3 mittelgroße Beinwellblätter /
je 1 Hand voll Brennnessel- und/oder Taubnesselblätter /
Meersalz / Knoblauch / frisch gemahlener schwarzer Pfeffer

Die Zwiebeln werden gehackt und in Butter gedünstet, mit feinem Weizenschrot bestäubt und unter häufigem Wenden gebräunt. In der Zwischenzeit
kocht man die zerkleinerten Stängel bzw. das Mark der Kletten, die zerkleinerten Stängel des Wiesenbocksbart und die grob zerkleinerten Beinwell-, Brenn-
nessel- und/oder Taubnesselblätter zu einer Gemüsesuppe. Dann püriert man
die Suppe mit dem Pürierstab und dickt sie anschließend mit der braunen Zwie-
bel-Mehlschwitze ein. Mit Salz, Knoblauch und Pfeffer aus der Mühle wird
gewürzt.

Wiesenbocksbart-Eier-Salat

20 – 30 Triebe des Wiesenbocksbart / 6 Eier /
2 – 3 EL Mayonnaise (siehe Kasten Seite 177) /
1 TL scharfer Senf / 1/8 l saure Sahne /
Blütensirup nach Geschmack (siehe Seite 33) /
selbst gemachter Kräuteressig / Meersalz

Man gart den Wiesenbocksbart bissfest und zerteilt ihn in appetitliche Stücke.
Die Wiesenbocksbartstückchen werden wechselweise mit hart gekochten und
in Scheiben geschnittenen Eiern in eine dekorative Glasschale geschichtet. Aus
Mayonnaise, scharfem Senf, saurer Sahne, etwas Blütensirup, Kräuteressig und
Salz bereitet man einen Dip, der über den Salat gegeben wird. Nach dem vor-
sichtigen Vermengen sollte der Salat im Kühlschrank mindestens noch eine
Stunde vor dem Verzehr durchziehen.

Mayonnaise

Ein cleverer Koch aus der spanischen Hafenstadt Mahon soll die fettige Sauce erstmals angerührt haben, bald darauf war sie in aller Munde. Damals war das Zusammenrühren noch echte Handarbeit – die elektrische Küchenmaschine war noch nicht erfunden. Heute ist es eigentlich ganz einfach, eine Mayonnaise selbst herzustellen. Ich experimentiere gern mit diversen aromatischen »Geschmacksträgern«, die in das nachstehende Rezept problemlos integriert werden können.

1 Eigelb / Meersalz / 1 TL Senf /
evtl. Kräuteressig und/oder Vollrohrzucker / höchstens ¼ l Olivenöl /
zur geschmacklichen Abrundung: aromatische Kräuter und Wurzeln

In einem Mörser, einem Mixer oder in der Rührschüssel der Küchenmaschine werden Eigelb, Salz, Senf und eventuell etwas Kräuteressig und/oder Vollrohrzucker verrührt. Wenn die Masse glatt ist, wird äußerst langsam gutes Olivenöl in die Masse geträufelt und so lange geschlagen, bis die gewünschte Konsistenz – butterähnlich fest ist möglich – erreicht ist. Durch Hinzufügen pürierter aromatischer Kräuter und Wurzeln sind geschmackliche Variationen möglich; bewährt hat sich in meiner Küche die Zwiebel des Bärlauchs, der ein himmlisches Aroma in die Mayonnaise bringt, oder das Versetzen mit Blütensirup, der sie wunderbar abrundet.

Mayonnaise mal ohne Ei

100 g Mandelpüree / Meersalz / Saft einer halben Zitrone /
Kräuteressig oder Kräuter / Olivenöl

Die Grundlage bildet ein Mandelpüree, das mit ein wenig Salz, Zitronensaft, Kräuteressig oder pürierten Kräutern in einem Mörser oder Ähnlichem glatt gerührt wird. Dann wird tröpfchenweise gutes Olivenöl hinzugefügt, bis eine cremige Konsistenz erreicht ist.

Zitronenmelisse

(Melissa officinalis)

Bienenfang, Bienenkraut, Bienensaug,
Biengras, Darmgichtkraut, Englische
Brennnessel, Frauenkraut, Hasenohr,
Herzbrot, Herzkraut, Herztrost,
Honigblume, Immenchrut, Ivenblatt,
Limonikraut, Mutterkraut, Mutterwurz,
Nervenkräutel, Pfaffenkraut, Riechnessel,
Salatkräutle, spanischer Salbei,
Wanzenkraut, Zahnwehkraut, Zitronella,
Zitronenkraut

Kaum ein Kraut hat solch ein verführerisch wohltuendes Aroma und eine dermaßen stimulierende Wirkung auf die menschliche Psyche (manche Arten der Schlüsselblumen vielleicht, die allerdings nicht so duften). Schon der Arzt Valentino Kräutermann schrieb im Jahr 1725 in einem Buch, dass man nach dem Abendmahl Melissenblätter zu sich nehmen solle, um in fröhliche Träumerei zu verfallen. Davon wussten und wissen anscheinend auch die Bienen, denn die mit Melissenkraut eingeriebenen Stöcke halten die emsigen Tierchen bei Laune und vor Ort.

Beheimatet war die Melisse ursprünglich im Orient. In unseren Breiten war sie eine typische Bauerngartenpflanze, die jetzt überall verwildert in der Gemarkung anzutreffen ist. Obwohl sie nur ausgesprochen bescheidene kleine weiße bis rosafarbene Blüten zwischen Mai und August ansetzt, zählt sie zu den besten Bienenfutterpflanzen *(melissa* kommt aus dem Griechischen und bedeutet Biene, *meli* heißt Honig). Zitronenmelisse bildet einen üppigen Strauch von etwa 50 bis 80 Zentimetern Höhe. An den drahtigen Stängeln, die sich verzweigen, drängen sich gegenständig kleine hellgrüne, eiförmige, gezahnte Blätter. Zwischen den Fingern zerrieben, entfaltet sich ein aromatisch zitronenähnlicher Duft, der durch ein ätherisches Öl verursacht wird. Ferner sind Gerb- und Bitterstoffe enthalten.

In der Volksheilkunde wird die Zitronenmelisse gegen Melancholie, Kopfschmerz, Blähungen, Schwindel und Ohrensausen eingesetzt.

In alten Kräuterbüchern steht sinngemäß: Melissen haben die treffliche Eigenschaft, das Herz zu erquicken, besonders wenn des Nachts das Klopfen einsetzt … Aber auch der Verstand soll durch Melissen geschärft und Zahnweh – durch warmen Tee, den man im Mund bewegt – gelindert werden.

Für den Tee werden die Blätter vor der Blüte gesammelt (Stängel sauber abschneiden) und an einem luftigen oder schattigen Ort rasch getrocknet. Ansonsten werden die Blätter frisch verwendet, aber grundsätzlich nie mitgekocht. Durch Einfrieren verlieren sie an Aroma.

Sammelzeit: Mai bis August

Standorte: weit verbreitet, besonders in warmen Gegenden

Verwendbare Pflanzenteile: Blätter

Zitronenmelissepesto

Pesto ist eine hervorragend schmeckende Würzzubereitung.

100 g Pinienkerne / 1 Hand voll Zitronenmelisseblätter /
2 Knoblauchzehen / 150 g Käse (zum Beispiel Parmesan oder Pecorino) /
Meersalz / etwa 60 ml Olivenöl

Die Pinienkerne werden in der Pfanne leicht gebräunt und die frischen, trockenen, gut gereinigten Zitronenmelisseblätter werden mit dem Wiegemesser grob zerkleinert (zupfen geht auch). Im Mörser (wer den nicht hat, kann selbstverständlich auch einen Pürierstab nehmen) püriert man dann die Zitronenmelisse und die gerösteten Pinienkerne mit dem Knoblauch zu einer Paste. Dann mischt man geriebenen Käse und Salz unter. Durch langsames Unterrühren eines sehr guten Olivenöls wird die Paste cremig.

 Tipp: In kleine Gläser gefüllt, mit einer dünnen Schicht Olivenöl bedeckt, hält sich dieses eigenwillige Pesto im Kühlschrank vier bis sechs Wochen.

Zitronenmelissesauce

Olivenöl / 2 Knoblauchzehen / Meersalz /
frisch gemahlener schwarzer Pfeffer /
1 Hand voll Zitronenmelissenblätter

Ein gutes Olivenöl wird mit fein gehacktem Knoblauch, Salz, Pfeffer sowie ein wenig Wasser vermengt. Darunter werden die frischen, fein gewiegten Zitronenmelisseblätter gegeben.

 Tipp: Passt gut zu bunten Salaten oder über geschmortes Gemüse (Gurken, Zucchini etc.).

Zitronenmelissengeist

(ergibt 0,7 l)

*2 Hand voll Zitronenmelisse / ½ frisch geriebene Muskatnuss /
ein Stück Stangenzimt / 3 – 5 Gewürznelken /
0,65 l hochprozentiger Alkohol (mind. 40 %)*

Die Zitronenmelisse wird gut gereinigt und zerkleinert. Alle Zutaten werden locker in ein 0,7-l-Gefäß eingefüllt. Das Ganze wird mit hochprozentigem Alkohol ohne Zuckerzugabe versetzt. Nach sechs bis acht Wochen ist der Trunk »reif«.

Zitronenmelissenlikör
(ergibt 0,7 l)

*Einige Stängel Zitronenmelisse / 0,65 l Alkohol (mind. 40 %) /
Zucker- oder Blütensirup (siehe Seite 33)*

Die Zitronenmelisse wird grob zerkleinert, in einen Steintopf (Einmachglas) gefüllt und mit Alkohol begossen. Zucker- oder Blütensirup wird nach Geschmack zugesetzt, gut verrührt, zwei bis vier Wochen an einem warmen Ort stehen gelassen und gelegentlich geschüttelt. Danach wird durch Filterpapier in kleinere Flaschen umgefüllt.

Sammelkalender

	Jan.	Feb.	Mär.	Apr.	Mai	Jun.	Jul.	Aug.	Sep.	Okt.	Nov.	Dez.
Bärlauch				◀▽	◀▽	◀▽		▽	▽	▽		
Beifuß		◀	◀	◀	◀	≡	≡					
Beinwell			◀	◀	◀	◀	◀	◀				
Brennnessel		◀		◀▽	◀▽				≡▽	≡		
Brombeere							●	●	●	●		
Dost			◀	◀	◀	◀	✿	✿	✿			
Franzosenkraut							◀					
Gänseblümchen	◀	◀	◀✿	◀✿	◀✿	◀✿	◀✿	◀✿	◀✿	◀✿	◀	◀
Heckenrose			◀	◀	◀	✿	✿					
Himbeere			◀	◀	◀	◀✿	●	●	●	●		
Holunder				✿	✿	✿		●	●	●		
Klette						◀	◀	○	○			
Knoblauchsrauke								≡	≡	≡		
Löwenzahn				◀✿	◀✿	◀✿	◀✿	▽	▽	▽		
Malve				◀	◀	◀✿	◀✿	◀✿				
Meerrettich									▽	▽		

Erntekalender (Sammelkalender für Wildpflanzen)

	Jan.	Feb.	Mär.	Apr.	Mai	Jun.	Jul.	Aug.	Sep.	Okt.	Nov.	Dez.
Pastinak				▽	▽			▽	▽	▽		
Pfefferminze				◄	◄	◄	◄	◄				
Quendel				◄	◄	◄	◄	◄	❀			
Salbei			◄	◄	◄	◄	◄	◄				
Sauerampfer			❀	◄	◄	◄	◄	◄				
Schafgarbe				❀	◄	◄ ❀	❀	❀	◄ ❀	◄ ❀		
Schlehdorn						◄		◄	◄	●	●	
Taubnessel			◄	◄	◄	◄	◄	◄				
Veilchen			❀	❀	❀							
Vogelmiere			◄	◄	◄	◄	◄	◄	◄	◄		
Walderdbeere						◄ ●	◄ ●	●				
Waldkiefer				❀	❀	❀						
Wiesenbocksbart				▽	◄ ❀ ▽							
Zitronenmelisse					◄	◄	◄	◄				

Legende

- ◄ Blätter und Stängel
- ● Beeren und Früchte
- ▽ Wurzeln, Knollen, Zwiebeln
- = Samenrispen und reife Samen
- ❀ Blüten und Knospen
- ○ Mark

Die Autorin

Heide Haßkerl ist 1960 in Mühl-
hausen/Thüringen geboren.
Sie machte eine landwirtschaft-
liche Ausbildung, an die sich ein
umweltpädagogisches Studium
anschloss. Von 1985 bis 1995
arbeitete sie in umweltpädagogischen Projekten. Heute lebt
sie auf einem ökologisch bewirt-
schafteten Bauernhof in Nord-
hessen, wo sie weitgehend
Selbstversorgung betreibt. Ne-
ben ihrem Engagement als Bio-Bäuerin ist sie als Schriftstellerin tätig. Sie schreibt
Romane, Erzählungen und Kurzgeschichten sowie Beiträge für Fachzeitschrif-
ten.

Rezept-Index

Vorspeisen & Rohkost

Beinwurz in Teig 48
Brennnesselomelette 57
Bunter Salat mit Vogelmiere 162
Gebackene Holunderblüten
(Holderküchli) 92
Großer gemischter Frühlingssalat
in süßer Marinade 111
Klettensalat 102
Klettensprosssuppe 102
Löwenzahnsalat (gedünstet) 110
Löwenzahnsalat (roh) 110
Salbeizüngchen in Ausbackteig 140
Sauerampferblätter in Bierteig 143
Vogelmiere-Franzosenkraut-Salat 163
Vogelmieresalat mit Käse 161
Walderdbeerensalat mit Löwenzahn 166
Warme Meerrettichblätter 122
Wiesenbocksbart-Eier-Salat 176

Suppen

Beinwell-Brennnessel-Suppe 47
Beinwellsuppe
mit Brennnesselknödeln 46
Cremesuppe mit Bärlauch 39
Franzosenkraut-Cremesuppe 73
Graupensuppe mit
Kartoffel-Taubnessel-Beilage 155
Grünkernsuppe mit Gänseblümchen 77
Kalte Schafgarbesuppe 147
Kartoffelsuppe mit Dost 69
Klettensprosssuppe 102
Malven-Kartoffel-Suppe 118
Maßliebchensuppe 76
Pastinaksuppe 126
Pastinaksuppe, feine 126
Reissuppe mit Pfefferminze 132

Sauerampfersuppe 142
Sauerampfersuppe mit Sahne 143
Walderdbeersuppe 167
Wildkrautpüreesuppe 175
Wildkrautsuppe 119
Zwiebelsuppe, französisch 43

Hauptgerichte

Bärlauchnudeln 39
Beinwurz in Teig 48
Brennnesselauflauf 54
Brennnesselbratlinge 58
Brennnesselklöße mit Senfsauce 56
Brennnesselomelette 57
Brennnesselpudding 53
Brennnessel-Rahmspinat 58
Brombeeromelette Kindertraum 62
Franzosenkraut-Spinat 72
Gebackene Holunderblüten
(Holderküchli) 92
Gratiniertes Klettengemüse 103
Kartoffelgratin mit Quendel 137
Kartoffelklöße mit Dostsauce 68
Kartoffelsalat mit Schafgarbe 146
Klettenauflauf 101
Klettengemüse 100
Kräuternudeln 137
Malven-Kartoffel-Suppe 118
Malvenklößchen 118
Pastinak mit Kräuterquark 128
Pastinakgemüse 127
Salbeispätzle 140
Sauerampferblätter in Bierteig 143
Sauerampfergemüse 142
Schafgarbenpastinaken 147
Taubnesseleierkuchen 154
Taubnesselgemüse 154

Warme Meerrettichblätter 122
Warmer Käsepudding
   mit Brennnesselsauce 59
Wiesenbocksbartauflauf 174
Wiesenbocksbartgemüse 173
Wildkrautbraten 49
Wildkrautsuppe 119
Zwiebelgemüse Thüringer Art 42

Süßes
Brombeerdessert 62
Brombeeromelette Kindertraum 62
Hagebuttenmark 80
Holunderbeerkompott 95
Kandierte Malvenblüten 119
Schlehenschokolade 150

Pikantes aus dem Backofen
Dostfladen 68
Knoblauchsrauken-Kuchen 106
Pastinakenkuchen 128
Zwiebelkuchen 42

Alkoholisches
Augenschmaus 115
Brombeerlikör 65
Brombeerwein 64
Hagebutten-anders-Wein 84
Hagebuttenwein
   von frischen Früchten 82
Hagebuttenwein
   von getrockneten Früchten 83
Himbeerwein 87
Holunderlikör aus Obstbrand 96
Holunderlikör aus Weinbrand 96
Holundersekt 92
Holunderwein 97
Löwenzahnblüten als Magenbitter 114
Löwenzahn-Dessertwein 112

Meerrettichwasser 123
Pastinakenwein 129
Schlehenalkohol 150
Schlehenschokolade 150
Schlehenwein 151
Weißer mit Kiefernspross 170
Wildkräuter-Magenbitter 134
Zitronenmelissengeist 181
Zitronenmelissenliikör 181

Saucen & Dips
Apfelmeerrettich 122
Knoblauchsraukendressing 107
Knoblauchsrauken-Pesto 107
Mayonnaise mal ohne Ei 177
Meerrettichdip mit Ei 122
Meerrettichdip mit Sahne 123
Pfefferminzsauce mit Ei 132
Pfefferminzsauce mit Milch 133
Zitronenmelissepesto 180
Zitronenmelissesauce 180

Dies und das
Bärlauchbrotaufstrich 37
Brandteig für Windbeutel 136
Franzosenkraut-Frischkäse 72
Grundrezept Kapernbereitung 76
Holunder-Chutney 95
Jacobs Kefir-Käse
   mit Holunderblüten 90
Kalter Pfefferminz-Apfel-Tee 133
Löwenzahnwurzelkaffee 114
Meerrettich-Brotaufstrich 123
Quendelquark 136
Rosen-Milch-Tee 80

Marmeladen, Gelees, Säfte & Sirup
Brombeergelee 63
Brombeer-Holunder-Marmelade 64

Brombeermarmelade
  aus roh gerührten Früchten 63
Frühlingsblütensirup 159
Hagebuttenmarmelade 81
Himbeergelee 87
Himbeermarmelade
  aus roh gerührten Früchten 86
Himbeermarmelade gekocht 86
Holunderbeermarmelade 94
Holundergelee mit Geliermittel 93
Holundergelee ohne Geliermittel 94

Holundersaft 93
Löwenzahnblütengelee 113
Löwenzahngelee mit Pfefferminze 113
Pfefferminz-Wildkirschen-Gelee 134
Sirup aus jungen Kiefernsprossen 171
Sirup von Schlehen 151
Veilchenblütensirup
  – schnelle Methode 158
Veilchenblütensirup 158
Walderdbeermarmelade,
  ungekocht 166

Deutsche und lateinische Pflanzennamen

Bärlauch	*Allium ursinum*	36
Beifuß	*Artemisia vulgaris*	40
Beinwell	*Symphytum officinale*	44
Brennnessel	*Urtica dioica*	50
Brombeere	*Rubus fruticosus*	60
Dost	*Origanum vulgare*	66
Franzosenkraut	*Galinsoga ciliata*	70
Gänseblümchen	*Bellis perennis*	74
Heckenrose	*Rosa canina*	78
Himbeere	*Rubus idaeus*	85
Schwarzer Holunder	*Sambucus nigra*	88
Große Klette	*Arctium lappa*	98
Kleine Klette	*Arctium minus*	98
Knoblauchsrauke	*Alliaria petiolata*	104
Löwenzahn	*Taraxacum officinale*	108
Wilde Malve	*Malva silvestris*	116
Meerrettich	*Armoracia lapathofolia*	120
Pastinak	*Pastinaca sativa*	124
Pfefferminze	*Mentha piperita*	130
Quendel	*Thymus serpyllum*	135
Salbei	*Salvia officinalis*	138
Sauerampfer	*Rumex acetosa*	141
Schafgarbe	*Achillea millefolium*	144
Schlehdorn	*Prunus spinosa*	148
Weiße Taubnessel	*Lamium album*	152
Rote Taubnessel	*Lamium purpureum*	152
Duftendes Veilchen	*Viola odorata*	156
Vogelmiere	*Stellaria media*	160
Walderdbeere	*Fragaria vesca*	164
Waldkiefer	*Pinus sylvestris*	172
Wiesenbocksbart	*Tragopogon pratensis*	172
Zitronenmelisse	*Melissa officinalis*	178

Adressen rund ums Thema

Meerrettichmuseum
Judengasse 6
91083 Baiersdorf
Tel.: 09133 / 861

Pfefferminzmuseum Eichenau
Parkstr. 43
82223 Eichenau
Öffnungszeiten können bei der
Gemeinde Eichenau erfragt
werden.
Tel.: 08141/730-0

Gradierwerk Bad Salzungen
36433 Bad Salzungen

Thüringer Wald-Kreativ-Museum
Myliusstraße 6
98701 Großbreitenbach
Tel.: 036781/41815

Kräuterwanderweg
Untere Markstraße 16
07422 Bad Blankenburg

Kräuter- und Bauerngarten
Edeltraud Eisenhut
Ortsstraße 53
07426 Tröbsischau
Tel.: 036738/ 40713

Memorialmuseum Friedrich Fröbel
(mit Ausstellung »Olitätenhandel«)
Markt 10
98744 Oberweißach
Tel.: 036705/62123

Andere Bücher aus dem pala-verlag

van Gisteren / Hospers:
Das Ökokochbuch
ISBN: 3-89566-133-3

Jutta Grimm:
Brotaufstriche selbstgemacht
ISBN: 3-89566-136-8

Wolfgang Hertling:
Kochen mit Hirse
ISBN: 3-89566-130-9

Herbert Walker:
**Vollwertig kochen und backen
mit Pfiff – ohne tierisches Eiweiß**
ISBN: 3-89566-146-5

Vegetarisch kochen

Petra und Joachim Skibbe:
Köstliche Kürbis-Küche
ISBN: 3-89566-150-3

Irmela Erckenbrecht:
**Querbeet – Vegetarisch
kochen rund ums Gartenjahr**
ISBN: 3-89566-114-7

Irmela Erckenbrecht:
Zucchini
Mit Cartoons von Renate Alf
ISBN: 3-89566-131-7

Rolf Goetz:
Das Buch vom Reis
ISBN: 3-89566-141-4

Gesamtverzeichnis bei: pala-verlag, Rheinstraße 37, D-64283 Darmstadt

© pala-verlag, Darmstadt, 2000
ISBN: 3-89566-149-x

Illustrationen und Titelgestaltung: Margret Schneevoigt
Druck und Bindung: freiburger graphische betriebe
Printed in Germany

Dieses Buch ist auf Papier aus 100 % Recyclingmaterial gedruckt